CSSCI 来源集刊

语言研究集刊

Bulletin of Linguistic Studies

第二十六辑

复旦大学汉语言文字学科
《语言研究集刊》编委会 编

上海辞书出版社

《语言研究集刊》网址：http://yjjk.chinajournal.net.cn/

目　录

述宾还是状中：试论情态特征与句法功能之关系*

——兼论“X于、X以”类动词的副词化趋势

张谊生

提要 现代汉语助动词根据情态特征，可将其分为：动力情态类、道义情态类、认知情态类，说话人在表达各种不同情态时，“助动词+动词”的句法功能也会有所不同。“单/多义助动词+动词”的结构关系，通常情况下可以通过助动词的情态性质以及对助动词用“X不X”提问式来鉴定。现代汉语“X于/以”类单词，大多数还处在粘宾动词的阶段，其副词化历程正处在起步阶段，大部分还没有完成，说明从述宾到状中的演化是个连续统。

关键词 述宾；状中；情态特征；句法功能

一、前 言

迄今为止，现行的教科书，比如黄伯荣与廖序东、胡裕树、张静、张斌、张谊生等主编的《现代汉语》以及其他大多数新编的教科书，都认为汉语的“助动词+谓词”的句法结构是状中关系，助动词是用来修饰动词、形容词的，助动词与副词在句法功能上基本是一样的，都是充当状语的。而且在一些对

---

* 本文是国家社科基金（项目编号15BYY131）“程度副词的生成、演化及其当代功能扩展的新趋势研究”、教育部规划基金项目（项目编号13YJA740079）“介词演化的规律、机制及其句法后果研究”、上海市哲学社会科学规划课题（2012BYY002）“当代汉语流行构式研究”的阶段性成果。

外汉语教材①,甚至中学语文教科书中,基本上也是这样说明、甚至规定的。也就是说,下面两类短语应该都是状中短语:

(1) a. 会去、能去、敢去、要去、可以去、能够去、应该去

b. 就去、也去、还去、都去、马上去、一起去、一再去

然而,赵元任(1979)《汉语口语语法》、朱德熙(2003)《语法讲义》、陈光磊(2001)《汉语词法论》以及张志公主编(1982)《现代汉语》、邵敬敏主编(2007)《现代汉语通论》和北京大学中文系汉语教研室编(2004)《现代汉语》等,却认为助动词后的谓词性成分是助动词的宾语,即"助动词 + 谓词"的句法结构都是述宾关系。

那么,应该如何看待这一重要却经常被忽视的分歧呢?我们认为,上面两种观点都只在一定程度上是正确的,但都不够全面。之所以存在以上分歧,主要原因在于助动词是动词的一个非典型小类(严格地讲,其实是动词的附类),与汉语动词、副词之间的界限有时很难划清。而且,如果将共时的语法现象放到历时演化过程中来看,汉语的"助动词 + 谓词"其实正处在由述宾向状中演进的语法化过程中,内部存在着不平衡、不匀称情况,相应的句法结构可以一分为二:一部分还是述宾结构,一部分已是状中结构了。

关于助动词,学界也有称之为"能愿动词"或"情态动词"的,自然各有理据。至于助动词的范围,目前还存在一些不同认识:当前对于"能、会、可、敢、应、该、肯、要、得、可以、可能、能够、应该、应当"等,学界已基本没有异议;但对于"愿、准、情愿、愿意、乐意、必须"等助动词,还存在不同看法。本文认为,这20个词都属于广义助动词。

根据西方语言学家以及国内学者(彭利贞 2007)的研究,助动词所表示的这三种情态,基本特征存在着相对明确的分工。大致情况是:

(2) A. "动力情态"主要表示"能力、意愿与勇气"等;

B. "道义情态"主要表示"责任、义务与承诺"等;

C. "认知情态"主要表示"判断、推测与假定"等。

这就导致行为人在表达不同的情态时,行为主体的能动性、使动性,对行为的支配性、影响性存在着程度高低的不同。试比较:

---

① 譬如齐沪扬主编的《现代汉语》(商务印书馆,2007)、徐青主编的《现代汉语》(华东师大出版社,2008)、张凯主编的《新实用汉语课本》(北京大学出版社,2012)等。

(3) a. 穿成这个样是否可以进入会场很难讲。——许可
b. 测试的成绩大概可以进入全校前五名。——推测

(4) a. 经过这段时间的康复,他能走路了吗？——能力
b. 两面都被拦上了,中间这条道能走吗？——许可
c. 今天这天气,你估计,下午能放晴吗？——推测

据此,本文对汉语助动词功能功用分类,也是按照“动力、道义、认知”三分法进行的。

本文用例分别引自北京大学CCL现代汉语语料库(以下简称“CCL语料库”)、人民网以及当代报刊、网络上的报道,例句全部注明出处,少数长句略有删节。

二、情态性质与句法功能

对于情态的分类,中外语言学家依据不同的语言理论和研究视角,做出了多种不同的分类。迄今为止,比较通行的分类方法就是将情态分为“动力情态、道义情态、认知情态”(彭利贞 2007)。助动词所表示的这三种情态,基本特征存在着相对明确的分工。大致情况是：A. 动力情态主要表示“能力、意愿与勇气”等;B. 道义情态主要表示“责任、义务与承诺”等;C. 认知情态主要表示“判断、推测与假定”等。使用表达这三种情态功能的助动词,行为人在表达各种不同情态时,其行为的能动性、使动性,对相关对象的支配性、影响性存在着一定的差异,所以,“助动词+动词”的句法功能也会有所不同。

2.1 动力情态类

汉语中的助动词“能、会、能够、可以”表示主体能力做得到做不到,在句中它们主要表示一种动力情态,同样,“敢”表示有勇气、有胆量这么办,也是表达动力情态助动词,“助动词+动词”的句法结构一般以述宾为主。例如：

(5) 这种“官员生产力”的大小好坏,不仅仅是一个人的事,它不同于别个个体,生产力大小,只是个人的事,您能挑一千斤还是只能挑一百斤,只是一堆石头和一堆柴禾的区别,无关大局,无关别人,无关宗旨。(《报刊精选》1994 年第 3 期)

(6) 在美国麻省理工学院基因研究中心,一个机器手一天能够挑取 10

万个人类基因记录,模板自动化测序生产线一天所做的碱基对分析达到数千万个。从工作量上看,今天一天也许相当于过去一年,技术的突飞猛进,往往是常人难以想象的。(新华社2001年9月新闻报道)

(7) 金竹庵有一片竹林和菜地,王采玉自己掘笋养竹、种菜植瓜。劳作之余,还时常可以回家去照顾母亲,庵里生产的竹笋菜蔬等物也可以分一些孝敬母亲姚氏。(陈廷一《蒋氏家族全传》)

(8) 那简直是一台音乐会,除了二胡,他还会拉板胡、京胡、高胡,会吹笛子,而他还带来了小提琴、口琴和吉他,这么多的乐器不知道她一个人是怎么背来的!她放下这样拾那样,让他点了一支又一支曲子,她都能演奏。(《当代文学》2010年3期)

(9) 因此,处于决断中心的各级领导班子的班长,应善于认识机遇和把握机遇,以高度的责任感和事业心,敢担风险,敢负责任,果断做出决策,以便有效地推进改革开放和社会主义建设的进程。(《人民日报》1996年)

助动词"肯、要、愿意、乐意"主要表示意愿,都可以表示动力情态意义,在句中此类助动词后面加动词,其句法结构为述宾关系。例如:

(10) 女儿认为,和助教一起讨论课堂上和书本上还没有搞透彻的问题,可以作为向教授请教的前站。如果遇到水平高又热心的助教,可以学到许多的东西。同时,主动向助教求教,会使助教认为你学习认真,肯下功夫,判作业时的印象分也就会相对提高。(土一族《从普通女孩到银行家》)

(11) 杨勃:没有。创业不是一个可以数十年如一日做下去的事情。我曾想过这个问题,有一天如果退休了,我最想做什么东西呢?我想做一个网站,这个网站是如此这般、这样那样的,可我想完了一看,这不就是豆瓣吗?OK,如果是这样的话还着什么急呢,就这样继续做吧。(张向东《创业者对话创业者》)

(12) 我国的水污染有过之而无不及,泥沙淤积在河道、水库、蓄滞洪区内,持续削减调洪能力,给河道行洪和防洪工程管理运用带来一系列的困难。人要喝水,农业要喝水,工业要喝水,城市要喝水,面对紧缺的水资源,我们怎么办——节水。(《人民日报》1996年)

(13) 不过毕竟，他们的哲学体系无论在思想内容方面还是在其所具有的历史意义方面都还有着一些值得进一步考究的内在关联，以至于我愿意说：苏格拉底是古代的康德，康德是近代的苏格拉底。(《苏格拉底及其哲学思想》)

(14) 先进的经营理念是普伦姆吉获得成功的重要原因之一。他工作严谨，乐意听取下属的意见，每年至少要拿出30到40天的时间与他们一起探讨公司的发展问题，这不但使他能集思广益，同时还逐步在公司内部形成了一个强大的领导阶层。(张剑《世界100位富豪发迹史》)

2.2 道义情态类

助动词"应、该、应该、应当"都表示事实上或义务上的需要，此类助动词主要用于表示道义情态，与其后动词的句法结构主要是述宾关系。例如：

(15) 因此，我们在研究教育问题时，常常提出把它放到一定的文化背景中去研究。总之，我们在承认政治经济对教育的最终作用和"硬约束"作用的同时，还应看到文化对教育的直接作用和"软约束"作用。(CCL语料库当代CWAC)

(16) 捷克教育家夸美纽斯认为人总是首先通过观察事物本身、从事物来源去获得知识，所以教学应该从实际事物开始。如果没有实际事物，可利用代替物。(CCL语料库当代CWAC)

(17) 因此，在考察一定形态的教育时，不仅应当了解对教育起决定作用的政治经济制度和生产力状况，而且还应了解与教育直接发生联系的各种社会意识形态，只有这样，才能对教育这一社会现象有全面的了解。(CCL语料库当代CWAC)

(18) "先生，听他那样粗重模糊的口音，我就知道了。他弹了几下窗户——那时大概是三点钟——说道：'伙计，快起来，咱们该走了！'我老伴把吉姆——我的大儿子也叫醒了，没有跟我说一个字，他们爷俩就走了。"(阿瑟·柯南·道尔《福尔摩斯探案集》)

然而，在不同的语境中有些助动词表示道义情态，但助动词和动词的句法结构是状中关系。例如：

(19) 我不能骗您，我不能说没有，希望没和您的道德观冲突。其实这不重要不碍事很流行她不会在乎这点的她是个好姑娘只知奉献不知

索取。(王朔《顽主》)

(20) 博宁吉总是鼓励萨瑟兰与那些能够挑战她的歌唱家合作,而她也乐于这样做。其中能与萨瑟兰匹配的合作者之一就是美国次女高音玛里琳·霍恩,她们在一起演出了很多年。(《作家文摘》1997年)

(21) 张骞向汉武帝详细报告了西域各国的情况。他说:"我在大夏看见邛山(在今四川省,"邛",读音 qióng)出产的竹杖和蜀地(今四川成都)出产的细布。当地的人说这些东西是商人从天竺(就是现在的印度)贩来的。"他认为既然天竺可以买到蜀地的东西,一定离蜀地不远。(《中华上下五千年》)

2.3 认知情态类

助动词"准、会、可能"主要是对情境的推测和判断,表达认知情态义,"助动词+动词"的句法结构一般为状中关系。例如:

(22) 不一会儿,邹老板、赵本英带着永芳来到了,李成梁上去拉着永芳的小手,把他搂在自己的怀里,那些妻子也都围过来看着,这个说:"永芳长得眉清目秀,长大了准是个美男子!"那个说:"永芳长得聪明伶俐,将来一定能有出息。"都是夸奖的话儿。(李文澄《努尔哈赤》)

(23) 莎拉似乎说不出话来。她摇摇头。"不,我只是太忙了。我等下再慢慢跟你聊。史钢,你全身都湿透了。去暖暖身子。你会感冒的。"(玛格丽特·魏丝/崔西·西克曼《龙枪传承》)

(24) 如果教育者将惩罚带入到这些个人领域,按照教育者个人的好恶和价值判断对学生进行惩罚,那么其所实施的惩罚不仅丧失了正义性,而且可能极大地损害学生个性、才能、自主选择能力和创造力的发展。(CCL语料库当代CWACAEJ0007)

此外,"要、应该"也可以表示认知情态义,是对事件或命题的真值性推断。例如:

(25) 我自己是力气越来越小,家珍的病看样子要全好是不可能了,我们这辈子也算经历了不少事,人也该熟了,就跟梨那样熟透了该从树上掉下来。可我们放心不下凤霞,她和别人不一样,她老了谁会管她?(余华《活着》)

（26）鸿渐想不出话来回答，对她傻笑。她倒愿意他有时对答不来，问他道："我昨天有点奇怪，你怎会不知道那首诗是表姐做的。你<u>应该</u>看过她的诗。"（钱锺书《围城》）

上述例句中的"要"是对未来事件发生的必然性推断，"应该"用于推断事件有较大的可能性。例(25)中"要"是对"家珍的病全好是不可能"的必然性推断；例(26)"应该"是"唐小姐推测方鸿渐看过表姐的诗"的可能性较大。

总之，"助动词＋动词"总体的对应关系是：动力情态以述宾为主，认知情态以状中为主，而道义情态处于两可之间。不过，不同的助动词之间存在着差异；有时甚至表达相同的情态功能，结构关系也不完全都一样，尤其是"要、能、会"存在着一些例外。

三、结构关系与鉴定格式

本节讨论"单/多义助动词＋动词"的结构关系，它们之间的结构关系可以通过助动词的情态性质以及对助动词用"X不X"提问式来鉴定。众所周知，动词主要表示动作、行为的实施，副词主要表示对概念、状态的限制，而助动词主要表达各种不同的情态。动词都可以用"X不X"提问式，副词都不可以用"X不X"提问式，助动词则是两可的，表认知的助动词大多不能。

3.1 单义助动词

现代汉语的助动词只有一部分是多义的，其他部分则是单义的，单义的助动词出现在任何句法环境中都只表达一种情态特征，比如"敢、肯"等。下面我们从单义助动词表达不同类型的情态特征，来看看现代汉语单义的助动词。例如：

（27）我家橛园里那只老虎因无法睡觉而发起脾气来了，看见过路人就大张着嘴怒吼，那吼声把树木震得直晃，把全村的鸡狗吓得整日整日缩在窝里不<u>敢</u>出来。（《作家文摘》2006年4期）

（28）项羽派使者跟汉王说："现在天下闹得乱纷纷的，无非是你我两个人相持不下，你<u>敢</u>不敢出来跟我比个上下高低？"汉王要使者回话说："我可以跟你斗智，不跟你比力气。"（《中华上下五千年》）

例(27)、例(28)中"敢"都只表达动力情态意义，例(27)说明"全村的鸡狗整日不敢出来”,例(28)表示“项羽的使者问汉王有没有勇气比高低”。从而证明单义助动词“敢”可以用“X不X”提问式鉴定,这些“助动词+动词”都是述宾关系。例如:

(29) 赛义德见褚英歪着脑袋,一脸正经地问他,心里特别高兴,觉得孺子可教。便说道:“行!只要你能吃苦,肯学,俺一定认真教你。不过,有句话你听说没有:‘师傅领进门,修行在个人!’关键在你勤学苦练!”(李文澄《努尔哈赤》)

(30) 他虽未受过什么正规的高等教育,但他能够长期坚持自学,古今中外,知识面相当宽广。古人说:“人非生而知之者,孰能无惑?”问题是,肯不肯学,或者谁有学问就向谁学习这样一种正确态度。(《市场报》1994年)

例(26)和例(27)中“肯”都表示动力情态意义,两例句中都表达说话人“肯学”的意愿。助动词“肯”符合“X不X”提问式,其句法结构为述宾关系。再比如:

(31) “这是你自己选择的道路,你必须坚持下去,”父母对她说。由于在省队的表现出色,薛兰梅在1993年被调入国家队。(新华社2004年9月新闻报道)

(32) 在短期内,这种做法的确会对销量有所影响,但贝佐斯表示,只要能让客户满意,销量最终也会得到提高。他说:“你必须相信自己的判断力。遇到这种情况时,我们会说‘还是想简单点吧’。我们知道这有利于客户。”(张剑《世界100位富豪发迹史》)

助动词“必须”表示道义情态意义,例句中说话人用“必须”表达对听话人强加责任、义务。通过搜索CCL语料库,关于“必须”的“X不X”提问式,并不存在实例,也就是说,“必须”不能用“X不X”提问,所以都是状中关系。值得注意的现象是,方言中特殊用法的助动词,通常不能改变与影响本文对普通话助动词的认识与鉴定的。例如:

(33) 改革开放以后,我想出国留学。但国内工资低,家里拿不出钱来。我曾一度想过,当时如果我少扔掉一件财宝,哪怕是一本古书、一幅古画、一个小鼻烟壶、一块宫廷怀表,现在用它换学费也够了。(土一族《从普通女孩到银行家》)

(34) a. 这几天我可能想生病了,因为鼻子老酸酸的,是累了吗?说不清楚！/b. 生活习惯乱了，也可能想生病，要发烧了，好担心啊！/ c. 我浑身又酸又痛，恐怕又想生病了。（张谊生《语法化现象在不同句法层面中表现》，转引自《语文研究》2010 年第 4 期）

“想”在普通话中还是心理动词，但是在江淮官话中又是助动词了。例(33)的“想”是普通话的实义心理动词，表示说话人“想出国”的意愿，与“出国”的结构为述宾关系，当然可以通过提问式“X 不 X”来鉴定。而例(34)的三个“想”都是表示可能性认知情态的助动词，不能用“X 不 X”来提问，但这三句都是特定的方言用法，不在讨论之列①。

3.2 多义助动词

我们认为，助动词的多义现象是语言中存在的一个事实，助动词有多个情态意义，而这些意义之间又存在内在的联系，如逻辑、历时发展的联系。诚然，这些多义助动词不同的情态性质，必须出现在不同的语境中才能确定，如“应该”和“要、会、能”等，它们是现代汉语典型的多义助动词。下面将以这四个多义的助动词作为观察对象，来分析不同类型的情态性质与句法结构的互动关系以及演化的过渡状态。例如：

(35) 这时正有一个小孩等着做阑尾手术。小孩的母亲对李永茂说：“李大夫，您还是先回家去看看吧。”李永茂却说：“不管是你的孩子还是我的孩子，有病的时候都是我的患者，我应该一视同仁！”（《人民日报》1995 年）

(36) 做母亲的应该不应该有宠儿？她待子女应该不应该一视同仁，不厚此薄彼？尽管说起来可能使人感到厌烦，但我还是认为有必要再唠叨一下（查德 · 道金斯《自私的基因》）

(37) 没办法，我只好去问我的博士生导师。他是加拿大人，有两个孩子。我想他应该能够给我一个满意的解释。（土一族《从普通女孩到银行家》）

例(35)、例(36)中“应该”表道义情态都是述宾关系，可以用“X 不 X”

---

① 值得注意的是，虽然江淮方言中早已有表“可能要”的助动词“想”，但在普通话中还只是在网上初露端倪。当前一般的语法书和语文词典，都认为普通话“想”还是心理动词，不认为“想”已有助动词的用法。至于方言中的“想”的各种用法，不在本文讨论之列。

方式提问,例(37)中"应该"表认知情态,不能用"X不X"方式提问,所以是状中关系。问题是,助动词"要、能、会"表动力、道义情态都是述宾关系,可以用"X不X"方式提问,但表认知情态时,虽然是状中关系,却勉强也可以用"X不X"方式提问。例如:

(38) 明成倒了一杯水,一口气喝了个尽,他抹了抹嘴正色道"明天上午我要回去。"(孙志保《枪手》)

(39) 楚无情笑道:"我如捣蛋泄密,他们也许不相信,但我要帮忙,倒是颇有作用。如果我去追索三绝先生,向他们要人,不是更能加重三绝先生的分量吗?"(金庸《情侠》)

(40) 我被淋成了落汤鸡,却只是一言不发地奔跑。啊,这样下去要感冒的——这样想着,梦中的我仍停不下脚步。(黄培锦《情书》)

例(38)"要"表达动力情态意义,即说话人有回去的意愿;例(39)"要"表示道义情态意义,说话人认为自己有义务帮忙;例(40)"要"表示认知情态意义,是表达说话人对"一直淋雨会感冒"的必然性推断。例(38)、例(39)表示动力与道义情态,当然可以用"X不X"提问,例(40)表示认知其情态,如用"X不X"提问,接受度就非常较低。再比如:

(41) 我就跟我奶奶说,我要上北京,学表演!我是我妈妈的女儿,我妈妈那么了不起,会唱歌、会朗诵诗词、会演话剧演小品,舞又跳的那么好,可我呢,我什么也不会!(司马《美女班的男助教》)

(42) 我可以向你保证。只要你说出你知道地一切,如果有用的话。我会保护你不受到任何的伤害。也会给你一笔足够你今后花费的钱,从此脱离义兴堂地控制。(风天啸《叱咤》)

(43) 她接着又把陈清讲的王能的事情重说一遍:"没有用,他不会在家里,他一定会当心的,他也许到城外给云帮忙去了。"(巴金《雾雨电》)

例(41)中"会"表达动力情态意义,即表达的都是主语的技能;例(42)"会"表示道义情态,表达的是说话人对事件成真的承诺,即自己主动承担"保护你"的义务;例(43)中的"会"表示认知情态意义,说话人推测"他不在家里,他当心的"可能性很高。从以上例句可以看出,表示动力和道义的助动词"会",当然都可以用"X不X"提问式,但表认知情态的助动词"会"也可以用"X不X"提问式,只是接受度相对较低。再比如:

(44) 孙玉厚老两口没有想到，他们的这个弟弟能给他们帮这么大的忙。看来，家里有个人在大队负责，还顶事哩！少安也为自己的弟弟能教书感到高兴。(路遥《平凡的世界》)

(45) 范进苦着脸说："大哥我能走了吗，那人我真不认识。"我知道他说地应该是真的，看来这次换酒事件跟扣押刘邦事件是同一个人干的，目的就是给我添堵。(张小花《史上第一混乱》)

(46) 一杯也是喝二杯也是喝，能喝第一杯，就不能再拒绝第二杯，青衣侍女敬过宋跷峰，又怎能不再敬笑面天王曹晋，左一敬，右一敬，三杯酒下了肚。(云中岳《紫彩玉箫》)

例(44)中"能"表示动力情态意义，表达的是主语有做某事的能力，说明孙少平有"教书"的能力。例(45)"能"表达道义情态意义，表示环境或情理上许可，句中说话人请求听话人许可。例(46)前两个"能"分别表动力与道义情态，第三个"能"表达认知情态意义，表示客观可能性，说话人对命题为真的可能性作出推测，对"必须敬笑面天王曹晋"这一事件成真必然性的推测。前两个例句中的"能"与第三例前两个"能"，自然都可以用"X 不 X"提问，问题是第三例的第三个"能"，也可以"X 不 X"提问，只是接受度不太高。

那么，为什么会存在上述句法功能的差异呢？关于这一点，将动词、助动词、副词乃至同形单词"要"一起加以比较，就可以得到进一步验证。例如：

(47) 爱不爱去、想不想去、喜欢不喜欢去　你要^{1}不要我回避？
能不能去、敢不敢去、应该不应该去　你要^{2}不要再看看？
＊刚不刚去、＊都不都去、＊马上不马上去　＊天要^{3}不要下大雨？

"要^1"和"爱、想、喜欢"都是谓宾动词，"要^2"是助动词，"要^3"是时间副词。"能、敢、应该"和"要^2"都是表动力或道义情态的，当然都可以用"X 不 X"提问，但"要^3"是表"即将"的时间副词，与副词"刚、都、马上"一样，都就不能用"X 不 X"提问，这就表明"要^3"已发生了质变。可见，"X 不 X"正反提问格式的接受度高低，在大多数情况下可以用来证明助动词的能动性、使动性、影响性的高低，尽管"要、能、会"表示认知情态构成状中结构时，也勉强可以用"X 不 X"正反格式提问，只是接受度相对不高而言。

四、粘宾动词与摹状副词

除了助动词,现代汉语“X 于/以”类单词,也存在着类似的现象。

4.1 “X 于”类词

张谊生(2000:26)《现代汉语副词研究》曾经提出“敢于、善于、擅于、勇于、急于、疲于、乐于、长于、倦于、苦于”跟“擅自、大肆、大力、全力”一样,都是描摹性副词,所以,进而指出由这些“X 于”单词构成的“X 于 VP”都是状中短语。然而,现在运用“X 不 X”方式验证就可以发现:当时这一观点是不准确的。因为“擅于、乐于、急于”等词与描摹性副词“擅自、全力、黯然”的变换适应度,是完全不一样的。例如:

(48) 擅于不擅于理财　乐于不乐于助人　*擅自不擅自决定　*全力不全力相助

也就是说,由原介词前附谓词而导致分界转移、逐渐与谓词凝固为双音节的这类“X 于”单词,目前总体上还是处在粘宾动词的阶段,其副词化历程正处在起步阶段,绝大多数还没有完成①。所以,《现代汉语副词研究》(2014 修订版)已做了调整,将大多数“X 于”从描摹性副词中删除了。实际上,语言是在不断发展的,纠正先前的失误之后,我们发现,其实问题并没有这么简单,除了粘宾动词以外,当代汉语已存在着少量“X 于、X 以”类副词。

现代汉语中“动/形 + 于”跨层结构化形成的“X 于”类双音节词主要是动词,另外还有副词,如“敢于、便于、难于、过于”等。

“敢于”在《现代汉语词典》第 7 版中的释义是:动词,有决心,有勇气去做或去争取。句法上,“敢于”是个形式动词,后面必须要跟宾语。从检索到的语料看,“敢于”可以用肯定否定相加的形式表示疑问,即能进入“X 于不 X 于”结构。例如:

(49) 大家一致认为,六项措施既符合四中全会精神,又适合国企实际情况,充分体现了尖草坪区检察院为国企改革和发展服务的自觉性,表明了全院上下“敢于打击、敢于保护、敢于服务”的坚强信心和

① 其实,其中的“苦于”已经并且正在副词化,因为一般情况下现在已经不能说“苦于不苦于”。

决心。(《科技文献》2010 年 3 期)

(50) 衡量包容与否的标志是"你敢于不敢于、能够不能够包容所谓'异类'？关键是包容不同思想，包容奇特的东西"。"从一定意义上说，包容异端才是包容的真谛。"(《常修泽：中国新战略：包容性的"五环改革"》，人民网，2014－01－09)

(51) 谈起成本，不仅是一笔经济账，同时也是一笔政治账。公职人员在办理公务时，敢于不敢于向享乐主义开刀，这是衡量公职人员素质高低的一杆重要标尺。(《衡量车改成败的"秤"应交给公众》，红网，2013－03－18)

"便于"在《现代汉语词典》第 7 版中的释义是：动词，比较容易做某事。句法上，后面必须要跟谓词宾语。从检索到的语料看，"便于"可以用肯定否定相加的形式表示疑问，即能进入"X 于不 X 于"结构。例如：

(52) 汕头海关还设立了"便于知情、便于办事、便于监督"的"阳光窗口"。在繁忙的通关现场，记者看到报关员随时可以通过触摸电脑屏，了解最新政策法规及报关单证的处理情况等动态信息，为企业打开了一个透明的电子窗口。(《人民日报》2003 年)

(53) 翁超讪讪地笑道："这次只有叫他们空等了。"李中元忽然道："我想会会他们二帮的大爷，你便[于]不便于安排?"(东方英《霸海心香》)

(54) 至于一些设施建设该如何建设，是不是科学、便[于]不便于管理以及该怎么管理，相反研究得不深，考虑得不细，甚至一些还沦为形式上的"政绩工程"。(《评论：便民设施不能总是"一建了之"》，人民网，2015－01－12)

"难于"在《现代汉语词典》第 7 版中的释义是：动词，不容易；不易于。句法上，后面必须要跟谓词。目前，检索全部语料，"难于"还没有可以用肯定否定相加的形式表示疑问①。例如：

(55) 中国人历来、凡事都讲究含蓄，崇尚典雅。尤其是对这种事情，不论在什么人面前，都是难于、羞于启齿的。因此即使是在科学昌

① 根据研究，跟"过于、终于"一样，现代汉语"难于、羞于"，其实也已经并且正在副词化。

明的今天,传统仍然使许许多多从事青春期教育的教师、应该更多承担这方面教育责任的父母都不能把这方面的知识讲明白、说到位。(《科技文献》2010 年 2 期)

(56) 他(她)们同时也存在着诸多障碍,主要是社交沟通障碍,导致社会适应困难。严重的会导致无法独立生活学习和工作,难于自食其力。(《"自闭症=天才"? 真相并不是你想的那样》,人民网,2017-09-06)

(57) 绝大多数人都有善的天性,每个社会都有大量的善人善行,但是如果没有精神构建,这一切就会像荒山中的香花,污淖中的嘉禾,不成气候,难于收获,连它们自己也无法确认自己的价值。(余秋雨《关于善良》)

"过于"在现代汉语中是程度副词,用在形容词或表示心理状态的动词前面,在句中做状语,表示程度深或数量过多。"过于"位于谓词性成分的前面,这是副词出现的典型位置。例如:

(58) 良嗣作为本朝的全权大使,是整个宋金交涉的见证人,最清楚其中的过节与甘苦。但他的这个估计也过于乐观了。(赵益《宋:西风凋碧树》)

(59) 不过,这些特点中的第一个特点相当迅速地消失了,因为据报上说,戈达尔不久便"面对敌人"而死,虽说他没有离开过巴黎,实际上是因年老过于劳累,不久以后维尔迪兰先生也随之而去。(普鲁斯特《追忆似水年华》)

(60) 官廷诗人和说故事者们把这些传说加进了他们的圣杯故事情节里。不过,这些更古老的传说却通过一代代人的口耳相传,流传了下来,并且实在过于有名,过于"经受了种种考验而不衰"。总之,它们过于为众人所熟知,因此使 12 世纪末克雷蒂昂所属的那个传奇文学圈子里的作家产生了创作冲动。(石康《失落的约柜》)

4.2 "X 以"类词

现代汉语中活跃着许多"X 以"类双音词,因此,对"X 以"中具有代表性的几个词语加以探讨,如"加以、予以、足以、难以",它们不能单独做谓语,后面一般接谓词性成分。

"加以"既具有形式动词的特征,又有连词功能。在句法结构中,充当形式动词时，必须接谓词性宾语；做连词时，连接句子成分，表示进一步的原因或条件。“加以”不能用肯定否定相加的形式表示疑问，即不能进入“X 以不 X 以”结构。例如：

（61）为了强化执法监督，汕头海关坚持走出去请进来相结合，通过征询关风关纪监督员和社会各界对海关工作效率和廉政状况的意见和建议，有针对性地加以改进。（《人民日报》2003 年）

（62）知识经济时代是“顾客选择企业”的时代，要做到不流失顾客，就必须把顾客服务作为一种特殊的“情绪式劳动”加以重视。（《科技文献》2009 年 4 期）

（63）但是春节后，由于旅客返程时间过于集中，加以东进南下的民工流猛烈冲击，近几天客流量以每天 30 万人次的幅度增长，2 月 16 日全路发送旅客已高达 392 万人次，南方许多车站旅客爆满，拥挤不堪。（《人民日报》1994 年）

（64）当时所造的房子都是方形，左右都留出很大的空地，种植各种花树。上海的泥土本来很肥沃，因此一种下去便十分繁盛，加以上海的天气很好，一年之中，晴明的日子为多，所以环境非常舒服。（杨扬《出卖上海滩》）

“予以”在《现代汉语词典》第 7 版中的释义是：动词，给以。其后加谓词性成分，通过检索语料，但是“予以”不能用肯定否定相加的形式表示疑问。例如：

（65）从 2007 年 1 月 1 日开始，普查员将深入您的家庭或您的单位进行访问调查，了解您一年来的生产经营情况，我们的普查员将佩戴证件到您家里或您的单位进行现场调查。请您务必予以支持，抽出时间接受普查员的访问，并如实提供相关信息。（《福建日报》2006 年）

（66）面对胡适等人的“挑战”，国民党方面立即行动起来，上海、北平、天津、青岛、江苏、南京等省市的党部一哄而上，群情激愤地要求“严惩竖儒胡适”、“查办丧行文人胡适”、“缉办无聊文人胡适”，后由教育部发出“训令”，对胡适予以警告。（王彬彬《往事何堪哀》）

（67）我们要大力倡导优良作风，对一切不符合党的事业发展要求、不符合人民根本利益的不良风气,都应予以批评。对于以权谋私、贪赃枉法等典型的腐败行为和腐败分子,要通过公开报道或内部参考报道坚决予以揭露。(《科技文献》2010年4期)

"足以"在《现代汉语词典》第7版中的释义是:动词,完全可以;够得上。"足以"表示目的条件充分达到。从检索到的语料看,"足以"可以用肯定否定相加的形式表示疑问,即能进入"X以不X以"结构。例如:

(68) 虽然丁立人遗憾地与冠军擦肩,但他本届世界杯的表现已经足以载入中国国象的史册,而他获得的棋王候选人赛入场券,分量也丝毫不亚于世界杯的冠军。(《国象世界杯丁立人遗憾得亚》,人民网,2017-09-28)

(69) 人可能更加关注它对于前代的提升,这些提升足以不足以打动消费者,用户为这些提升点支付值不值得,如果没有达到用户需求,用户可能掉头去选择上一代产品。(《热门升级换代手机推荐》,人民网,2013-09-17)

(70) 理想很丰满,现实很骨感,社会的信任基础,足以不足以支撑大众对潜规则的怀疑?中国式高考日渐丰富的改革内涵,又能否回归和重塑教育的理想本源?(《高考已经改变的和将要改变的》,人民网,2013-06-03)

"难以"在《现代汉语词典》第7版中的释义是:动词,难于。句法上,后面必须要跟谓词宾语。检索全部语料,"难以"还没有可以用肯定否定相加的形式表示疑问。例如:

(71) 皮罗斯人把他们国王的儿子安提罗科斯的尸体抬回战船,将他安葬在赫勒斯滂海湾的海岸上,年迈的涅斯托耳强忍着悲痛,但阿喀琉斯的心情却难以平静,他对朋友的死感到悲愤。(施瓦布《希腊神话故事》)

(72) 那时我是一个普通人,再过三年,走在大街上都不会有人认出来,这您可能觉得难以置信,现在的人民对于历史上的个人是很健忘的。(刘慈欣《中国2185》)

(73) 我单位自新《条例》颁布施行以来仍沿用以前的产假办法,联社仅给予女职工90天产假,连国家规定的基本产假天数都不够,此时孩子还正处于哺乳期,难以离开母亲的照看,加之地处农村,交通不便，既要上班又要照顾尚处哺乳期的孩子的话实在身心疲惫，难于应对。（《网友给甘肃省委书记、省长留言获回复 共计27条》，人民网，2017－09－07）

所以，可以肯定"难以"现已转化为否定副词了①，"难以Vp"显然已经是状中短语而不再是述宾短语，一项重要的鉴别标准就是："难以不难以"在现代汉语中已经绝迹②。

总之，由原介词"于/以"前附而导致分界转移、逐渐与谓词凝固为双音节单词"X于、X以"，虽然目前大多还处在粘宾动词、形式动词阶段，但其副词化历程已经开始，有一小部分正在甚至已经副词化了，表明从述宾到状中关系的演化，也是个不断演化的连续统。

五、结语与余论

综上所述，归纳如下。首先，根据汉语助动词表示的三种情态，可以将其分为：动力情态类、道义情态类、认知情态类；说话人在表达各种不同情态时，"助动词＋动词"的句法功能也会有所不同。其次，讨论"单/多义助动词＋动词"的结构关系，通常情况下可以通过助动词的情态性质以及对助动词用"X不X"提问式来鉴定。最后，考察了现代汉语"X于/以"类单词，大体上还是处在粘宾动词的阶段，其副词化历程正处在开始阶段，大部分还没有完成，说明从述宾到状中的演化是个连续统。

由于汉语基本上没有形态变化，汉语句法结构的语法化，虽然都会不断地从一种结构关系朝另一种更虚化的结构演化，但由于形式滞后效应的存在，经常会出现表层形式不变、深层关系已经转变的情况。由于新用法形成后，旧用法一般不会消亡，句法功能与结构关系会呈现出阶梯式分布。所以，"助动词＋谓词"是表层形式不变、深层结构的改变，都是重新分析的结果。换句话说，认为语义重心在前就是述宾，语义重心在后就是状中。这就导致对"助动词＋谓词"的句法功能一直存在不同的认识。而且，从历时演

① 参看张谊生（2015）对"难以"的相关研究。

② 现代汉语中，还有其他一些副词性的"X于"，比如"过于""苦于"等，也不合乎"X于不X于"。

变的语法化角度来看,与粘宾动词不同,助动词比较特殊,正处在述宾向状中演化的过渡阶段,有些情况下助动词不同的表达功能,虽然会影响其句法功能,导致结构关系不同,主要是用"X 不 X"格式鉴定,却并没有明显的差异,只是接受度的高低有所不同。例如:

(74) a. 他这次伤得这么严重,现在还能走吗?——动力 →还能不能走?

b. 这条道上次被拦上了,现在还能走吗?——道义 →还能不能走?

(75) a. 你估计,今天晚上这几个孩子会不会表演?(问有没有这个能力)——动力

b. 你估计,今天晚上这几个孩子会不会表演?(问有没有这个可能)——认知

两个"能走"和两个"会不会",情态功能并不相同,按理说,句法上应该分别属于述宾与状中,但是都可以用"X 不 X"来提问。这很可能是因为由于句法结构关系演化的渐进性,各个助动词在具体表达中的情态功能与能动性特征并非总是完全对应的。这就表明:正反提问格式的鉴定功用也只能相对有效,尤其是对于正在演化过程中的单音节助动词"要、能、会"而言。所以,相关的现象与鉴别方式,还值得进一步深入研究。

总而言之,关于汉语"助动词+谓词"以及粘宾动词历时演化的研究应该重视共时和历时相结合,应当树立起联系的、发展的、动态的研究观点。我们对此种现象必须细致观察,深入分析,不但要借助切实可行的理论为指导,而且要注重具体语言事实的调查。在自然语言里,从述宾到状中是一个连续渐变过程①,而"助动词+谓词"及"X 于、X 以"类动词又恰恰处在这一过程的边缘地区。

参考文献

北京大学中文系汉语教研室(2004)《现代汉语》,北京:商务印书馆。

---

① 举个例子,"在 V"在古代和近代汉语中,基本上都是述宾结构,而发展到现代汉语,几乎都是状中结构。问题是有些"在 V",譬如"在逃、在押"在述宾结构时就词汇化了,所以必须分析为述宾式单词。

陈光磊(2001)《汉语词法论》,上海：学林出版社。

董秀芳(2006)古汉语中动名之间“于/於”的功能再认识,《古汉语研究》第2期。

刘红妮(2011)“加以”的多元词汇化与语法化,《语言科学》第6期。

刘　坚(1960)论助动词,《中国语文》第1期。

彭利贞(2007)《现代汉语情态研究》,北京：中国社会科学出版社出版。

邵静敏(2007)《现代汉语通论》(第二版),上海：上海教育出版社。

沈家煊(1994)“语法化”研究综观,《外语教学与研究》第4期。

熊　文(1992)助动词研究述略,《汉语学习》第4期。

徐　杰(2006)句子的中心与助动词占据的谓头语法位置,《汉语学报》第3期。

周有斌(2010)《现代汉语助动词研究》,合肥：安徽大学出版社。

朱冠明(2005)情态与汉语情态动词,《山东外语教学》第2期。

张谊生(2000)《现代汉语副词研究》,上海：学林出版社,2000;《现代汉语副词研究》(修订版),北京：商务印书馆,2014。

——(2010)语法化现象在不同层面中的句法表现,《语文研究》第4期。

——(2015)从介词悬空到否定副词——兼论“无以”与“难以”的共现与趋同,《语言教学与研究》第4期。

张志公(1982)《现代汉语》,北京:人民教育出版社,1982。

赵元任(1979)《汉语口语语法》,吕叔湘译,北京:商务印书馆。

中国社会科学院语言研究所词典编辑室编(2016)现代汉语词典(第7版),北京：商务印书馆。

朱德熙(2003)《语法讲义》,北京:商务印书馆。

(200234　上海,上海师范大学语言研究所　yingshen@ shnu. edu. cn)

话题：汉语句子结构的一种基本成分

卢英顺

提要 如何分析汉语句子的结构，学术界众说纷纭。文章从不同方面检讨了既往分析存在的种种局限，从而主张，应该区别话题和主语，但不主张话题兼主语说；而且应当把话题看作汉语句子结构的一个基本成分，而不单纯是语用平面的一个概念。汉语的句子结构可以描写为：句子→话题(，) + 子句$_1$ + （子句$_2$）+ ……。所谓的名词性谓语句宜直接分析为“话题-说明”关系而不是“主语-名词性谓语”关系。

关键词 话题；主语；句子结构

一、引　　言

汉语句子结构成分，一般的说法是有六大成分，即主语、谓语①、宾语、定语、状语和补语，其中前三者为句子的主要成分②，后三者为句子的次要成分。其实这六大成分不在同一个层次上。胡裕树(1981)[373]在此基础上又提出了句子的几种“特殊成分”，包括全句的修饰语、提示成分和独立成分三大方面。自胡裕树和范晓(1985)《试论语法研究的三个平面》发表之后，汉语中又多了个“话题/主题”的概念。其实，“话题”这一概念，赵元任(1979)[45]

---

① “谓语”这一术语在传统语法中指的是谓语部分的核心，即其中的动词；而在结构主义引进汉语语法之后，谓语则相当于传统语法所说的整个谓语部分。为了避免表述上的混乱，下面我们在论及句子的几大成分时用“述语”代替“谓语部分的核心”。这一成分，有的称之为“谓语动词”，这样的称法不够严谨，因为汉语中有些形容词也能带宾语。

② 起初，宾语与定语、状语和补语一样也被看作连带成分或次要成分，在20世纪80年代汉语析句方法讨论之后，一般把宾语看作句子的主要成分之一。

就已提及："在汉语里，把主语、谓语当作话题和说明来看待，较比合适。"这样，关于主语和话题之间的关系在汉语语法学界就有了不同的看法。大致可归纳为以下三种：

第一，主语 = 话题（没有"话题"概念，一般看法）；

第二，主语 = 话题（没有"主语"概念，赵元任 1979）；

第三，主语和话题并存（Li 和 Thompson 1983；三个平面理论）。

三个平面理论中虽然有"话题"这一概念，但这只是语用平面的术语，并没有像主语、述语、宾语等那样把它看作句子结构的一种基本成分。

本文主张，汉语句子的基本结构是：

句子→话题（，）+ 子句$_1$ +（子句$_2$）+（子句$_3$）+ ……

子句①→主语 + 述语 +（宾语）

子句→主语 + 述语 + 宾语$_1$ + 宾语$_2$

子句→主语 + 述语 + 补语

……

汉语中的话题可以看作语法化②了的成分，是句子结构的一种基本成分，不是特意从语用平面分析的结果。

二、既往对句子结构分析的不足

关于汉语句子的主语问题学术界一直有不同的看法。主要体现在以下三个方面：一是如何确定主语的问题；二是要不要主语这一概念问题；三是主语和话题的关系问题。关于主语的确定问题，早期根据的是意义标准，即相关名词性成分是否为动作的施事，卢英顺（2005）[93-94]有所论述，此不赘述。

2.1 主谓谓语句范围的无限扩大

在结构主义分析方法的影响下，汉语句子主语的判定又走向了纯形式主义的判定方法，即位于动词前的名词性成分都是主语，加上结构主义的二分法，在汉语中就形成了主语的层层套叠现象，最多的，一个句子可以有五

① 为了叙述的方便，本文所说的子句不限于一般所说的分句或从句，还包括单句。其实按照我们现在的看法，称作子句也很合理。

② 这里的"语法化"指的是从语用成分固化为语法成分。

个主语,如"这事儿我现在脑子里一点印象也没有了"(吕叔湘 1979)。这势必会造成主谓谓语句范围的扩大,其后果就是"出现严重的句型交错"(胡裕树 1982),同时也"掩盖了不同句首名词的重要语法性质差别"(石毓智 2001),不利于语法研究的深入,请看下列句子:

(1) 在日常工作中,我总是对他有一种很明显的倾向,有些事情$_1$他$_2$也不避讳我。(张继《一个乡长的来信》)

(2) 那天晚上$_1$他$_2$回家把自己听懂的意思给爹讲了,廖老七听后两眼放光。(周大新《向上的台阶》)

(3) 银杏树$_1$现在$_2$叶子$_3$已经黄了,非常好看。

(4) 小李$_1$今年$_2$十八岁了。

上述句子都是主谓谓语句,相应名词的下标表示不同的主语。这些句子虽然都是主谓谓语句,但内部其实不一样:例(1)和例(2)是动词性谓语句,例(3)是形容词性谓语句,例(4)是名词性谓语句;就是例(1)和例(2)之间也不一样。可见,笼统地称之为主谓谓语句就会抹煞其内部差异,不利于分析的深入。

2.2 单句与复句的纠纷

不仅如此,像下面的句子是单句还是复句都存在争议:

(5) 这本书内容丰富,文章也生动。

例(5)一般会被看作并列关系的复句。但张静(1984)认为这是"复句形式作谓语的单句"。这种观点乍看似乎有点奇怪,实际上并不奇怪,按照直接成分分析的二分法,既然"这本书"分析为主语,那其余的部分(内容丰富,文章也生动)自然是谓语,整个句子只有一套主谓结构,当然是单句。这种情况下如果把例(5)看作复句,就等于说一个句子是单句还是复句要看其谓语类型,这明显违背汉语句子的分类:一个句子,首先看它是单句还是复句,然后才进行各自的下位分类,单句根据其谓语的功能特点来分,复句根据其分句之间的关系来分,如胡裕树主编(1981)[347]。而事实上,把例(5)看作复句的,无非是认为后一分句的主语承前省略了。省略就可以补上,然而后一分句补上"这本书"就成了例(5')这样,显得不自然:

(5') ?这本书内容丰富,这本书文章也生动。

综上不难看出,例(5)无论分析为复句还是分析为单句,都存在各自的问题。

2.3 难以解释一些动词的配价增值现象

卢英顺(2003)指出,"把"字句中会出现动词配价增值现象。"所谓'配价增值',指的是把字句中的核心动词或动词短语所能带的配价成分(即动词的动元)比在非把字句中所能带的配价成分要多。"例如:

(6) 这样的柔软和温暖啊,呻吟般的歌声把风景停泊在海湾,波浪徐徐地来来去去,天地间,只有水,水啊,水啊,我是水,你也是水,水和水在一起,还是水,只能是水,永远是水。(百合《这样一种关系》)(卢英顺2003例)

卢文指出,"停泊"是一价动词还是二价动词,也许因人而异,但肯定不超过二价,如"那艘舰艇停泊在港湾"。可是在上述例(6)中,"停泊"的配价成分除了"风景"和"在海湾"外,还有"呻吟般的歌声",这个配价成分在非把字句中是不能出现的。按照如今的构式语法的说法,似乎可以说这是构式的作用。但问题是:为什么把字句构式就能出现配价增值现象呢?

其实类似的配价增值现象并不限于把字句,如:

(7) 老李,我认识他。

(8) 中国四大古典名著我看过《红楼梦》和《三国演义》。

(9) 五个苹果烂了两个。

例(7)中的"认识"和例(8)中的"看"都是二价动词,例(9)中的"烂"是一价动词,但它们都多出了一个名词性成分;而且从动词的配价成分来说,"老李"可以是"认识"的动元,"中国四大古典名著"可以是"看"的动元,"五个苹果"可以是"烂"的动元。这些都可以从它们的变换形式得到验证:

(7') 老李我认识。/我认识老李。

(8') 中国四大古典名著我看过。/我看过中国四大古典名著。

(9') 五个苹果烂了。/烂了五个苹果。①

上述现象表明,汉语中的很多句子,其中的动词在格指派上就多指派了一个;因为动词只能直接指派主语和宾语的格,考虑到双宾语的情况,一个动词最多只能直接指派三个名词性成分,就是说,在一个动词性谓语句中,只有主语和宾语成分不需要通过介词引介,其他名词性成分一律通过介词

---

① 这两句与原来的句子意思不一样,但同样能说明"五个苹果"是"烂"的配价成分。

引介。而上述例(7)至例(9)中的句首名词性成分,一不能分析为宾语,二没有介词的引介,其实也不能加相应的介词,所以并非省略了介词。因而这种句法结构特点不符合格角色的指派规则。那么能否说这是汉语语法的特点呢? 似乎不宜过早地下这样的结论。

2.4 对"王冕死了父亲"的分析问题

"王冕死了父亲"这句可以说是汉语语法研究的经典例子。有关其生成机制,学术界众说纷纭。有的在生成语法理论框架下从转换/移动的角度进行解释,如沈阳(1995);有的运用配价理论对其进行解释,如袁毓林(1994)认为这与"父亲"是一价名词有关,即"父亲"具有一个配价成分"王冕"。针对上述两种思路,沈家煊(2000)指出了他们各自难以解释的现象: 转换说无法解释"他的孩子哭了"为什么不能转换成" * 他哭了孩子",配价说不能解释为什么"他飞了一只鸽子""他死了四棵桃树"这样的句子,因为我们很难说"鸽子""桃树"也是一价名词。沈文进而提出"句式配价"的概念,认为"王冕死了父亲"这一句式之所以能带两个论元,与该句式的整体意义有关,这一整体意义是"强调王冕因父亲去世而损失惨重"。沈家煊(2006)又提出"糅合说",认为这一句式是"王冕的父亲死了"和"王冕丢了某物"这两个句子糅合的结果。高顺全(2019)对此提出了中肯的批评。

我认为,上述种种分歧的根源与对汉语的主语的认识有关,而其中关键的因素有两点: 一是主语和话题的关系问题,二是主语和语义角色的关系问题。由于这两个认识问题没有澄清,这种本来不一定那么复杂的问题变得十分复杂化;不同学者提出的解决方案都难以令人满意。

2.5 几种棘手的句子分析

试分析下列句子:

(10) 美女总裁　看见我就脸红。(谁脸红?)

(11) 他不知去哪儿了。(谁不知?)

(12) 这把刀我用它切肉。

(13) (小乖乖对她妈妈说)你不许有和杨大结婚的念头。(《绝密狙击》第22集)(谁不许?)

例(10)中,到底谁脸红? 例(11)中,谁不知? 例(12)中,"这把刀"和"它"都是"切"行为的工具成分,然而它们又处于不同的句法位置,不符合题元角色指派规则。例(13)中,谁不许? 所有这些问题都与对主语和话题的认识有关。以例(10)为例,如果把“美女总裁”看作主语,脸红的一定是美女总裁,即“美女总裁看见我就脸红”;如果把“美女总裁”看作话题则有两种可能的理解,即“美女总裁,(她)看见我就脸红”或者“美女总裁,(我)看见(她)我就脸红”。这是因为主语和宾语都可以承前面话题而省略,主语可以蒙后句省略。

2.6 内嵌句中的话题问题

汉语中我们还看到一些内嵌句带有明显的话题。例如:

(14) 我清楚地记得,那两棵树,一棵粗,一棵细。(迟子建《别雅山谷的父子》)

(15) 葛一枪说只要在山里,枪就不能离身,枪里得上一颗子弹,万一碰到黑熊和狼,赶上它们脾气坏,就得动家伙!(迟子建《别雅山谷的父子》)

例(14)和例(15)中的画线部分,按照我们的分析,其中的“那两棵树”和“它们”是话题。值得注意的是,这些画线部分都是内嵌句。如果把话题仅仅看作语用平面的概念,那么我们就无法解释内嵌句中为什么会有话题。

三、我们对句子结构的新看法

我们以为,上述汉语句子分析的种种问题都与学界对汉语句子结构的看法有关,只要我们改变传统的观念,上述问题都可以得到比较圆满的解决。

我们对句子结构的新看法包括两点:一是区别话题和主语,这是三个平面理论的共识,但我们对话题和主语的关系有自己的看法;二是话题应该看作句子结构的一个基本成分,而不仅仅是语用平面分析的结果。

3.1 话题和主语的关系

在区别话题和主语的前提下,学术界对这两者关系的看法也不一样。一般认为,施事做话题的时候,是兼做主语的;但对受事或其他语义角色充当话题的,在句法上是什么成分或者要不要在句法上给它一个名目都没有明确的说明。例如:

(16) 老张看完了那本书。

(17) 那本书,老张看完了。

例(16)中的"老张"是语用平面的话题,这点是大家公认的;在句法平面,普遍的看法是它是主语,如汤廷池(1979)、胡裕树(1982)等。所谓的"话题兼主语"的说法指的就是这种现象,Li 和 Thompson(1983)[92]也是这种看法。但卢英顺(2000)认为,例(16)中的主语其实是承其前的话题"老张"省略了。借用生成语法理论中深层结构概念来说,例(16)的深层结构实际上是:

(16') 老张$_i$ e_i看完了那本书。

这样看的话,就不存在话题兼主语的现象,所谓的话题兼主语只是一种假象。

例(17)中的"那本书"是语用平面的话题,对这点学界也没有什么异议;但在句法平面它有没有个身份,大家语焉不详,观点不一。普遍的看法是宾语"话题化"①了。那么,话题化了之后呢?要是给它一个句法身份,是宾语还是主语?这种现象是话题兼主语呢?还是话题兼宾语?如果都不是,那在分析方法上与例(16)就不一致。如果对其句法身份不闻不问,这与对例(16)的处理方法也不一致。卢英顺(2000)对此做了中肯的批评,并且指出,"主题是在动态运用过程中直接选择出来的,因而不存在移动问题",也就不存在一般所说的话题化的问题。例(17)中的"那本书"作为话题,是直接选择的结果,"看"的对象承话题省略了,更加明确的表示就是:

(17') 那本书$_j$,老张看完了 e_j。

根据这种分析,"那本书"在句法上是什么身份问题就不用纠结了,而且例(16)与例(17)也得到了统一的分析,避免了分析方法的不足。本文赞成这种分析,因此,就话题和主语的关系而言,它们实际上不存在重合的问题,也就没有真正意义上的话题兼主语现象的存在。

3.2 话题应该看作汉语句子结构的一个基本成分

其实,胡裕树(1982)早就认识到汉语句子中某些话题的独特性,他认为下列句子的"句首名词性成分是句子的外层结构,后边出现的主语和谓语是句子的内层结构成分":

(18) 这件事我不怪你。

---

① 宾语话题化的说法潜藏着转换的观念,即深层结构中的宾语到表层结构变成了话题。如果没有这样的观念,又是从什么角度说某某成分是宾语呢?

(19) 三十六计走为上计。

例(18)中的"这件事"和例(19)中的"三十六计"属于句子的外层结构。①

我们赞成胡先生对"外层结构"的认识,但在具体看法上与胡先生有所不同,主要有这么几点：第一,如上所述,我们不主张话题兼主语说,并且认为所有的话题[不限于例(18)和(19)这种情况]都是句子的外层结构;第二,话题成分不是游离于句子之外的成分,而应该看作汉语句子的一种基本结构成分。

明确上述观点以后,我们可以回过头来看看本文前一节提出的种种问题是如何解决的。

3.3 我们对上述种种现象的处理

由于区别话题和主语,这样就可以把很多原来认为是主谓谓语句的句子从中排除出去,因而会大大缩小主谓谓语句的范围。对此,本文不准备细说。接下来我们主要讨论两个问题。

一是配价增值问题。有些句子的配价增值现象可能是构式的作用,如"把"字句;但另外一些句子的配价增值现象似乎不宜看作是构式的作用,如前述例(7)至例(9)。为了阅读的方便,我们重新编号,并做讨论。

(20) 老李,我认识他。

(21) 中国四大古典名著我看过《红楼梦》和《三国演义》。

(22) 五个苹果烂了两个。

例(20)中的"认识"是二价动词,它的两个动元"我"和"他"都已在句子中出现,根据题元指派规则,不可能再出现"老李"。但根据我们的看法,"老李"是话题,是句子的外层成分,它不占据论元的位置,所以不是增值出来的配价成分。例(21)类似,"看"是二价动词,其真正的配价成分是"我"以及"《红楼梦》和《三国演义》","中国四大古典名著"是纯话题成分。例(22)中的"烂"是一价动词,表面上看它带两个名词性成分"五个苹果"和"两个",所以就很有可能被看作是构式的作用。我们认为实质不然,"五个苹果"是

---

① 胡先生该文所说的外层结构包括例(18)和例(19)这种情况,但不限于此,句首修饰语(以前,我的话他当作耳边风)、提示语(老李,昨天在厂里他跟我谈起过这个问题)都属于句子的外层结构。

话题,不是配价成分。这句与下面要讨论的“王冕”句属于一类,我们将详细讨论这类句子。

二是“王冕死了父亲”中“死”到底是几价?根据我们的看法,“王冕”只是个话题,不是主语,它不占据论元的位置,因此像这类句子中的“死”之类仍然是一价。对其生成机制,如上所述,学术界莫衷一是。我们基本赞成高顺全(2019)的观点,他认为,“所有的‘NP_1 + Vi + NP_2’都可以抽象为‘焦点化’句式,因为这类句子的施事之所以后置,正是因为要把施事作为焦点来表达”,这种句式产生的“最直接的动因应该是语用的需要”。“王冕死了父亲”中“死”的配价成分只能是“父亲”,一般情况下会说成“王冕(的)父亲死了”,但为了凸显死的是“父亲”,句末常规焦点位置是很自然的选择。不过我们似乎不宜说“王冕”句是“焦点化”句式,因为句末焦点情况不限于“王冕”句。那么,为什么要选择“父亲”作为焦点呢?沈家煊(2000)指出,这是因为要“强调王冕因父亲去世而损失惨重”。其直接证据是“?王冕七十岁上死了父亲”的说法就难以成立。我们以为,“损失惨重说”就这一特定的例子来说应该是成立的,但不能说这是以“王冕”句为代表的句式的意义。沈文所举的“他来了两个客户”显然与“损失惨重说”不符。造成这种自相矛盾的根源在哪里?我们发现,学术界在讨论“王冕”句的时候,往往存在着不同层次的问题,一种是以“死”为动词构成的特定的句式,另一种是以“死”及其他同类动词构成的概括的句式。这种概括的句式就是一种构式,即“NP_1 + V_i + NP_2”。“王冕”句只是这种构式的一个例子。下面的例子同样不存在损失惨重的问题:

(23) 车把断了,左边的灯碎了块玻璃。(老舍《老舍选集》一)

(24) 屋内灭了灯。(老舍《老舍选集》一)

既然“王冕”句中“王冕”为话题,那么其后的成分自然是说明部分;因而说明部分所述说的内容自然与话题有关。这一点可以从省略NP_1之后“V_i + NP_2”单说不能成立得到验证,如“*死了父亲”“*碎了块玻璃”“*灭了灯”等。明确了这点之后,我们就能解释下面句子(源自沈文)的能说与不能说之原因了。

(25) 他飞了一只鸽子。

(26) 他来了两个客户。

(27) *他来了两个推销员。

（28）＊他哭了孩子。

例(25)和例(26)之所以能说，是因为“飞了一只鸽子”和“来了两个客户”都与“他”有关系，或者直接说“一只鸽子”和“两个客户”与“他”有关，这就是有的学者指出的 NP_1 和 NP_2 之间有领属关系。例(27)不能说，是因为“来了两个推销员”与“他”没有关系。例(28)之所以不能说，是因为这个特定的句子没有凸显“孩子”的语用需要，不像“死了父亲”，凸显“父亲”是为了强调这件事对“王冕”所造成的影响①。“孩子哭了”这件事对“他”并不会造成多大的影响。

这样看来，“$NP_1 + V_i + NP_2$”作为一种构式，它需要满足两个条件：一是由 V_i 指称的事件的发生与话题成分 NP_1 有关，二是这一事件的发生对 NP_1 所指称的对象有一定的影响，所以才需要放在焦点位置加以凸显。这两者是相互关联的。缺少第一点，不能构成话题和说明的关系；缺少第二点，没有必要让 V_i 唯一的配价成分 NP_2 处于焦点位置。因而“$NP_1 + V_i + NP_2$”构式的意义似乎可以概括为：该构式凸显由 V_i 指称的事件发生后对话题成分 NP_1 所指称的对象造成的影响。为了避免人们对其中 V_i 配价情况的错误认识，这一构式可以改写为：Top ＋ V_i ＋ NP。

综上所述，我们可以得出这样的结论：汉语句子的话题应该看作句子的一种基本成分，不应该看作单纯的语用平面的一个术语。其实，卢英顺(2000)已经流露出这一意思，只不过没有明确说出而已，该文对汉语句子结构的看法就是：Top ＋ S。石毓智(2001)指出：“篇章话语的句子的抽象格式为：[　]话题主语 ＋ 谓语动词 ＋ 宾语。”这两者对句子的线性序列的看法是一致的，但它们之间又有所不同，前者把话题看作句子的一种基本成分，而后者把话题看作篇章层次的成分。徐杰(2003)认为，主语和话题之间是交叉关系：“一个语法单位，可以同时既是话题，又是宾语。”这点与我们的看法不一样，我们认为话题和主语的重叠只是一种假象，与宾语重叠(即一般所说的宾语话题化)也是一种假象。值得注意的是，徐文虽然主张话题和主语是不同的语法范畴，但他并不认为汉语句首的名词性成分是话题，而是

① 沈家煊(2006)认为“王冕”句的产生动因是与相关的 ICM 有关，这有就事论事之嫌。比如我们可以说“张三死了孩子”，但很难说这件事使张三损失惨重。文中提及的“他飞了一只鸽子”更不能做类似理解。

主语,只是它带有话题特征[+TOP]。这点与我们的看法也不一致,我们认为话题是汉语句子的一种基本成分。

考虑到汉语句子多为流水句的特点,我们在卢英顺(2000)的基础上将汉语句子结构概括表示为:

句子→话题(,) + 子句$_1$ + (子句$_2$) + (子句$_3$) + ……

如果一个句子只包含一个子句,那它就是单句;如果包含两个或以上的子句,那它就是复句。

如果我们能够接受上述观点,前面提及的例(5)是单句还是复句的问题就能迎刃而解了:由于话题是句子的外层成分,不受句子中谓语核心述词(动词或形容词)的控制,所以在讨论一个句子是单句还是复句的时候,不用考虑话题,只看其后说明部分的结构特点即可。根据这一看法,例(5)无疑是复句,这也符合我们的语感。

不仅如此,我们也可以看出,有些句子看上去违背了题元指派规则,其实这只是一种假象,因为话题不是真正的论元,虽然有时候话题与句子中相关动词的某个语义角色有关,看上去像个论元。而像例(14)和例(15)那样的内嵌句中出现话题现象也就不足为怪。

四、汉语句子的其他结构

以上我们重点讨论了汉语中一般所说的动词谓语句和主谓谓语句的结构问题。众所周知,汉语中还存在形容词性谓语句和名词性谓语句,这些句子的基本结构成分可以表示为:

句子→话题(,) + 子句$_1$ + (子句$_2$) + ……

子句→主语 + 述语 + (宾语)

子句→主语 + 述语 + 补语

或者

句子→话题(,) + 名词性成分$_1$ +(名词性成分$_2$) + ……

子句以形容词为核心的句子如:

(29) 这院儿风水好。(荆永鸣《北京邻居》)

(30) (那老太太)姿态端庄,面容高贵。(荆永鸣《北京邻居》)

(31) 跳舞的人身材好,气质好。(赖妙宽《有时也会想念你》)

(32) 田福堂心里十分高兴少安找了个媳妇回来。(路遥《平凡的世界》)

(33) 他很气愤舅妈把一个清秀可爱的小姑娘弄得像个叫花子一样。(烈娃《老子革命多年》)

(34) (孩子)哭得惊天动地,刘清江慌得不知如何是好。(赖妙宽《有时也会想念你》)

(35) 弟弟生儿子他也很高兴,毕竟刘家后继有人。母亲更是神气得不得了。(赖妙宽《有时也会想念你》)

例(29)中,“这院儿”是话题,“风水”是“好”的主语;例(30)中的“那老太太”是话题,承前省略了,“姿态”和“面容”分别做“端庄”和“高贵”的主语;例(31)中“跳舞的人”是话题,“身材”和“气质”做“好”的主语;例(32)和例(33)中的“高兴”和“气愤”各自带了宾语(其后的画线部分);例(34)和例(35)中的“慌”和“神气”都带有补语。

卢英顺(1999,2005[67-68])主张把汉语中的动词和形容词①合为一类,这样,上述形容词作谓语核心的句子都可以合并到谓语核心为动词的句子中。这就是我们在上文用“述词”而没有用“动词”或“形容词”的原因。

话题后为名词性成分的句子如:

(36) 街头烧烤的情景,油烟子,声浪。(曹军庆《精神》)

(37) 肖立波,他们的师兄,后来的团长,他当时和吴生瑞结下了一生也解不开的仇怨。(曹军庆《精神》)

(38) (赌场里)赌客,放码钱的人,带刀护场子的人。赌桌上的现金,人脸上丰富的表情。(曹军庆《精神》)

例(36)中“街头烧烤的情景”是话题,其后的成分是对该话题的说明。例(37)中“肖立波”是话题,其后的画线部分是两个名词性短语,对该话题进行说明。例(38)表面上看似乎没有话题,实际上,话题是“赌场里”,其后的成分都是名词性成分,都是对赌场里情况的描述,是说明部分。

值得一提的是,以名词性成分为说明成分的句子是没有主语的,整个句子不是主谓结构,传统所说的“名词性谓语句”在本文这种观念下也就不复

① 这里的形容词是指一般所说的性质形容词;至于状态形容词,他主张从形容词这类独立出去,另立“状态词”一类。

存在;因为主语和谓语是相对而言的,没有了主语,也就无所谓谓语。

五、结 束 语

关于汉语句子的结构到底怎么分析,学术界众说纷纭,莫衷一是。本文从句首名词性成分主语说、某些句子的配价增值现象、"王冕死了父亲"之类句子的生成动因以及内嵌句中出现话题成分等方面检讨了既往分析存在的种种局限,从而主张,应该区别话题和主语,而且应当把话题看作汉语句子结构的一个基本成分,而不单纯是语用平面的一个概念。

本文还认为,话题虽然被看作汉语句子结构的一个基本成分,但还属于句子的外层成分,因而它并不占据其后子句中述词的论元位置,所以有些句子的配价增值现象只是一种假象;话题是在动态运用过程中选择的结果,是"第二次凸显"问题(卢英顺 2017),不存在移动或话题化的问题;汉语中也并不存在真正意义上的话题兼主语的现象,这也是一种假象。这样,汉语的句子结构就可以描写为:句子→话题(,) + 子句$_1$ + (子句$_2$) + ……;子句→主语 + 述语 + (宾语)等。既往分析中出现的种种问题因此便迎刃而解。对那些所谓的名词性谓语句而言,宜直接分析为"话题-说明"关系而不是"主语-名词性谓语"关系。而像"禁止吸烟"之类的招贴,可看作隐含了一个话题。

参考文献

高顺全(2019)也谈"王冕死了父亲"的生成方式,载戴耀晶主编,《语言的描写与解释——胡裕树先生诞辰90周年纪念文集》,上海:复旦大学出版社。
胡裕树(1981)《现代汉语》,上海:上海教育出版社。
——(1982)试论汉语句首的名词性成分,《语言教学与研究》第4期。
——,范 晓(1985)试论语法研究的三个平面,《新疆师范大学学报》第2期。
卢英顺(1999)汉语中的动词和形容词宜合为一类,《烟台师范学院学报》第2期。
——(2000)关于主题的来源问题,《阜阳师范学院学报》第6期;又载卢英顺(2005),《形态和汉语语法研究》,上海:学林出版社。
——(2003)把字句的配价及相关问题,《语言科学》第2期。
——(2005)《形态和汉语语法研究》,上海:学林出版社。
——(2017)《认知图景:理论构建及其运用》,上海:学林出版社:37。

吕叔湘(1979)《汉语语法分析问题》,北京：商务印书馆：20。

沈家煊(2000)句式和配价,《中国语文》第4期。

——(2006)“王冕死了父亲”的生成方式,《中国语文》第4期。

沈　阳(1995)名词短语部分成分移位造成的非价成分：“占位 NP”与“分裂 NP”,载沈阳、郑定欧主编,《现代汉语配价语法研究》,北京：北京大学出版社。

石毓智(2001)汉语的主语与话题之辨,《语言研究》第2期。

汤廷池(1979)《国语变形语法研究第一集：移位变形》,台北：学生书局。

徐　杰(2003)主语成分、话题特征及相应语言类型,《语言科学》第1期。

袁毓林(1994)一价名词的认知研究,《中国语文》第4期。

张　静(1984)《新编现代汉语教学自修手册》,上海：上海教育出版社：270。

赵元任(1979)《汉语口语语法》,北京：商务印书馆。

Li C N, Thompson S A. (1983)《汉语语法》,黄宣范译,台北：文鹤出版有限公司：92。

(200433　上海,复旦大学中文系　yingshun62@ sina. com)

论兼语式系统及其语义机制

张新华

提要 兼语式指一物 N1 以一定的方式 V1 控制另一物 N2 的行为 V2,V1、V2 构成一个整体行为。指令类兼语式指 N1 对 N2 在行为的意志环节加以影响,V2 具有即发性。容许类兼语式指 N1 以自身物质对 N2 的行为提供支撑,V1 带有动力情态的特征。操纵类兼语式(包括帮带、使成)控制度最高,帮带类指 N1 直接参与到 N2 行为的内部,V1、V2 具有伴随性;使成类指 V1 直接造成 N2 处于 V2 状态。文章还讨论了不同兼语式在信息结构上的差异。

关键词 兼语式;控制;指令;容许;操纵;信息结构

一、兼语式问题的复杂性

在汉语界,对两种语法现象的争论最剧烈: 话题、兼语式。表现在: 对其他现象,学者至少都承认它们确实存在,需要讨论的只是具体规律,而对话题和兼语式,其存在本身就被质疑。比之话题,否认兼语式的学者更多,早期如史存直(1954)、萧璋(1956)、张静(1977)、朱德熙(1985),近年如刘街生(2011)、苏丹洁(2012)。承认兼语式的学者中,对它到底包括哪些现象,争论也很大: 几乎找不到两家完全相同的。

本文试图论证兼语式存在的理据,并提出一个兼语式系统。基本出发点: 句式即特定的意义模式,一个句式之所以具有存在价值,最终根据是它编码了区别于其他句式的独特、统一的事件。兼语式有此资格。

1.1 关于兼语式的语法事实

这方面的争议主要体现在对兼语式 V1(即"兼语动词")的认定上。这是有道理的: 虽然形式上兼语式的支撑点是 N2,但决定整个结构体成立的根据是 V1: 有什么样的 V1,就构成什么语法内涵的兼语式。

下面三类接受面最广：1. 单纯致使：使、令、让，这种动词语义上的虚化，是轻动词性质的，N1 只能是指事件的小句或名词，论元角色是致事，而非施事；2. 指令：命令、派、催、哄，表通过言语或物理行为而使 N2 形成发出 V2 的动机；3. 容许：允许、叫、同意、保证，指 N1 在物质或意志上接受 N2 对 V2 的执行。下面七类认同度也较高：4. 喜好：喜欢、怪、感谢、祝；5. 帮助：护送、招待、供养、陪(着)；6. 安排：安插、介绍、召集；7. 选举：推选、任命、雇、娶；8. 称呼：称、骂、夸、叫；9. "有、没有、轮到"；10. "是"。

下面四类争议较大：11. 给予："送给你用"(吕叔湘等 1981，刘月华 1983)；12. 隐性使令："风吹着雪花满天乱飞"(丁声树等 1961，刘永耕 2000)；13. 结果："你气得他跑回去了"(陈一士 1957，孙银新 1998)；14. 说明："生了个女儿叫艾艾"(李临定 1986，Peng 2006)。

1.2 关于兼语式的句法属性

概括为六种观点：1. 宾语补足语，西方传统语法很早就有 accusative plus infinitive construction(宾语 + 不定式结构)的提法，汉语学者也有采用，如谭景春(1995)；2. 连动结构：Li 和 Thompson(1981)、朱德熙(1985)、刘街生(2011)；3. 小句宾语：吕冀平(1979)；4. 复句的紧缩：张静(1977)，杨成凯(1984)；5. 宾语控制结构(邢欣 1984，成镇权 2007)、例外格(ECM，杨大然 2006)、主语至宾语提升(胡波，文卫平 2007)。6. 只谈语义关系，回避句法结构。史有为(1988)认为"我喜欢他老实"可"暂时称作'双谓因果句'，避免纠缠于具体结构非此即彼的认定"。苏丹洁(2012)认为兼语句实际是七种构式：使令、致使因果、对象行为允禁、对象属性认定、好恶原因、行为协作、说明存在物之性状。该做法的价值是指出了形式的具体语义内涵，不足之处是随文释义，因为按此思路，V1-N2-V2 的"构式"是无穷无尽的："炒个菜下酒"是制成事物利用，"上广州开会"是到达地点活动等。缺乏对特定事件的涵括功能，构式也就不存在了。

1.3 兼语式的句式义及兼语式系统

本文认为，兼语式语法意义的核心是[控制](control)：本事物 N2 对其行为 V2 不能自主决定，而要由外物 N1 决定。V1、V2 各自都不指一个独立存在的动作，而是密切关联指一个有机统一的行为整体。比喻地说，兼语式是把单个事物的行为结构向外物拓展，或反言之，是把两个事物的行为压缩为好像一个事物。N1 指控制者，N2 指受控者；V1 指控制方式，V2 指受控行为。句法上,V1 居高位,是主动词;V2 居内嵌地位,是从动词。

不同兼语式区别的根据就在于 V1 对 N2 控制的具体方式及深度(关于控制度参王冬梅 2003),由此构成一个句式系统(施春宏 2017),分三类:1. 指令(directive),指意志启动:N1 用 V1 对 N2 的意志进行影响,促使后者决定发起 V2。2. 容许(permissive),指物质承载:N1 以自身物质内涵为根据而支持 N2 处于 V2。3. 操纵(manipulative),指物理控制:N1 用 V1 直接操纵 N2 对 V2 的执行,V1、V2 共享同一时间进程。项开喜(2002)认为兼语式是“双施力结构”,N1、N2 各指间接、直接施力成分,思路与本文相通。不同的是:[控制]的概括度更高,施力是控制的一种强动态形式,但并非各种兼语式都有施力性,如容许类。

根据[控制]可把一些 V1-N2-V2 排除在兼语式之外。“使”类,指纯致使,关联对象是两个事件,其后的组合对象是 N2-V2 整体,而非 N2 自身。喜好类,V1 对 N2 完全不发生控制关系,相反,V1 倒是由 V2 引起。若对[控制]做广义理解,则“有、轮到、是”可视为不典型兼语式。描述类的着眼点是 V2,从 V1 看,内部并不一致,其中有些属隐性使令,而后者仍需分别处理,详后文。

二、指令类兼语式

这即生成语法所谓“宾语控制结构”。本文采取该称谓,不过生成派的着眼点主要在形式(核心是 N2 的格推导),本文则赋予其事件结构的内涵。

2.1 施为性言语行为

在一般主谓结构中,事物对其行为是直接执行或处于的关系,不存在[控制]的语义环节。控制结构包括主、宾语控制两种,其事件结构都是:事物在发出实际物理行为 V2 之前,先形成一个过渡环节 V1。主语控制的主体是行为者本人,宾语控制则是自身之外的他物(张新华 2015)。指令动词构成的宾语控制结构是典型兼语式,核心特征是[意志性],所谓[下决心]-[做某事],即 N1 通过言语或物理行为 V1 而使 N2 形成发出 V2 行为的决心,通俗说,这即“决策者”与“执行者”的关系。[意志]是“人”这种事物在发出物理行为之前最基本的控制方式,人的心理活动分知识、情感、意志三种,只有意志指向行为。主/宾语控制在语义上具有平行性,很多动词同时有这两种用法。如，例(1)a是主语控制；例(1)b是宾语控制，即兼语式：

(1) a. 元振要求与杨帆对话。

b. 所长要求大家随身携带防身器具。

(2) a. 他坚持出兵迎战。

b. 蒋介石坚持红军设立政治训练处。

宾语控制表示把两个事物的行动整合为一体，主语控制则指在自身之内把一个事物分化为两个活动层次；反身代词即指后者采取了前者的形式，如"她命令<u>自己/他</u>坚持住"。

从意志影响看，指令动词的基本二分是言语行为和躯体姿态，前者更为重要，数量也多。这容易理解：言语是主体间传情达意的最基本方式。直接指言语的如"命令、劝、叫"自不待言，"派、促、拜托、批准"最终也是通过言语行为实现；躯体姿态类数量较少，如"引诱、暗示"。下面以言语动词为代表加以观察，这种兼语式的深层是个祈使句——祈使句的实质也即意志影响。

言语行为分对话和转述两种(张新华 2007)。对话类指令是直接以话主"我"为主语，受话"你"为宾语，后面带所指令的动作；"我、你"可省略。转述类指令则是当前的话主把原来的言者("我、你")之一，改变为言谈对象(第三人称)，对其指令行为加以描述。对祈使句的转述，最常见的形式即兼语式。多数指令动词兼可用于对话、转述句，如例(4)、例(5)；有的只能用于转述，如例(6)：

(3) a. <u>我$_i$</u>命令/请/求<u>你$_j$</u>坐下！(对话)

b. <u>他$_i$</u>命令/请/求<u>小王$_j$</u>坐下。(转述)

(4) a. Ø$_i$拜托/请Ø$_j$照顾亚如！(对话)

b. <u>他</u>拜托/请<u>你</u>照顾亚如。(转述)

(5) a. ＊<u>我</u>嘱咐<u>你</u>好好工作！(对话)

b. <u>他$_i$</u>嘱咐<u>儿子$_j$</u>好好工作。(转述)

兼语式的V2如采取否定形式，则用"别、不要"，而非"不"，也与祈使句平行。如："请你别/＊不惊动丽萍。""他求皇上别/不要/？不为难他的家人。"

指令动词作为主动词，给从动词授予[道义]的情态要素。从动词采取肯定形式时，强指令动词兼语式表层并不出现指道义情态的助动词："＊请/命令他要来。"这显示主动词的情态内涵直接渗透到从动词之内。那些弱指

令主动词,从动词中就可出现道义情态动词:

(6) 台商提醒他应该用花盆植兰花。

(7) 王超嘱咐翟勇要加强对苏恫的防守。

指令动词指 N1 从意志上影响 N2 的具体方式,这是二者形成动宾关联的语义根据。V1 所表意志控制度越高,N2 发出 V2 的实际可能性也就越大,也就是 N2 本人自由决定其行为 V2 的空间越小。从 N1 所指事物的语义特征说,"意志控制"表现为"权威",N1 的权威越大,对 N2 的意志控制强度、能力也就越大,N2 受的影响就越大。指令动词由此形成一个连续统,如:命令 > 要求 > 请。在这里,兼语式与宾语小句之间具有过渡性,表现为如下的规律:

(8) 一个动词所指动作对 N2 的意志影响越弱,则其构成兼语式的能力也就越差。

以"希望"为例,它侧重指进行于主体内心的设想活动,思考性强,意志影响性弱。这就导致其所构成的 V1-N2-V2 偏离兼语式,而更倾向于读为主谓小句做宾语:

(9) 我暗暗希望着他能对那个年代再说些什么。

"他"与其后动词组合为主谓小句,整体指"希望"的思考内容。

2.2 V2 的即发性

显然,典型的指令行为是:V1 发出后,N2 当即执行 V2;V2 前往往可用"马上、即刻"之类的短时副词。当然,即发是个相对的概念,不同行为的即发性其时长可有很大差距:

(10) 他命令造船匠造一艘世界上最大的战船。

(11) a. 我请你下午打球。

b. *我请你明年打球。

c. 我请你明年到美国来。

"造船"虽然费时很长,但这项工作很快就会启动。"打球"表殊指性的动作,要求与 V1 的时间距离不能太大,因此例(11)b 不成立;"到美国来"指笼统动作,包括复杂的环节,所需时间也就很长,就允许与 V1 存在更大时间距离,因此例(11)c 成立。对例(11)b 还可比较:"我请你明年来北京打球。"(这个例子是王冬梅教授向笔者提供的)加上"来北京"就把"打球"的行为整体上大大复杂化了:包括更多的行为步骤,所以允许加"明年"而兼语式成立。

V1 的意志影响性与 V2 的即发性,这两个语义特征间存在内在关联,这直接决定 N2-V2 相对于 V1 的句法关系:控制性、即发性越弱,则 N2-V2 越是作为一个整体(即主谓小句)做 V1 的宾语;反之则构成兼语式。比较“号召”和“鼓励”,前者指 N1 对 N2 讲清行为的意义,使之理解领会,之后再决定执行,即发性差;后者指 N1 急切希望 N2 马上执行 V2,即发性强。因此,“号召”不是典型的兼语动词,其后 N2-V2 读为主谓小句做宾语;后者就构成兼语式:

(12) a. 黄部长在报告中号召交通系统学习和推广二桥经验。

b. 黄部长鼓励交通系统学习和推广二桥经验。

“号召”后可停顿,与后面的主谓小句明确分开;“鼓励”后不能停顿。

兼语式 V2 有时可采取完成体,这与即发性并不矛盾,而是表明:V1-N2-V2 作为一个整体事件,可共享体貌特征。如“这名男子命令大家拉上了窗帘”表示:V1 已实际发生,且已对 N2 形成实际影响,而 N2 也成功执行了 V2 的动作。实际上,指令动词还允许把完成义词汇化了,如“说服”也构成兼语式:“他说服我去香港。”

2.3 N2、V2 都指已知信息

N2 表示指令对象,V2 指要求发出的行为,它们都是 N1 及话主事先确知的内容。即:V2 是 N1 事先在心中构想的要 N1 发出的目的性行为,当前指令的任务只是为该行为确定执行者,而该执行者也已考虑好,并非任意。N2 已知性的一个证据:“他命令一个战士把他背进碉堡。”该一量名只能读为特指(specific),特指在大类上属定指,即话主心中确有所指,只是当时不便直说;而不能读为无定指,除非“请”前加“去”而虚拟化。

V2 的已知性有两个表现:1. 动词往往带有[结果]义,结果自然是预先想好的,如“他命令大家走*(开)”;2. 若 V2 是动宾结构,则该宾语定指,如“当局拒绝他进入大楼”。虽然 N2、V2 都指已知信息,但指令兼语式仍具有信息传达价值,该价值就体现在其深层的言说行为上:对 N2 而言,其 V2 是事先不确定的,现在由 N1 通过言说予以确定。

三、容许兼语式

指令动词表示 N2 本无发起 V2 的意志,是 N1 以某种方式激发了 N2;容

许动词则表示,N2 本要采取 V2 的行为,N1 是从外面在[物质]层面给予[±支撑]。这种外部支撑、限制对 V2 也就表现为一个控制环节。

3.1 N1 的物质性(substance)

容许动词所指支撑物包括物理质素和意志内涵两种。其语义机制都是此物的物质内涵对彼物行为的容纳能力,往往既可带名词宾语,也可构成兼语式。语义特征上,"意志"也可视为广义的物质范畴。古汉语动词"容"很好地提示了上述原理:

(13) a. 其地足以容其民。(《穀梁传·襄公二十九年》)

b. 床容九人眠。(《册府元龟》570 卷)

(14) a. 王其容我乎?(《三国史记·列传第六》)

b. 容臣今夜思计。(《周朝秘史》59 回)

被容物编码为名词,指事物最一般的存在;后加 V2 就构成兼语式,指对被容物特定存在方式的容纳。其实例(13)a"民、我"后也蕴涵"存活"之类泛义动词,同样:"这个系统支持交流电。""支持"暗示"运行"。即,表层虽然只是名词充当宾语,深层其实是一种"隐藏的小句"(concealed clause)。有的容许动词蕴涵特定方式的 V2,如"放任"暗示负面义的 V2。

指物理质素的容许动词占多数,如:"支撑、限制、控制、管、禁止、遏制、阻止、妨碍、阻碍、防止、防备、预防"等。指意志容纳的容许动词有:"我同意/批准他买车、团长放他三人离去"。而"支持、保证、忍受、允许"则兼有物质、意志两种用法,物质:"本电脑支持 USB 启动、这座桥能保证车队安全通过、本系统允许用户连接多个数据库";意志:"我支持你出国、我保证你安全通过、日本允许徐德入境"。"她不能忍受他们吵吵闹闹"同时指意志、肉体。吕叔湘等(1981)指出"让"有容许义,举出"让他闹去",这是意志用法,其实"让"也可指物质容许,如"这棵两人合围的大树让行人不再受骄阳曝晒"。

容许兼语式的 N1 可直接由物质名词充当,如"这些资金支持公司迅速扩张","自信心与坚强的意志支撑她走上成功之路"。不过,兼语式表层更多是个体名词做主语,而这时仍是物质范畴在起作用。这是用个体名词统领物质名词,前者指事物的整体存在,后者指内部构成;正如"她很温柔"其实指"她性格很温柔"。如:

(15) 领导拨款支持他们做试验。

(16) 国家保障妇女享有平等的政治权利。

(17) 她摆好架势,预防他又靠过来。

(18) 他省吃俭用,扶持我走出生活的沼泽。

(19) 把有飞行能力的羽翼剪掉,我们家鸽子就这样控制它飞行。

例(16)形式上以“国家”做主语,其实它本身并不发出保障的行为,是通过“政策、资金”等物质手段而保障。“拨款、架势、省吃俭用、羽翼”都明确提示了具体的物质支撑。

与不少指令动词兼有主/宾语控制(后者即兼语式)的用法相似,一些容许动词也同时有这样两种用法。如“保证、随便”:

(20) a. 你们随便点菜,别客气!

b. 司令也不管,随便他们去祸害西部的军队。

(21) a. 我保证把他平安带回来。

b. 我保证你的化工厂在这里发展壮大。

a 是主语控制,指事物对自身动作的意志支撑;b 是兼语式,指 N1 对 N2 动作的意志支撑。

3.2 V1、V2 的长时性、动力情态性

时间特征上,典型指令动词是瞬时性的,N1 是施事,对动词是[执行](DO)的关系,V2 是即发性的,而容许动词在这一点上就形成较大的分化。物质义容许动词是典型长时性的,其 N1 不能发起动作,自然也就不能构成施事。这种 N1 对 V1 是[处于](BE)的关系,论元角色是当事,V2 是状态性、非即发性的。如“本电脑支持 USB 启动”表示通指行为,“他扶持我走出生活的沼泽”指长时复杂行为;动态、瞬时句不成立:“ * 电脑支持着 USB 启动起来、他扶持我站起来。”N1 的物质性与 V1 及 V2 的长时性之间存在一致关系。动作的特征是殊指性、瞬时性,因为只有整体离散化下级构件,才能发出动作,动作片段就对应于时间片段。

正如指令动词授予 V2 道义情态的内涵,容许动词授予 V2 动力情态的内涵:动力情态的根据即事物的物质构造情况。容许动词常与动力情态动词伴随出现,且后者可在 V1 与 V2 间自由升降:

(22) a. 这些钱可以/能保证你衣食无忧。

b. 这些钱保证你可以/能衣食无忧。

这显示了 V1、V2 共享一种情态特征,表明二者确实构成一个紧密的事件统一体。一些 V1 前不带情态词甚至不成句:“这座桥 * (能)保证车队安全

通过。”

物质范畴内在是类指性的,其对 V2 自然也形成长时容纳关系。意志范畴则兼具长时、瞬时的特征,所以多数意志义容许动词有长、瞬两种用法,如“纵容、忍受、准许”。这两种用法与 N1 的事物特征具有一致关系,同一动词,N1 的物质特征不同,解读就不同:

(23) a. 国家准许银行发行企业债券。

b. 李市长准许记者表露自己的立场。

例(23)a“国家”指笼统事物,小句表通指事件;例(23)b“李市长”指个体事物,小句读为当下行为。又如:“她/ * 国家准许他出去玩一会儿。”

有的意志义容许动词只有瞬时用法,如:“医生同意/批准他出院、父母放任他在水中嬉戏”,“ * 政府/宪法/党同意/放任记者表露自己的立场”。瞬时性的意志动词就与指令动词形成过渡。这时,容许与指令的区别只在于: N2 对 V2 是主动还是被动,或者说 N1 和 N2 谁是意志的起点。若 N2 本想发起 V2,则 V1 表现为容许;若 N2 本不想发起 V2,是 N1 推动,则 V1 表现为指令。“让”体现了这个区别,“老板让他发言”有三重歧义: 1. 表指令,“他”并不想发言;2. 表同意,当下性,“他”当时本准备发言;3. 表意志容许,恒久性,一般性的,老板给他发言权,如“国家让记者表露自己的立场”。“让”有物质容许、意志容许(又分恒久、即发)、指令四种功能,显示了这些语法范畴在深层语义机制上构成了一个连续统。

对一般物理动词,其通指用法并不构成区别于殊指的一个专门的功能类型,而这在意志范畴上却形成显著的分化,这自然是由兼语式的[控制性]带来的。

3.3 N2-V2 的焦点性

容许类兼语式的信息值表现为量。从事物间的对当关系看,容许动词所指物质性就表现为量范畴: N1 以自身物质内涵而对 N2 在行为范围、规模上提供具体支持,这默认读为最大量,并暗示对更大量的排斥;这就使 N2-V2 中形成显著的焦点效应。在容许兼语式中,V1 内在带有焦点要素“只”,“房间容纳 6 人”默认读为“只容纳 6 人”,“只许”还在一定程度上词汇化了;另一方面,V1、V2 间在焦点特征上还具有双向渗透的特征: 只允许 X = 允许只 X。

小句一般表现为尾焦点,而在兼语式中,作为容许动词的 V2,尾焦点的强度比独立成句表现得高:

(24) 蒋介石只允许中共整编为14个师。

(25) 他们不允许记者表露自己的立场。

(26) 她不允许腹部有一丝赘肉。

(27) 父母允许我购买任何想要的书籍。

句子强调所允许的“只是”14个师,超出这个范围就不允许。“自己、任何、一丝”是内在带有焦点性的数量成分,它们与“允许”语义一致,很容易同现。

“允许”所带N2-V2的不同部分都可焦点化。N2焦点:

(28) 他只允许七岁以下儿童进店。

(29) 国家允许一定限度的资本主义存在。

(30) 我们不允许一支不合格的产品出厂。

(31) 晚9点淮海路允许一切车辆通行。

N2为焦点时,V2指预设:“进店、飞行此航线”是事先了解的内容,现在所关注的只是给何种N2授予行为的资格。后两句N2带有内在焦点性的数量成分。

状语焦点:

(32) 监狱允许女犯与未成年子女共度节日。

(33) 这驾照不允许她在高速路驾驶。

所允许女犯共度节日的“只是”未成年子女,所不允许她驾驶的“只是”在高速路上。

多焦点,指要求同时具备的条件:

(34) 两个文件中,也允许一般生活害虫有一定的含量。

(35) 我国允许一批信誉好的外国大证券公司以适当的方式进入我国证券市场。

例(34)主语和宾语都有焦点性,(35)主语和状语都有焦点性。

“允许、容许、默许、许可、准许”等动词的核心语素都是“许”,“许”单独使用很不自由,而多出现在以下三种语境:对举、条件句、反问句——都是焦点性的句式。

(36) 许你二十岁打扮,就不许别人十七岁打扮?

(37) 许你胡就得许别人胡。

(38) 待各项指标化验合格才许你出院。

(39) 谁许他们这么闹了?

单说“我许你胡(指打麻将)/许你出院/许他们这么闹”不自然。这些句子语义上都蕴涵“只”,例(36)、例(37)潜台词是“不能只许你打扮/胡”,例(39)蕴涵“只有有人允许,才许 V2”。

四、操纵兼语式

指令、容许两类动词指 N1 对 N2 之 V2 在启动环节的控制,V2 还是由 N2 自己执行,控制度不高;操纵动词则指 N1 参与到 N2 的行为内部过程,控制度非常高。有两类: 帮带、使成,后者又分为选举、安排、称呼三个小类。帮带动词对 N2 的动作是分担性的,控制度较低;使成类 V1 完全造成了 N2 对 V2 状态的处于(BE),控制度极高。

4.1 帮带类

论元与情状上,操纵动词与指令动词平行: N1 都是施事身份,对 V1 是[执行]关系,语义上是强[殊指性](specific)的,时间性强;这区别于容许动词的当事性、非时间性。不少容许是从帮带动词演化而来,语义上也由物质性、连续性,改变为施事性、离散性。如“扶持”本指具体的肢体动作,是典型物理执行性,义近“搀扶”:“张凡正在扶持病人喝药”,后来则主要用为容许动词。“供养”虽也提示物资支持,但更侧重指一种执行性的动作,因此就属帮带动词,如“他供养着/了三个孩子读书”。

体貌上,操纵动词一般要求 V2 读为进行体(“帮带”类)或完成体(“使成”类),这是现实态的两种典型形式,即,操纵兼语式具有叙实性(factive)的特征。这与指令动词和容许动词形成差异,后两者都是非叙实性的。帮带类兼语式的事件结构特征是:

a. 表示事物 N2 之物理躯体的活动情况,V2 是动作性(activity)的;

b. N2 缺乏独立发出 V2 的能力,需 N1 用 V1 的动作去分担才能执行,V1 指的就是 V2 动作自身的某个局部,V1 和 V2 共同构成一个整体物理行为;

c. 双方空间上在一起,躯体上连接或靠近,是兼语式“合二物为一物”这一句式义的典型形式。

“扶”在帮带类动词中非常典型,如“她扶着他走”,“他”自己不能执行“走”的物理行为,需“她”的“扶”才可以,“扶”直接构成“走”所指行为的一部分,N1、N2在躯体上也连在一起。其他帮带类动词的原理与“扶”相同。“控制”是“帮助”的强力形式,“帮助”则是一种弱“控制”。“帮”有时指N1完全承担了V2,这是行为分担的极端形式,并不构成一种特别的类型,如“他帮她买了车票”,“买”全由“他”执行。其实也很难说N2对V2绝对没参与:“买”指一种包含众多动作环节的复杂行为,其中一些片段,如确定目的地,还是“她”本人执行。

时间特征上,帮带类兼语式V1与V2是同时性的,V1内在包含“着”的体貌要素,一些“V着”并词汇化,如“带着、帮着”。这类动词可分“带领”“协助”两种,前者N1是主导性的,N2的行为是辅助性的;后者相反。在帮带类兼语式中,V1、V2有两种时间进程,一是同步延续,体貌特征为“着”:

(40) 家梁帮着银玲一起忙活。

(41) 李玄控制着三昧真火对着黄铜晶炼烧。

(42) 一家人使唤服务员拿餐巾纸。

(43) 调车员指挥机车在铁轨上来回穿梭。

“帮”自身并不指具体行为,而是根据V2获得所指:在“银玲忙活”的过程中,“家梁”也同时在旁边“忙活”。“指挥”显示了控制部分与直接行动部分的相对分离,但只有双方合作,整体行为才能实现。后两句表层未出现“着”,但也暗含。

二是V1协助V2的全程,直到完成,体貌结构为“着+了”:

(44) 方林控制着最后一骑精英虎豹骑驰上了长桥!

(45) 助教中心十几年来帮助不少孩子圆了读书梦。

(46) 店小二指挥三名小伙子将热水抬进屋子。

在例(44),V1用“着”,V2用“了”,但二者的时间结构都是“着+了”。例(45)显示:“帮助”比“帮着”的殊指性弱:前者指笼统行为,执行性差;后者指具体动作,执行性强。

从逻辑上看,帮带类兼语式的V1对V2表现为条件关系,加上时间信息透明,就允许该句式做如下转换:“在N1(的)V1下,N2-V2”,如:

(47) a. 他帮助/指挥小女孩生着了炉子。

=b. 在他(的)帮助/指挥下,小女孩生着了炉子。

指令和容许类兼语式的V1、V2在时间或情态特征上并不完全透明,因此不能这样转换。前者如“政府允许记者表露立场”,不能转换为“在政府允许下,记者表露立场”。指令动词如要转换,则会加上意志类语词,如“他请求我照顾亚如”转换为“在他请求下,我答应照顾亚如”,“ * 在他请求下,我照顾亚如”。

在各种兼语式中,帮带类的信息结构最为独特,表现在两方面: a. N2-V2 都指焦点,即具有非主题判断(thetic)的特征; b. 这种焦点是语义性、纯事件性的,对 N1 及话主而言,N2-V2 都属已知信息,现在关注的是怎么把 N2-V2 所指事件整体合适地执行起来。如“我开始帮着朋友张罗起来”,“朋友、张罗”都为“我”所熟知,现在的焦点是怎么把“朋友张罗”做好。显然,N2 不允许用无定名词: 不可能帮带不能确定的事物,除非置于虚拟语境,如“他想帮个孩子圆大学梦”。

“隐性使令”的一些实例属帮带类,如“风吹着雪花满天乱飞”指以“吹”的形式“控制”。普通动词可能在某些语境指一物对另一物行为的操纵,兼语动词则专门编码这种事件。

4.2 选举、安排类

不同于帮带类所引 V2 的动作性,选举、安排类所引 V2 是状态性(state)的。这种兼语式指外物 N1 通过 V1 而完全决定并直接造成 N2 的所处状态 V2,N2 对其状态 V2 全无控制力。这两种动词都指复杂行为,包括两方面的动作要素: a. 言语行为, b. 官方、程序性的物理活动; N1 需具备相应的职权、身份。

模态上,选举、安排类兼语式的 V1、V2 一般都读为现实态,不过这只是一种较强的语义倾向,尚不构成句法强制性。如“领导安排/选他做班长”的“安排、选”默认都读为完成义,V2 则有所不同: 前者的“做”一般读为现实态,即,“安排”后同时也就“做”了; 后者“做”也是如此,不过也容易读为非现实态。汉语动词缺乏时态标记,但光杆动作动词谓语会默认读为惯常态,如“他喝酒”,状态动词则读为现实态,如“他懂法语”; 而选举、安排兼语式的 V1、V2 默认读为完成体,很有特点。

这是由选举、安排所指事件的特征造成的。安排动词所关涉的 N1 具有显著的权威性、强力(force),基本不允许 N2 具有意志决定性,因此会更倾向于直接造成 V2 的状态。“权威”是政治领域的现象,但这里也会在语法层面上起作用: N1 的权威越大,V2 的现实态解读就越典型。情状上,V2 以个体谓词为主,且 V2 的实现一般也无需后续行为,所以默认读为现实态。如:

(48) 中央安排伟达同志任天津市委书记。

(49) 朱元璋留他在起义军里当谋士。

(50) 福利院雇专职服务员照料老人的起居。

(51) 德行道人收他为世俗弟子。

句中V2也可读为非现实,即,虽然“中央”推选了,但“伟达”并未接受,不过这种解读的可能性是很小的。

安排类动词有很多:“安插、保送、任命、提升、提拔、录用、娶”等,它们在词义上就强烈蕴涵着一种特定的V2:“录用”的V2一定是“做某种职务”,这种内在相关性即二者构成一个行为共同体并编码为兼语式的语义动因。仔细看,安排动词对V2的个体性、阶段性也有不同选择。“安插、收”等要求V2是个体谓词。“雇、介绍”一般组合个体谓词,但也允许阶段谓词,不过后者也要包含复杂的动作环节,不能指强殊指性的动作,比较:“她雇他搬家”,“介绍他接近市长”;“*他雇她开一下门”,“*介绍他上车”。

与前述容许动词一样,在安排类兼语式中,N1所指事物的笼统性与V2的个体性间存在一致关系。个体事物充当N1,“安排”的V2兼容个体、阶段谓词,前者读为现实态,后者读为非现实态。N1指笼统事物,V2只能由个体谓词充当,读为现实态。如:

(52) a. 班长安排他做司号员。

b. 班长安排他今晚值夜班。

(53) a. 中央安排他做秘书长。

b. *中央安排他今晚值夜班。

两个a句V2都读为现实态。例(52)b“值夜班”读为将来时,“安排”之后允许中间环节;(53)b不成句,因为“中央”不指具体事物。动作的殊指性与参与者的殊指性是一致的。

相比安排动词,选举动词对N1强力性的要求大为减弱,相应地,N2的自主性也就提高,V2的非现实性则增强。选举动词包含三个语义环节:a. N1对V2行为的参与者N2加以[确定];b. N2本人在意志上[决定]是否接受这一认定;c. 经过其他后续行为,实现V2。由于具备[意志]决定环节,所以选举动词与指令动词有相通之处。如:

(54) 组织部门推选他到建工部任职。

(55) 她召集村干部研究抢修方案。

(56) 李宗仁专机去上海挽留孙科内阁返南京。

“推选、召集、挽留”之后尚存在后续行为,才能实际“任职、研究、返”;并且,“他、村干部、孙科内阁”本人也可不接受这一认定。

信息结构上,选举、安排兼语式的 V2 一般是预设性的,指事先已知的行为,N2 是焦点性的,指当前所要确定的信息,可概括为“给行为确定承担者”。如,“任天津市委书记”是当前已明确的职务,现在要考虑的只是“安排”“伟达”还是别人来担任该职务;而不是:已确定是“伟达”,然后考虑安排他做什么。这在疑问形式上有很好的体现:一般问“召集谁研究抢修方案呢?”而不问“召集村干部做什么呢?”

“隐性使令动词”多属选举、安排类。如“扯着他跟我下棋”的实质是指定,可归为“选举”类,V2 是阶段谓词。“捡起鸡毛当令箭、送给我一条狗看门、牵连孩子们跟着受罪、扭转形势向好的方向发展”的语义核心是[安排],V2 属个体谓词。

4.3 称呼类

这是一个成员很少的类,指 N1 对 N2 进行命名,V2 限于系词“是、为、做”。这种兼语式具有典型的使成性:随着 V1 实际完成,V2 也必然同时完成。称呼兼语式与双宾结构在语义上有重要的差异:前者侧重于指对 N2 属性的认识,后者则指单纯的称名。从构成兼语式的典型性看,“称”最典型,“叫”最不典型,后者常构成双宾短语。

“称名”与“命名”是两种不同的行为:前者的名字是现成存在的,现在只是把它的声音念出来;后者的名字是结果性的,事先不存在,现在予以确立。双宾短语表示称名:

(57) 我们都叫他李罗锅儿。

(58) 你为什么称她老师?

有三个特征:a. N2 前可加数量短语“一声”;b. 动词后可加“了”;c. “动词-N1”可构成普通动宾短语,N2 与之分开,单独构成一个呼语小句。如:

(59) a. 他总是叫我一声老师。

b. 他叫了我一声老师。

c. 他大声叫我:“老师!”

称呼类兼语式的语法意义不是称名,而是命名,所谓“起名字”,这是一种对所指赋予能指的符号化行为。V1 的语法内涵包括三方面:a. 指 N1 对

N2 价值特征的理解,b. 把该理解内容宣布出来,c. 规定为 N2 的日常称名。第一点最重要,形式上的一个重要表现是: N2 前常带数量词"一个",并带复杂的价值内涵修饰语。体貌上,这种兼语式是长时性的,V1 后不能带动态助词。该结构以用"称"为常,"叫"受限:

(60) 我们叫/称这刊物做《独立评论》。

(61) 他们称/*叫她是一个"黏在男人怀里的漂亮扫帚"!

V2 宾语的定语部分带"一个"时,V1 用"称"很自然,换为"叫"就不成立,表明后者更容易构成双宾短语。引号提示了直接称谓的特征,但如要作为事物的称名,还要对 V2 加以概括,如"漂亮扫帚"或"扫帚"。

"夸、称赞、骂、笑"等与"称"功能相同:

(62) 有人夸他是位秉公执法的好法官,也有人骂他是不近人情的"好法官"。

(63) 他称赞乔布斯是一位当之无愧的成功人士。

(64) 许多文人笑他是睚眦必报、心胸狭窄的"刀笔吏"。

"夸、称赞、骂、笑"都可换为"称",但不能换为"叫"。"夸"等是带有[±积极]评价要素的"称",经过这种评价及宣布,N2 就获得一个名号。

称呼动词对 N2 的使成作用体现在[评价][宣布]两点。通过评价,就把某种特征认定为属于 N2;通过宣布,N2 就获得一种稳定的日常名号。在这两种行为中,N2 对 V2 都无决定权、执行力。"称、称赞、骂"与 V2 同时完成,语义上,这种 V1-V2 作为一个紧密行为整体的特征也最为显著。该类兼语式可转换为 V1-V2 动结式,如"把她称为/做漂亮扫帚"。

另外,"称"还有普通言说动词的用法。这时 V1 对 N2 不发生语义关系,而是 N2-V2 构成主谓小句,整体做宾语,指言说内容;V2 语义上自由,不限于指评价。如"一位女士称她家里发现了老鼠"。

称呼类兼语式的信息结构与普通话题句最接近: N2 相当于话题,指旧信息;V2 表示评述,指新信息。不同在于: 兼语式的 V2 带有显著的价值属性,V1 就指这种带有强烈意向性的关注。信息值上,称呼类兼语式中 V2 的凸显度即来自其内在的价值内涵,焦点性显著;普通判断句的评述部分则指自然焦点,凸显度很低。如,"他是法兰克福派的成员"焦点性不强;"人们笑他是法兰克福派的成员"读为具有特殊价值内涵,焦点特征明显,即:"法兰克福派"就是引起"笑"的原因。

五、结　论

语言表达外部世界,特定的句式编码事物特定的存在方式,这构成句式的语义机制。对 V1-N2-V2 语符列,若不深入揭示其所编码的具体事件,就很难提取出一种独特的句法结构;这也是学界对兼语式争论不断的深层原因。

指令类兼语式表 N1 从意志环节影响 N2,使其形成发起 V2 的决心。V1 主要是言语行为动词,V2 有[即发性]的特征。对 N1 及话主而言,N2、V2 都指旧信息,但 N2 不了解 V2,现在由 N1 指定。容许类兼语式指 N1 在物质层面为 N2 的行为 V2 提供支撑。典型容许动词指物质容纳能力,有长时性,且携带动力情态的要素;指意志容纳的 V1 具备瞬时特征,由此与指令动词形成过渡。容许类兼语式 N2-V2 部分具有显著的量特征,因此形成焦点效应。部分指令、容许动词在主/宾语控制上具有平行性。

操纵类兼语式 V1 对 V2 的控制程度最深,有三个次类。帮带类 V1 直接构成 V2 物理行为的一部分;信息结构上,N2-V2 属非主题判断,指如何把 N2-V2 所述事件整体合适地执行起来。选举、安排类指 V1 直接造成 N2 所处状态 V2,信息结构是"给行为确定承担者"。称呼类兼语式指通过 V1 的评价行为而给 N2 命名,V1 是长时性的;V2 有显著的价值属性,由此构成焦点信息,是操纵动词缺乏主语控制的用法。

参考文献

陈一士(1957)是主谓结构作补语,还是复杂的谓语?《语文学习》第 8 期。
成镇权(2007)再谈"兼语式",《语言教学与研究》第 6 期。
丁声树等(1961)《现代汉语语法讲话》,北京:商务印书馆。
胡　波,文卫平(2007)A + I 结构主动词后名词短语的句法分析,《现代外语》第 1 期。
李临定(1986)《现代汉语句型》,北京:商务印书馆。
刘街生(2011)兼语式是一种句法连动式,《汉语学习》第 1 期。
刘永耕(2000)使令度和使令类动词的再分类,《语文研究》第 2 期。
刘月华等(1993)《实用现代汉语语法》,北京:外语教学与研究出版社。
吕冀平(1979)两个平面,两种性质,《学习与探索》第 4 期。
吕叔湘等(1981)《现代汉语八百词》,北京:商务印书馆。

施春宏(2017)语言学描写和解释的内涵、原则与路径,载复旦大学汉语言文字学科《语言研究集刊》编委会编,《语言研究集刊》第十九辑,上海：上海辞书出版社。
史存直(1954)论递系式和兼语式,《中国语文》第3期。
史有为(1988)混沌性,《汉语学习》第2期。
苏丹洁(2012)取消"兼语句"之说,《语言研究》第2期。
孙银新(1998)"得"字兼语句新论,《汉语学习》第1期。
谭景春(1995)使令动词和使令句,载中国语文杂志社编,《语法研究和探索》七,北京：商务印书馆。
王冬梅(2003)动词的控制度和谓宾的名物化之间的共变关系,《中国语文》第4期。
项开喜(2002)汉语的双施力结构式,《语言研究》第2期。
萧　璋(1956)论连动式和兼语式,《北京师范大学学报》第1期。
邢　欣(1984)论兼语式的深层结构,《新疆大学学报》第1期。
杨大然(2006)兼语句的语义分类及其空语类的句法分布,《解放军外国语学院学报》第1期。
杨成凯(1984)"兼语式"存废之争,《中国社会科学院研究生院学报》第1期。
张　静(1977)"连动式"和"兼语式"应该取消,《郑州大学学报》第4期。
张新华(2007)《汉语语篇句的指示结构研究》,上海：学林出版社。
——(2015)汉语控制动词的认知研究,载复旦大学汉语言文字学科《语言研究集刊》编委会编,《语言研究集刊》第十五辑,上海：上海辞书出版社。
朱德熙(1985)《语法答问》北京：商务印书馆。
Li C N, Thompson S A. (1981) *Mandarin Chinese*. Berkeley: University of California Press.
Peng Rui (2006) *The Development of Chinese Pivotal Construction*. PhD thesis, Stanford University.

(200433　上海,复旦大学中文系　zhangxinhua@fudan.edu.cn)

从法院案例看客观叙事的语言特征

郭昭军

提要 法院案例是一种特殊的客观叙事语体。其事件性、依据性和公文性决定,跟小说、故事和新闻相比案例具有书面性、去主观性和非故事性等特征,这些特征在语言形式上有多方面表现,可以通过对比统计来加以证明。相对于笼统定性方法,这种语言测量法更客观可信,适用于文体和风格研究。

关键词 案例;叙事;书面性;去主观性;非故事性

一、问题、材料和方法

叙事就是讲述事件,从叙事学角度看不同叙事有各种差异,包括视角、叙述者、接受者、话语模式等叙述方面和情节、人物、环境等故事方面(申丹 2007)。从文体角度看,叙事大致可分为三大类:故事类(小说、民间故事和童话寓言等)、新闻类(报纸新闻、电视新闻和现场直播等)和客观类(法院案例等)。

法院案例是法院总结案件审理经过并对外公布的一种文书,完整案例包括:案情、审判和评析,其中案情部分叙述案件的经过或诉讼的缘起,从语体分类的角度看明显属于叙事(佘素青 2013)。然而目前语言学界对这种特殊叙事还没有人研究过(周新 2015)。本文借鉴语体语法的研究方法(陶红印 1999;方梅 2007,2013;张伯江 2007,2012;冯胜利 2010 等),通过三类叙事的比较来看法院案例叙事的语体特征及其语言表现,最后分析其特征的成因。

本文所用材料包括:a. 小说:老舍、王朔和莫言(502 万字);b. 故事:故事会、民间故事和童话故事(634 万字);c. 新闻:《人民日报》2003 年 12 月(292 万字);d. 案例:1 247 篇法院案例的案情部分(100 万字)。所用方法主要是对比统计，先分析案例的总体特征，然后寻找其语言表现形式，最后统计各种形式在四种语料中的具体数据，通过数据的直观对比来验证这些特征。

二、特征及表现

与小说、故事和新闻等常见叙事不同，法院案例的叙事不是为了讲故事，而是为法院的判决提供客观的事实根据，可以称为客观叙事。同时案例毕竟是法院正式对外公布的一种文书，因而必须具备庄重、严肃的特点。因此，法院案例作为一种客观叙事，其整体特征可以概括为书面性、去主观性和非故事性，这些特征必然会在语言上有所体现。

2.1 书面性

书面性在语言形式上有很多表现，下面以几个参数为例加以证明。

2.1.1 根据冯胜利等（2008）、冯胜利主编（2013）的方法，我们发现案例叙事中书面语词的出现频率要远高于其他叙事。如：

(1) 1993年11月底安离开江家后，欲将该款据为己有，产生了杀死江秀云以灭口的恶念，并于1993年12月5日窜至江家作案未逞。（安洪生为非法占有自己保管的他人财物故意杀人案）

表1是几个常见书面语词在四类叙事中的出现频率（次/10万字，下同）对比：

表1

	于	曾	将	以	该	未	其
小说	16	6	29	19	21	8	14
故事	14	6	48	15	17	7	8
新闻	60	20	120	128	42	13	41
案例	228	29	244	169	259	160	235

2.1.2 跟其他叙事相比，案例叙事的句子一般比较长。表2是五种语料中句子的平均长度和频率（句/百字）对比，从中可以看出案例叙事的句子不但比其他三类叙事要长，而且比典型的书面语（如《读书》杂志）更长。

表 2

小说	18.6	4.1
故事	21.5	2.9
新闻	36	1.9
案例	40	1.8
《读书》	29.4	2.2

2.1.3 案例叙事在称人时除首次出现外常常只用姓不用名,这是一种典型的欧化书面语用法,在其他三类叙事中很少出现,尤其是故事类。如:

(2) 期间,江对安十分信任,曾先后两次将共计 15 500 元现金交由安保管,安将该款分别以自己和赵修贡的名义存入银行。(安洪生为非法占有自己保管的他人财物故意杀人案)

2.2 去主观性

所谓去主观性,就是案例叙事客观、平实和准确,尽量排除说话人个人情感、态度、倾向和说听双方互动等各种主观因素的影响,这是法院案例客观性的必然要求。

2.2.1 法院案例在叙述案件时,对涉及的时间和数量尽量具体和精确,避免模糊、笼统或大概的表述,这体现的正是客观性和准确性。这一点可以通过数字的出现频率来证明。表 3 是四种叙事材料中数字 0—9 和 19 的出现频率(次/百万字),对比是非常明显的。

表 3

	0—9	**19**
小说	27	9
故事	185	8
新闻	3 005	653
案例	8 855	6 480

2.2.2 与其他叙事相比,案例叙事很少用直接引语(对话)。因为跟间接引语相比,对话所体现的人物形象性更为明显。表 4 是直接引语最常见标记"说:“”"在四种叙事中的出现频率,从中可以看出案例叙事是很少用直接引语的。而且,案例叙事中的直接引语一般都可以改成间接引语而没什么影响。比较:

表 4

小说	83
故事	299
新闻	18
案例	11

(3) a. 方五四此时见到方斯海,即责问说:"你今天讲我什么?"方斯海说:"我哪里讲你什么?"方五四又说:"我今天要打死你。"(方斯海正当防卫案)

b. 张此时见到李,即责问李那天讲张/他什么话,李回答未讲张什么,张又威胁李要打死他/李。

2.2.3 与其他叙事不同,案例叙事中将字句的使用要远多于把字句。根据陶红印(1999)、沈家煊(2002) 和张伯江(2000,2007)等的研究,把字句和将字句之间的主要区别不在于口语和书面语的差异,而在于二者与主观表达和客观表达之间的对应关系不同,如图 1 所示:

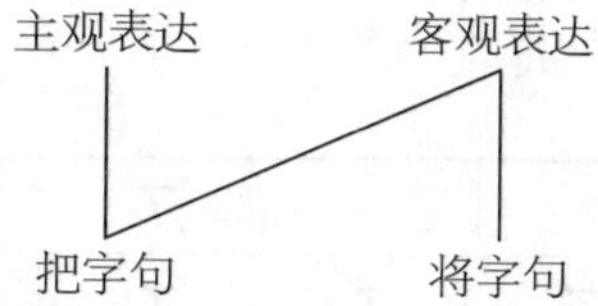

图 1

也就是说,将字句体现的主要是客观表达,而主观表达则多选择用把字句。表 5 是四种书面材料中将字句和把字句的出现频率,这说明二者的确与口语、书面语没有对应关系。表 6 是四种叙事中把字句和将字句的出现频率。从中可以看出,在小说和故事中把字句远多于将字句,而案例叙事则正好相反,多用将字句,很少用把字句。

表 5

	万字	将字句	把字句
《读书》杂志	3 142	55	**117**
48 部学术	3 866	57	**116**
7 种菜谱	48	**401**	162
毛泽东选集	90	**796**	**789**

表 6

	将字句	把字句	倍 数
小说	23	**304**	13
故事	60	**314**	5
新闻	**127**	86	0.68
案例	**247**	27	0.11

2.2.4 与其他叙事不同,案例叙事中很少使用句末语气词“了$_2$”。根据王洪君等(2009)的研究,“了$_2$”的使用限制是话主显身的主观近距离交互式场景,也就是说从交际功能的角度看,“了$_2$”体现的是说话人和听话人之间的主观互动性。表 7 是通过统计各种标点得出的案例叙事中两类“了”的大致出现次数,虽不很精确,但也可以看出在案例叙事中,语气词“了$_2$”的使用频率远低于体助词“了$_1$”。表 8 是通过统计逗号和句号得出的四种叙事中“了$_2$”的大致出现频率。虽然只是近似数据,但也可以看出跟其他叙事相比,案例叙事中“了$_2$”的使用频率极低。

表 7

<table>
<tr><th rowspan="2">类型</th><th rowspan="2">了</th><th colspan="5">了$_2$</th><th rowspan="2">了$_1$</th></tr>
<tr><th>了,</th><th>了。</th><th>了?</th><th>了!</th><th>了”</th></tr>
<tr><td rowspan="2">次数</td><td rowspan="2">3 812</td><td>52</td><td>26</td><td>3</td><td>2</td><td>7</td><td rowspan="2">3 722</td></tr>
<tr><td colspan="5">90</td></tr>
<tr><td>百分比</td><td>100</td><td colspan="5">2.4</td><td>97.6</td></tr>
</table>

表 8

	了,	了。
小说	239	232
故事	448	252
新闻	25.5	20.2
案例	5.8	2.9

2.2.5 跟其他叙事相比,案例叙事也很少用助动词和语气副词等体现说话人主观性的词语。表 9 和表 10 分别是四种叙事中常用助动词和语气副词

"也许、当然、果然"的出现频率。从中可以看出,案例叙事几乎不用语气副词。

表 9

	能	会	要	得	可以	可能	应该	应当
小说	103	89	158	224	61	10	13	18
故事	94	99	186	221	55	16	14	0.6
新闻	41	46	147	30	35	17	12	14
案例	17	11	35	0.1	10	4	1	5

表 10

	语气词
小说	40
故事	38
新闻	6.3
案例	1.2

案例叙事中助动词不但用得少,而且意义比较单一,大多只表达客观情态(能力、客观可能等),很少用于主观情态(义务、推测等),除非是对话。如:

(4) 张说:"我自己来取款还得先打招呼,别人来取款怎么就取走了呢?"(王明华用拾得的储户存折骗取存款贪污案)

2.2.6 跟其他叙事相比,案例叙事的句类也比较单一,一般只用陈述句,基本不用主观性明显的疑问、祈使和感叹。表 11 是四种叙事中问号和感叹号的出现频率,由此可以看出案例叙事中几乎不用非陈述句,即使有也多出现在对话中。

表 11

	?	!
小说	488	649
故事	457	507
新闻	41	22
案例	5	3

2.2.7　案例叙事在叙述案件经过时只客观讲述事件本身,不做任何评论。试比较:

(5) 原来天理昭然,保佑护着善人义士。因这场大雪,救了林冲的姓名。(《水浒传》第9回)

(6) 被告人张兴碧及其丈夫代胜才(在逃),在1989年1月至1990年8月期间,利用他们在涪陵市八角井街开办的旅店,先后容留王××等18名妇女卖淫,并为卖淫妇女介绍嫖客20余人,从中收取"床铺费"共600余元。(张兴碧容留、介绍他人卖淫案)

2.3　非故事性

案例叙事虽然也是一种叙事语体,但其事件内容和叙述方式都跟其他叙事不同,案例叙事不是为了讲故事,因此所述事件没有新奇性,叙述方式也没有趣味性。

2.3.1　案例叙事没有细节描写,而细节描写是所有故事甚至是新闻的必备内容,因此与其他叙事相比,案例叙事的篇幅一般都比较简短。这可以通过以下三点证明:

首先,案例叙事很少用体助词"着"。根据方梅(2000)等研究,"着"的篇章功能是表示背景信息的伴随体,其作用是为了凸显前景信息,从而增强事件的细节描写。表12是四种叙事语料中体助词"着"的出现频率,从中可以看出对比是非常明显的。

表12

小说	759
故事	494
新闻	61
案例	10

其次,案例叙事不用状态词。我们知道,跟形容词相比,状态词属于摹状词,其主要作用就是用来描摹情状,从而也加强细节描写。表13是几个常用状态词的使用情况对比:

表 13

	通红	雪白	花白	笔直	冰凉	金黄	黑乎乎	静悄悄	合计	频率
小说	135	162	50	77	121	134	18	31	728	14.5
故事	170	80	57	25	38	80	21	41	512	8.1
人民	2	3	3	3	5	7	0	2	25	0.9
案例	0	0	0	0	0	1	0	0	1	0.1

在上述案例材料中唯一一个状态词例子如下：

(7) 大饼用煮肉的汤油调制油酥，成饼颜色<u>金黄</u>，饼分七层，外焦里嫩，焦而不硬，软而不粘，香酥可口。（李玉等……诉……李连贵熏肉大饼发明专利申请权应归其享有案）

第三，案例叙事也很少用词的重叠，而重叠词跟状态词一样都属于典型的摹状词，都是为了增强细节描写性。表 14 是四种叙事材料中几种常见重叠词的出现频率（次/百万字）。可见，除少量 AA 式外，案例叙事极少用重叠。其中的 32 例 AA 式重叠为（数字为次数）：看看 3、救救、找找、玩玩、惹惹（他）、散散（心）、帮帮（忙）、远远 4、紧紧、丝丝、种种 12、场场 4、呀呀。这说明，案例叙事中真正的动词和形容词重叠的数量是极少的。

表 14

	AA	A 一 A	A 了 A	ABAB	AABB
小说	2 589	177	449	458	786
故事	2 765	81	537	320	683
人民	1 080	18	8	28	154
案例	32	3	4	6	8

2.3.2 非意外性。跟小说和故事不同，案例在叙述案件时不追求给听话人造成意料之外的悬念效果，因此在叙述顺序上只采用按时间先后的顺叙这种无标记方式，而不会采用倒叙和插叙这两种有标记方式。从逻辑角度看，先发生事件往往是后发生事件的原因，所以时间上的先后与逻辑上的因果之间是一种无标记对应，因此从认知心理角度说，当人们先看到原因（先发生事件）后看到结果（后发生事件）时一般不会有意外之感，而反过来

时则往往会产生强烈的悬念心理和意料之外的感觉。因此凡是追求故事性和新奇性(如新闻报道)的叙事经常会采用倒叙和插叙的叙事方式,这一点跟案例叙事正好相反。如:

(8) 被告人董玉环的长子郭义星,结婚后已与父母分居生活七年,游手好闲,寻衅滋事,多次持凶器到其父母家闹事,经常以爆炸、放火相威胁向其父母索取财物。郭还无端打骂其父母,并数次持刀要砍杀其胞弟,致其胞弟几天不敢回家。……郭义星还经常打骂、虐待其妻,其妻因不堪忍受郭的打骂、虐待而于1993年9月服毒自杀。此后,郭义星为了同与其长期鬼混的另一妇女结婚,又多次向其父母要钱办婚事,并打坏其父母家中的暖壶、茶杯、玻璃等物品。1994年2月23日早8时许,郭义星又一次来到其父母家。其母董玉环见其进屋就问:"你吃饭了吗?"郭没回答就自行去热了鸡汤,喝了三两多酒后,到其母住的东屋质问董:"我的事你管不管?"董回答说不管。郭即转身将组合柜的玻璃踢坏,并扬言:"今天不是你死就是我死。"董玉环见郭又要闹事,便将郭拥出屋外,两人在院内厮打在一起。此时董玉环的丈夫郭丙生闻声出来将郭义星拽开,董玉环趁机从地上拣起一根木棒向郭义星的头部猛击数下,郭义星当即倒地,在送往医院的途中死亡。……案发后,被告人董玉环的丈夫到村委会报案,被告人的亲属及本村村民联名向司法机关写信,历数被害人的过错,要求对被告人从轻判处。(董玉环出于激愤杀死其子案)

此例按时间先后叙述,整个事件的前因后果简单清楚,因而不太可能有意外性。如果换成其他叙事(尤其是新闻),则往往会采用倒叙方式,先讲董玉环杀死儿子却被亲属及村民联名求情,而这种罕见情况自然会引起强烈的意外性和悬念,从而会极大增强事件的新奇性和故事性,这是案例叙事不可能出现的情况。

这里用一个统计数据来说明。我们知道,用于句首的副词"原来"不是表示时间上的从前,而是表以前没有想到,因而含有意料大多不表之外的意思。表15是四种叙事中句首"原来"的出现频率(次/百万字),可见表意外的"原来"最常在故事中使用,而案例则几乎不用。

表 15

小说	30
故事	228
新闻	18
案例	2

三、成因及结语

上文讨论的案例叙事特征的成因可以归结为三点：① 事件性：案例要简要而又完整地叙述案件的经过或诉讼的缘起，这决定了它本质上属于一种叙事语体；② 依据性：案例虽然跟小说、故事和新闻一样都是叙事，但它不是为了讲故事而叙事，而是为下文的法院判决提供客观的事实根据，这就决定了它的非故事性和去主观性特点。③ 公文性：案例是法院结案后对外正式公布的一种文书，因此跟小说、故事和新闻等语体不同，它本质上属于公文，这就决定了案例叙事具有书面性的特征。总之，法院案例是一种特殊的公文性客观叙事语体，既有一般叙事共有的事件性，也有其作为公文所独有的客观性。

从上文各个统计表来看，叙事案例与新闻更接近，而与小说和故事截然不同。因此，叙事语体大致可以分为两大类：以小说、童话和民间故事等为代表的文艺性叙事和以新闻和案例为代表的应用性叙事，二者的风格特征和语言表现由于使用领域的不同而有明显差异。不过，同是应用叙事的案例与新闻也有不同，这个问题值得研究。

本文所用方法可以说是一种语言测量法（刘颖 2014；刘海涛 2017），具体说就是先归纳风格特征，再寻找语言表现，最后用具体参数来对比测量。相对于以前的笼统定性研究而言，这种测量法因为能够提供具体的语言形式和真实的统计数据，因而应该更为客观可信、更有说服力。而且这种方法既适用于语言学中的语体研究，也适用于文学研究中的风格论证，更能增强后者的客观性和科学性。

参考文献

方　梅(2000)从“V着”看汉语不完全体的功能特征,载中国语文杂志社编,《语法研究和探索》九,北京:商务印书馆。

——(2007)语体动因对句法的塑造,《修辞学习》第6期。

——(2013)谈语体特征的句法表现,《当代修辞学》第2期。

冯胜利(2010)论语体的机制及其语法属性,《中国语文》第5期。

——主编(2013)《汉语书面语的历史于现状》,北京:北京大学出版社。

——,王　洁,黄　梅(2008)现代汉语书面语典雅度的自动测量研究,《语言科学》第2期。

刘海涛(2017)《计量语言学导论》,北京:商务印书馆。

刘　颖(2014)《统计语言学》,北京:清华大学出版社。

申　丹(2007)《叙述学与小说文体学研究》,北京:北京大学出版社。

沈家煊(2002)如何处置“处置式”?——论把字句的主观性,《中国语文》第5期。

陶红印(1999)试论语体分类的语法学意义,《当代语言学》第3期。

王洪君,李　榕,乐　耀(2009)“$了_2$”与话主显身的主观近距交互式语体,载北京大学汉语语言学研究中心《语言学论丛》编委会编,《语言学论丛》第四十辑,商务印书馆。

余素青(2013)《法庭审判中事实构建的叙事理论研究》,北京:北京大学出版社。

张伯江(2000)论“把”字句的句式语义,《语言研究》第1期。

——(2007)语体差异和语法规律,《修辞学习》第2期。

——(2012)以语法解释为目的的语体研究,《当代修辞学》第6期。

周　新(2015)法院案例案情部分的语言特征,南开大学硕士学位论文。

(300071　天津,南开大学文学院　guozj@nankai.edu.cn)

一种特殊的约量表达结构“近X余”*

韩传瑜

提要 有人认为“近X余”是违反逻辑规则的语病。但经考察，“近X余”结构至晚出现于魏晋时期，被广泛沿用至今。文章结合古今汉语的大量语言事实分析了“近X余”的句法结构特征、语义功能和语用价值，论证了“近X余”结构合法组配的深层原因，并指出语言生活中有很多看似在逻辑上有矛盾的“语病”，却可以结合语言规律及相关理论进行合理的解释。

关键词 近X余；约量结构；语言与逻辑；语病

一、引　　言

宇文现先生(2008)主编的《报刊逻辑与语言病例评析1 100例》(以下简称《报刊》)一书，曾面向全国征集新闻报刊中违反逻辑规则的病句，并精选了1 100例，请专家评析后进行展示。这项工作推进了我国语言应用的规范化，为保护祖国语言健康做出了贡献。但其中对有些语例的评析似尚有可商之处。例如下面两个例子：

(1) 两台晚会还将到甘肃、山西、黑龙江等地的基层单位巡回演出近40余场。

(2) 在茫茫的盐碱地上，记者跋涉了将近40多分钟，才走到了船边。

专家们认为以上两例都属于谓项互相矛盾。“近40场”是不足40场，

---

* 本文为教育部人文社科重点研究基地重大项目(项目编号16JJD740011)相关成果。文章写作及修改过程中，先后承蒙谢晓明、王一平、罗庆云、匡鹏飞、潘玉坤、王珏等先生指教。《语言研究集刊》编辑部和匿审专家为本文提出了很多宝贵的修改建议。谨此一并致谢。文中错误，概由作者负责。

"40余场"是多于40场。对例(2)也持相似的观点。因此,我们想针对这一评析,结合具体的语言事实,谈一些不同意见。

二、"近X余"的历时、共时考察

邢福义先生(1996)曾指出:"一个语法现象能否成立,一看事实上是否有根据,二看理论上能否解释。"我们检索北京大学(CCL)语料库、中国基本古籍库发现"近X余"这种表示约量的结构应用相当普遍。它至晚起于魏晋南北朝时期,一直被沿用至今。请看下面的例子:

(3) 君无此事,日复一日,人间岂可舍哉,乃取鼎煮药,使王服之,骨肉近三百余人,同日升天,鸡犬舐药器者,亦同飞去。(晋葛洪《神仙传》卷六)

(4) 永元元年四月,有大鱼十二头入会稽上虞江,大者近二十余丈,小者十余丈,一入山阴称蒲,一入永兴江,皆暍岸侧,百姓取食之。(南北朝萧子显《南齐书》卷十九)

(5) 大业中,隐于此溪,续孔子六经近百余卷。(唐王绩《王无功文集》卷一)

(6) 沈德和尚书园,依南城,近百余亩,果树甚多,林檎尤盛。(宋周密《癸辛杂识》前集)

(7) 五帝之后讫今,明历象之玄,知浑天之奥者,近十余朝,考而论之,臻至妙者不过四五。(元脱脱、阿鲁图《宋史》卷四百六十一)

(8) 李元曰:"此祠堂几年矣?"老人曰:"近千余年矣。"(明冯梦龙《喻世明言》第三十四卷)

(9) 殿前百步,有方池亩许,池下新栽松近百余株。(清周煌《琉球国志略》卷七)

通过考察古代汉语中"近X余"的使用情况,我们发现该结构至晚起于魏晋南北朝时期,并被历代沿用。大量的语言事实证明该结构在交际中为人们所认可。

考察现代汉语语料发现,该格式常见于新闻、科技语体当中。

首先,在一些著名的新闻报刊中可见到大量"近X余"的用例。如:

(10) 此时,在同一场地放飞的驻滩某部近千余名官兵迅速跑上前去叫好助阵,有的还情不自禁地与台湾同胞同握放飞线,一起放起了风筝,无数只摄像机、照相机镜头录下了这动人的一幕。(《人民日报》2000 年)

(11) 据第七届“汽博会”组委会介绍,本届车展比上届新增加了近 200 余家汽车厂商,也是哈尔滨“汽博会”历史上参展品牌最多的一次。(新华社 2007 年)

(12) 劳斯莱斯等 29 个品牌携旗下经销商企业带来参展车型 120 余款,近 200 余辆展车参展,展出面积达到了 1 万平方米。(《北京日报》2012 年)

(13) 学校师生党员代表近八百余人观看了演出。(《北京师范大学举行建党 95 周年文艺汇演》人民网 2016 年)

我们检索了“中国知网”CSSCI 期刊数据库,发现许多优秀的学术论文和学术通讯常使用“近 X 余”结构。如:

(14) 中国内地 1999 年以来翻译出版了博尔赫斯的小说、散文、诗歌评论集和《全集》四卷,加上有关他的传记文本近二十余种。(闫艳《论“作家中的作家”博尔赫斯》)

(15) 从二十世纪 50 年代至今,河南地区发现和发掘了近 30 余座北宋壁画墓,主要分布于东京开封和西京洛阳之间及周围,形成了继汉、唐壁画墓之后又一高峰期。(杨远《河南北宋壁画墓的分期研究》)

(16)《高亨著作集林》是其平生著述的第一次大结集,共收著作 16 种,存目 1 种,总字数近 400 余万,高先生的学术著作已基本萃集于此。(马庆洲《〈高亨著作集林〉出版》)

(17) 来自全国近 200 余位逻辑学界的专家、学者相聚蓉城,畅谈逻辑 30 年发展的历程。(杜国平、邹崇理《“纪念中国逻辑学会成立 30 周年大会”综述》)

值得注意的是例(17),它的作者逻辑学家杜国平、邹崇理两位先生也并没有将其视为违反逻辑的语病。

总而言之,无论从历时还是共时的角度看,“近 X 余”结构的生命力都相当旺盛,并未因形式上违反逻辑规则而被汉语母语者弃用。因此,我们认为《报刊》的专家将“近 X 余”结构判定为语病的意见值得商榷。下面,我们结合相关语法理论分析“近X余”的语法、语义、语用三个维度的主要特征,并揭示其在句法形式上能够合法组配的深层原因。

三、“近X余”的句法结构分析

3.1 “近X余”的句法构成

“近X余”由常项“近”“余”和变项“X”构成。其中“X”主要由数词或数量短语充当。

3.1.1 数词

“X”可由十或大于十的没有零头的整数词充当。

(18) 皂以为劫,不敢拒。既而西走近十余里,至逆旅,因言其事。(唐张读《宣室志》)①

(19) 有节,似大竹树杪,挺出数枝,开花成穗,绿色,结子如青珠,每条不下百颗,一树近百余条,悬挂若伞,极可爱。(明李时珍《本草纲目》卷三十一)

(20) 国家置文渊阁,预阁事者迄今近三十余人。(明李东阳《怀麓堂集》卷八十三)

3.1.2 数量短语

“X”还可以由表示时间、空间长度的数量短语,或省略数词“一”的单个量词来充当。其中表示时间长度的量词有“岁”“月”“旬”②等,未见“近日余”或“近十日余”等用法。表示空间长度的量词有“丈”“尺”“寸”等。

(21) 有老僧鉴其名者,一日来诣,谓生:“汝吾姓也。”因相与往来,近岁余。及冯尉于东越,既治装,鉴师负笈来,告去。(唐张读《宣室志》)

(22) 藏曰:“行脚人着什么来由,安片石在心头?”师窘无以对,即放包依席下求决择。近一月余,日呈见解,说道理。(宋普济《五灯会

① 文中凡涉及唐张读《宣室志》的语料皆转引自宋李昉等编《太平广记》卷四百一十七。

② 关于这一类词的词性,吕叔湘《汉语语法分析问题》(1979)认为既可以分析为特殊的名词,能和数词直接组合,中间排斥量词,也可以分析为特殊的量词,语义上可以自足,不需要另有名词。本文采纳第二种观点。

元》卷十)

(23) 父病随诸兄环侍床侧,衣不解带者近旬余。(清邢景彬《崇仁县志》卷八)

(24) 凶石坠地,近尺余,类鸡卵,两头锐。(南北朝庾季才《灵台秘苑》卷六)

(25) 予家所藏米南宫墨迹手卷,长数丈,字近三寸余,笔势飞舞,洵希世宝也。(清方浚师《蕉轩随录》卷三)

(26) 郑玫以照墙高长,捐俸移近丈余,削去左右冗长,中立如屏风。(清李友榕《三水县志》卷十三)

3.2 “近”和“余”的词性与功能

3.2.1 “近”的词性和功能

杨树达《词诠》(2004)曰:“近,形容词,几也,将也。《后汉书·方术传》:‘适见铸此,已近五百岁矣。’”但他在解释与“近”“几”辗转互训的“将”时,又说:“将,副词,几也。”引用语例为《孟子·梁惠王下》:“今滕绝长补短,将五十里。”

何乐士《古代汉语虚词词典》(2006)、杨伯峻《古汉语虚词》(1981)都没有解释用于数词前的“近”的词性。但是他们都认为与“近”互训的“将”“几”加数词表示推测、估计的语气。“几,推度副词,多用于表数量的谓语前,表示数量的大致度,可译为差不多。如《列子·说符》:人有滨河而居者,习于水,……裹粮就学者成徒而死者几半。”“将,推度副词,表示对约数的推测和估计,可译为‘将近’‘大约’‘几乎’等。如《孟子·梁惠王下》:今滕绝长补短,将五十里。”

杨树达《高等国文法》(2013)把“几”“将”归为表数副词类,“附于数字以表数之几”。值得注意的是,同时归入此小类的还有副词“可”,在引例中有两例“可X余”的例子:“遇刚武侯,夺其军,可四千余人。”“使陵将其射士步兵五千余人出居延北,可千余里。”

我们发现历史文献中不乏与“可X余”平行的“将X余”“几X余”的用例。例如:

(27) 自有晋倾沦,暨登国肇号,亦几六十余载,物色旗帜,率多从黑。是又自然合应,玄同汉始。(南北朝魏收《魏书》卷一百八十一)

(28) 咸通末,山下民家,有几十余岁,不食荤血,父母以其好善,使于白

水僧院为童子。(唐张读《宣室志》)

(29) 子自服饵以来,今将二十余载,其间禁忌节度,乃至犯诫违方,善恶备经,今具述,服饵之士宜知之。(宋张君房《云笈七签》卷七十八)

(30) 飞问曰:"县令何在?"同僚覆曰:"庞县令自到任及今,将百余日,县中之事,并不理问,每日饮酒,自旦及夜,只在醉乡。今日宿酒未醒,犹卧不起。"张飞大怒,欲擒之。(明罗贯中《三国演义》第五十七回)

以上"可X余""几X余""将X余"都是同"近X余"平行的结构。从语法分布及表意功能上看,"近""几""将""可"皆同,它们应属于同一类词。而"可"与数词组合一般认为其功能是表示估约。如刘淇(1954)《助字辨略》就指出上述用法的"可"为"约计之辞"。

我们认为"几""将""可"及本文要讨论的"近"都是与数词组合具有主观估约功能的副词。石毓智(2011)论证了"将"由表示"将来时态"向表"主观认识情态"发展的语法化过程。其中表示主观推测的例子有:

(31) 将恐今之视古,亦犹后之视今也。(南北朝刘义庆《世说新语·规箴》)

(32) 卖药老叟,将是张老耳。(唐杜光庭《仙传拾遗》)

石毓智(2011)也指出"将"用在数词前表示对数量的估计,相当于"大约"或者"几乎"。"近"和"将"用法一致。它除了用在数词前表示估约数量以外,在与谓词性短语组合时也有表示主观推测的功能,可译为"大概""恐怕"。例如:

(33) 后太祖亲理,得病笃重,使佗专视。佗曰:"此近难济,恒事攻治,可延岁月。"(晋陈寿《三国志·魏志·华佗传》)

(34) 谢万才流经通,处廊庙,参讽议,故是后来一器。而今屈其迈往之气,以俯顺荒余,近是违才易务矣。(唐房玄龄《晋书·谢万传》)

《现代汉语词典》第6版指出"近"有动词用法,表示"接近"的意思,如"年近三十"。这是因为"近X"前面有主语"年"。我们所列举的语料中也有"主语+近X余"的例子。例如:

(35) 永元元年四月,有大鱼十二头入会稽上虞江,大者近二十余丈,小者十余丈,一入山阴称蒲,一入永兴江,皆暍岸侧,百姓取食之。

(南北朝萧子显《南齐书》卷十九)

(36) 学校师生党员代表近八百余人观看了演出。(《北京师范大学举行建党 95 周年文艺汇演》人民网 2016 年)

但是我们认为"近"是副词,它与"X 余"构成的约量结构在句中充当谓语。数量结构可以在句中直接充当谓语,构成体词谓语句,因为数词有若干述语性。(太田辰夫 2003)

例如:

(37) 泾上旧俗多卖子,忠亮以俸钱赎而还其亲者约三百人。(宋王钦若等《册府元龟》卷四百一十二)

(38) 鳗鱼饭大约人民币三百多块钱。(去哪儿网网友回复)

上面两例都是"约(大约)+数量结构"直接充当谓语。"约"和"大约"显然不是动词。

还需说明的是"年近三十"和"学校师生党员代表近八百人"两个句子里"近"的句法语义功能不同。例如"我已年近三十还没结婚",要表达的是其年龄已经靠近一般认为应该结婚的年纪,而不是对我年龄数的估计。因此"近"的动词性较强。但是在"学校师生党员代表近八百余人观看了演出",这里要估计观看演出的人数,"近"的动词性弱。我们用变换分析法可看出两者的不同。"我已年近三十还没结婚"不能变换为"我已年近有三十还没结婚";"学校师生党员代表近八百人观看了演出"可以变换为"学校师生党员代表近有八百人观看了演出"。所以前一个"近"是动词,后一个"近"是副词。

我们在历史文献中发现了很多"近有 X 余"及与之平行的"几有 X 余""将有 X 余"和"可有 X 余"的用例。"近"与数量单位组合时,中间可以加"有",这是表示"接近"义的动词所不具备的句法组合功能。例如:

(39) 虽曰房中,而房中之术近有百余事焉;虽言服药,而服药之方略有千条焉。(晋葛洪《抱朴子》内篇卷八)

(40) 琅邪国人在此者近有千余户,今立为怀德县,统丹阳郡。昔汉高祖以沛为汤沐邑,光武亦复南顿,优复之科一依汉氏故事。(唐房玄龄《晋书》卷六)

(41) 得此梵本已,即载商人大船,上可有二百余人,后系一小船,海行艰险,以备大船毁坏。(晋法显《佛国记》)

(42) 这油每一两值价银二两,每一斤值三十二两银子。三盏灯,每缸有五百斤,三缸共一千五百斤,共该银四万八千两。还有杂项缴缠使用,将有五万余两,只点得三夜。(明吴承恩《西游记》第九十一回)

(43) 武帝恐伤后意,勉强照行,从此子夫锁处宫中,几有一年余不见天颜。(民国黄士恒《秦汉演义》第五十九回)

马真(1981)也认为现代汉语中后面加数词表示约量的“将近”是表“估量”的副词。“‘将近’指出约数的最高界限,是说即便不到这个数量,也相差不远了。……这里需要指出的是,‘将近’一般用在十位以上的整数前。”

但是我们发现“近”“将近”不仅能和表示确量的整数组合,还可以和表示约量的概数组合。这也进一步显示,它们的功能倾向于表示“估量约计”,而非“接近”某个具体的数值。例如:

(44) 此章最多近三四百言许,于文句极有所益。(南北朝释僧祐《出三藏记集》卷九)

(45) 第五弟丰独在江左近三四载,寂无消息。(唐杜甫《杜工部集》卷九)

(46) 时四月初一日也,所有应世歌咏,近数百首。(宋秦志安《金莲正宗记》卷四)

(47) 您好医生,在三个月以前我和我家小狗玩闹的时候,它舔了我的手指。过了将近四五个小时左右的样子。我可能用那个手指抠破了我的腿,不知道我有没有可能感染狂犬病?(百度医生网友提问)

(48) 我就是去年网上买的5800港行,当时真的港行和非港行差了将近三四百块钱呢。(360问答)

我们需要说明的是,当“近”“将近”后面只带一个整数“X”时,它们表示的数量的确不太可能超出“X”。但是当它们后面加的是“X余”时,则不一定表达不足“X”的数量。因为“近X”的一头有限制,即“X”。而“近X余”则是“X”的两端都有限度地开放。如果用五级表示法,“X”为“10”的话,“近X余”大致表示“8~12”之间的范围。

总的来说,“近”用在数词前主要的功能是表示估约,属于副词类。

3.2.2 “余”的词性与功能

关于“余”的语法性质,学者们也有不同意见。

《现代汉语词典》第6版解释为:“数词,(用在数词或数量词后)表示大数后面有零头：五百余斤/一丈余。"

李宇明(2000)认为"余""许""来"等词语是表示约数的"数量性质的词语"，未说明具体词性。

按照邢福义(2016)《汉语语法学》的词类系统，"余"同"多""来""把"一样，当属于"概数助词"。朱德熙(1982)称它们为"概数词"。

"余"的语义功能是比较明确的，朱、邢、李三位先生都一致同意"余"放在数词后面表示"约数""概数"。我们同意把"余"归为"概数助词"。理由是它不能单独用来表示确切或者大概的数目，而必须用在基数词之后。这符合助词必须附着某个语法单位起"助加"作用的语法特征。

一般认为"余"前的数词表示确定的数目。吕叔湘(2014)指出在定量后加"多""余"等字使约量表达的"一头有了限制"。这种用法是"余"最常见的用法。但经考察"余"还可以用在概数词的后面，表示约量。这种用法在古汉语中很常见。例如：

(49) 时郡兵才五百人，自以不敌，因开城门，贼半入乃击之，斩首数百余。(晋陈寿《三国志·吴志十》)

(50) 于其垣内，圣迹寔多，诸精舍、窣堵波数百余所，略举二三，难用详述。(唐玄奘《大唐西域记》卷七)

(51) 盖自苗民始叛至于是，凡五六十余年，然后得其心说诚服，圣人优游宽大之政，非后世所能及也。(宋林之奇《尚书全解》卷四)

(52) 据张家口堡守备周洪猷禀称，本日辰时，有骑马夷人二三百余名，往南行走。(明卢象昇《庐公奏议》卷九)

"余"用在概数词后的用法在现代汉语中也有，但不常见。例如：

(53) 其余几十余家都仍在村庄生活，家里的年轻人常年在外打工，老年人、家庭妇女和小孩留在家里。(梁鸿《中国在梁庄》)

(54) 此刻叛军势大，耶律洪基身边不过七八万余人马，众寡悬殊，决不是叛军之敌，其时局面紧急，不及向洪基请旨，便说了这几句话，好令叛军安心。(金庸《天龙八部》)

(55) 在郑州大学门口，我们见到一位准备搞家教的女同学，从她的口中得知，担任家教的报酬是每小时5—10元，两天下来可以挣六七十余元，足够自己半个月的开销。(《人民日报》1996年)

总之，"近"和"余"都具有表达"约量"的功能。它们既可以同表示确量的整数组合,也可同表示约量的概数组合。“近X余”表达量的覆盖范围以“X”为中心基点上下摆动,意思大致相当于“X上下”“X左右”。

3.3 “近X余”合法组配的深层原因

“近”和“余”在表示约量时,在句法层面上可以共现。其结构层次宜分析为:近|X||余。即概数助词“余”先与“X”组成约数短语,然后再前加表示主观估约的副词“近”构成更大的短语。

语法和语义是语言密切相关的两个方面。朱德熙(2010)指出:“语法研究的根本目的在于找出语法结构和语义结构之间的对应关系。”陆俭明(2010)认为:“句法问题,说到底,或留有余地地说,在很大程度上是语义问题。”

我们认为“近X余”能够合法组配的深层原因是其内部语义特征作用的结果。邵敬敏(2009)指出:“两个词语能够组合成一个语言结构,它们必定具有某个或某些相同的语义特征。”“近”和“余”在和含有数量义的单位组合时都表示模糊的、不确定的约量,具有共同的语义特征。

“近”原表示“接近”。而当其后面加上一个数词时,如“近二十”,则有了[+模糊]、[+不确定]的语义特征。因为“近二十”可能是十七、十八、十九,具体是哪个数字,则不能够确定。这也是“近”“几”“将”“将近”以及“差不多”等实词语法化为估约副词的语义基础。

“余”在和含有数量义的单位组合时,也有同样的情况。“二十余”亦可指二十一、二十二、二十三、二十四等数字。这使得它同样具有[+模糊]、[+不确定]的语义特征。

在“近X”和“X余”这种单方向的约量结构中,“近”和“余”还都分别凸显[+不确定][+接近]和[+不确定][+超出]的语义特征。而在“近X余”结构中,情况则大不相同。“近X余”要表示的数量在“X”的左右两端都有可能出现。所以“近”和“余”被凸显出了[+不确定]、[+模糊]的共同语义特征,而弱化了个别的[+接近]和[+超出]的语义特征。这样“近X余”结构在语义层面就达到了一种和谐的状态,同时反映到句法层面也就能够组合在一起了。

四、“近X余”的语义功能分析

“近X余”是表达“约量”的一种特殊的语法结构。它所表示的量可从客观量与主观量两个方面来考察。主观量是含有说话人主观评价的量，而客观量则是不含主观评价的量。"主观量中也包含对客观量的叙述，所以主观量与客观量之间的区别仅在于是否含有对量的大小的主观评价。"（陈小荷 1994）

4.1 "近X余"表示客观量

"近X余"表示的客观量主要有物量、时间量和空间量，都是约量。

4.1.1 "近X余"表示物量

（56）欲至洞庭前一日，有大风涛，蹙一巨舟，没于君山岛上而碎。载数十家，近百余人，然不至损，未有舟楫来救，各星居于岛上。（唐高骈《女仙传》）①

（57）发故箧索尊公手教，长短近三十余纸。（明汤显祖《又与刘晋卿》）

（58）殿前百步，有方池亩许，池下新栽松近百余株。（清周煌《琉球国志略》卷七）

4.1.2 "近X余"表示时间量

（59）有老僧鉴其名者，一日来诣，谓生："汝吾姓也。"因相与往来，近岁余。及冯尉于东越，既治装，鉴师负笈来，告去。（唐张读《宣室志》）

（60）高阳许文度，唐太和中侨居岐阳郡，后以病热，近月余。一日卧于榻若沉醉状，后数日始寤。（同上）

（61）温亡近月余，果托生泉州某侍郎家为男，背有墨字，即温妇姓名也。（明郑仲夔《玉麈新谭》卷六）

4.1.3 "近X余"表示空间量

（62）凶石坠地，近尺余，类鸡卵，两头锐。（南北朝庾季才《灵台秘苑》卷六）

（63）徐常侍得李超墨一挺，长近尺余，兄弟日书五千字，凡用十年。（明谢肇淛《五杂组》卷十二）

（64）予家所藏米南宫墨迹手卷，长数丈，字近三寸余，笔势飞舞，洵希世宝也。（清方浚师《蕉轩随录》卷三）

① 转引自宋李昉等编《太平广记》卷六十。

4.2 “近X余”表示主观量

李宇明(2000)将主观量区分为“主观大量”和“主观小量”。主观评价为量大的是“主观大量”,主观评价为量小的是“主观小量”。我们发现“近X余”倾向于表示主观大量。

首先,“近X余”结构中的“X”多数由万、千、百等数词充当。这些数词在客观上是大量,在主观上也常认为是大量。例如:

(65) 然东卿复兼有注解,注解近万余言,大奇作也。(南北朝陶弘景《真诰》卷十四)

(66) 后韦公镇蜀,到府三日,询鞫狱情,涤其冤滥轻重之系,近三百余人。(唐范摅《云溪友议》卷三)

(67) 来自十多个国家的近500余家企业参加了这一主题为“移动互联,引领未来”的盛会。(《羊城晚报》2012-08-14)

(68) 劳斯莱斯等29个品牌携旗下经销商企业带来参展车型120余款,近200余辆展车参展,展出面积达到了1万平方米。(《北京日报》2012-11-13)

有时客观上“X”表示的量并不大,但是说话人主观认为这是大量。请看以下例子:

(69) 是年上等内近三十余人,数年内皆及第,无缺落者,前后莫比。(唐赵璘《因话录》卷三)

(70) 今冬上饶括苍,兴国学者近十余人到此,新书院已可居矣,逐日幸有讲谕,足以自警。其间亦颇有可说话者尔,恨直卿不在此,不得与之琢磨也。(宋朱熹《晦庵续集》卷一)

(71) 从二十世纪50年代至今,河南地区发现和发掘了近30余座北宋壁画墓,主要分布于东京开封和西京洛阳之间及周围,形成了继汉、唐壁画墓之后又一高峰期。(杨远《河南北宋壁画墓的分期研究》)

(72) 2014年12月,湖北枣阳郭家庙墓地考古队已经发掘两个月,大概摸清了曹门湾墓区曾国墓地的分布情况:一座长11米、宽8.5米、深8米的巨型大墓,近三十余座陪葬墓,以及曾国迄今发现的最大车马坑。(央视网 2016-11-10)

五、"近X余"的语用价值分析

"近X余"结构的广泛应用,还与其独特的语用价值有关系,下面我们简单总结一下这方面的特点。

5.1 结构凝练,风格典雅

"近X余"结构是从古代汉语中继承而来的一个表达约量的结构,具有结构凝练性和风格典雅性,因此,它常被用于新闻报道、通讯消息等新闻语体和学术论文、百科知识介绍等科技语体当中。我们日常的口语交际和文学创作时很少用。口语中常用"将近X多"等结构。

(73) 乾隆五年(1740年)八月,在荷属殖民地爪哇岛巴达维亚城(今雅加达)发生了荷兰殖民当局屠杀华侨的"红溪惨案",近万余华侨遇害。(中国第一历史档案馆《乾隆年间议禁南洋贸易案史料》)

(74) 来自日本、法国、瑞士、新加坡、中国大陆,及台湾地区等三十多家高校和专门研究机构的近50余位专家学者出席了研讨会,会议收到论文45篇。(沙武田、张伟文《2010敦煌论坛:吐蕃时期敦煌石窟艺术国际研讨会在莫高窟召开》)

(75) 7月10日,相声大腕李金斗收韩小宝关门弟子,拜师仪式在北京伯豪瑞廷酒店举行。此次拜师仪式秉承薪火相传,一脉相承的古训,近300余人出席。(《法制晚报》2016-07-12)

5.2 主观大量,极尽褒贬

"近X余"结构常表示主观大量。因此,它常用于极力赞美或者极力贬斥被描写的对象或事件。例如:

(76) 然东卿复兼有注解,注解近万余言,大奇作也。(南北朝陶弘景《真诰》卷十四)

(77) 六年著述近千余首,自可者无几,登第后孜孜忘倦,甚于始学。(唐郑谷《云台编》序)

(78) 御海潭在县西南二十四里,上有瀑飞洒近十余丈,望之如曳练,下注为潭流入永安江。(宋陈耆卿《嘉定赤诚志》卷二十三)

(79) 南昌邹子,字思谦,研御书义,兼毛诗戴礼,各抉其奥,弱冠为诸生属蹶秋比,因而授徒江北,青徐海岱之士多出其门下,通籍绾纶者

近三十余人。(明梁云构《豹陵集》卷十五)

(80) 夫逃归者、大半死者近三千余人,随军入寨者,万千余人。(宋司马光《涑水记闻》卷十四)

5.3 左右兼顾,求稳求全

虽然约量表示的是模糊的、不确定的量,但是约量却属于"实量",而非"虚量"。因此要求说话人在没经过科学测算的情况下,要估约出一个尽可能接近客观实量的数值。这一规约条件往往会使说话人在表达时产生求稳求全的语用心理。

"近X余"在字面意思上兼顾"X"的左右两端,而"近X"和"X余"都是单向的,三者各有自己的适用范围。在说话人对具体数据不是很确定的情况下,用"近X余"显然更保险——因其模糊性更强,伸缩性更大。这正符合说话人求稳求全的语用心理。因此,这也是"近X余"比起单向的约量结构"近X"或"X余"所具有的独特语用价值。

基于这种语用心理而选择使用两面兼顾的表达方式在语言生活中并不少见。学者们也曾撰文做过不少讨论,例如"基本(上)都"(谢晓明,王羽熙 2014)、"差不多全"(宗守云 2011)等。

六、小　　结

"近X余"是表示约量的一种特殊语法结构。其中"近"是估约数量的语气副词,"余"是附着在数词后的概数助词。它们共同与数词组合时,凸显出[+不确定]、[+模糊]的语义特征,所以在句法上能够合法组配。《报刊》的专家对"近"和"余"的词性分析有误,故而得出"近X余"是语病的错误结论。

"近X余"结构在语义方面,既可以表示客观约量,又能够表示主观大量;在语用方面,具有凝练文雅、极尽褒贬、左右兼顾等独特的语用价值。因此能被应用于交际,获得较强的生命力。

同时,"近X余"这一语言事实也给我们这样的启示:对于有些貌似在逻辑上有矛盾的语言表达,如果我们结合语言规律,从句法、语义、语用等多维角度仔细观察、分析,往往会有不同的发现。语言生活中,类似的例子还有很多,值得我们语言研究工作者的关注。例如:

(81) 汉语里的动宾结构,基本上都能变成"V不/没V+宾语"疑问形

式，但上面所说的所谓动宾结构不行。（陆俭明《有关被动句的几个问题》）

（82）不过现在去"大三元"有点儿太早。（铁凝《大浴女》）

（83）庆玉说老人总有百年之后的，到时候父母的遗产还不是五个儿子平分，他什么都不要，就要这桌子椅子。（贾平凹《秦腔》）

参考文献

陈小荷（1994）主观量问题初探——兼谈副词"就""才""都"，《世界汉语教学》第1期。
何乐士（2006）《古代汉语虚词词典》，北京：语文出版社。
李宇明（2000）《汉语量范畴研究》，武汉：华中师范大学出版社：79、111。
刘　淇（1954）《助字辨略》，北京：中华书局：158。
陆俭明（2010）《汉语语法语义研究新探索》，北京：商务印书馆：186。
吕叔湘（1979）《汉语语法分析问题》，北京：商务印书馆：31。
——（2014）《中国文法要略》，北京：商务印书馆：190。
马　真（1981）修饰数量的副词，《语言教学与研究》第1期。
邵敬敏，任芝锳，李家树等（2009）《汉语语法专题研究》，北京：北京大学出版社：235。
石毓智（2011）《语法化理论——基于汉语发展的历史》，上海：上海外语教育出版社：236。
太田辰夫（2003）《中国语历史文法》，北京：商务印书馆：27。
谢晓明，王羽熙（2014）也谈"基本（上）"与"都"类副词的连用. 语言研究，《语言研究》第1期。
邢福义（1996）说"您们"，《方言》第2期：100。
——（2016）《汉语语法学》，北京：商务印书馆：215。
杨伯峻（1981）《古汉语虚词》，北京：中华书局：77，87。
杨树达（2004）《词诠》，北京：中华书局：148。
——（2013）《高等国文法》，北京：东方出版社：20。
宇文现（2008）《报刊逻辑与语言病例评析1 100例》，北京：首都师范大学出版社：43。
中国社会科学院语言研究所词典编辑室编（2012）《现代汉语词典》第6版，北京：商务印书馆。
朱德熙（1982）《语法讲义》，北京：商务印书馆：59。
——（2010）《语法分析讲稿》，北京：商务印书馆：108。
宗守云（2011）试论"差不多"的概念意义、情态意义及相关问题，《海外华文教育》第1期。

（200062　上海，华东师范大学中国文字研究与应用中心　1372539421@qq.com）

从综合到分立：条件连词“只要”“只有”语义功能渊源探析*

吴　鹏

提要　文章通过对“只要”“只有”的语法化考察，发现二者表条件的语义功能同出一源，即表主观意愿的跨层结构“只＋要”。汉语表充分条件和必要条件的句法形式经历了一个从综合到分立的过程：连词“只要”在宋元时期已经产生，直至明代，连词“只要”仍是通过在后一小句使用不同的关联副词来区分表示充分条件和必要条件；到了清代，“只有”逐渐替换了“只要 p，才/方 q”中的“只要”，用来表示必要条件，从而在语法形式上初步形成了表充分条件和表必要条件的完全分立。在“只要”的语法化过程中，其语义的主观性与语用的主观性呈负相关，副词“只有”的进一步语法化以及句法与语义的相互作用是促成词语替换的两项重要动因。

关键词　“只要”；“只有”；语法化；语义功能

一、引　言

“只要”和“只有”是汉语中常用的两个条件连词。从共时层面看，目前学界对二者语法功能的论述颇多，如吕叔湘（1980）、林裕文（1984）、郭翼舟（1984）、王还（1989）、王维贤等（1994）、邢福义（1996，2001，2011）、王维贤

* 本文获教育部人文社会科学研究青年基金项目“认知视阈下的唐五代汉语体貌研究”（项目编号 17YJC740096）资助，并获山东科技大学人才引进科研启动基金项目（项目编号 2017RCJJ084）资助。本文在写作过程中得到了导师刘利先生的悉心指导，《语言研究集刊》编辑部和匿名评审专家也给出了启发性的意见与建议，在此一并致谢！

(1997)、迟永长(2002)等，但它们究竟是表示充分条件、必要条件还是唯一条件，看法不一，尚未达成一致意见；从历时层面看，学界对“只要”和“只有”语义演变的研究并不深入，缺乏对二者语义功能关系的历时考察，如席嘉(2004)对“只要”和“只有”的发展脉络做了较为简略的梳理，也并未对二者的语义关系进行深入分析。鉴于此，我们立足于汉语史，试图从探讨“只要”“只有”的语法化路径着手，追根溯源，分析二者语义功能的历时来源，并在此基础上考察二者表条件功能的历时渊源关系，进而较为全面地解读“只要”“只有”的语义功能。

二、“只要”的语法化路径

从历时角度考察，条件连词“只要”的语法化过程大致经历了以下五个阶段：

2.1 “T，只$_{adv}$+要$_{1}$+NP/VP”式

唐五代时期，“只”与“要”开始连用，限定副词“只”与动词“要”组合成“副词+动词”的跨层结构①。“只”一般用作表“只是”义的限定性副词②，动词“要”表“想要”义。“只+要”在语义上多具有承前性，除简洁的对话语体外，常处于后一分句，我们称为“后置式跨层结构”，包括以下两类：

A. 句式Ⅰ：“T，只$_{adv}$+要$_{1}$+NP”式

(1) 树神奏曰：“适来问他，并不要诸事。言道只要一寺舍伽蓝居止。”(《敦煌变文校注·庐山远公话》)

(2) 牙人未言，远公进步向前启相公曰：“若要贱卖奴身，只要相公五百贯钱文。”(《敦煌变文校注·庐山远公话》)

(3) 遂起入丈室，欲掩其户，师云：“某甲来，只要这个印信，足矣。”(《祖

① 我们采用董秀芳(1997)“跨层结构”这一称谓，具体是指“句法上本来不在同一层次上的两个成分在发展过程中跨越原有的组合层次，彼此靠拢，逐渐凝固”而组合成的新结构体。

② 唐五代时期，也有少量“只+要”结构中的“只”表“简直、几乎”义，如：《敦煌变文校注·董永变文》：“便与将丝分付了，都来只要两间房。”(注：“都来只要”的意思为“总共算起来简直需要”)，再如《祖堂集·卷六》：“问：‘并却咽喉唇吻，请师道！’师曰：‘汝只要我道不得。’”(注：“只要”的意思为“几乎让”)

堂集》卷十六)

B. 句式Ⅱ:"T,只$_{adv}$+要$_1$+VP"式

(4) 阇梨适来所说言词大远,……总是信口落荒,只要悦喻(愉)门徒,顺耳且听。(《敦煌变文校注·庐山远公话》)

(5) 高座甘心舍自身,只要当来圆佛果,不辞今日受艰辛。(《敦煌变文校注·妙法莲华经讲经文》)

(6) 师蓦面与一唾云:"野狐精!"便推出,却闭其户。雪峰云:"只要识老兄。"(《祖堂集》卷十九)

以上两种句式中"只+要"结构均表示"只是想要"义,词语的主观性极强。从句法演变角度看,句式Ⅱ是由句式Ⅰ扩展而来,句式Ⅱ中由于VP结构的主语或者与前文句式主语(S_s)一致,或者是言者本人(S_i)而承前省略,句式Ⅰ中的"要"后接名词性短语,用作心理动词,表示"想要得到某事物";句式Ⅱ中,名词性短语NP扩展为动词性短语VP结构,随之"要"便被分析为了能愿动词,仍表示"想要"义,只不过它的宾语抽象化为了某个动作或某个事件。

2.2 "T,只$_{adv}$+要$_2$+[S_n+VP]"式

在句式Ⅱ的基础上,VP结构可以进一步扩展。若VP结构的主语既非前文句式主语(S_s),亦非言者本人(S_i),那么新主语(S_n)作为新信息就必须出现,构成"($S_{s/i}$+)只+要+[S_n+VP]"结构。由于新主语(S_n)的加入,在句法位置上VP更加远离$S_{s/i}$,二者关系变得不那么紧密了。语义上看,结构中动词"要"的语义由"想要"义演变为"希望"或"要求"义,主观性相对减弱,这种用法在唐五代时期已经出现,北宋以后逐渐增多,如:

(7) 听经只要信心开,切怕门徒起妄猜。(《敦煌变文校注·维摩诘经讲经文》)

(8) 师上堂谓众曰:"从上诸圣方便门不少,大底只要诸仁者有个见处。……"(《景德传灯录》卷二十五)

(9) 圣贤千言万语,只要人不失其本心。(《朱子语类》卷第十二)

(10) 公平固在,用意更有浅深,只要自家各自体认得。(《河南程氏遗书》卷十五)

2.3 "只$_{adv}$+要$_3$+[(S_n+) VP],T"式

南宋以后,"只+要"式的语义承前性逐渐消失,启后性增强,句法上

“只+要”多用在句首或前一分句，为其词汇化奠定了形式基础，我们称为“前置式跨层结构”。随着 S_s 与 S_i 指称对象的泛化，“要”的语义进一步演变为客观的“需要”义，词语的主观性进一步减弱，S_n 可隐可现，我们将“[(S_n+) VP]”用 p 表示。动词“要”可用来表示客观需要义，副词“只”限定了客观需要的范围，“只+要+p”表示“只是需要达成 p”，而后句 T 多为对 p 句的连贯叙述或递进陈说，如：

(11) 只要时习，常读书，常讲贯，令常在目前，久久自然见得。(《朱子语类》卷第一百一十三)

(12) 曰：“只要音韵相协，好吟哦讽诵，易见道理，亦无甚要紧。……”(《朱子语类》卷第八十)

(13) 只要你一信信得，甚是省力。(《古尊宿语录》卷三十一)

(14) 过卖，你这饭只要干净，休着冷了。(《朴通事》)

2.4 “只要$_{conj}$+p，(便/就/方/才)q”式

南宋时期，T 句有时可以看作是达成 p 而产生的结果，对于后句 T(下文用 q 表示)的实现来说，p 不但可以分析为一个条件，而且依据语义来看该条件具有充分性，这就为“只+要”重新分析为表充分条件的连词奠定了基础。该时期，“只+要”经历了一个由“只$_{adv}$+[要$_{v}$+p]”重新分析为“[只要$_{conj}$]+p”的过程，逐渐语法化为条件连词。

在“只+要+p，q”式中，若将 p 分析为“要”的宾语，那么它仍是“只$_{adv}$+要$_{v}$”组合而成的跨层结构；若将 p 分析为实现 q 的条件，那么“只+要”就可以经过重新分析而成为条件连词。从韵律角度看，“只+要”常位于句首，恰好处于同一音步，易于成词(详参冯胜利 2013)。从语言系统性看，汉语是一个自平衡系统，为了平衡其后所带宾语过重的现象，“要”也倾向于与“只”结合。随着使用频率的增多，在发展演变过程中“只要”逐渐取得了词的资格，这一过程大致是在宋元时期，如：

(15) 祖乃曰：“……只要你一言下谛当，便是汝见处。”(《五灯会元》卷十九)

(16) 某常以为书不难读，只要人紧贴就圣人言语上平心看他，文义自见。(《朱子语类》卷第一百二十一)

(17) 三巧儿不信，薛婆说道：“你不知，只要大家知音，一般有趣，也撒得火。”(《蒋兴哥重会珍珠衫》)

(18) 料得小生决不到此,只要姐姐许小生做一程件,便当倾囊相赠,有何虑哉!(《李亚仙花酒曲江池》)

以例(16)为例,"只+要+p(人紧贴就圣人言语上平心看他),q(文义自见)"可做双重分析,若分析为"只需要人紧贴就圣人言语上平心看他,那么文义自见",则"只+要"仍是一个由副词"只"和动词"要"组成的跨层结构,若将"人紧贴就圣人言语上平心看他"看作"文义自见"的底线条件,则"只要"是用来连接前后两个条件关系小句的连词,表示充分条件。当后者的分析被规约化之后,"只+要"就由表"只需要"重新分析为"表条件","只+要"也就词汇化为起连接作用的连词"只要$_{conj}$"了。此外,我们还可以从共时层面来窥探"只要"在历时层面的演变痕迹,以元末的《水浒传》为例:

A. 表主观意愿:

(19) 柴进心中只要林冲把出本事来,故意将银子丢在地下。(第九回)

(20) 知县本不肯行移,只要朦胧做在唐牛儿身上,日后自慢慢地出他。(第二十二回)

B. 表客观需要:

(21) 李小二道:"只要提防他便了。岂不闻古人言:'吃饭防噎,走路防跌。'"(第十回)

(22) 武松道:"这个却不妨,你只要叫仆人送我,前面再有酒店时,我还要吃。"(第二十八回)

C. 表客观需要/表条件:

(23) 史文恭按兵不动,只要等他入来塌了陷坑,山下伏兵齐起,接应捉人。(第六十七回)

(24) 武松捋起双袖,握着尖刀,指何九叔道:"小子粗疏,还晓得冤各有头,债各有主。你休惊怕,只要实说,对我一一说知武大死的缘故,便不干涉你。……"(第二十六回)

如图1所示:

A:表主观意愿 —小句主语的泛化→ B:表客观需要 —重新分析→ C:表条件

只$_{adv}$+要$_{1/2}$+p —词义引申→ 只$_{adv}$+要$_{3}$+p —语法化→ 只要$_{conj}$+p

图1

到了明代，连词“只要”已经广泛应用开来，经历了词汇化的过程，“只要”由表示客观需要义演变为了功能性连词，其主观性已丧失殆尽。在“只要”语法化为连词后，后一分句的关联副词有“便”“就”“方”“才”等，也可不使用关联副词，如：

(25) 料他也只是一个人，没有三头六臂，只要寻他些破绽出来，便有分晓。(《醒世恒言》卷十三)

(26) 金满道：“不干你事，只要你引我到船上就放你。”(《警世通言》卷十五)

(27) 玉帝着天师引我去披香殿看那三事，乃是米山、面山、金锁，只要三事倒断，方该下雨。(《西游记》第八十七回)

(28) 只要拿住那行者，我们才自自在在吃那和尚一块肉，情愿……(《西游记》第二十回)

(29) 毛烈道：“只要会计较，要藏时田地也藏得。”(《二刻拍案惊奇》卷十六)

2.5 “只要conj+p，(就/便)q”式

到了清代，引导后一分句q的关联副词逐渐发展为以“就”为主，其次是“便”，如：

句型＼文献	《红楼梦》	《儿女英雄传》	《儒林外史》	《歧路灯》	《醒世姻缘传》	《老残游记》
只要……就……	17	13	6	10	1	3
只要……便……	1	2	2	1	0	1
只要……方……	1	0	0	0	0	0
只要……才……	3	0	0	1	1	0
只要(单用)	8	16	8	16	0	2
总计	30	31	16	28	2	6

清代以降，“只要+p，就q”的使用频率逐渐提高。现代汉语口语中，“就”逐步取代“便”成为现代汉语口语中与“只要”搭配的最常用、最稳固的关联副词。如：

(30) 只要这等通前澈后一算，就知这书不是脱岔露空了。(《儿女英雄传》第二十六回)

(31) 你可如今打听着,不管他根基富贵,只要模样配的上就好,来告诉我。(《红楼梦》第二十九回)

(32) 足见那个时候,只要拣个平原,封树合宜,就是尽礼而葬的了。(《安徽俗话报》第二十期)

三、"只有"的语法化路径

条件连词"只有"的语法化过程大致经历了以下四个阶段:

3.1 "只 adv + 有 v + NP"式

"只"和"有"的连用不晚于六朝。"只 + 有"是由限定副词"只"和动词"有"组合而成的"副词 + 动词"跨层结构,沿用至今,如:

(33) 昨出伏复深思,只有愚滞,今之事迹,异口同音,便是彰著……(《宋书·庾炳之传》)

(34) 是时会中千个罗汉数内,只有佛弟子阿难未证果位。(《敦煌变文校注·双恩记》)

(35) 因举古人道:"诸方只有杀人之刀,且无活人之剑。"(《祖堂集》卷十一)

在此阶段,"有"的动词性较强,后接宾语,是句子核心。但当其后出现另一个动词V后,V可带宾语,动词性强,逐渐成了新的句法核心。核心动词V在吸引宾语的同时会对"有"施加一个向外的推力,使它远离核心成分,并逐步削弱其动词性。加之V前主语(S)、状语(A)等成分进入句式,进一步拉大了"有"与V的距离,我们可以构拟一个"只有"发展演变的连续统(continuum):"只有 + O > 只有 + V + O > 只有 + S + V + O > 只有 + A + S + V + O"。加之处于同音步的影响,副词"只"对其产生一个拉力,促使"只有"的组合更加紧密。在"一推一拉"的作用下,"有"处于核心成分的"外围",动词性丧失殆尽,在这一语法演变过程中,"只有 adv"产生了。即:

[只 adv] + 有 v + NP → [只 adv] + 有 v + p(A + S + V + O) → [只有 adv] + p(A + S + V + O)

3.2 "只有 adv + VP"式

南宋时期,副词"只有"已经形成,后跟动词性短语,表示"只能""只好"

或“只得”等语气义，沿用至今①。如：

(36) 曰：“是不可钻。书不可进前一步看，只有退看。譬如以眼看物，欲得其大体邪正曲直，须是远看方定，若近看愈狭了，不看见。”(《朱子语类》卷第一百一十八)

(37) 虞公劳之，因问王权罢兵之由，皆曰：“权骄惰，不恤士卒，非虏(改作敌)之善胜，权只有走耳，我辈未尝见战。”(《三朝北盟会编》卷二百四十一)

(38) 假如我说书的遭了这等事，遇见这等人，说着这番话，我只有给他磕上一个头，跟着他去，由他怎么好怎么好！(《儿女英雄传》第十九回)

以上三例中，“只有 + VP”表示当时没有其他好办法，只能采取“退看”[例(36)]、“走”[例(37)]和“给他磕上一个头，跟着他去”[例(38)]的办法来对付当时的情况或问题。值得注意的是，句中 VP 所表达的做法是当时的最佳选择，因此有着采用的必要性，但未必能解决问题，而且多是不能解决问题的，如后两例。这种语义的产生与发展，为后来“只有”发展为表必要条件的连词奠定了语义基础。

3.3 “只有conj + p，(方/才)q”式

清代以降，“只有adv”进一步语法化。若副词“只有”后跟小句 q，它所表示的语义便与表示必要条件的语义功能相合，即“只有”引领下的 p 具有实现 q 的必要性。在语义共性的推动下，新生的句法结构和既有的语义便可以重新组构，形成新的“结合体”。在句法上，“只有”逐渐开始替换了“只要conj……，才/方……”中的“只要”②，形成“只有conj……，才/方……”。这样“只有”就成了表示条件关系的连词，与“方”“才”或“方才”搭配，表示必要

---

① 席嘉(2004)曾指出，表示必要条件关系的连词“只有”出现于南宋时期，并列举了《朱子语类》中的两个例句：① 盖虽曰“仁能守之”，只有这勇方能守得到头，方能接得去。(卷第三十七)② 今日之军政，只有君相上下一心，拣之又拣，如太祖时，方好。(卷第一百十)其实，“这勇”(①句)与“君相”(②句)分别用作“有”的宾语，构成动宾短语，受副词“只”的修饰，据此我们认为这里的“只有”都不应该看作是连词。

② 元明时期的《西游记》中有一“只有…，方…”的用例：僧官见了大怒道：“道人少打！你岂不知我是僧官，但只有城上来的士夫降香，我方出来迎接。……”(第 36 回)作为孤例，我们疑为此处是清人所改。

条件,如:

(39) 想世间只有做个本份道路,方能尽得一人男子汉的事业,所以……(《东度记》第六十五回)

(40) 这两扇门,人都唤作铁门,没一人敢来敲打,只有舍弟及方、白两家人来,才敢敲击。(《野叟曝言》第七十一回)

(41) 不过苏州规矩,只有在堂子里头叫局,方才要出坐场的钱,酒馆、大菜馆都没有的。(《九尾龟》第一百四十四回)

3.4 “只有conj+p,才q”式

五四运动以后,在汉语口语中“才”逐渐取代“方”,形成了“只有conj+p,才q”的固定句式,“只有”作为表必要条件的连词,使用已经很广泛了,如:

(42) 掌柜是一副凶脸孔,主顾也没有好声气,教人活泼不得;只有孔乙己到店,才可以笑几声,所以至今还记得。(鲁迅《孔乙己》)

(43) 革命者是无意或有意造成这惶惶然的人,自然是例外。只有参加革命或反革命,才能解决这惶惶然。(朱自清《我们的路》)

(44) 因此,她只有寻个好婆家,好对象,才有可能改变她和全家人的状况——这也许是唯一可行的道路。(路遥《平凡的世界》)

四、语义功能:从综合到分立

从连词“只要”的产生算起,汉语表示充分条件和必要条件的连词功能经历了一个由多功能逐渐分化的过程,即“综合——部分替代——分立”,详述如下:

4.1 综合阶段:宋元明

宋元时期,条件连词“只要”已经产生,这一时期“只要”的主要用法有二:其一,表示充分条件,既可以单用,也可以使用关联副词“便”或“就”承接后句q;其二,表示必要条件,但后句q需要使用关联副词“方”“才”或“方才”。但这一时期前一种用法居多,后一用法相对较少,如:

(45) 只要乘气势方急时便做了,方好。(《朱子语类》卷第一百三十三)

(46) 只要哥哥差人拿他娘儿两个来,扣厅责他四十,才与您兄弟出的这一口臭气。(《杜蕊娘智赏金线池》)

(47) 只是我偏生见那小厮不得，常是一顿打就打一个小死，只要打死了他方才称心。(《合汗衫》)

可见，连词“只要”产生以后，表示充分条件和必要条件的句法结构便都由“只要”来引导，通过变换使用后一分句 q 中不同的关联副词来表示两类不同的条件义。到了明代，“只要”仍可以表示必要条件，用例逐渐增多，如：

(48) 禅师道：“他是个有德有行的，不肯下手。只要我已心悦诚服，他才住手。明日一定还是那个钵盂来。”(《三宝太监西洋记》第七十六回)

(49) 素梅道：“既如此，便依你去走一遭也使得，只要打听兄嫂睡了方好。”(《二刻拍案惊奇》卷九)

(50) 踌躇已定，含泪答道：“官人果然真心肯替奴家报仇雪耻，情愿相从！只要设个誓愿，方才相信。”(《醒世恒言》卷三十六)

4.2 部分替代阶段：清代

到了清代，随着副词“只有”的进一步语法化，“只有”开始了对“只要……，方/才……”中“只要”的替换，逐渐形成了必要条件连词“只有”。“只要”和“只有”两个连词引导的必要条件句在清代文献中均有用例，出现了共存的局面。如：

“只要”引导的必要条件句：

(51) 那熏香只要人闻着，鸡一叫才能苏醒过来。(《彭公案》第二十一回)

(52) 道士说道：“大人只要一些不犯，才上得了头炷香呢！……”(《海公大红袍传》第五十回)

(53) 官长喝道：“你早不知改，只要见此光景，方悔前过，哪里恕饶！”(《东度记》第七十七回)

(54) 胡宗宪道：“曹大人过于奖誉，歼除些小毛贼，偶尔侥幸得胜，算什么军功？今后只要随我打破归德，方算得奇功万古。”(《绿野仙踪》第三十二回)

“只有”引导的必要条件句：

(55) 听我讲，那花红不消费心，有朝廷的恩赐，赴琼林宴这日，一榜新进士都要领的；却只有榜眼、探花、传胪一定要披戴起来，才成得这个盛典。(《儿女英雄传》第三十六回)

(56) 这一门，是只有皇帝出来才开的，那一种严肃气象，想来总是很利害的了。(《二十年目睹之怪现状》第七十二回)

(57) 财神道："若须清楚详尽，只有另问得知之神，方免遗漏。"(《海国春秋》第三十八回)

(58) 你们吃把势饭的，只有赶快拣个合意的客人嫁了他去，方才可以图一个好好的收成。(《九尾龟》第一百五十回)

4.3 分立阶段：五四运动以来

五四运动以后，"只有"对"只要……，方/才……"中"只要"的替换已经基本完成，在"只有……，方/才……"内部，关联副词"才"逐渐取代"方"。这样，在句法上表示充分条件和必要条件的结构形成了"只要……，便/就……"与"只有……，才……"的分立。如：

(59) 我想爸爸只要把事不看得太严重了，事情就会过去的。(曹禺《雷雨》)

(60) 只要他自己意志一决定，他便立时可以实行了。(王任叔《疲惫者》)

(61) 只有孔乙己到店，才可以笑几声，所以至今还记得。(鲁迅《孔乙己》)

(62) 今天来的都是你听见过的人，只有在我家里，你才会看见他们聚在一起。(钱锺书《猫》)

发展到当代汉语中，"就"成为汉语口语中与"只要"搭配的最常用的关联副词，"便"则多用于书面语，形成了文白的分立，而"只有……，才……"的搭配一直比较稳定。

五、结论与余论

通过以上分析，我们发现在历时演变过程中，"只要"和"只有"都经历了一个由跨层结构发展为连词的语法化过程，总结如下：

只要："T，只 adv + 要$_1$ + NP/VP" > "T，只$_{adv}$ + 要$_2$ + [S_n + VP]" > "只$_{adv}$ + 要$_3$ + [(S_n +) VP]，T" > "只要$_{conj}$ + p，(便/就/方/才)q" > "只要$_{conj}$ + p，(就/便)q"

只有："只$_{adv}$ + 有$_v$ + NP" > "只有$_{adv}$ + VP" > "只有$_{conj}$ + p，(方/

才)q” > “只有 $_{conj}$ + p,才 q”

在考察二者语法化过程的基础上,我们可以进一步总结并讨论以下四个问题。

首先,对于“只要”的语法化过程,我们可以从两个角度来分析：其一,从词汇语义的角度看,“只 + 要”词汇语义的主观性逐渐降低,主要表现在“要”的词义演变上,“要”的“意愿”义逐渐减弱,即:“想要”义 > “希望”义 > “客观需要”义 > “条件”义;其二,从语用角度看,“只 + 要”式的主观化程度是一个逐渐增强的过程,即“弱主观性 > 强主观性”。可见,在“只要”的语法化过程中,主观性在词汇层面和语用层面呈现出“负相关”的发展趋势。

其次,连词“只要”和“只有”的语义来源是一元的,并非是多元的、并行发展的。表充分条件的连词“只要”的语义功能来源于表示主观意愿的“只 + 要”,连词“只有”所表示的语义功能也可追溯于此。动词“要”的语义演变是形成连词“只要”的基础条件,受到副词“只”的修饰,进一步推动了连词“只要”的形成。连词“只要”形成以后,既可以表示充分条件,也可以表示必要条件,这都取决于 q 分句所使用的关联副词,若是采用“便”“就”或不使用关联副词,则表示充分条件,若是采用“才”或“方”则表示必要条件。随之而来的就出现了“只有”对“只要”的部分语义功能进行了替换。

再次,“只有”对“只要”的功能替换主要有两个层面的动因：一是从语义内部来看,“只有”在替换“只要”之前,主要用作副词,表示“只能”“只好”义,若其后接分句 q,形成“只能/只好 p,(才/方)q”,在语义上是可以表达必要性的语义,这种语义的相合是替换形成的语言内部动因;二是从句法和语义的关系来看,语义的精确化需要语法形式的细化,依据后一分句 q 中关联副词的不同,“只要”可以表示两种不同类型的条件关系,它承担了较多的语义功能,为了能够保持前后小句的一致性和明确性,随着语法形式与语义功能的相互作用,“只要 p,便/就/方/才 q”在语法形式上将“只有”吸收进来,不但能够分担“只要”表必要条件的语法意义,而且促成了“只有”的进一步语法化,这样句法和语义逐渐向一对一的模式发展,这种相互作用是替换形成的语言外部动因。由此我们也可以看到,“只要”的基本语义功能是表充分条件,而“只有”的基本语义功能是表必要条件。至于二者在现代汉语语用中的语义功能出现扩展的现象,我们另撰文讨论。

最后,在表示充分条件和必要条件的句法结构形成的过程中,动词“要”

是核心,在语法化过程中起着重要作用,“只”修饰“要”,在一定程度上推动了动词“要”的语义演变;“只要”引导的充分条件句的后一分句 q 可以是“无标记”的,即可以不使用关联副词,“便”“就”等词只是起着顺承下文的作用,而宋元明时期,“只要”可以引导必要条件句,但后一分句 q 必须是“有标记”的,即关联副词“方”或“才”必现,清代以后“只有”对引导必要条件的“只要”进行了替换,即便如此,至今“只有”引导必要条件句时,关联副词“才”等也必现,可见“方”“才”等副词在必要条件句的形成过程中起着更为重要的作用。

综上所述,现代汉语中,虽然人们将“只要”和“只有”分立开来,分别被看作是表充分条件和必要条件的连词,但我们通过历时视角的考察看到,二者的发展演变不是并行的,更不是对立的。汉语连词表示充分条件和必要条件的功能其实同出一源:起初,“只要”的表意功能集“表充分”与“表必要”于一身,具有综合性特点;清代以降,连词“只有”开始替代原本“表必要”的“只要”;五四运动以后,二者已分立开来。可见,它经历了一个“综合——部分替代——分立”的功能分化过程。

参考文献

迟永长(2002)“只要”表哪种逻辑语义,《辽宁师范大学学报》第 1 期。
董秀芳(1997)跨层结构的形成与语言系统的调整,《河北师范大学学报》第 3 期。
冯胜利(2013)《汉语韵律句法学》增订本,北京:商务印书馆。
郭翼舟(1984)《副词　介词　连词》,上海:上海教育出版社。
林裕文(1984)《汉语知识讲话·偏正复句》,上海:上海教育出版社。
吕叔湘(1980)《现代汉语八百词》,北京:商务印书馆。
王　还(1989)“只有…才…”和“只要…就…”,《语言教学与研究》第 3 期。
王维贤(1997)《现代汉语语法理论研究》,北京:语文出版社。
——,张学成,卢曼云,等(1994)《现代汉语复句新解》,上海:华东师范大学出版社。
席　嘉(2004)与副词“只”有关的几个连词的历时考察,《武汉大学学报》第 6 期。
邢福义(1996)《汉语语法学》,长春:东北师范大学出版社。
——(2001)《汉语复句研究》,北京:商务印书馆。
——(2011)《现代汉语》,北京:高等教育出版社。

(266590　青岛,山东科技大学文法学院　wupeng232@126.com)

复制提升结构

潘家荣　潘　奥

提要　提升（subject-to-subject raising）从 Rosenbaum（1967）和 Postal（1974）以来在语言学界得到广泛的讨论，但是复制提升（copy-raising construction）并没有得到理论语言学的广泛关注。复制提升对格理论和名词移位理论构成了极大的挑战。名词短语移位只能从一个没有格的位置移到一个有格的位置。复制提升的问题就在于名词短语从一个有格的位置移到了另一个有格的位置。文章论证了复制提升结构与一般的提升结构不同，讨论了移位和底层生成这两种分析的基本假设以及它们存在的问题。文章试图引入空填充词 proEXP 以解释复制提升现象，但这种分析也存在一些问题。最后，文章在句法关系推导论的理论框架下对复制提升结构进行了分析，并解释了以往分析都忽视的从句标补语呈现出多种形式这一现象。

关键词　提升；复制提升；句法关系推导论

一、简　介

提升（subject-to-subject raising，如例 1 所示）从 Rosenbaum（1967）和 Postal（1974）以来在语言学界得到广泛的讨论，但是复制提升［copy-raising construction，简称 CRC，如例（2）所示］并没有得到理论语言学的广泛关注。

(1) [Antonio]$_i$ seems [t$_i$ to love the syntax class].

(2) a. [Antonio]i seems like hei loves the syntax class.

b. [Antonio]i seems as if hei loves the syntax class.

c. [Antonio]i seems as though hei loves the syntax class.

复制提升对格理论和名词移位理论构成了极大的挑战。名词短语移位只能从一个没有格的位置移到一个有格的位置。复制提升的问题就在于名词短语从一个有格的位置移到了另一个有格的位置。相关问题和解决方案在后面的小节中都会提到。

复制提升是一种跨语言现象,广泛存在于类型上并不相关的语言中,如希伯来语、依博语、爱尔兰语、海地克利奥尔语、萨摩亚语、瑞典语、突厥语等。前人就这一现象提出了移位和底层生成这两种分析。但是这两种分析都有一些理论问题,并不能很好地解释复制提升这一现象。本文借助空填充词 pro(null expletive)来解释复制提升这一现象,但也存在一些反例。本文试图在句法关系推导论(Derivational Approach to Syntactic Relations,简称 DASR)这一理论框架下分析复制提升现象,这也是本文的创新之处。

本文第二部分简单介绍了复制提升现象;第三部分回顾了移位和底层生成这两种分析以及它们存在的理论问题;第四部分讨论另外一种可行的分析方法,引入空填充词 pro;第五部分在句法关系推导论(DASR)框架下解释复制提升这一跨语言现象;第六部分是本文的结语。

二、复制提升结构

本节介绍复制提升结构。(1) 介绍英语中的复制提升结构;(2) 通过语法测试验证了主句主语位置是一个非论元位置;(3) 讨论在从句主语位置引入的约束变量,它与主句主语在性、数、人称上一致,故称为"复制";(4) 比较提升和复制提升这两种结构的相同点和不同点。

2.1 英语中的复制提升结构

Postal(1974)最先讨论了英语中的复制提升结构,Potsdam 和 Runner(2002)以及 Asudeh(2002, 2004)近几年又对这一结构进行了讨论。

英语中真正的提升动词只有 seem 和 appear(Asudeh 2004)。提升结构中谓词带一个非限定性小句作为补语,而在复制提升结构中,谓词的补语是一个由 like、as if 或者 as though 引导的限定性小句。小句主语提升到主句主语位置,小句主语位置则留下一个与原来主语性、数、人称标记一致的代词(Davies & Dybinsky 2004)。

提升结构[如例(3)]可以与 it 作形式主语,动词后跟一个限定性小句的结构[如例(4)]交替出现。

(3) Lars seems to be hungry.

(4) It seems that Lars is hungry.

例(4)说明经过论元移位(由从句主语位置移位到主句主语位置)的 Lars 并不是提升动词 seem 的论元,因为主语 Lars 可以由形式主语 it 代替。

复制提升结构与例(4)相似,也带有一个限定性小句作为补语。比如例(5)中紧跟动词 love 的后缀-s 标志着 seem 后跟着一个限定性小句。

(5) Lars seems like/as if/as though he loves the syntax class.

注意复制提升结构中,提升动词 C 选择一个 NP(填充词 it 和 there 除外)作为主语和一个限定性小句作为补语,补语小句中留有一个与主语在性、数、人称上保持一致的代词。例(6)a 中,从句主语是一个与主句主语在性、数、人称上保持一致的代词,符合语法,而例(6)b 中,从句主语并不是一个与主句主语在性、数、人称上一致的代词,因此不符合语法。

(6) a. Lars seems like/as if/as though he has found the true love.

b. Lars seems like/as if/as though Karen has found the true love.

2.2 主句主语位置是一个非论元位置

在复制提升结构中,主句主语位置必须是非论元位置,也就是说,主句主语既不能被指派题元角色,也并不占据题元位置。例(7)和例(8)表明,复制提升结构中主句主语可以由形式主语 it 代替,因而是非论元位置。

(7) a. It seems like John is in the hot water.

b. John seems like he is in the hot water.

(8) a. It seems like the cat is out of the bag.

b. The cat seems like it is out of the bag.

一些跨语言现象也符合上述观察。

(9) 依博语(Ura 1998[68];忽略声调)

a. O di m [ka Eze hu-ru Ada]

EXPLETIVE seems to me COMP Eze see-asp Ada]

"It seems to me [that Eze saw Ada]"

b. Eze di m [ka O hu-ru Ada]

Eze seems to me COMP he see-asp Ada

"Eze_i seems to me [that he_i saw Ada]"

(10) 海地克利奥语(Ura 1994)[109]

a. pro sanble [Jan te renmen Mari]
proEXP seems John past love Mary]
"It seems [John loved Mary]"

b. Jani sanble [lii te renmen Mari]
John seems he past love Mary]
"John$_i$ seems [he$_i$ loved Mary]"

从例(11)和例(12)可以看出,只有从句主语位置是论元位置。例(11)b 和例(12)b 中从句主语均没有被指派题元角色,因而不符合语法。

(11) a. Dino seems like he would be a lecturer.

b. * Dino seems like there would be no lecturer.

(12) a. Hugh seems like ha has some problems.

b. * Hugh seems like there has arisen some problems.

2.3 引入约束变量

鉴于主句主语必须是非论元位置而从句主语必须是论元位置,我们可以推测主句主语与从句主语必须在语义上互指。换句话说,从句主语与主句主语必须在性、数和人称上保持一致。例(13)b 中,从句主语与主句主语在性这个范畴上不一致,故不符合语法。

(13) a. Beatrice seems like she is leaving us.

b. * Beatrice seems like he is leaving us.

例(14)b 中,从句主语与主句主语在数这个范畴上不一致,故不符合语法。

(14) a. Beatrice seems like she has made up her mind.

b. * Beatrice seems like they have made up their mind.

例(15)b 中,从句主语与主句主语在人称这个范畴上不一致,故不符合语法。

(15) a. Beatrice seems like she would miss us.

b. * Beatrice seems like I would miss us.

从以上示例可以看出,复制提升结构中从句主语与主句主语必须在语义上同指,从句主语在性、数、人称任何一方面与主句主语不一致都是不合语法的。

2.4 提升结构和复制提升结构的相同点和不同点

提升和复制提升的一个主要共同点在于两个结构中,主句主语都是从一个位置移动到另一个位置。移位分析中这两个位置分别被称为移位前位置和移位后位置，底层生成分析中这两个位置均为底层生成，并非移位产生的。这两种分析在下一小节中会有详细讨论。

不论采用哪种分析方法，俗语的意义都保持不变，这就为这两种结构中主语从一个位置移到另一个位置提供了证据。如例(16)b和例(16)c所示，不论是在提升结构中，还是在复制提升结构中，俗语的意义均不发生变化。

(16) a. It seems that Eddie is in the hot water.

b. Eddie seems to be in the hot water.

c. Eddie seems like he is in the hot water.

跨语言的现象表明，即使整个俗语都得到了复制提升，俗语的意义也不会发生变化。

(17) 海地克利奥尔语(Ura 1994)[110]

a. Lakay fe nwa.

(Lit. The house makes black.)

"We have money trouble."

b. $Lakay_i$ sanble [li_i fe nwa].

(Lit. The $house_i$ seems that it_i makes black.)

"It seems that we have money trouble."

(18) 依博语(Ura 1998[110]；忽略声调)

a. Ihe e-kpu-ru na ngwo a-gha-shia la.

thing cover LOC. palm come-off PAST.

(Lit. The cover on the palm tree came off.)

"The secret was revealed."

b. [Ihe e-kpu-ru na $ngwo]_i$ di [ka o_i a-gha-shia la].

thing cover LOC. palm seems COMP it come-off PAST

(Lit. [The cover on the palm $tree]_i$ seems that it_i came off.)

"The secret seems to be revealed."

主语提升结构与复制提升结构最大的不同点在于主语提升只允许有一个显性主语而复制提升允许有两个显性主语，如例(19)和例(20)所示：

(19) a. [$_{TP}$ It seems that [$_{TP}$ Victor likes Phonology]].

b. [$_{TP}$ $Victor_i$ seems [$_{TP}$ t_i to like Phonology]].

(20) a. [$_{TP}$ It seems that [$_{TP}$ Victor likes Phonology]].

b. [$_{TP}$ Victor$_i$ seems like [$_{TP}$ he$_i$ likes Phonology]].

本小节介绍了复制提升结构的基本情况,包括主句主语占据非论元位置,从句主语与主句主语在性、数、人称上保持一致,以及提升结构与复制提升结构的异同点。下一小节将仔细讨论关于复制提升结构,前人提出的两种分析——移位和底层生成。

三、移位和底层生成

第一节和第二节分别介绍了就复制提升结构提出的移位分析和底层生成分析。这节,我们重点讨论这两种分析方法的基本假设以及存在的问题。

3.1 移位

3.1.1 基本假设

Ura(1998)用移位来分析依博语中的复制提升现象。移位分析有三条基本假设:一是复制提升是由一个论元位置移到另一个论元位置;二是某些特征核查并不是必须的,因此允许论元从一个有格位置移出;三是复制提升涉及一条语言特有规则,允许英语、依博语拼出移位后留下的语迹,表现为和主句主语在性、数、人称上保持一致的代词。这条规则称为拼读规则(S-rule),内容如下:

(21) 拼读规则(Ura 1998)[74]

语言特有规则为论元移位提供一个中间推导层次,在这个中间推导层次上论元移位留下的语迹会拼读为与主句主语在性、数、人称上保持一致的代词形式。

以英语中的复制提升结构为例:

(22) a. [$_{TP1}$ Lars likes linguistics].

b. [$_{TP2}$ Lars$_i$ seems like [$_{TP1}$ t$_i$ likes linguistics]].

c. [$_{TP2}$ Larsi seems like [$_{TP1}$ he$_i$ likes linguistics]].

句法首先生成限定性补语小句 TP_1 例(22)a。小句主语 Lars 底层位于 VP 的标记语位置,随后移位至 TP_1 的标记语位置,满足了扩展式投射原则(Extended Projection Principle,以下简称 EPP)的要求。注意,主语 Lars 在这一步推导中并未完成格位特征和 Φ 特征的核查。如果主语在这一步推导过程中已经完成了格位特征与 Φ 特征的核查,后续推导便无法进行了。根据自贪(Greed)(Chomsky 1995),从句主语 Lars 由 TP_1 的标记语位置提升至主句主语,也就是 TP_2 的标记语位置,如例(22)b 所示,与此同时完成 EPP 特征和 Φ 特征的核查。在拼读规则的作用下,从句主语位置,也就是 TP1 的标记语位置会由一个与主句主语在性、数、人称上保持一致的代词填充,如例(22)c 所示。

3.2.2 存在的问题

Ura(1998)意识到移位分析存在一些问题,移位分析违反了语段不可透(Phase Impenetrability Constraint,简称 PIC)和不当移位限制(Improper Movement Restriction),其具体内容如下:

(23) 语段不可透(PIC)(Chomsky 2001)

如果 X 被补语 YP 所控制,那么 X 无法移出 YP。

(24) 不当移位限制 (Ura 2001)

只有 wh-特征在 CP 标记语位置上可见。

根据语段不可透(PIC)这一制约条件,任何移位必须在从句这个语段的标记语位置上停留,也就是说,移位必须一步一步进行。例(25),也就是例(22)b 中,Lars 直接由从句主语位置(TP_1 的标记语位置)移动到主句的标记语位置(TP_2 的标记语位置),违反了 PIC,因而是不合法的移位。

(25) [$_{TP2}$ Lars$_i$ seems like [$_{TP1}$ t$_i$ likes linguistics]].

根据 PIC,Lars 必须首先从 TP_1 的标记语位置移到 CP 语段的标记语位置,然后再移动到 TP_2 的标记语位置。但是,Ura(1998)提到的移位是直接从 TP_1 的标记语位置移动到了 TP_2 的标记语位置,跳过了语段 CP 的标记语位置。

例(26)中,Lars 的移位经过了 CP 的标记语位置,但仍不是合法的移位。因为 Lars 不具有 wh-特征,因而不当移位限制不允许 Lars 移动到 CP 的标记语位置。

(26) *[$_{TP2}$ Lars$_i$ seems like[CP <t'i> Φ [$_{TP1}$ t$_i$ likes linguistics]].

移位分析也不符合自贪的要求,内容如下:

(27) 自贪

一个成分只有为满足自身形态要求时才可以移位(Chomsky 1995; Baltin 2001)。

以例(28)为例:

(28) a. * Lars seems like t_i is a stupid guy.

b. Lars seems to be a stupid guy.

例(28)a 中,自贪不允许 Lars 直接从从句主语位置移到主句主语位置,这是因为从句中 T 的格位特征与从句主语 Lars 的格位特征一致,在特征核查中删除掉了,因而不符合自贪的要求。例(28)b 中,由于主语 Lars 的特征并未核查,因此自贪允许 Lars 从从句主语位置移动到主句主语位置。注意,非限定性小句的 T 并不具有格位特征,只有限定性小句的 T 才有格位特征。(Adger 2003; Haegeman 1994; Radford 2004)

Ura(1998)认为从句主语的格位特征并不通过从句中 T 的格位特征进行核查,而是与主句中 T 的格位特征进行核查。如果从句主语的格位特征与从句中 T 的特征进行核查,后续移位将无法进行。Ura(1998)的分析削弱了特征核查原则的作用。特征核查原则规定,推导的任一层次均需要对无法被语音形式评估和诠释的特征进行核查,否则后续推导将无法进行。Ura 的分析也违反了尽快运用原则(As Soon As Possible,简称 ASAP,Collins 2001),具体内容如下:

(29) 尽快运用原则(ASAP)

在一定条件下,如果可以执行某一操作,那就必须执行这一操作。

Pesetsky(1995)提出了尽早应用原则(Earliness Principle),这是一条普遍原则,与尽快运用原则类似。具体内容如下:

(30) 尽早应用原则

语法操作在推导中越早应用越好。

根据上述两条原则,特征核查关系一旦确定下来,特征核查就会应用。以例(31)为例:

(31) * [$_{TP2}$ Φseems like [$_{TP1}$ Lars dislike phonology].

从句 TP_1 一旦生成,从句主语 Lars 的格位特征就与从句 T 带有的格位特征形成特征核查关系,从句主语 Lars 和从句 T 的格位特征均被核查并删掉了。即使从句主语 Lars 移位到主句主语的位置上,由于 Lars 不再带有格位特征,特征核查也不会应用。由于 Lars 的形态要求均得到了满足,根据自贪,从句主语 Lars 也不会移位到主句 TP_2 的标记语位置上。

移位分析也违反了内含条件(Inclusiveness Condition),其具体内容如下:

(32) 内含条件(Chomsky 1999)

句法运算过程中不能加入新的信息。

以例(33)为例,Ura(1998)认为John从从句主语位置移动到主句主语位置,John带有的格位特征和Φ特征均未被核查。John移动到主句主语位置上之后,EPP特征、John的格位特征和Φ特征才得到核查。句法在后续推导中选取一个格位特征未被赋值的代词,与主句中的T在性、数和人称上保持一致,表现为主格形式。如此看来,在主格指派规则例(34)的作用下,句法推导过程中又加入了主格这个新信息。

(33) a. *[$_{TP2}$ Johni seems like [$_{TP1}$ ti loves Mary].

b. *[$_{TP2}$ John $_i$ T [VP seems [CP COMP [$_{TP1}$ t $_i$ T [VP loves Mary]]]]].

√EPP √EPP

√Case, Φ-features *Case, Φ-features

c. *[$_{TP2}$ John $_i$ T [VP seems [CP COMP [$_{TP1}$ he $_i$ T [VP loves Mary]]]]].

√ EPP √ EPP

√Case, Φ-features √Case, Φ-features

(34) 主格指派规则(Radford 2004)[286]

限定句中,如果探针和目标之间Φ特征(人称和数)一致,探针会给没有赋值的特征指派主格。

综上所述,移位分析会违反语段不可透(PIC)、不当移位限制、自贪(Greed)、尽快运用原则(ASAP)、尽在应用原则、内含条件,存在一些严重的理论问题。下一小节介绍底层生成分析,它的基本假设以及存在的问题。

3.2 底层生成

3.2.1 基本假设

Potsdam和Runner(2002)运用底层生成法分析英语中的复制提升结构。他们认为,从句主语代词是在从句底层结构中生成的,主句主语是在主句的底层结构中生成的。这两个主语形成一个论元链,在逻辑式(LF)中被指派一个题元角色。我们以例(35)为例说明具体的推导过程。

(35) a. [$_{TP}$ he likes the Minimalist Program].

b. [$_{TP2}$ Lars$_i$ seems like [$_{TP1}$ he$_i$ likes the Minimalist Program]]

句法首先生成从句例(35)a,从句主语 he 是在从句底层中生成的,满足特征核查的要求,EPP 特征、格位特征、Φ 特征均得到了核查。例(35)b 中,主句主语 Lars 在主句的底层结构中生成,所有特征,包括 EPP 特征、格位特征和 Φ 特征均得到了核查。Full Interpretation 原则(Chomsky 1995)要求所有成分在逻辑式层面必须得到解释,这一原则会触发从句主语和主句主语形成一个论元链,进而获得题元角色,在逻辑式中得到解释。没有论元链,Lars 在逻辑式中不可能得到解释,违反了 Full Interpretation 原则。

3.2.2 存在的问题

Potsdam 和 Runner(2002)也认识到这一分析违反了"题元准则(Theta Criterion)"和 Uniformity of Theta-role Assignment Hypothesis(UTAH),存在很大缺陷。题元准则和 Uniformity of Theta-role Assignment Hypothesis(UTAH)的具体内容如下:

(36) Theta Criterion(Adger 2003; Haegrman 1994; Williams 1994)

a. 一个论元只能获得一个题元角色。

b. 一个题元角色只能分配给一个论元。

(37) Uniformity of Theta-role Assignment Hypothesis (UTAH) (Adger 2003;Baker 1988)

以例(38)为例:

(38) [$_{TP2}$ Lars$_i$ seems like [$_{TP1}$ he$_i$ likes the Minimalist Program]]

Potsdam 和 Runner(2002)认为,从句主语 he 是在从句的底层结构中生成的,主句主语 Lars 是在主句的底层结构中生成的,这两个主语形成一个论元链,在逻辑式(LF)中被指派一个题元角色。但是,Lars 和 he 都是论元,根据题元准则, Lars 和 he 应该分别被指派一个题元角色。

题元准则并不是说小句中的每个成分都需要被指派一个题元角色,以例(39)为例:

(39) a. It is raining.

b. Lars likes syntax every day.

语法并没有给例(39)a 中的形式主语 it 指派题元角色,也没有给例(39)b 中的副词短语 every day 指派题元角色。

即使我们接受 Potsdam 和 Runner 的说法,一个论元链只获得一个题元角色,我们也不能解释它的合理性。UTAH 规定,特定的题元角色对应句法树中的特定位置(Adger 2003),如例(40)所示:

(40) a. VP 的 NP 子节点: 施事

b. VP 的 NP 子节点:论元

c. V' 的 PP 子节点: 目标

以例(41)为例:

(41) [$_{TP2}$ Lars$_i$ seems like [$_{TP1}$ he$_i$ likes the Minimalist Program]]

Potsdam 和 Runner 并没有说明从句的主语具体是在哪个句法位置上生成的,但是不论从句主语是在 VP 的标记语位置上生成的,还是在 TP_1的标记语位置上生成的,推导都有问题。假设从句主语是在 VP 的标记语位置上生成的,我们不能解释为什么从句主语没有获得施事这个题元角色。此外,我们也不清楚为什么从 VP 标记语位置移动到 TP_1的标记语位置上之后,从句主语仍然可以获得题元角色。TP_1的标记语位置显然不是一个题元位置。

假设从句主语是在 TP_1的标记语位置生成的,我们不能解释为什么从句主语可以获得施事角色,这不符合 UTAH 的这条假设。

底层生成分析也违反了 EPP 规则,这条总则介绍了三种删除 T 带有的 EPP 特征的方法(Radford 2004)[302]。以例(42)为例: 例(42)a 中,there 合并到 TP 的标记语位置,删掉了 T 带有的 EPP 特征。例(42)b 中,探针[$_T$BE]没有找到特征一致的目标,形式主语 it 合并到 TP 标记语位置上,删掉了 T 带有的 EPP 特征。例(42)c 中,T 成分统治的最近的目标移动到 TP 的标记语位置上,删除了 T 带有的 EPP 特征。

(42) a. There have arisen serious problems.

b. It is said that they will love each other to the eternity.

c. Her heart$_i$ has been stolen t$_i$.

两个形式主语均不能出现在下面这些结构中:

(43) a. * There was praised the lady.

b. * It was praised the lady.

原因在于,例(43)a 中 was 成分统治定指目标 the lady 并与 the lady 在人称和数上保持一致,不满足例(43)a 和例(43)b 的要求,因而句子主语不能由形式主语 it 或 there 充当。

底层生成分析认为,主句主语在底层结构中是在 TP_2的标记语位置上生成的,这不满足 EPP 规则。例(44)中,John 既不是形式主语,也不是 T 成分统治的最近目标,不满足 EPP 规则,因而 EPP 规则会排除例(44)这样的句子,因此底层生成分析也不能成立。

(44) *[TP2 John T [VP seems [CP COMP [TP1 he T [VP loves Mary]]]]]

√EPP √EPP

√case,√Φ-features √Case,√Φ-features

本节介绍了就复制提升结构(CRC)提出的移位和底层生成分析,它们的基本假设和存在的理论问题。两种分析都不能解释复制提升现象。下一节介绍另一种分析方法。

四、引入 proEXP

本节引入了 proEXP 这个空填充词来分析复制提升结构(CRC)。一些语言会直接将 pro 合并到 TP 的标记语位置,核查掉 T 带有的 EPP 特征和格特征。

(45) 海地克利奥尔语(Ura 1994)[109]

pro sanble [Jan te renmen Mari]

proEXP seems John past love Mary

"It seems [John loved Mary]"

(46) 黑脚族语(Ura 1994)[115]

pro iksipisata'pi-wa [oy-sa-wattsiiyi-his k-oko'siksi]

proEXP surprising-3s 3-NEG-drunk-COMP 2-offsprings

"It is surpring that your kids were not drunk."

(47) 柏柏尔语(塔马塞特语)(Ura 1994)[119]

y-dher pro [is y-ttu tisura ur-tnt -iddy-iwi]

3MSG-seem proEXP COMP 3MSG-forgot keys not-them-here 3MSG-bring

"It seems that he forgot to bring the keys."

以上跨语言事实表明,空填充词 proEXP 也可以核查掉 T 带有的 EPP 特征。因此,EPP 规则需要修改为扩充式 EPP 规则。英语中从句做主语这一现象也支持扩充式 EPP 规则。从句做主语时,英语和荷兰语的句法结构一样,但是荷兰语中指代小句的 dat 在英语中的对应成分是一个空位 e。

(48) a. [That the answer is obvious] e upsets Hermes.

b. [That he is coming] e is clear. 英语(Adger 2003)

(49) Dat hij kommt, dat is duidelijk.

that he comes that is clear

"That he will come is clear." 荷兰语(Adger 2003)

引入空填充词 proEXP 后,我们就可以很好地解释复制提升现象。海地克利奥尔语中,显性成分和 proEXP 都可以充当主句的主语,如例(50):

(50) 海地克利奥尔语(Ura 1994)[109]

a. Jani sanble [lii te renmen Mari]

John seems he past love Mary

"$John_i$ seems [he_i loved Mary]."

b. pro sanble [Jan te renmen Mari]

proEXP seems John past love Mary.

"It seems [John loved Mary]."

再来看一例英语的例子。例(51)中,引入空填充词 proEXP 后,主句 T 带有的 EPP 特征在扩充式 EPP 规则的作用下被核查删除掉了,并不会引起任何理论后果。

(51) John [TP2 proEXP T [VP seems [CP COMP [TP1 he T [VP loves Mary]]]]]

√EPP √EPP

√Case √Case

√Φ-features √Φ-features

目前看来,proEXP 和扩展式 EPP Generalization 似乎可以完美地解释复制提升现象。但是我们必须要问"主句主语底层是在哪个位置上生成的"。Adger(2003)认为小句做主语时,未赋值的 C 特征会触发小句直接合并到 CP 的标记语位置上。未赋值的 C 特征投射到 C' 位置,由 CP 核查掉 C 特征。

(52) That Lars is dumb is obvious.

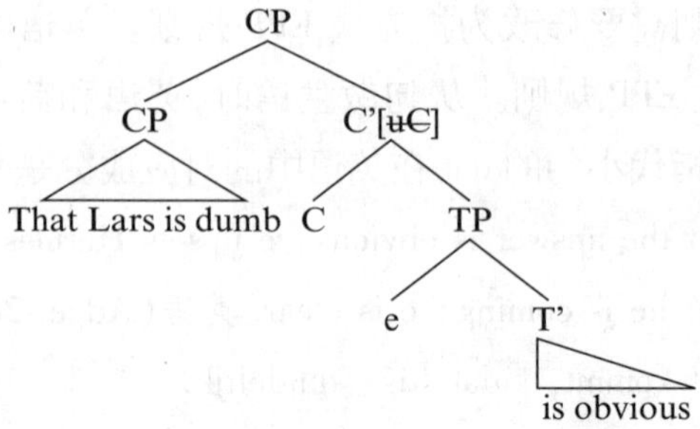

内部小句条件(Internal S Condition)(Ross 1967)支持这种结构。内部小句条件不允许 CP 嵌套在另一个 CP 内,如例(55)所示:

(53) *Does that Lars is dumb annoy Mary?

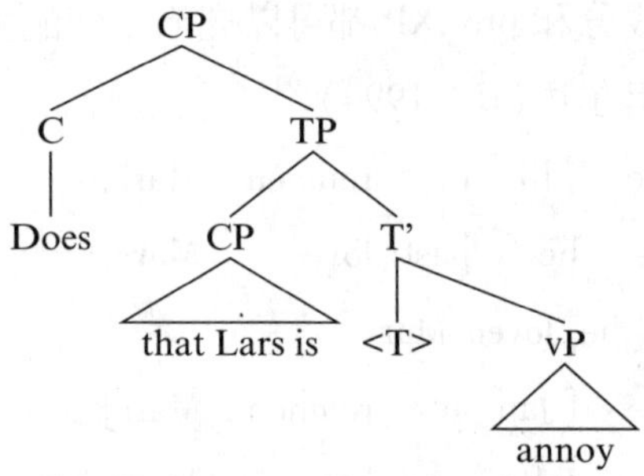

内部小句条件会排除例(53)这样的结构,这也是 Adger 提出做主语的小句直接合并到 CP 的标记语位置,而不是合并到 TP 的标记语位置上的原因之一。

我们顺着这个思路来分析复制提升结构。例(54)给出了英语复制提升结构的树形图,以 John seems like he is mad 为例。

(54) John seems like he is mad.

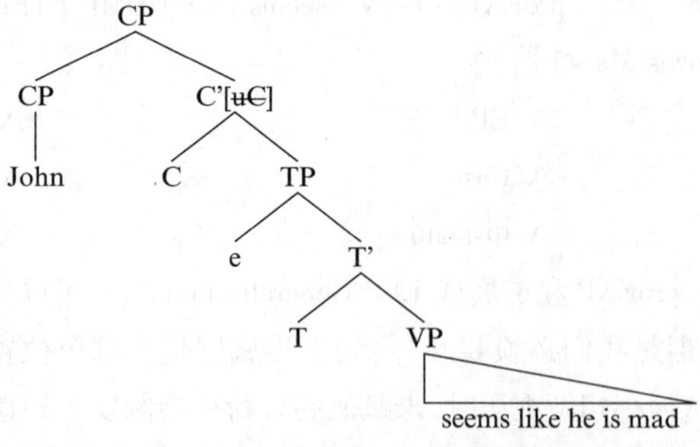

这种分析有两个问题。首先,不像小句主语,复制提升结构中主句主语不带有 C 特征,投射到 C' 位置上的 C 特征得不到核查,后续推导将无法进

行。第二个问题在于我们可以对 CRC 结构的主句主语进行提问，而小句主语则不行，如例(55)所示。

(55) a. *Does [that John is dumb] annoy Mary?

b. Does [John] proEXP seem like he is dumb?

显然，引入 proEXP 仍然不能解释复制提升这种现象。下一节中我们会在句法关系推导论这一理论框架下分析复制提升结构，这也是本文的观点。

五、本 文 观 点

5.1 基本假设

Zwart(2002)认为，句法关系推导论(DASR)中，约束原则 B 和原则 C 都是多余的。句法关系推导论论(DASR)中，像例(56)b 这样的成分统治关系没有解释作用，只有像例(56)a 这样的组合关系才有解释作用。

(56) a. [α β]

b. [α [γ [...β...]]]

推导论的优点在于语法不需要在逻辑式中重现推导的早期阶段了。以例(57)为例。在推导早期，Lars 和 himself 已经合并为一个成分了。例(57)a 可以由例(57)b 分几步推导而来。首先，hates 和 Lars himself 合并。然后，将 Lars 从 Lars himself 中提取出来，再和 hates <Lars> himself 合并。最后，提升 <Lars> himself 并和 Lars hates <Lars> himself> 合并。这种分析不会产生“语迹”和“语链”。

(57) a. Himself, Lars hates <himself>.

b. [Lars himself].

(57)不是偶然约束，约束原则 B 和原则 C 规定的约束在推导论中均属于偶然约束，以例(58)所示。

(58) a. Lars hates him.

b. He hates Lars.

Kayne(2002)不同意 Zwart 的说法。他认为，例(59)中 Hugh 和 he 互指是因为 Hugh 和 he 在推导早期阶段合并到一起了。

(59) Hugh thinks [$_{CP}$ that [<Hugh> he] is a prodigy].

在 Kayne 的框架内，复制提升结构可以得到正确的解释，如例(60)所示,Hugh 和 he 在推导早期就已经合并,因而可以互指。

(60) Hugh seems [$_{\text{PREP}}$ like [CP Ø [<Hugh> he] is a prodigy].

5.2 从句标补语的多种形式

本小节试图解释以上分析均没有涉及的从句标补语呈现出不同形式这一现象。以例(61)为例。

(61) a. Lars seems like/as if/as though he likes Copy Raising.

b. * Lars seems that he likes Copy Raising.

英语的复制提升结构是由 like、as if 或者 as though 引导,而不是由 that 引导,因而例(61)b 不符合复制提升结构的条件,因而不合法。我们会问,例(61)a 和例(61)b 有什么区别使得例(61)a 合法而例(61)b 不合法?

本文认为,例(61)a 和例(61)b 的句法结构不同,如例(62)所示。

(62) a. It seems [$_{\text{CP}}$ that [$_{\text{TP}}$ Lars likes Copy Raising]].

b. Lars seems [$_{\text{PP}}$ as [$_{\text{CP}}$ if [$_{\text{TP}}$ he likes Copy Raising]]].

c. Lars seems [$_{\text{PP}}$ as [$_{\text{CP}}$ though [$_{\text{TP}}$ he likes Copy Raising]]].

d. Lars seems [$_{\text{PP}}$ like [$_{\text{CP}}$ Ø [$_{\text{TP}}$ he likes Copy Raising]]].

例(62)a 中,从句主语 Lars 没有提升到主句主语的位置上,或者说 Lars 在底层不是生成于主句 TP 的标记语位置,相反,主句主语由形式主语 it 充当。主句谓词"seem"C 选择一个由 that 引导的小句做补语。而在例(62)b、例(62)c 和例(62)d 中,主句谓词'seem'C 选择一个由 as 或 like 做中心语的介词短语 PP,然后介词短语 PP 再 C 选择一个由 if、though 或 Ø 引导的小句。据此,英语复制提升结构中的从句标补语问题就迎刃而解了。跨语言中也有类似的现象。

(63) John seems {like/as if/as though/ * that} he loves Mary.

(64) 依博语(Ura 1998[68],忽略声调)

Eze di m [ka O hu-ru Ada]

Eze seems to me COMP he see-asp Ada

"Eze$_i$ seems to me [that he$_i$ saw Ada.]"

(65) 海地克利奥尔语(Ura 1994)[109]

Jani sanble [Ø lii te renmen Mari]

John seems he past love Mary

"John$_i$ seems [he$_i$ loved Mary]."

基于以上事实,我们可以总结如下:

例(67)复制提升结构中,提升动词 'seem'C 选择[介词],如英语;或者[that],如依博语;或者 [空位],如海地克利奥尔语;作为从句的标补语,否则推导将无法进行。

综上所述,提升动词会 C 选择不同的补语,从句标补语因此以不同的形式表现出来。比如,英语只允许 like、as if 或者 as though 充当标补语,依博语之允许 that 充当标补语,而海地克利奥尔语只允许存在空的标补语。

六、结　　语

本文论证了复制提升结构语一般的提升结构不同,讨论了移位和底层生成这两种分析的基本假设以及它们存在的问题。本文试图引入空填充词 proEXP 以解释复制提升现象,但这种分析也存在一些问题。最后,本文在句法关系推导论的理论框架下对复制提升结构进行了分析,并解释了以往分析都忽视的从句标补语呈现出多种形式这一现象。

参考文献

Adger D. (2003) *Core Syntax: A Minimalist Approach*. New York: Oxford University Press: 299.

Asudeh A. (2002) Richard Ⅲ. In Andronis M, Debenport E, Pycha A. *et al.* (eds.) *CLS 38: The Main Session* (*Vol. 1*). Chicago, IL: Chicago Linguistic Society: 31-46.

——(2004) *Resumption as Resource Management*. Doctoral dissertation, Stanford University.

Baker M. (1988) *Incorporation: A Theory of Grammatical Function Changing*. Chicago: University of Chicago Press.

Baltin M R. (2001) A-Movements. In Baltin M R, Collins C. (eds.) *Handbook of Contemporary Syntactic Theory*. Collins. Blackwell: Oxford: 226-254.

Chomsky, Noam. (1995) *The Minimalist Program*. Cambridge, MA: MIT Press.

——(1999) Derivation by Phase. MIT Occasional Papers in Linguistics, No. 18 (also Published in Kenstowicz M. (ed.) (2001) *Ken Hale: a Life in Language*. Cambridge: MIT Press: 1-52.

——(2001) Beyond Explanatory Adequacy. *In* Adnana B. (*ed.*) *Stractures and Beyond*: *The Cartography of Syntactic Struetures 3*. Oxford: Oxford University Press: 104-131.

Collins C. (2001) Economy Conditions in Syntax. In Baltin M R, Collins C. (eds.) *Handbook of Contemporary Syntactic Theory*. Oxford: Blackwell: 45-61.

Davies W D, Dubinsky S. (2004) *The Grammar of Raising and Control: A Coures in Syntactic Argumentationan*. Oxford: Blackwell.

Haegeman L. (1994) *Introduction to Government and Binding Theory*. Oxford: Blackwell.

Kayne R S. (2002) Pronouns and Their Antecedents. In Epstein S D, Seely T D. (eds.) *Derivation and Explanation in the Minimalist Program*. Oxford: Blackwell: 269-304.

Pesetsky D. (1995) *Zero Syntax: Experiencers and Cascades*. Cambridge: MIT Press: 261.

Postal P. (1974) *On Raising: One Rule of English Grammar and its Theoretical Implications*. Cambridge: MIT Press: 268.

Potsdam E, Runner J T. (2002) Richard Returns: Copy Raising and Its Implications. In Andronis M, Ball C, Elston H. *et al.* (eds.) *CLS 37: The Main Session* (*Vol. 1*). Chicago, IL: Chicago Linguistic Society: 453-468

Radford A. (2004) *Minimalist Syntax: Exploring the Structure of English*. Cambridge: Cambridge University Press.

Rosenbaum P S. (1967) *The Grammar of English Predicate Complement Constructions*. Cambridge: MIT Press.

Ross J R. (1967) *Constraint on Variables in Syntax*. Ph. D. thesis. MIT.

Ura H. (1994) Varieties of Raising and the Feature-based Bare Phrase Structure Theory. *MIT Occasional Papers in Linguistics 7*. Cambridge. : MIT Working Papers in Linguistics.

——(1998) Checking, Economy, and Copy-raising in Igbo. *Linguistic Analysis 28*: 67-88.

——(2001) Local Economy and Generalized Pied-piping, *The Linguistic Review 18*: 169-191.

Williams E. (1994) *Thematic Structure in Syntax*. Cambridge: MIT Press.

Zwart J W. (2002) Issues Relating to a Derivational Theory of Binding. In Epstein S D, Seely T D. (eds.) *Derivation and Explanation in the Minimalist Program*. Oxford: Blackwell: 269-304.

(潘家荣　519087　珠海,北京师范大学人文和社会科学高等研究院
chiajung. pan216@ gmail. com;
潘　奥　300071　天津,南开大学文学院　panao163@ 163. com)

透视与展望："差一点没 VP"句式研究 60 年*

鲁承发　陈振宇

提要　"差一点没 VP"句式的歧义问题自提出以来，已经历经 60 年的研究。学界从句法、语义、语用、语音韵律，以及历时演化机制等五个方面，对"差一点没 VP"句式的语法特点进行了系统的揭示。其中，在语用限制条件方面讨论得最为深入，体现为"企望说"与"常规说"之间的碰撞与争鸣。另外，"差一点没 VP"句式还可以在两个方面进一步研究：汉语内部的纵向挖掘与跨语言的横向比较。

关键词　差一点；企望；常规；羡余否定

"差一点没 VP"句式是歧义结构，表现在：它有两种语义真值，"VP"与"没 VP"。如，"差一点没及格"表"及格了"，"差一点没摔倒"表"没摔倒"。周一民(2003)将这两者分别记为"Na 式"和"Nn 式"。现在学界普遍认可 Nn 式为羡余否定构式(朱德熙 1980；戴耀晶 2004)。

"差一点没 VP"句式的特殊表现，自朱德熙(1959)提出以来，已历经 60 年深入讨论，至今仍然是常论常新的热点话题。本文试图归纳总结已有研究文献，以充分展现研究成果的概貌，深刻挖掘相关研究的内在逻辑联系与演进脉络，并为未来的研究探索方向。需要说明的是，与"差一点没 VP"句式相关的还有"差一点 VP"句式与"差不多 VP"句式，限于篇幅，后两种句式的研究情况本文基本不涉及。

---

* 本文是国家社科青年项目"互动语言学视阈下汉语羡余否定现象研究(项目编号 16CYY044)"阶段性成果，并受到上海师范大学"比较语言学与汉语国际传播"创新团队支持。

一、“差一点没 VP”句式语法特点的系统揭示

刘丹青(1991)指出,汉语语法研究可分为四个平面:句法、语义、语用、语音。本节将以这四个平面为纲,先对“差一点没 VP”句式的共时研究进行综述,然后再介绍其历时研究情况。

1.1 句法结构分析

关于 Na 式与 Nn 式的句法结构,学界有两种观点:

1.1.1 两式句法结构不同

Na 式为“差一点 + 没 VP”,而 Nn 式为“差一点没 + VP”。论证这一观点的方法主要有三种:

一是插入法。如朱德熙(1959)、马庆株(1992)、蒋平(1998)、董为光(2001)、刘永耕(2006)等指出,Na 式的“没”前可以插入“就”,而 Nn 式不能;另外,刘永耕(2006)、刘水(2009)等提出,如果是人的主观努力,Na 式可以插入“能”,而 Nn 式不能。能插入成分,说明它们不是整体。如:

(1) Na 式:差一点没买着。——差一点就没买着。
　　我差一点没去出差——我差点儿没能去出差。

(2) Nn 式:差一点没得感冒。——?? 差一点就没得感冒。
　　我跑得很快,差一点没飞起来——?? 我跑得很快,差一点没能飞起来。

二是考察“没 VP”能否自立。朱德熙(1980)、范晓蕾(2018)都指出,Na 式中,“没 VP”可以自立,而 Nn 式中,“没 VP”不能自立。如,Na 式“差一点没当数学老师”中,“没当数学老师”自立;而 Nn 式“差一点没当了数学老师”中的“没当了数学老师”不自立,这说明,Na 式中,“没 VP”是一个整体,而 Nn 式中,“没 VP”不是一个整体,而“差一点没”是一个整体。

三是替换法。蒋平(1998)发现,Nn 式的“差一点”不能替换为“差一点点、差一点子”。这也旁证了“差一点没”是固定的搭配,有词汇化的倾向,不是可以变化的短语结构。

1.1.2 两式句法结构相同

袁毓林(2013)[58]认为,Na 式与 Nn 式的层次构造都是“差一点 + 没 VP”。范晓蕾(2019)[227]认同这样的结构层次分析,认为“没 VP”本身是一个整体,

其表达的意义是“几乎要 VP”。另外,鲁承发(2018)也是将“没 VP”看作一个整体,来分辨 Na 式与 Nn 式。

1.2 语义分析

“差一点没 VP”的语义分析,可从“构件”与“句式”两个层面来看:

1.2.1 各构件的语义性质

“差一点没 VP”句式有三个构件:“差一点”“没”“VP”。关于“差一点”,朱德熙(1980)、石毓智(1993)都认为它相当于一个否定词,而吴庚堂(2008)则将“差一点”界定为级差词项。另外,还有文献将“差一点”的用法一分为二,如,Kaufmann 和 Xu(2013)将“差一点”区分为表“正极词(positive polarity item)的‘差一点’”和表“负极词(negative polarity item)的‘差一点’”,前者具有真性否定作用,而后者不具有。

关于“没”,朱德熙(1980)认为 Nn 式中的“这个‘没’实际是个羡余的成分”。而钟书能(2015)认为这个“没”仍存在否定义,并衍生为“离散性”与“主观移情”双重标记。杨子(2017)认为它是“插入语”,近似话语标记语。范晓蕾(2019)[227]认为,Nn 式中的“没”所承担的并不是否定功能,而是反预期功能“几乎要”。

关于“VP”,学界着重讨论了其“有界性”语义特征。如,马庆株(1992)认为 VP 必须具有“限度”语义特征,具有限度义的动词有“丢、死、走”等。张庆文(2009)说,“差一点 VP”所表示的事件必须是可以实现的,具有某种内在的终止点,包括封闭性形容词和封闭性动词等,不过只要上界、下界二者有其一即可。杨唐峰(2015)说“差一点”要求有一个明确的参照,而且不能是现状。

1.2.2 句式意义

传统上,将 Na 式的句式义归纳为:表示希望实现的事情几乎不能实现而终于实现,如“差一点没买到”;将 Nn 式的句式义归纳为:表示不希望实现的事情几乎实现而终于没有实现,如“差一点没闹笑话”(吕叔湘 1980)[46-47]。这样的分析是以 VP 为中心的,即,关心“VP”最终是否实现。

与此不同的是,鲁承发(2018)以“没 VP”为中心,关心“没 VP”最终是否实现,该文将 Na 式的句式义归纳为:事态(即“没买到”)接近于实现而未实现;Nn 式的句式义为:事态(即“没闹笑话”)接近于不能实现而最终实现。如此分析的好处是:其一,语义特点与句法特点可以和谐。具体来讲,Na 式与“差一点 VP”句式都是常规句式,两者的句式义可以统一。如,“差一点买到了”的句式义可归纳为“事态(买到)接近于实现而未实现”,这样就可以与 Na 式统一处理。其二,Nn 式和其对应的“差一点 VP”句式,在语义上也能找到内在联系。如“差一点闹笑话”的句式义为“‘闹笑话’接近于实现而未实现”,另一侧面的意义是“‘没闹笑话’接近于不能实现而最终实现”,这就是 Nn 式的句式义,因为“没闹笑话”的实现,就是“闹笑话”的未实现。

1.3 语用分析

语用分析主要分为三个方面:在言语活动中的功能,预设、焦点和含义,以及语用制约条件。“语用制约条件”是学界用力最深之处,将在后文专节分析,本节介绍前两点。

1.3.1 在言语活动中的功能

吕叔湘(1980)[46]认为,Na 式与 Nn 式最终实现的都是希望的事情,所以都带有“庆幸”的语用意味。侯国金(2008)认为,两式都可以取得特殊语效,即“调侃打趣的口吻,显得积极乐观”。

不过,Nn 式并不总是表示庆幸,还存在其他语用功能。例如 Nn 式还可以表“赞赏”,如“他这次超常发挥,差一点没考了第一名”。所以我们应该说 Nn 式具有“主观性”特点,可以讲述积极的事,也可以讲述消极的事,但无论如何,都会激发说话者的强烈情感,所以大多是感叹句式。如李忠星(1999)说,相比“差一点 VP”句式,Nn 式“语气更强烈,更有力,更能表达某种或怨或恨,或喜或忧,或诲或惜,或嘲或讽,或庄或谐等情绪、意趣”。鲁承发(2018)认为,“体现主观性”是促使 Nn 式产生的语用动因之一。

1.3.2 预设、焦点和含义

“差一点没 VP”句式的语用含义,是以“差一点 VP”句式的研究为基础的。后者有两种意义:“非 VP”与“接近 VP”。这两种意义性质的界定,学界有两种看法:一是,沈家煊(1999)认为,“接近 VP”为“预设义”,衍推义为“非 VP”;前者属于语用义,后者是语义真值,属于语义学层面。袁毓林(2011)赞成这一观点,并补充了“差一点 VP”的断言义为:“接近 VP”与“非 VP”的合取。二是,吴庚堂(2008)认为,“接近 VP”是语义真值,属于语义学层面,而“非 VP”是其隐涵义,属于语用学层面。该文还讨论了“差一点没 VP”的意义性质,即:Na 式的语义真值是“接近非 VP”,隐涵义为“VP”;而

Nn式的语义真值是“接近VP”,隐涵义为“非VP”。

另外,学界还讨论了“非VP”和“接近VP”这两种意义的凸显问题。周一民(2003)认为,Na式和Nn式分别凸显了不同的侧面:Na式凸显“非VP”;而Nn式凸显“接近VP”。

1.4 语音韵律结构分析

李小玲(1986)认为,北京口语中,Na式与Nn式在停顿、轻音等语音形式上存在不同:Na式(“差一点∨没咽下去”[=咽下去了]),在“差一点”与“没VP”之间有停顿;Nn式(“差一点·没∨咽下去”[=没咽下去]),在“差一点没”与“VP”之间有停顿,而且“没”读轻音。王还(1990)认为,两式中,VP为动补短语时,重音位置不同。如,“差一点没踢进去”表“踢进去了”(Na式)时,补语“去”要重读;当其表“没踢进去”(Nn式)时,动词“踢”要重读,后面的“进去”要读轻声。这样的分析与周一民(2003)大致相同,该文认为,Na式中,或者“没”重读,或者补语重读,或者两个都重读,但谓语动词不重读;而Nn式中,谓语动词读得要比“没”重。

我们认为,两式的语音差异是存在的,但是,目前我们还没有完全确定两种格式的韵律区别,实际使用中,也可能不像研究者所说的那么明显和整齐,当然,这还需要借助现代的精密仪器来测量。另外,语音的差别也难以独立承载区分两式的功能,正如袁毓林(2013)[60]指出,口语交际的环境是嘈杂的,信道充满着噪音,对于句内停顿和轻读等语音线索,再训练有素恐怕也是无能为力的。

1.5 历时演化研究

“差一点没VP”句式的历时研究,主要集中在“Nn式是如何演化而来的”这一问题上,具体从两个维度展开研究。

1.5.1 基于理论分析的演化解释

相关观点可分为五种类型:

一是认为源于分配律。如,石毓智(1993)认为,Nn式结构演化的具体过程是:(差点儿+没)+动补=(差点儿+动补)+(没+动补)=差点儿动补=没动补。

二是认为源于“糅合、整合”。沈家煊(1999)[81]认为,Nn式是糅合的产物。张谊生(2004)将Nn式界定为“叠合紧缩类”羡余式,认为它是由前面的客观表述和后面的否定性主观意愿紧缩而成的。江蓝生(2008)认为这是概念叠加和构式整合的结果,即“差点儿 VP + 没 VP →(差点儿 + 没)VP → 差点儿没 VP”。

三是认为源于反语。邱斌(2007)认为,“差一点没 VP”最初是反语用法,后来反语语气脱落,形成 Nn 式。

四是认为源于“语义溢出”(semantic overflow)。袁毓林(2013)认为,由于强调乐观、积极的推演意义“没有 VP”,“差点儿”中的隐性否定意义发生语义溢出,实现为显性的否定词语“没(有)”,并且寄生和黏附到“差点儿”所修饰的 VP 上,结果,造成 Nn 式。

五是认为源于“近义截连”。范晓蕾(2019)[229]认为,Nn 式中,“差一点 VP”与“没 VP”是近义结构,两者截连后形成 Nn 式。其形成过程是:差一点 VP + 没$_{\text{几乎要}}$ VP(并列相接)→差一点 VP + 没$_{\text{几乎要}}$ VP(同形删略)→差一点(没)VP(句法合并)。

1.5.2 基于语料检索的演化过程描写

邱斌(2007)考察了先秦至明清的文献资料,发现所有含有“差一点没”的句子都是 Nn 类,而 Na 类句子只出现在当代。张玲(2007)认为“差一点”不是自身形式逐渐虚化的结果,而是由另一个相关表达“争些”一步步类推、替换而来的。帅志嵩(2014)、车录彬(2017)考察了这一类构式的历史来源,认为应该是从历史上的一系列相似格式词汇替换而来,如表 1 所示:

表 1 “差点儿没”类构式的历史演变(引自帅志嵩 2014)

元	明	清
争些儿/险/险些儿 + 不	险/险些(儿) + 不/不曾 险些(儿) + 没 差些儿 + 不曾 差些(儿) + 没/没曾	几乎 + 不/不曾;几几(乎) + 没/没有 险些儿 + 不曾;险些儿 + 没/没有 差一点(儿) + 没/没有 差 + 不曾;差点儿 + 没/没有

不过,有两位学者的观点相互冲突:程饶枝(2007)发现早期都是用“险些没、几乎没”等,而且也都是反常 Nn 格式;而车录彬(2017)则说,“几不、险不、险些不”等既有正常用法的 Na 式,也有羡余用法的 Nn 式。

谁说的是历史真相,需要更多的考察与研究才能判断。但总的来讲,历史语料似乎说明,与那些理论阐释不同,在历史上,Na 式比 Nn 式反而更有标记,更少使用,更晚产生,因此也更需要加以阐释。

二、“差一点没 VP”句式的语用制约条件

“差一点没 VP”句式存在 Na 式与 Nn 式两种,两者分化的语用制约条件是什么? 这是学界最为关心,也是讨论最为热烈的地方。总体而言,学界的主要观点,大致可分为两派: 一是,企望说及其变体;二是,常规说及其变体。

2.1 企望说及其变体

“企望”,也有文献写作“期望”(沈家煊 1999),它涉及三个层面: 第一,言语交际层面,即说话人与听话人的企望;第二,事件主体层面,即动作行为的施事、受事等的企望;第三,词汇层面,即 VP 自身所含有的褒贬之义。这三个层面,虽有交叉,但并不完全相同。前人的研究认为,对于“差一点没 VP”的取值影响最大的是,“说话人的企望”与“词汇的褒贬义”。在判定“企望与否”时,企望说及其变体的依据也是在这两者之间来回震荡。

2.1.1 企望说

朱德熙(1959)首先提出“企望说”,即:“规律一: 凡是说话人企望发生的事情,肯定形式表示否定意义,否定形式表示肯定意义。规律二: 凡是说话人不企望发生的事情,不管是肯定形式还是否定形式,意思都是否定的。”

朱先生自己也说,将事件划分为说话人企望与不企望两种,是把问题简单化了,还存在中性事件。周家庭(1981)将“企望说”的规律二修改为: 说话人不企望实现或实现与否无所谓的事,肯定形式和否定形式都表示未实现。表 2 是配置表,其中的 B 式相当于本文的 Na 式,D、F 是 Nn 式。

表 2 企望说的配置表

	肯定形式	否定形式
企望	A. 差一点买着了 = 没买着	B. 差一点没买着 = 买着了
不企望	C. 差一点打碎了 = 没打碎	D. 差一点没打碎 = 没打碎
中性	E. 上个月我差一点去上海 = 没去	F. 上个月我差一点没去上海 = 没去

2.1.2 色彩说

“企望说”是以“说话人”的企望作为标准,然而,在许多情况下,这一标准会失灵,如:

(3) a. 你在朝鲜战场是个怕死鬼! 我差点儿没有枪毙你!(丁隆炎《最

后的年月》)

b. 这一下差一点儿没有把张维气死,气得他直瞪着眼,大张着嘴,足有一分钟没说上话来。(赵树理《张来兴》)

例(3)a 中,“枪毙你”是说话人企望的;例(3)b 中,“张维”是小说主人翁的仇人,这是主人翁陈述他一次惩治“张维”的故事,“把张维气死”也是主人翁企望发生的(石毓智 1993)。若根据“企望说”,“企望”事件的否定形式表肯定,则两句的语义真值应该是“VP”,但是,语言事实与此相反。为了解释这样的现象,毛修敬(1985)、石毓智(1993)提出“色彩说”,即以 VP 的词汇色彩来判定:当 VP 为积极事件时,“差一点没 VP”为 Na 式;当 VP 为消极事件时,“差一点没 VP”为 Nn 式。如例(3)中“枪毙你”“气死”虽然都是说话人企望的,但是,都属于消极性事件,所以,两句都为 Nn 式。

说话人“企望”与否,会因说话人的主观愿望变化而变化,因此,“企望说”主观性太强。而 VP 的积极、消极义是固定不变的,因此,“色彩说”有助于克服“企望说”的主观随意性。但是,这一观点也存在问题。其一,存在反例。如:

(4) 老王让咱们拉的绳子绊倒了吧?——对,不过你绑的绳子太松,差点儿没绊倒他啊!(绊倒他了)

例(4)转引自范晓蕾(2018)[208],“绊倒他”是消极性的,若按照“色彩说”,则应表“没绊倒”,但是,实际上表“绊倒”。如若根据“企望说”就比较好解释,即,“绊倒他”是说话人企望的事。

其二,难以解释“中性事件”。如,朱德熙(1980)提出,“我差一点没跟他结婚”有两种解读,“结婚了”与“没结婚”。对此,“色彩说”难以解释,因为 VP 的色彩要么积极、要么消极,难以作两解。但是,“企望与否”可以因说话人的企望值变化而变化,就可以解释作两解的现象。

2.1.3 企望说与色彩说的融合

由于“企望说”与“色彩说”各有优缺点,所以,后来的文献试图将两者融合。代表性的观点有两种:1) 合意说(侯国金 2008);2) 道义说(袁毓林 2013)。

侯国金(2008)认为:“积极、消极”属于词汇的绝对值,是固定不变的,“企望与否”又过于主观,“合意性”可兼顾主客观两方面。具体来讲,VP 的合意性分为两个层次:一是绝对的“±合意性”,即常识性的,众所周知的;

二是相对的“±合意性”,即特殊语境中,当事人特殊的“±合意性”。在理解 VP 合意性时,要优先考虑绝对“±合意性”,再考虑相对“±合意性”;从当事人看,要优先考虑自己,再考虑对方、他方。所谓“己所不欲”,八成别人也是“不欲”的,从而在“合意性”上达成一致。

袁毓林(2013)[62]认为,“差一点(没)VP”是一种表示道义情态(deontic modal)的格式,由于道义是一种公共的社会约束和惯例性的文化约束,因而通常可以超越说话人特定的好恶,压倒说话人个人性的企望。正因为如此,说话人会顺应这种道义约束,表现在:其一,说话人一般会根据 VP 的积极、消极义作为企望与否的标准;其二,当 VP 为中性词语时,说话人企望值的不同,确实可以使“差一点没 VP”产生正反两种解读,但是,在实际使用时,说话人要么不用或少用中性词语以避免可能的歧义,或者通过上下文、情境等,向听话人明确传达自己的企望与否。

总体来看,“合意说”与“道义说”都强调“说话人的企望”与“词汇褒贬”的协调一致,不过,两者的侧重点仍有不同:合意说中,说话人虽然会顾忌绝对合意性,以及对方意愿、他方意愿等因素,但是,说话人仍然掌控着话语的主导权,因此,“合意说”更注重说话人的意愿;而道义说中,词汇的积极、消极意义支配着说话人的话语策略,起主导地位,因此,“道义说”更注重词汇褒贬。我们认为,之所以有这样的差别,与两文的研究方法密切相关。我们知道,语法研究可分为两个平面:语言能力平面与语言运用平面(Givón 1978)。“合意说”强调的是“语言能力层面”,即,分析说话人到底可以怎样使用“差一点没 VP”句式。基于这样的目的,所使用的语料往往是内省的,以充分展现这一句式的使用边界,这一过程中,说话人起主导地位。“道义说”强调的是“语用运用层面”,即,分析话语实际如何使用“差一点没 VP”句式。基于这样的目的,所使用的都是实际语料,并进行规模统计,以充分展现这一句式的实际使用情况。袁毓林(2013)的统计结果显示,“词汇褒贬”起主导作用。

2.2 常规说及其变体

常规说是在批评“企望说”的基础上发展起来的,与企望说内部相互争鸣不同,常规说及其变体之间,呈现出继承与发展的态势,其发展历程大致可分为三个阶段:常规说——意外说——预期说。

2.2.1 常规说

Biq(1989)提出"差一点没 VP"的诠释受制于"语境反常(contextual anomaly)",而非"企望与否"。如:

(5) 戴安娜王妃访问美国的时候,我就在华盛顿。那天我亲眼看见她了,就差一点没跟她握手。

"跟她握手"是说话人"企望的事情",若按"企望说",本句应为 Na 式,但事实正相反。对此,Biq(1989)提出"常规说":若说话人认为 VP 是反常的事件,那么该格式就是 Nn 式,此时"没"标记说话人对 VP 的主观态度,句子的语义真值要"合常规"。本句中,普通人是很难跟戴安娜握手的,即,"跟她握手"是反常规的,因此,句子的语义真值是合常规的"没握手",本句为 Nn 式。

2.2.2 意外说

渡边丽玲(1994)指出,"差一点(没)VP"句式中,"(没)VP"必须是说话人心目中不一般的、非寻常的事件。可以据此来分辨 Na 式与 Nn 式,如"差一点没赶上火车"和"差一点没掉进河里"中,"没赶上火车"与"掉进河里"是不寻常的,所以,其语义真值分别是对这两个非寻常事件的否定,语义真值是合常规的"赶上了火车"与"没掉进河里"。史佩信(2018)也指出,Na 式中"没 VP"是有标记的非常规事态,Nn 式中"没 VP"是无标记的常规事态。

另外,渡边丽玲(1994)还认为,由于句中的事件具有非寻常性,从而使句子带有意外的语气。在此基础上,杨晓宇(2011)进一步指出,一个事件之所以会在说话人心目中是非寻常的,是因为它与说话人的主观预想是有冲突的,或者虽然没有冲突,但两者之间有距离。此时,事件接近发生,会激起说话人的"意外感",而"意外感"是"差一点(没)VP"句式能否成立的关键条件。

2.2.3 预期说

由于"意外感"是事件与主观预想相冲突造成的,所以,杨子(2017)、鲁承发(2014,2018)、范晓蕾(2018,2019)等提出了"预期说"。其中又以鲁承发(2018)与范晓蕾(2108)分析得最为精细。两文的基本观点是相通的,表现在两点:其一,影响预期的因素相同。两文都认为,影响预期的因素主要包括三种:上下文提供的信息,特定语境中的已知事实,以及对于"VP"概率状况与标准规范的常规认识。其二,都认为"差一点没 VP"句式的语义诠释取决于语境预期。如例(6)a 中，"没按时上班"不符合社会规范，"没 VP"是反预期的，句子为 Na 式；例(6)b 中"没迟到"符合社会规范，"没 VP"是合预期的，句子为 Nn 式。

(6) a. 我差一点没按时上班。

b. 我差一点没迟到了。

两文也存在差异：其一，预期的分析方式不同。范晓蕾(2018)区分"特殊预期"与"常规预期"，前者指已知事实，后者主要是 VP 自身的常规性。而鲁承发(2018)运用层层二分法，将事态分为四种：已知事态与未知事态，未知事态包括"可预期事态"和"不可预期事态"，可预期事态又分为"高可能事态"与"低可能事态"。如"昨晚我差一点没去找你"，"找没找"是听话人已知事态。"考满分"通常都是小概率的，是"低可能事态"，"没考满分"是"高可能事态"。"考及格与否"是难以预期的，是"不可预期事态"。其二，对于语境信息的界定不同。范晓蕾(2018)认为，语境信息来自上下文信息、已知事实、VP 的常规认识，但只将其中有助于识解语义真值的背景性信息称为"语境信息"，而鲁承发(2018)将这些信息都称为语境信息。其三，关于语境信息影响力的认识不同。范晓蕾(2018)认为，除了一些受句法限制的句子外，"差一点没 VP"句式基本上都是两解的，只要提供合适的语境信息，都存在 Na 式与 Nn 式。鲁承发(2018)认为，语境信息仅对"不可预期事态"影响显著，对于可预期事态，说话人一般不会强行增加语境信息，以逆转常规预期，因此，"差一点 + 否定形式的高可能事态"一般只能是 Nn 式。两文这样的差异，仍然可以从"语言能力"与"语言运用"两个层面进行解释，范晓蕾(2018)强调的是说话人可以借助"差一点没 VP"句式来表达什么，关注语言能力；而鲁承发(2018)强调的是说话人实际上会怎样使用"差一点没 VP"句式，关注语言运用。

2.3 "企望说"与"常规说"的比较

目前，"企望说"仍然是最被广泛认可的观点；不过，"常规说"的异军突起，大有后来居上之势。我们认为，这两者各有优势与不足。

首先，常规说的优势在于两点：其一，可以解释"VP"为积极性事件的 Nn 式。如，"我差一点没中了六合彩(没中)"，"中六合彩"是企望的，但不合常规，因此，这句用"企望说"难以解释，而用"常规说"较易解释。其二，常规说的解释面可以拓展至"差一点 VP"句式，如"差一点按时上班了"不可接受,用“企望说”难以解释,而用“常规说”可以解释,即,“没按时上班”不合常规,难以接受。

企望说同样也存在优势:其一,有些现象“常规说”难以解释。比如袁毓林(2013)[56]所举例句:

(7) a. 王光明差一点躲过这场车祸。(没躲过)

b. ＊王光明差一点没有赶上这场车祸。(赶上了)

这两句,所设计的语境信息是相同的,即,都是有机会躲过车祸,其语境预期值一致。那为什么宜用 a 句,而不宜用 b 句呢?我们认同袁毓林(2013)的解释,主要是词汇的积极、消极意义起作用,即,前句是一种积极、主动和正面的表达,后句相反。也就是说,词汇的积极、消极义对于“差一点没 VP”句式是有制约作用的。

其二,如何解读“常规”,有时存在困难。如董为光(2001)的例子:

(8) 狐狸差点儿没落入陷阱。

对于狐狸来,“落入陷阱”是不合常规的,因为它一生中一般都不会碰上陷阱,所以解读为“没落入陷阱”。但如果说话人在一旁埋伏观察,情况就不同了,因为以往几乎在这种情况下猎物都会落入陷阱,于是“没落入陷阱”是不合常规的,于是就解读为“落入了陷阱”。但当我们听到“狐狸差点儿没落入陷阱”时,首选的是哪个答案?应该还是 Nn 式,即“没落入”,这应该是词汇的消极意义在起作用。

其三,“企望与否”较易判定,而“常规与否”较难判定。如,范晓蕾(2018)在界定“预期”时认为,“语境预期的理论框架亟待演化,比如要理清某种事件的语境预期决定于哪些因素,或许企望色彩在一定条件下也会是语境预期的内容”。由于语境预期本身比较难以厘清,那么,这一理论的解释边界在哪,就难以界定,因此,这一观点的“可证伪性”不强,这会导致其科学性降低。

总之,我们认为,“企望说”与“常规说”应该是相互补充、并行不悖的。正所谓“发乎情,止乎礼”。“企望”与否是从“利害关系”角度考虑的,是基于主体自身的意愿、情感,是一种感性认识;“常规”与否是从“概率、规范”角度考虑的,是基于客体的规律,是一种理性认识。正常的人都期待事情“合情合理”,而“合情”与“合理”未必完全一致,它们是我们认识世界的两个维度,“企望说”与“常规说”各取一端,因此,将两者综合,应当更接近真相。

三、“差一点没 VP”句式研究展望

由上面的分析可知,学界已经对“差一点没 VP”的结构及语用限制条件进行了深刻的分析,当然这些方面还可以更深入地探究,另外,未来还可以从两个角度向前推进:1)汉语内部的深度分析;2)跨语言的横向比较。

3.1 汉语内部的深度分析

3.1.1 Na 与 Nn 式哪个更反常

Na 式符合逻辑,一般称为常规句式;Nn 式不符合逻辑,是羡余否定句式。也就是说,目前学界普遍将 Nn 式作为反常的句式来看待。但是,从语料考察角度看,Nn 式倒更像是正常句式。首先,从出现年代看,Nn 式出现于明代,而 Na 式直到现当代才出现。其次,从使用频次上看,即使在当代语料中,Nn 式也是绝对的优势用法,Na 式较为少见。可见,Nn 是更常用的,它的使用限制条件少,而 Na 较少使用,它限制条件多。为何会如此,值得进一步研究。

当然,这一问题也还需要从结构历时演进角度看。帅志嵩(2014)、车录彬(2017)都指出,“差一点没 VP”句式,是由“险些不 VP”“争些不 VP”演化而来,因此,需要结合这些句式进行综合分析。就目前调查的语料来看,“险些不 VP”“争些不 VP”句式也都存在 Na 式与 Nn 两种,两者在元代都已出现。并且,这两种类型还与一些固定的句法结构相匹配:首先,当“争些、险些”后面是表示能性的否定式,如“险些不能 VP”“险些没能 VP”,以及其他表示结果没有达到的“险些不得/难 VP、险些 V 不 R”式,这些都是 Na 式,没有例外。其次,明代出现的“险些不曾 VP”,它们都是 Nn 式,也没有例外。并且,这一格式在明清用例很多,民国渐渐减少,今天已经很少见,为何会如此,这样的句法配制对于后来的“差一点没 VP”句式有何影响,都值得进一步分析。就当前已有的研究看,这些早期的格式“争些、险些、几乎”等,都还缺乏系统的全面考察与解释。

3.1.2 “差一点没 VP”小句与其他小句的关系

渡边丽玲(1994)首先提到了“差一点”句与其前面的句子之间的搭配问题,并将之称为因果复句“Y(原因分句),差一点 J(结果分句)”。例如:

(9) *我昨天晚上努力学习,今天的考试差一点没及格。——我昨天晚

上没努力学习,今天的考试差一点没及格。

不过,范晓蕾(2018)、鲁承发(2018)都发现,"差一点没 VP"小句与其前面的句子之间,也可以形成转折关系,如:

(10) ?? 李四平时成绩特别好,(但)这次考试竟然差一点考及格了。——李四平时成绩特别好,但这次考试竟然差一点没考及格。

另外,范、鲁两文还揭示了"差一点没 VP"小句与前面小句存在不同的信息结构关系,如:

(11) a. 我儿子以前回回考试都满分,最近变得晕头晕脑,平时作业经常出错,上回考试差一点没考满分。(考了满分)

b. 这次考试太简单了,我差一点没考了满分。

例(11)a 中,"差一点没考满分"属于故事进展链条中的主线事件,是前景信息;而例(11)b 中,表达的语义重点是"考试太简单了","我差一点没考了满分"的功能是补充说明其简单的程度,因此它是背景信息。

无论是因果关系、转折关系,还是前后景信息的不同的配制,都是从篇章层面来分析"差一点没 VP"句式,这是一个很好的角度,但是,目前的分析还比较薄弱,可以从这一角度继续深度挖掘"差一点没 VP"句式的篇章功能,并讨论复句关系、信息结构与语用限制条件之间的互动关系。

3.2 跨语言的横向比较

3.2.1 词汇语义辖域的比较

在其他语言中,一般都存在与"差一点"对应的词汇,但是,它们之间的语义辖域可能不同,因此,用法也会存在差异。就以中英对照为例,如何翻译"差一点",学界有不同的意见:在国际性刊物发表的相关文章都以 almost 来对译"差一点"(Liu 2011;Kaufmann & Xu 2013);国内也有如此翻译的,如鲁承发(2018)、范晓蕾(2019);不过,袁毓林(2011,2013)、范晓蕾(2018)使用 nearly 来对译"差一点"。那么,哪种意见更准确呢?这就涉及词汇语义辖域问题。在汉语中与"差一点"词义相近的,还有"差不多""几乎"等;英语中与 almost 词义相近的,还有 barely、nearly、hardly 等,这些词汇之间的语义辖域是对应的,还是交叉的,需要细细梳理。就目前掌握的材料来看,"差一点"翻译成 nearly 可能更好,原因有二:其一,nearly 强调"接近";almost 强调"结果,即,未达成",这与"差一点"的用法相同(袁毓林,郑仁贞 2015);

其二，nearly 含有反预期的意味，而 almost 不一定含有这样的意味（Pozzan & Schweitzer 2008：496），这一点与"差一点"相同。不过，在英语中，almost 的某些用法确实也与"差一点"对应。如：

（12）John almost closed the door.

根据 Xu（2016）[99-100]，这句话有两种解读：一是，反事实解读，即：John 准备开门，但是实际上在行动开始之前就停止了；二是，量级解读，即：John 已经开始了关门行动，只是并未将门完全关上。将例（12）翻译为中文，则应当是：约翰差一点把门关上了。汉语中，实际上也存在"反事实"与"量级"解读。可见，almost 有时是可以译作"差一点"的。更有趣的是，在 Serbo-Croatian 语中，"差一点"的这两种解读已经词汇化，即，skoro 和 zamalo，两者分别对应"反事实解读的差一点"和"量级解读的差一点"（Xu 2016）[102]。由此可见，若从世界语言来看，不同的词汇化方式，也会影响句法特点，因此，若要将"差一点没 VP"句式进行跨语言的比较，首先，得分析它们的词汇语义辖域情况。

3.2.2 "差一点没 VP"句式的横向比较

除了"差一点"词汇的比较之外，在许多语言中，也存在与汉语语义对应，并且句法表现相同的句式。就我们所见，至少在西班牙语、阿拉伯语、意第绪语、俄语等语言中都存在与"差一点没 VP"相对应的歧义结构。比如：

（13）a. Por poco no sale. （西班牙语）
她 差一点 没 离开。（离开了，Na 式）

b. Por poco no se mata.
她 差一点 没 被杀。（没被杀，Nn 式）

Salvador 和 Scott（2005）基于历时语料的考察，认为"poco no VP"羡余否定句式，是否定一致（negative concord）现象的遗留。并且，该文也指出，"poco no VP"羡余否定句式出现在 1205 年，而"poco no VP"常规否定句式出现在 1605 年，这与"差一点没 VP"中 Na 式晚出是一致的。另外，阿拉伯语中，与"差一点"对应的词是"kimʕat"，在历史上，这个词前面也曾出现过羡余否定词。它是受到意第绪语的影响，由语言接触导致阿拉伯语出现这一句式。这种用法起于 1872 年，在 1905 年达到顶峰，但随后就逐渐消亡，在当代阿拉伯语中，若再出现羡余否定词，句子已经难以接受（Rubinstein 2015）。那么，为什么有的语言中存在 Na 与 Nn 两种，而有的语言中不存在两种？并且,不同语言中,Nn 的发展命运为什么不尽相同?这些问题都有待深入的探讨,并且通过跨语言的比较分析,也有利于揭示背后的共性规律。

四、结　　语

本文首先从整体上,全面、系统综述了"差一点没 VP"句式研究,详细分析了 Na 式与 Nn 式的句法、语义、语用、语音韵律和历时演化等;然后,重点考察了"差一点没 VP"句式的语用限制条件,主要是"企望说"与"常规说"两种观点的碰撞与争鸣。"企望说"内部又存在不同的观点,如"企望说""色彩说""合意说"与"道义说"。"企望说"强调说话人企望值对于"差一点没 VP"语义真值的影响,"色彩说"强调 VP 的积极、消极色彩对于语义真值的影响,"合意说"与"道义说"都试图整合"企望说"与"色彩说",并且,在侧重点上又存在差别,"合意说"更加侧重说话人企望与否对于语义真值的影响,而"道义说"更加侧重 VP 积极、消极色彩对于语义真值的影响。在"常规说"内部存在"常规说"、"意外说"与"预期说"等观点,这些观点并不相互争鸣,而是呈现继承、深化关系。当然,总体来讲,"企望说"与"常规说"各有千秋,到底哪个更接近真相,抑或两者本身就是真相的两个角度,还有待深入研究。

"差一点没 VP"句式还存在两方面的问题有待研究:第一,从汉语内部对句式进行纵向的研究。比如,Na 式晚出,且使用频率并不高,这说明它的使用限制条件更多。在以往的研究中,关注焦点集中在 Nn 式的使用限制分析上,如果改变研究思路,着重分析 Na 的使用条件,应当可以带来新的发现。另外,从篇章角度,分析"差一点没 VP"句式与其他小句之间的组配关系,以及这种组配关系与"企望""常规"等观点的联系,也是值得深入分析的问题。第二,从外部对句式进行横向的跨语言比较。比如,"差一点"与其他语言中对译词的比较,以及"差一点没 VP"句式与其他语言中对应句式的比较,这些问题目前学界研究得并不充分,还可以更深入地挖掘。

参考文献

车录彬(2017)"差一点"及相关构式在近代汉语中的形成与发展,《湖北师范大学学报》第 3 期。

程饶枝(2007)《“差点没”和“差点”语义同指考察》,暨南大学硕士学位论文。
戴耀晶(2004)试说“冗余否定”,《修辞学习》第2期。
董为光(2001)语言认知心理对“差点儿DJ”结构的影响,《语言教学与研究》第3期。
渡边丽玲(1994)“差一点”句的逻辑关系和语义结构,《语言教学与研究》第3期。
范晓蕾(2018)再说“差一点”,《中国语文》第2期：221。
——(2019)“差一点”的语义特征及其句法后果,《当代语言学》第2期。
侯国金(2008)冗余否定的语用条件,《语言教学与研究》第5期：72。
江蓝生(2008)概念叠加与构式整合,《中国语文》第6期。
蒋　平(1998)汉语“差一点＋(没)DJ”句式的再讨论,《南昌大学学报》第2期。
李小玲(1986)北京话里的“差点儿”句式,《汉语学习》第1期。
李忠星(1999)关于“差一点＋JW”的思考,《武汉大学学报》第5期。
刘丹青(1991)探索语法研究的新路子,《汉语学习》第3期：2。
刘　水(2009)对“不定副词否定格”语言现象的再辨析,《阜阳师范学院学报》第4期。
刘永耕(2006)从义素传承看“差(一)点儿VP”、“差(一)点儿没VP”的语法化,载中国语文杂志社编,语法研究和探索(十三),北京：商务印书馆。
鲁承发(2014)“差一点”句式研究及其方法论探讨,武汉大学博士学位论文。
——(2018)“差一点(没)VP”句式中的交际博弈及其句法效应,《语言研究》第2期。
吕叔湘(主编).《现代汉语八百词》.北京：商务印书馆,1980。
马庆株(1992)与“(一)点儿”、“差(一)点儿”相关的句法语义问题,载中国语文杂志社编,语法研究和探索(六),北京：语文出版社。
毛修敬(1985)汉语里的对立格式,《语言教学与研究》第2期。
邱　斌(2007)Nn类“差点儿没”的固化,《北方论丛》第1期。
沈家煊(1999)《不对称和标记论》,南昌：江西教育出版社：85。
石毓智(1993)对“差点儿”类羡余否定句的分化,《汉语学习》第1期。
史佩信(2018)谈“差点儿(没)VP”句式的缺位问题,载史佩信主编,《纪念罗君惕先生语言文字学术研讨会论文集》,上海：上海教育出版社。
帅志嵩(2014)从词汇语义信息看“差点儿没VP”的演化,《语言科学》第6期。
王　还(1990)“差(一)点儿”和“差不多”,《语言教学与研究》第1期：12。
吴庚堂(2008)“差点儿没”及其相关结构的隐涵特性,《现代外语》,第4期。
杨唐峰(2015)“差不多”、“差一点”的语义制约,《汉语学习》第6期。
杨晓宇(2011)“差一点”句式能否成立的解释,《宁夏大学学报》第1期。
杨　子(2017)Nn类“差点儿没VP”新解,《语言研究》第3期。
袁毓林(2011)“差点儿”和“差不多”的意义同异之辨,《语言教学与研究》第6期。
——(2013)“差点儿”中的隐性否定及其语法效应,《语言研究》第2期。

——,郑仁贞(2015)汉英日韩接近性副词和相关格式的句法语义比较,载汉日对比语言学研究(协作)会编,《汉日语言对比研究论丛》第2辑:26。

张　玲(2008)《关于"差点儿(没)VP"句式及相关句式的研究》,上海师范大学硕士学位论文。

张庆文(2009)谓词性成分的封闭性与"差不多"和"差一点"的语义阐释,《世界汉语教学》第2期。

张谊生(2004)《现代汉语副词探索》,上海:学林出版社:223-225。

钟书能,刘　爽(2015)汉语羡余否定构式中的"没"真的是个羡余标记吗?《外国语》第3期。

周家庭(1981)"差一点……"和"差一点没……",《汉语学习》第3期。

周一民(2003)北京话里的"差点儿没 VP"句式,《语言教学与研究》第6期:27。

朱德熙(1959)说"差一点",《中国语文》第9期。

——(1980)汉语句法中的歧义现象,《中国语文》第2期。

Biq Y O. (1989) Metalinguistic Negation in Mandarin. *Journal of Chinese Linguistics*, *17*(1).

Bordería S P, Schwenter S A. (2005) Polar Meaning and "Expletive" Negation in Approximative Adverbs: Spanish Por Poco (No). *Journal of Historical Pragmatics* 6.

Givón T. (1978) Negation in Language: Pragmatics, Funetion, Ontology. In Peter C. (ed.) *Syntax and Semantics* (*Vol. 9*: *Pragmatics*). New York: Academic Press: 72-79.

Kaufmann M, Xu T. (2013) Almost or Almost Not? In Proceedings of the 49th Annual Meeting of the Chicago Linguistic Society.

Liu Haiyong. (2011) Expletive Negation in Mandarin Cha-dian-mei "Miss-bit-not" + V Structure. *Journal of Chinese Linguistics* 1.

Rubinstein A, Sichel I, Tsirkin-Sadan A. (2015) Superfluous Negation in Modern Hebrew and Its Origins. *Journal of Jewish Languages* 3: 177.

Pozzan L, Schweitzer S. (2008) Not Nearly Synonymous. In Grønn A. (ed.) *Proceedings of Sinn und Bedeutung* (*Vol. XII*). Oslo: University of Oslo.

Xu Ting. (2016) "Almost Again: On the Semantics and Acquisition of Decomposition Adverbs". Doctoral Dissertations, University of Connecticut.

(鲁承发　200234　上海,上海师范大学　lcfnit@126.com;
陈振宇　200433　上海,复旦大学中文系　chenzhenyu@fudan.edu.cn)

纷繁与交织：西方情态研究的多重维度探析

——兼论情态概念界定困难之原因

谢　一

提要　当前人们对情态，无论是从概念的界定还是对范围的把握都众说纷纭、难以统一，原因有三：首先，通过对西方情态研究史的梳理可以发现，由于学人在研究中采用了不同的切入视角与研究思路，因而造成对情态在宽窄把握上呈现出多样维度，这是造成情态研究呈现纷扰局面的最主要原因；其次，经典论著的表述模糊与论述矛盾也容易使学人产生概念误解与认识偏差；最后，从主流研究趋势上看，情态涉及的范围也在逐步扩大，人们对其态度变得更加包容。多样的因素纷繁交织，共同造成了当前分歧不清的局面。不过只要搞清分歧所在并理清头绪，就能在众多观点中获得辨明，更好地开展进一步的研究工作。

关键词　情态；多重维度；分歧；原因

一、引　言

一直以来，"情态"（modality）都是个有趣但又很棘手的语言学概念。说它有趣，是因为情态发源于模态逻辑，作为一种认知世界的方式，对其多方位的深入挖掘可以让我们发现很多新鲜的，关于人类内在精神与思维规律方面的认识。说它棘手，是因为情态跨越了语言的多个层面，虽然学人对情态的研究已有不短的时间，取得的成果也相当丰硕，但对情态的诸多方面尤其是基本方面的认定而又难以统一，众说纷纭。致力于情态研究，无论是小到对概念的界定、范围的把握、系统的构建等基本问题的探讨，还是大到通过研究情态以推动对人类思维与认知规律的认识，都是非常急切而又富有意义的研究课题。

西方情态研究起始于二十世纪二三十年代对语气的探讨,而后到七八十年代出现高潮。在西方研究思潮的影响下,国内在九十年代掀起了对情态的研究热情。不过当前,我们对情态的看法纷繁复杂又模糊不清,其中的原因是多方面的。除了在很大程度上是由于受到西方多样而不同的理论研究思路影响之外,还与当前扩大化的研究趋势,以及其间还夹杂着或多或少的误解性因素有关。本文首先对西方情态研究史进行主线上的梳理,明确涉及了哪些不同的切入视角和研究思路,以此体现多重的考察维度。之后归纳造成情态界定困难的原因所在,以助学人在当前纷繁之局面中理清头绪,更好地开展进一步研究。

二、西方情态研究的多样视角与思路

2.1 早期"语气"的切入视角

西方早期学者在对语气的探讨中已经或多或少体现出对情态的关注[①]。比如 Jespersen(1924)批评了有些学者并没有严格区分句法性范畴(syntactic category)和意义性范畴(notional category),认为语气体现为一种动词的表现形式,应该是一个句法性的范畴。不过,叶氏也尝试将语气作为意义性范畴而开出了一个清单,在这份清单中将语气以是否含有"意愿"(will)的意义成分分为两组共 19 类,这其中很多内容比如:义务式(obligative)、许可式(permissive)、许诺式(promissive)、愿望式(desiderative)、必然式(necessitative)、潜能式(potential)等,就已经涉及了情态。叶氏将情态寓于语气之中,引发了最初从语气角度切入情态的研究视角。

如果说 Jespersen 只是在专门探讨语气时或多或少涉及了一些情态内容,那么 Bally 则是较早从语气角度专门界定情态的代表。在 Bally(1932,1942)看来,情态与说话者对某一事态(state of affairs)的评价一致,表达了说话者的态度,如果每个句子都实际包括两个部分:"说什么"(the "dictum")和"如何说"(the "modus",即"式"),那么情态体现的就是"如

① 语气(mood),其拉丁文是"modus"(式),在屈折语中体现为一种动词形态变化的语法范畴,它可以表达某些与情态有关的意义。

何说”。因此在 Bally 看来，每个句子都有情态。Bally 还提到，表达说话者态度的情态与语气又有着紧密的联系，如果将语气分为“句子语气”(sentence mood)和“动词语气”(verb mood)，那么“句子语气”就是“句子类型”(sentence types)的“情态价值”(modal value)，反映了说话者的态度。持这种观点需要解决一个问题，那就是陈述式(declarative)表达了何种说话者态度，因为陈述式体现为发话者直陈一个认定的客观事实。例如当某人说出“地球围绕太阳转”，这其中是否也表达了他个人的主观态度？Bally 认为，若按照 Frege 在其所著 *Über Sinn und Bedeutung*(《论涵义和指称》)中对直陈句做了“思想”(thought)、“判断”(judgement)和“断言”(assert)的区分，其中“思想”指的是直陈句的涵义(即命题内容)，它有真有假；而对“思想”真实性的认识，也就是“判断”；对“判断”做出的表达，即“断言”。可见，“判断”实则是对一个“思想”为真的肯定，可视为是一种“态度算子”，而这也正体现了说话者的态度。那么在直陈句“地球围绕太阳转”中，所谓“判断”也就表现为发话者对“地球围绕太阳转”为真的肯定态度。不过这种“判断的态度”是隐性的，因此使用“无标记情态”(unmarked modality)代指。如此，“陈述式”便构成了一个情态的填补类，又可称为“默认情态”(default modality)。

Bally 通过语气来界定情态是一种早期尝试，认为语气表达了说话者的态度，因此属于情态范畴，通过“说话者态度”来界定情态为研究情态的内涵指引了最初方向。不过，这种从语气切入情态的研究视角也带有局限性。首先暂不论语气仅是表达情态的一种语法手段，它们二者并非一个层面上的概念，单看语气确是表达了说话者态度，但情态表达了怎样的说话者态度却是无从限定的。因此 Bally 的结论是情态无处不在，这或许就是“情态泛化观”的最早体现。

2.2 多重研究思路的碰撞与交融

从二十世纪七八十年代开始，西方情态研究出现高潮。很多学者尝试从不同角度对情态进行界定，讨论其表达形式，研究其与邻近范畴的关系和尝试拟构情态系统。在这一时期，基于广泛的语言类型考察和基于形式语义的两个研究思路基本成形，并且由于受到 Austin 和 Searle“言语行为”(Speech Acts)理论的影响，对情态范围的把握也出现了多样的看法。多样的切入角度涉及了：模态逻辑、词汇语义、形式语义、语用和语言类型等。这里介绍有代表性的 Lyons、Palmer、Bybee、Kratzer、Kiefer 和 Portner 的主要观点。

2.2.1 Lyons 的最初界定

语言学领域对情态论述较为充分起始于 Lyons,其主要思想对后来很多学者尤其是 Palmer 影响很大。Lyons(1977)[451-452]在讨论"对句子内容有限定作用的成分"时就提道:"比如某些作为限定成分的副词'frankly''fortunately''possibly''wisely'等,它们可以表达一种'评价功能'(evaluation function),它们是说话者用来表达对'句子所表达的命题或命题所描述的情境(situation)'的观点或态度(opinion or attitude),而这其中的很多内容就是以后要展开讨论的'情态'的内容。"可见 Lyons 认为情态是人的"观点或态度",但并非所有的"观点或态度"都是情态。这种限定较早期 Bally 的看法,即认为一切人的主观态度皆是情态,可谓一种进步。之后 Lyons(1977)[787-849]逐步对情态展开详细描述,有关信息可做如下归纳:"情态是句中命题以外的成分或修饰成分;是说话人的主观态度和观点的语法性表现或语句中的那些主观性特征,指语句中的非事实性(non-factuality)①成分,表达某种与事实性(factuality)有距离的事件,这类事件实际上可能发生,也可能不发生;常与假定信息情境(hypothetical information situation)相联;假定信息包括对未来事件的预测、意图、愿望、希望和目的等。"Lyons 对情态的界定是逐步细化而深入的,其观点可归纳如下:"情态"可以具有语法性表现,是人对命题或事件表达的带有主观性、非现实性的,与预测、意图、愿望、希望和目的等有关联的观点或态度。这一界定基本奠定了情态内涵的基调,而 Palmer 就是其主要思想继承者的代表。

2.2.2 Palmer 的经典体系构建

随着 Palmer(1979, 1986, 2001)三部针对情态研究最有代表性的著作的问世,其思想体系也在自我修正中不断成熟。他对情态的研究主要依

---

① non-factuality 即"非事实性"。在 Lyons 的论述中虽然用的是 non-factuality,但是他所要表达的其实是"非现实性"概念。"非事实性"与"非现实性"实际上并不是一回事。早期学者曾借用 non-factuality 表达"非现实性"的意义,不过 Palmer(2001)提到,这样的术语是"不能让人满意的",之后使用 irrealis 来指代"非现实性"这一概念。

托“情态助动词”(modal auxiliaries)和“语气”展开，相比之下认为前者的地位更加重要。Palmer(1979)首先依据“NICE”标准以及三条补充性标准来确定英语情态助动词的身份，再依据这些情态助动词所表达的情态意义划分情态类型并构建系统。据此，经典的情态三分系统：认识情态(epidemic)、义务情态(deontic)和动力情态(dynamic)随即诞生。之后Palmer(1986)[16]将情态界定为“发话者(主观)态度的语法化”①，尝试将其基于广泛的语言类型考察之上确定为一个普遍的语法范畴，并提出了“言据情态”(evidentials)。最终Palmer(2001)对情态系统进一步修正：将“语气”和“情态词系统”(modal system)并列为构成“情态系统”(modality system)的组成部分；从类型上区分“命题情态”(propositional modality)和“事件情态”(event modality)两大类，并深入讨论了与情态有关的直陈式(indicative)和虚拟式(subjunctive)等语气范畴，以及密切相关的“现实性”(realis)和“非现实性”(irrealis)等概念，认为情态具备“主观性”和“非现实性”的特征。

Palmer主要以情态助动词为表达手段，依照“促成事件达成条件的性质”而划分情态体系。举例来说，比如义务情态的促成条件源于社会规定的“义务”因素，而动力情态的促成条件源于事件主体个人具备的“能力”或“意愿”等动力因素。前者是存在于相关个人的“外部”(external)因素，而后者是存在于相关个人的“内部”(internal)因素。当前国内大多数的研究，比如以朱冠明(2003, 2005)和彭利贞(2007)等为代表的学者也多是以其理论体系为研究基础的。不过值得注意的是，Palmer做“命题”与“事件”两大类的划分，已经能让我们看到情态与作为其发源的模态有很多不同之处；而将义务情态又细分为“指令型”(directives)与“承诺型”(commissives)，这已经涉及了“言语行为”的领域，将语用也纳入了情态的研究维度中，成为其理论思想的又一大亮点。Palmer的情态体系请见表1。

① Palmer提到的“语法化”实际上指的是具备语法的(也包括非语法的)语言表现形式，而并非指探讨语言形式虚化演变的“语法化”。

表1 Palmer 情态体系及相应例句

<table>
<tr><th>情态大类</th><th>情态类型</th><th>下位分类</th><th>次下位分类</th><th>作者例句</th></tr>
<tr><td rowspan="7">Propositional modality
命题情态</td><td rowspan="3">Epistemic modality
认识情态</td><td>speculative
推测型</td><td rowspan="4"></td><td>John may be in his office.
约翰可能在他的办公室。</td></tr>
<tr><td>deductive
推断型</td><td>John must be in his office.
约翰一定在他的办公室。</td></tr>
<tr><td>assumptive
假设型</td><td>John'll be in his office.
约翰会在他的办公室。</td></tr>
<tr><td rowspan="4">Evidentials
言据情态</td><td>reported
报告型</td><td rowspan="4">(只在少数语言中有语法词缀,例句略。)</td></tr>
<tr><td rowspan="3">sensory
感知型</td><td>visual
视觉</td></tr>
<tr><td>non-visual
非视觉</td></tr>
<tr><td>auditory
听觉</td></tr>
<tr><td rowspan="6">Event modality
事件情态</td><td rowspan="4">Deontic modality
义务情态</td><td rowspan="2">directives
指令型</td><td>permissive
允许</td><td>You may/can go now.
你现在可以离开。</td></tr>
<tr><td>obligative
强制</td><td>You must go now.
你现在必须离开。</td></tr>
<tr><td rowspan="2">commissives
承诺型</td><td>promise
许诺</td><td>John shall have the book tomorrow.
约翰明天会拿到那本书的。</td></tr>
<tr><td>threat
威胁</td><td>You shall do as you are told.
你得按照吩咐去做!</td></tr>
<tr><td rowspan="2">Dynamic modality
动力情态</td><td>ability
能力型</td><td rowspan="2"></td><td>My destiny's in my control, I can make or break my life myself. 我的命运我掌控,我能自己决定我的人生。</td></tr>
<tr><td>willingness/volitive
意愿型</td><td>Why don't go and see if Martin will let you stay? 为何不去看看是否马丁愿意让你留下?</td></tr>
</table>

2.2.3 Bybee 基于"语法化"的体系构建

除了 Palmer 的经典体系之外,还有一种情态体系也较为流行,即 Bybee 依据"取向"(oriented)思路而构建的体系,不过该体系的设置形式更适用于情态"语法化"(grammaticalization)方面的研究。Bybee 对情态的界定虽然基本采用 Lyons(1977)与 Palmer(1986)的看法,但同时他也注意到这种界定其实并非表面上看起来这般简单。Bybee(1994)提道:“对情态的概念领域和语法上表达的部分进行简洁的描述是不可能的。”他将情态分为:施事取向(agent-oriented)、言者取向(speaker-oriented)、认识(epistemic)和从属语气(subordinating moods)四种类型。第一种“施事取向”情态是围绕着“施事者”(agent)所存在的内部或外在条件而诱发的情态,也就是以事件的施事方为主体,事件之所以能够发生是由于施事方自身内部具备了,或者外在赋予了某些条件因素。第二种“言者取向”情态指的是以说话者为视角,直接对听话者(addressee)施加条件(impose conditions)。在 Bybee 的描述中,这种情态涉及的就是发话者对听话者发出“指令”或给予“许可”。第三种“认识情态”是发话者对命题真值的交代。而最后一种“从属语气”,则指的是以下几种从句类型:“补足从句”(complement clauses)、“让步从句”(concessive clauses)和“目的从句”(purpose clauses)。Bybee 认为这些从句中的情态助动词可以对主要动词在虚拟语气上有标记作用,因此“从属语气”类实质上可视为前三类之外其余情态类型的总括。

Bybee 构建的情态体系主要为研究情态语法化而服务,所有得到的语法化脉络都能依靠其体系设置而清晰呈现。比如从总体上看,情态语法化的路径都体现为从“施事取向型”演变为“言者取向型”和“认识型”,或者三者最终演变为“从属型”的语法化方向。这一体系为情态“语义地图”(semantic map)的构造奠定了基础,并进一步影响了后来诸如 Van der Auwera, Plungian 和 Nauze 等诸多学者,成为其展开情态研究的基本指导思想。Bybee 的情态体系请见表2。

表2 Bybee 的情态体系及相应例句

情态类型	下位分类	解释	作者例句
Agent-oriented 施事者取向情态	obligation 强制	社会条件迫使施事者完成行动	All students *must* obtain the consent of the Dean of the faculty concerned before entering for examination. 所有学生在参加考试前必须获得有关学院院长的同意。
	necessity 必要	物质条件迫使施事者完成行动	I *need to* hear a good loud alarm in the mornings to wake up. 我只有听到很大的闹铃声才能起床。

(续表)

情态类型	下位分类	解释	作者例句
	ability 能力	内在能力使得施事者完成行动	I *can* only type very slowly as I am a beginner. 因为我是初学者,我(能)打字很慢。
	desire 渴望	内在意图使得施事者完成行动	Juan Ortiz called to them loudly in the Indian tongue, bidding them come forth if they *would* (= wanted to) save their lives. 如果他们想要救他们(印第安人)性命的话,胡安·奥尔蒂斯可用印第安语大声呼叫他们出来。
Speaker-oriented 言者取向情态	imperative 祈使	给听话人发布直接命令	(无具体语例,但作者提到在情态词的参与下,且在说出的同时伴随实施"指令"或"许诺"行为的例句皆在此列。)
	prohibitive 禁止	发布一个否定性命令	
	optative 祈愿	表达发话者希望或愿望	
	hortative 劝导	发话者鼓励或诱导某人活动	
	admonitive 警告	发话者发出警告	
	permissive 允许	发话者给予许可	
Epistemic 认识情态	possibility 可能	命题可能为真	I *may* have put them down on the table; they're not in the door. 我可能把它们放在桌子下面了;它们不在门后。
	probability 或然	命题有很大可能为真	The storm *should* clear by tomorrow. 暴风雨明天应该就会停了。
	inferred certainty 推测必然	命题经推测必然为真	There *must* be some way to get from New York to San Francisco for less than $600. 从纽约到旧金山一定有不超过 600 美元花费的方式。
	counter-factual 反事实	命题与事实上相反	I *should* have mailed this yesterday, but I forgot. 我本该昨天将它寄出,但是我忘了。

（续表）

情态类型	下位分类	解释	作者例句
subordinating moods 从属语气类	complement clauses 补足从句		I suggested that he *should* call you immediately. 我们建议他应该立即给你打电话。
	concessives 让步从句		Although he *may* be a wise man, he has made some mistakes in the past. 虽然他可能是个聪明人，但是他在过去也犯过错。
	purpose clauses 目的从句		We are working now so that we *can* take the summer off. 我们现在正在工作，以便能休个暑假。

2.2.4 Kratzer 从“形式语义”角度的阐释

也有学者尝试从形式语义的角度切入情态研究，Kratzer 便是其中的代表。Kratzer（1977，1978，1979，1981，1991）以德语情态动词为工具，从形式语义角度发展了有关情态与条件式（conditionals）的理论，被称为“标准理论”（standard theory），以此实现情态研究从模态逻辑向语言学领域的转向。她从模态逻辑出发，依靠数理逻辑推导，探索性地挖掘自然语言中的情态问题，其处理方式主要依据两条思路：一是“情态相对性”（relative modality）；二是“序列语义论”（ordering semantics）。“情态相对性”认为，情态词的表义并非是模糊不清的，不同的意义来源于对“会话背景”（conversational background）的假设与兼容。她在语义上依靠数理逻辑推导出六种“会话背景”，分别是（设 w 为“可能世界”）：

（1）Epistemic（认识型）：f(w) is a set of facts known in w.

（2）Deontic（义务型）：f(w) is a set of rules in force in w.

（3）Teleological（目的型）：f(w) is a set of goals in w.

（4）Bouletic（意愿型）：f(w) is a set of desires in w.

（5）Circumstantial（条件型）：f(w) is a set of circumstances holding in w.

（6）Stereotypical（模式化型）：f(w) is a set of expectations concerning what w is like.

并认为它们各自也都对应一种情态类型。“序列语义论”的思路是，与其二分“可达世界”和“不可达世界”，人们更多的是基于“世界序列”来认识与表达情态。随着在“可达世界”与“不可达世界”间呈现过渡世界序列,情态在“不可能性”与“必然性”之间也就拉开了在可能性“程度”上的梯度。因此,情态意义的表达可分为“必然类型”(necessity type)与“可能类型”(possibility type),前者是能够在所有可达世界中被普遍量化,而后者是在所有可达世界中呈现存在性量化。

Kratzer 以形式语义的角度作为切入点,其理论思路比较抽象,总结下来是:情态类型需要参照“会话背景”的选择,而情态意义的强度则呈现为在“可能性”之上的“梯度”。基于这一思路而诞生的“情态特质”(modal flavor)和“情态力度”(modal force)这两个基准,成为当前在语言类型学的情态研究中所常用到的两个参项。

2.2.5 Kiefer 基于“模态”角度的阐释

自情态概念从模态逻辑向语言学转向之后,对其所包括的内容和范围的把握,不同的人所持态度也并不统一,有宽有窄。宽到认定一切人的主观态度都是情态而认为情态无处不在,这一点在前面已有介绍,但也有学者倾向于给出相反认定,Kiefer(1986, 1987, 1988, 1992, 1996, 1997)就是其中的代表。既然情态源于模态逻辑,Kiefer 便尝试从模态中寻找情态的本质。Kiefer(1987, 1992)是通过讨论事件在可能世界中的“真”来界定情态的,他认定了情态与模态是同一本质,即“命题的有效性(validity)与一组可能世界的相对化(relativization)”①。如果将这一本质展开来说也就是,当某个命题在所有可能世界中都为真,则该命题“必然为真”;而当某命题在至少一个可能世界里为真而并非在所有可能世界中都为真,则该命题“可能为真”。因此,模态的本质就是探讨命题真值“可能”与“必然”的问题,而这同样应该也是情态的本质。之后,他依据“不能限制命题有效性”而将“情感”(emotion)、“意志”(volitional)、“评价”(evaluation)和“否定”(negation)等内容都排除在情态之外。当然,他也注意到了情态与某些语用问题的紧密关联,比如 Kiefer(Brisard, Frank *et al.*, 2014)提道:“一定要明确地区分开义务命题中‘义务必然’(deontic necessity)、‘义务可能’(deontic possibility)与‘强加义务’(imposing an obligation)、‘给予许可’(granting a permission)之间的界线。前者属语义学领域,依靠形式逻辑表述,后者是‘言语行为理论’的

---

① 关于模态的本质可参见(Asher & Simpson 1994)[2521].

一部分，属语用学领域。”Kiefer 的这种处理方式实际上是将义务模态与言语行为做了区分。“义务必然”与“义务可能”是从模态角度来看待义务情态的，他将其阐述为“义务规定了某命题为真的必然或可能”，在这种情况下便可以依靠“可能”和“必然”概念来加以转述。举例来说，如果将“义务”源头设定为 S，并设某个命题为 p，那么“义务必然”和“义务可能”就可分别被转述为：

义务必然：In view of S, it is necessarity the case that p.

义务可能：In view of S, it is possibly the case that p.

那么，例如表达义务情态的例句：Kate *must* come in now.（凯特现在必须进来）和 Kate *may* come in now.（凯特现在可以进来），如果将以上两个例句从模态角度依据“可能”和“必然”来分析，则被分别转述为：In view of deontic, it is necessarity the case that Kate come in now.（依据义务规定，凯特现在进来是必然的情况）和 In view of deontic, it is possibly the case that Kate come in now.（依据义务规定，凯特现在进来是有可能的情况）。但“强加义务”和“给予许可”却并不能用“可能”和“必然”来转述，它们实际上是义务情态在表达的同时所伴随实施的言语行为。比如当发话者分别说出 Kate *must* come in now 或 Kate *may* come in now 的同时，也是在对听话者实施“强加义务”或“给予许可”的指令行为。

虽然将逻辑语义和语用的界限做了区分，但 Kiefer 更多的是还倾向于以模态逻辑视角从“可能”和“必然”出发来解释情态，比如将义务情态转述为“义务必然”和“义务可能”就是最好的证明。尝试回归情态的本源，从模态出发挖掘情态本质，并以此作为界定情态与划分情态范围的标准，Kiefer 为此做了尝试。不过，只依靠“可能”和“必然”并不足以解释复杂的情态意义，这样的处理也无疑使情态的范围过于狭窄，局限了对情态认识的眼界。

2.2.6 Portner 从语言形式上的新划分

鉴于从意义角度划分情态类型难以取消分歧，有学者便尝试从语言形式层面划定分类。Portner（2009）认为，情态是基于语言表现形式表达的一种语言现象，这一现象表现为某个人说了关于或者基于非真实（not be real）情境（situation）的事情，它是一个语义概念。在情态类型的划分上与前人不同，Portner 依托情态的语言表现形式，将情态类型划分为：“句情态”（sentential modality）、“次句情态”（sub-sentential modality）和“话语情态”

(discourse modality)三大类。“句情态”表达的情态意义是基于整个句子平面之上的,主要表达方式包括:“情态助动词”(modal auxiliaries),比如 *must*、*can*、*might*、*should* 等;“表情态动词”(modal verbs)或“半情态助动词”(semi-modals),比如 *need*(*to*)、*ought*(*to*)等;“情态副词”(modal adverbs),比如 *maybe*、*probably*、*possibly* 等;某些“泛性的或惯常性的用语以及个体层面谓词”(generics, habituals, and individual-level predicates),如 A dog is a wonderful animal;“时”(tense)与“体”(aspect),比如表“将来”的 will,以及持续体 Ben is running 或实现体 Ben has eaten dinner 等;某些条件句(conditionals)诸如“if...then...”;以及其他一些可能的方式等。“次句情态”指的是那些比小句小的结构所表达的情态,比如表情态的形容词或名词(modal adjectives and nouns),包括 possible、necessary、certain 和 possibility 等;表命题态度(propositional attitude)的动词或形容词,包括 believe、hope、know、remember、pleased 等;还有动词语气(verbal mood)以及其他一些形式。不过 Portner 也意识到,很多情况下“句情态”与“次句情态”的界限并不分明。“话语情态”指的是那些未能包含在传统情态意义类型框架之下,但出现在语篇或话语中的那些情态意义。比如包括“言据性”(evidentiality)和表达某种语用功能的小句类型(clause types)等一些形式。Portner 的情态分类思路打破了以意义为基础划归情态类型的传统,尝试按照语言形式为依据划分情态类型,可谓一次新鲜的尝试。

2.3 类型学领域掀起新热潮

进入二十一世纪后,西方学界对情态的研究表现出一些新的特征,可归结为三点主要表现:第一,类型学领域兴起情态研究新热潮,从多角度拟构情态框架(如 Van der Auwera & Plungian 1998; Hengeveld 2004; Nauze 2008);第二,就情态的某一特征作深入发掘,比如专门研究情态的“主观性”(subjectivity)问题(如 Narrog 2012)以及“可分级性”(gradability)或“梯级性”(scalarity)问题(如 Klecha 2014, Lassiter 2017);第三,虽然情态与其范围的界定还未有一个公认一致的标准,但结合前期成果,越来越多的学者开始将这些成果运用到研究自己母语或某一种特定语言的情态现象中去。这里主要介绍类型学领域中情态体系构建的新情况。

Van der Auwera 和 Plungian(1998)的框架拟构是以 Bybee(1994)的模型为基础,区分出“参与者内部情态”(participant-internal modality)、“参与者外

部情态”(participant-external modality)、“义务情态”(deontic modality)和“认识情态”(epistemic modality)。其中,“义务情态”也可以算作“参与者外部情态”的子集。由于框架的拟构主要聚焦于“可能”和“必然”等级之上,而传统框架中的“意志”(volition)在这一点上并不突出,所以被排除在框架之外。Van der Auwera 和 Plungian 的情态体系请见表3。

表3　Van der Auwera & Plungian 的情态框架

Possibility/Necessity 可能/必然		
Non-epistemic possibility 非认识情态		Epistemic possibility 认识情态
Participant-internal 参与者内部情态	Participant-external 参与者外部情态	
	Non-deontic 非义务情态 Deontic possibility 义务可能性	

在其基础上,Nauze(2008)结合荷兰语、土耳其语、韩语等六种语言的情态表达情况对上面的框架进行改造,推定“参与者外部情态”中“非义务情态”应该就是一种“目标取向”(goal-oriented)的情态类型,而“参与者内部情态”下位虽然不能明显区分出“可能”和“必然”两个梯度,但“能力”(ability)和“需求”(needs)应包含其中。Nauze 的情态体系请见表4。

表4　Nauze 的情态框架

Participant-internal 参与者内部情态	Participant-external 参与者外部情态		Epistemic 认识情态
	Deontic 义务情态	Goal-oriented 目标取向情态	
Ability 能力 Needs 需求	Permission 许可 Obligation 强制	Possibility 可能性 Necessity 必然性	Possibility 可能性 Necessity 必然性

上述两个框架皆是从“参与者”取向角度来构建的,这相比 Palmer 的“命题”和“事件”二分框架来说不失为一种新的尝试。但从本质上看,新框架与 Palmer 的框架在体系构建和内容设定上基本还是保持着高度的一致,不同

之处仅在于新框架排除掉了“意志”类而加入了“目标”类,使得“目标情态”展现在人们面前。

此外,还有 Hengeveld(2004)也曾对情态体系建立模型,但与其他学者不同的是,其构建的更像是一种考量情态类型与特征之间兼容性的模型。按照他的看法,如果以传统做“命题”和“事件”的二分,有些语句表达的情态类型是模糊不清的。比如 Thesis paper *must* be acid-free.(论文纸一定是无酸的)是该作为命题情态(比如认识情态)讨论命题真值,还是该作为事件情态(比如义务情态)讨论事件情景的必要性,这一点就足够引起争议。所以 Hengeveld(2004)设置了两个评价参数:“评价靶向”(target of evaluation)和“评价域”(domain of evaluation),每个参数之下又有分类。他将 Palmer 的“事件情态”拆分为“事件取向”和“参与者取向”两种类型,并用“事件取向”型来概括他所说的能够引发争议的情态类型。将“评价靶向”与“评价域”这两个参数相结合,便得到了一个情态类型与特征兼容性的模型(请见表5):

表5 Hengeveld 的情态兼容模型

	Target 靶向		
Domain 域	Participant 参与者取向	Event 事件取向	Proposition 命题取向
Facultative/Ability(能力型)	+	+	–
Deontic(义务型)	+	+	–
Volitive(意志型)	+	+	+
Epistemic(认识型)	–	+	+
Evidential(言据型)	–	–	+

Hengeveld 的模型很好地展现了不同情态类型彼此之间在特征上的兼容性问题。比如“能力型”和“义务型”情态同时也可以是“参与者取向型”和“事件取向型”情态,但不能是“命题取向型”情态;而作为另一个极端的“言据型”情态只能是“命题取向型”情态而不能是“参与者取向型”和“事件取向型”情态等。通过这一模型的建立,Hengeveld 尝试联通了依据不同思路而构建的不同情态体系间的界限,为自然语言中讨论情态在类型上的兼容问题提供了一定的依据。

纵观西方情态研究的发展脉络,其切入视角从最初的语气开始,发展到一般的语言形式（如情态动词、情态副词等），并进一步蔓延到小句和语篇层面，同时也涉及了模态逻辑、形式语义、语法化、普通语义学、语用学与语言类型学等诸多领域。基于此，情态纷繁之原因也便得以呈现。

三、情态界定纷繁之原因

3.1 研究维度的不同

正是由于受到多样切入视角与不同研究思路的影响，情态在范围上的把握呈现出难以统一的局面。由窄到宽可归纳为以下三个维度：

3.1.1 模态逻辑维度

情态源于模态逻辑。模态指事物发生或认识事物的可能性、盖然性或必然性等特征，其本质是"命题的有效性与一组可能世界的相对化"。受此影响，部分学者将情态界定在模态之上，认为情态讨论的也就是命题真值"可能性"和"必然性"的问题。这种从模态逻辑谈论情态的视角，构成了当前人们对情态在范围把握上的第一个维度：模态逻辑维度。代表学者除了前文提到的 Kiefer 之外，还有诸如 Perkins（1983）、Quirk（1985）、Saeed（2003）和 Narrog（2012）等。

3.1.2 泛化的语义维度

也有学者认为，情态指的是一个句子所表达命题之外的修饰限定成分（modification）。在这种看法下，涉及的内容除了模态逻辑谈到的"可能性"和"必然性"之外，诸如"意志""情感""评价""否定"，甚至"时"和"体"等也都可以进入到情态的范围中来，虽然表面上看它们与"可能性"和"必然性"似乎并不相关。以上构成了情态研究的第二个维度：泛化的语义维度。居于这一维度上的代表学者众多，其中较为极致的看法便是持"情态泛化观"，认为句句皆有情态，除了前文提到的 Bally 之外，Fillmore（1968）也持类似观点。虽然也有很多学者的看法并非如此泛化，但也不同程度地包含了上述内容。当前对情态的主流界定，即认为情态表达的是"人的主观态度"，就是基于这一维度阐发的。

3.1.3 模态、语义兼语用的综合维度

自 Austin（1975）和 Searle（1983）"言语行为"理论创立以后，便有学者将情态引入到了语用领域，认为除了包含前两个维度之外，情态还可以表达

“说话者通过一个命题正在做什么事情”。在这种观点下,以言行事(Illocution),特别是有关于“强加义务”和“给予许可”等言语行为也都进入到情态讨论的范围中来,这便形成了当前情态研究的第三维度:模态、语义兼语用的综合维度。将“指令”与“承诺”行为引入了情态范畴,Palmer 应该算是一个典型代表。虽然当前从语用角度全面展开情态研究还并未普及,但语用在解决情态问题中所发挥的巨大价值已经引起一些学人的注意。

三种研究维度的分歧,直接影响了学人对情态的内涵和范围的认定呈现出多样化的结果,成为当前学界对情态概念众说纷纭的首要原因。

3.2 对前人研究成果的认识模糊或存有误解

除了研究维度不同,情态概念难以把握还存在其他原因,其中之一便是由于当前不少人对经典论著中的关键性看法存在误解,而造成这种误解的因素主要又有两个。

3.2.1 经典论著的界定模糊

经典论著关于情态的界定本身就相对模糊。从“主观态度”来界定情态的表述始发自 Lyons(1977)而成形于 Palmer(1986),可是这种表述却是模糊不清的,因为对它的理解可大可小,从小到认定情态只是具备某一种特性的主观态度,大到认定情态是人所表达的一切主观态度,可谓仁者见仁智者见智。但其实,Lyons 和 Palmer 早就对“主观态度”做了限定。Lyons(1977)将这种“主观态度”限定在表达“语句中的非事实性成分,常常与假定信息情境相联……包括对未来事件的预测、意图、愿望、希望和目的”。而 Palmer 更是在“主观态度”的基础上讨论了“非现实性”的问题,认为情态表达的“主观态度”是围绕着“非现实性事件”而阐发的。Palmer 曾多次提到表示客观陈述意义的直陈句并不表达情态。比如 Palmer(1986)[15]:“像 John liked to come.(约翰喜欢来)或 It is fortunate that he came.(他来了是件幸运的事)这类句子并不符合情态概念,应排除在情态之外。”可见,虽然 Palmer 将情态定义为“主观态度”,但还是依靠“非现实性”这一标准来进行限定。所以,“主观态度”的界定性表述并非表面上看起来这样简单,而认为一切人所表达的主观态度都是情态,必然会造成理解上的偏差。可是归根结底,很多误解还是因为这样模糊不清的表述所造成的。

3.2.2 经典论著的论述矛盾

经典论著也存在不少论证矛盾的地方。对这一点,张楚楚(2012)曾做过较为细致的阐述，认为虽然Palmer用“非现实性”来限定人的主观态度，但在他的论述中，这个限定有时却体现得并不明确。比如Palmer(1986)[12-13,97]一方面认为Rescher(1968)提出的“评价情态”(evaluative modality)由于涉及“现实性”讨论因而并不属于情态；可是另一方面Palmer(2001)[64-65]却又将涉及现实性的直陈句“I saw John in his office this morning.(今天早晨我看见约翰在他的办公室里)”称为是“言据情态”而放在情态体系之中。再比如Palmer(1979[2],1986[102])从“主观性”标准上对“动力情态”的情态地位产生质疑，因为表达“动力情态”的句子诸如“John *can* speak Italian.(约翰会说意大利语)”在表面上看似乎更像是在陈述一个事实，并没有涉及说话人的主观态度；可是另一方面Palmer(1986)[27]又提到“直陈句也表示了说话人的意见，也应纳入情态体系”。这些论述矛盾之处都容易让人产生误解，那就是在理解情态时，我们对“主观性”和“非现实性”这两个情态特性的把握到底应该如何权衡，孰轻孰重。

3.3 扩大化的主流研究趋势

除上述因素之外，当前国内的主流研究也在无意中将情态的范围进一步扩宽，虽然这其中有一定的合理成分，但也或多或少存在着对情态的认识偏差。依据Palmer的观点，情态最主要的两个特性是“主观性”和“非现实性”，因此当某个语言范畴能够体现这两种特性，那么将它引入到情态中看似也就顺理成章了。据此，除了传统的“认识”“义务”“动力”之外，当前讨论情态的范围还涉及了诸如“(反)预期”[(counter-) expectation]、“评价”(evaluation)、“尝试”(tentative)等热门领域，而一些新近的研究也都倾向于在不同程度上将它们放在情态的范围之内。比如邵敬敏、王玲玲(2016)在讨论构式“一不小心X”的构式义时，就提到了该构式表达了“反预期”主观情态；强星娜(2017)也就“意外范畴”与认识情态之间的关联性做了较为完善的评述；李战子(2005)建立了从语气、情态到评价的连续统路径；常晨光(2008)讨论了“语气”和“评价”两类情态附加语在评价意义、评价取向等方面的异同；杨曙、常晨光(2012)更是逐一分析了汉语各情态类型的评价意义和评价功能。此外还有汤燕(2018)对现代汉语“尝试范畴”展开研究，认为“尝试”也应该归入情态之中。而更为明显的例子或许便是马清华(2017，2018)所提出的更加宽泛的“广义情态”系统了。虽然在我看来，上述这些范畴中有的确实可归属于情态之内而无可厚非，但也有的仅是与情态有不同程度的交叉关系而已,并不可贸然划归。可无论是出于对情态的误解,抑或是我们对情态的态度确实变得较以前更加包容了,不可否认的是,在当前的主流研究趋势下,情态涉及的内容确实较传统有所扩大。

以上是对情态纷繁之局面形成原因的初步归纳,涉及条件因素众多且又相互交织,因此常常让学人在研究时感觉到无所适从而难以驾驭。不过只要明白了分歧的原因并理清头绪,便有助于在多种学说中得以明辨,最终使得情态研究更具条理,做到更好地把握这一复杂概念。

四、结　语

结合西方情态研究史可以看到,学界采用的切入视角与研究思路丰富而多样,这直接导致了在情态研究中三种不同维度的产生。此外,经典论著的论述模糊与矛盾也容易导致学人的误解。而伴随着当前主流研究趋势的影响,情态的涉及范围也在逐步扩大。以上种种因素纷繁且交织,使得人们对情态的界定与范围的把握众说纷纭、难以统一。不过即便如此,与其在面对争议时只顾各说各话,更重要的应该是搞清造成这一纷扰局面的症结之处。在对自身看法进行慎重审视的同时,也应注重吸收其他观点的合理因素。在明晰了多种看法的分歧点,并追溯到了源头所在后,相信可以对情态概念有一个全新的认识,也为后续更好地展开研究铺平道路。

参考文献

常晨光(2008)作为评价手段的情态附加语探析,《外语与外语教学》第1期: 11-13。

李战子(2005)从语气、情态到评价,《外语研究》第6期: 14-19。

马清华(2017)汉语情态统辖结构的整合与变异,《山西大学学报》第1期: 74-84。

——(2018)汉语情态协同关系及其复杂性,《学术交流》第6期: 126-131。

彭利贞(2007)《现代汉语情态研究》,北京: 中国社会科学出版社。

强星娜(2017)意外范畴研究述评,《语言教学与研究》第6期: 103-112。

邵敬敏,王玲玲(2016)"一不小心X"构式与反预期主观情态,《语言科学》第6期: 638-644。

汤　燕(2018)《现代汉语尝试范畴研究》,华东师范大学博士学位论文: 51。

杨　曙,常晨光(2012)情态的评价功能,《外语教学》第4期: 13-17。

张楚楚(2012)情态与非情态,《西安外国语大学学报》第2期: 36-39。

朱冠明(2003)汉语单音情态动词语义发展的机制,《解放军外国语学院学报》第 6 期：43-48。

——(2005)情态与汉语情态动词,《山东外语教学》第 2 期：17-21。

Asher R E, Simpson J M. (eds.) (1994) *The Encyclopedia of Language and Linguistics* (*Vol. 5*). Oxford: Pergamon Press.

Austin J L. (1975) *How to Do Things with Words*. Oxford: Oxford University Press.

Bally C. (1932) *Linguistique Générale et Linguistique Française*. Paris: Ernest Leroux.

——(1942) Syntaxe de la modalité explicite. *Cahiers Ferdinand de Saussure* 2: 3-13.

Brisard F. *et al*. (2014) *Grammar, Meaning and Pragmatics*. Shanghai: Shanghai Foreign Language Education Press: 185.

Bybee J, Perkins R, Pagliuca W. (1994) *the Evolution of Grammar: Tense, Aspect, and Modality in the Languages of the World*. London: University of Chicago Press, Ltd.: 176.

Fillmore C. (1968) The Case for Case. In Bach E, Harms R. (eds.) *Universals in Linguistic Theory*. New York: Holt, Rinehart, and Winston: 1-88.

Frege G. (1892) Über Sinn und Bedeutung. *Zeitschrift fur Philosophie und Philosophische Kritik*, N. F.: 125-150.

Hengeveld K. (2004) Illocution, Mood and Modality in a Functional Grammar of Spanish. In Booij G, Lehmann C, Mugdan J. *et al*. (eds.) *Morphology: An International Hangbook on Inflection and Word-Formation* (*Vol. 2*). Berlin: Walter de Gruyter: 227-269.

Jespersen O. (1924) *The Philosophy of Grammar*. London: George Allen Unwin Ltd..

Kiefer F. (1986) Epistemic Possibility and Focus. In Abraham W, de Meij S. (eds.) *Topic, Focus and Configurationality*. Amsterdam: John Benjamins Publishing Company: 161-179.

——(1987) On Defining Modality. In Fischer O, Norde M. (eds.) *Folia Linguistica*, *21* (1). Berlin: Mouton de Gruyter: 67-94.

——(1988) Ability and Possibility: The Hungarian Verb Tud 'To Be Able To'. *Studies in Language International Journal*, *12*(2): 393-423.

——(1992) Modality. In Frawley W. (ed.) *International Encyclopedia of Linguistics*: Oxford: Oxford University Press: 2515-2520.

——(1996) Bound Utterances. *Language Sciences*, *18*(2): 575-587.

——(1997) Presidential Address: Modality and Pragmatics. In Fischer O, Norde M. (eds.) *Folia Linguistica*, *31*(3-4). Berlin: Mouton de Gruyter: 241-253.

Klecha P. (2014) *Bridging the Divide: Scalarity and Modality*. University of Chicago, Division of the Humanities, Department of Linguistics, Dissertations & Theses-Gradworks.

Kratzer A. (1977) What '*Must*' and '*Can*' Must and Can Mean. In Eckardt R, Ninan D. (eds.) *Linguistics and Philosophy*, *1*(3). Berlin, Heidelberg: Springer: 337-355.

——(1978) *Semantik der Rede*. Konigstein: Scriptor.

——(1979) Conditional Necessity and Possibility. In Bauerle R., Egli U, von Stechow A. (eds.) *Semantics from Different Points of View*. Berlin, Heidelberg: Springer: 117-147.

——(1981) Partition and Revision: The Semantics of Counterfactuals. In Easwaran K, Lemhoff R. *et al*. (eds.) *Journal of Philosophical Logic*, *10*(2). Boston: Dordrecht Reidel Publishing Corporation: 201-216.

——(1991) Modality/Conditionals. In von Stechow A, Wunderlich D. (eds.) *Semantik: Ein Internationales Handbuch der Zeitgenossischen Forchung* (*Vol. 6*). Berlin: Walter de Gruyter: 639-656.

Lassiter D. (2017) *Graded Modality: Qualitative and Quantitative Perspectives*. Oxford: Oxford University Press.

Lyons J. (1977) *Semantics*. New York: Cambridge University Press: 451、452.

Narrog H. (2012) *Modality*, *Subjectivity*, *and Semantic Change: A Cross-linguistic Perspective*. New York: Oxford University Press.

Nauze F D. (2008) *Modality in Typological Perspective*, Amsterdam: Institute for Logic, Language and Computation, Universiteit van Amsterdam.

Palmer F R. (1979) *Modality and the English Modals*. London: Addison-Wesley Longman Limited.

——(1986) *Mood and Modality*. New York: Cambridge University Press.

——(2001) *Mood and Modality* (*2ed Ed.*). Cambridge: Cambridge University Press: 1.

Portner P. (2009) *Modality*. New York: Oxford University Press: 1.

Perkins M. (1983) *Modal Expressions in English*. New York: Ablex Publishing Corporation.

Quirk R, Greenbaum S, Leech G. *et al*. (1985) *A Comprehensive Grammar of the English Language*. New York: Longman Group Limited.

Rescher N. (1968) *Topics in Philosophical Logic*. Boston: Dordrecht Reidel Publishing Corporation.

Saeed J I. (2003) *Semantics*(*2nd Ed.*). Oxford: Blackwell Publishing Ltd.

Searle J R. (1983) *Intentionality*: *An Essay in the Philosophy of Mind*. Cambridge: Cambridge University Press.

Van der Auwera J, Plungian V. (1998) Modality's Semantic Map. *Linguistics Typology*, *2*(1): 79-124.

(200241 上海,华东师范大学中国语言文学系 xieyi501@163.com)

谈种属概念词内部的语法结构关系*

戚晓杰　姜维枫

提要　关于"松树"类种属概念词内部的语法结构关系，现代汉语语法一般把它视为定中型偏正式，似不存在什么异议，然而词汇学、汉语史研究学者提出不同见解。文章对此问题进行探析，认为它应归属于同位式并加以阐明，由此揭示种属概念组构是汉语词语构成及其外来词借入的一种重要方式；现代汉语语法研究应与词汇学研究、汉语史研究紧密结合，汉语各领域的沟通研究对于认知汉语本真面貌，有着重要意义。

关键词　种属概念词；语法结构关系；同位式；外来词

关于种属概念词内部的语法结构关系，现代汉语语法与词汇学、汉语史研究学者持有不同见解。① 本文拟对此问题进行探析，以使人们对此有深入了解、全面认知，由此深化对汉语词语组构的认识，推动汉语语法研究的纵向深入。

一、种属概念词语法结构关系的不同认知

所谓种属概念词，指的是由种概念与属概念构成的词，也即汉语史上有名的"小名冠大名""大名冠小名"类现象。如：

植物类：

松树、柏树、杨树、柳树、槐树、樟树、桑树、枫树

---

*　本文为国家社会科学基金项目（项目编号 16BYY130）的阶段性成果。

①　"长期以来，构词法在语言研究中的归属是个未解决的问题"，有人认为可以划归语法学，有人认为可以归属词汇学（潘文国，叶步青，韩洋 2004）[4-5]。不过，从另一角度看，不同的划归，由于观察的视角存异，其对某些词的内部构成的不同认知，有助于深化我们对汉语构词的认识。

芹菜、韭菜、苋菜、堇菜、荠菜、蕺菜、芹菜

茅草、蒲草、萱草、蓍草、蓬蒿、茼蒿

豇豆、豌豆、糯米、籼米、粳稻

菊花、梅花、兰花、桂花

动物类:

鲤鱼、鲸鱼①、鲫鱼、鳄鱼、鳝鱼、鲳鱼、鲢鱼

蝗虫、蚘虫、蛔虫、螨虫、蚜虫、蚊虫

鹞鹰、枭鸟、鸵鸟、鹳鸟

羔羊、豺狗、牯牛

蟒蛇、蝮蛇

称谓类:

母亲、父亲、叔父、舅父、姨母、姑母、姑妈

姨妈、师父、婢女、妇女

河流类: 淮河、汾河、泗水、潮水、湘江、汉江

器官类: 肝脏、心脏、肾脏、脾脏、胰脏

地名类: 蕲县、歙县、汴州、徽州、浔城

土石类: 岐山、玉石、尘土

其他类: 箕箕、畚箕、彗星

关于此类种属概念词内部的语法结构关系类型,现代汉语语法把它视为定中型偏正式,前者为偏,后者为正,前面种概念修饰限制后面属概念。以"松树"为例,"松树"是"树"之一种,"松"修饰、限制"树",表示与"柏""杨""柳"等之不同②。此种观点具有很强的代表性,现今汉语语法学界基本是众口一词,不存在什么异议。然而词汇学、汉语史研究学者却提出了不同见解。主要有以下几种观点。一种观点是中补式。葛本仪(2014)[84-85]明确指出,这是一种"注释型"补充式,两个词素之间是"注释被注释的关系",后词素对前词素"用所属物类进行注释说明"。另一种观点是"注释格"。武

---

① "鲸鱼"是"鲸",不是"鱼"。但由于种概念"鲸"在形貌习性方面与属概念"鱼"有相似之处,也可按种属概念词理解(周荐 2005)[137]。

② 陆志韦(1990)在描写"现代汉语的构词法"的《汉语的构词法》一书中就把"薏仁米""果木树"视为"偏正格的名词"。

占坤、王勤(1983)指明:“词素与词素通过注释的关系组合起来构成新词,是注释格。”还有一种观点是视为特殊的偏正式。向熹(2010)就把种属概念词作为一类,归属于“偏正式复合词”,包含有两种构成方式。“修饰部分和中心部分有种属关系,大多数中心部分是种,修饰部分是属。”举例有“羝羊、鲋鱼、飘风”。“有的中心部分是属,修饰部分是种,前人叫作‘大名冠小名’。”举例有“草芥、草茅、虫螟、鸟乌、禽犊”等。①

在汉语研究中,同一语言现象,有时会得出不同的结论,由此产生观点上的冲突。然而我们必须看到这种冲突本身的价值。从某种意义上说,相同语言现象的不同认知,可以认为是一种广义的“歧义”,由此深入下去,有助于深层次发现汉语构造的某种特性。以上诸种不同观点,诱发我们重新审视其词内部的构成,并对此问题做进一步的思考与认知。

二、种属概念词的产生及其语法结构关系类型归属

2.1 种属概念词的产生

“汉语构词法的发展是循着单音词到复音词的道路前进的。”(王力 1980)[342]从词语生成的角度看,种属概念词由单音节词双音化而来,双音化的方式是在种概念之后加上一个属概念,从而构成种属概念词。以“松树”为例,古汉语单音节词“松”表示的就是“松树”之义,受双音节化的影响,在种概念“松”的后面加上表示其属概念的“树”从而构成种属概念词“松树”,“松树”义即“松”之义。“松树”类种属概念词的产生体现了汉语词“以复音词为主流,词汇日益丰富,词义日趋精密的发展规律”(武占坤,王勤 1983)。种属概念词的产生,不仅可以避免因语音简化造成的单音节词易同音、近音相混,也可以使其语义表达更加清晰,因单音节的种概念词往往具有多个义项;且作为同形词,所表语义更加多样。如“松树”的“松”,不仅表示“松树”之义,还可以表示姓氏,表示“松散”“使松”“经济宽裕”“不结实”“解开;放

① 在这里,该著作对种与属的概念的理解似有所颠倒。“在属种关系中,外延大的,包含另一概念的概念,叫作属概念(或上位概念);外延小的,包含于另一概念之中的概念,叫作种概念(或下位概念)。所以,概念的属种关系就是属概念和种概念的关系。”(《普通逻辑》编写组 1979 年)

开”等意义。为便于说明问题,我们把种概念(“松”)记作A,属概念(“树”)记作B,种属概念(“松树”)记作AB。在这里,A与B、AB与B都具有种属关系,A的意义与AB等同。A的意义与AB不相同的,不在本文的讨论范围之列,如“青松、带鱼、海鱼、青鱼”等,前语素从性质状态角度修饰限制后语素,属于定中型偏正式构词。

汉语不同历史时期概念表达的方式不同。古汉语由一个音节表达的概念,后来可以由两个音节来体现。汉语单音节种概念词双音化为种属概念词,体现的是汉语概念表达方式的发展演变,而非简单的词汇替换,此乃为汉语单音节词双音节化的本质之所在①。随着汉语的发展,种属概念词还可以表现为三音节(或三音节以上),即由双音节(或多音节)的种概念词加上单音节的属概念词而构成。三音节的如:白杨树、梧桐树、黄杨木、牡丹花、月季花、水仙花、腊梅花、玫瑰花、凤仙花、茴香菜、芫荽菜、木贼草、河豚鱼、乌贼鱼、布谷鸟、子归鸟、北京城、济南府、中秋节、端午节、国庆节、水晶石、西凤酒、茅台酒;四音节的如:五粮液酒、孔府家酒、竹叶青酒。②

关于汉语单音节词复音化的方式,王力(1980)[343、346]曾明确指出:“汉语新词的产生,其重要手段之一,本来就是靠仂语(即短语,引者注)的凝固化。”“汉语复音词的构成,可以分为三大类:(一)联绵字;(二)词根加词头、词尾;(三)仂语的凝固化。就汉语发展的情况说,联绵字变化最少,因为有关联绵字的变化只是词汇方面的变化,而不是语法的变化。词头、词尾的变化比较多。上古的词头、词尾(如果有的话),大部分没有沿用下来,而中古以后又有一些新兴的词尾。但是,词头、词尾在汉语中是不多的,在构词法上不占很重要的位置。至于仂语的凝固化,就是说,仂语在发展过程中凝固起来,成为单词,如上古的‘天子’,中古的‘欢喜’等,在汉语构词法中是

---

① 在这种单音节词双音节化的过程中,相同字面所体现的语义也有所变化,体现了语言自身的调节功能。以“鲤”“鲤鱼”为例,作为单音节词的“鲤”,“鱼”的义素是包含在其中的;而作为双音节的“鲤鱼”,由于“鱼”的出现,“鲤”所表语义有所调整。

② 葛本怡(2014)[74]也把“白杨树、牡丹花、水晶石、乌贼鱼”列入此类。不可否认,这些三四个音节的种属概念现象,存有一个词与短语划界的问题,这也是目前语法学界所需直面的问题,词与短语边界不清,存有不少认知盲点。不过,从另一个角度看,它证明了种属概念关系存在于汉语词与短语两个层面之中。

主要的。"[①]种属概念词的形成并非一蹴而就、瞬间完成的，它也是由短语演变而来，伴随着高频率的复现，逐渐凝固下来，形成复合式构词。王力(2003)在列举上古汉语里有一些双音词是由短语凝固而来时，就举有"凤鸟""匏瓜"这样的"小类名加大类名"例子[②]。在列举后来历代双音词也是由短语词化而成时，又举有"棠树""桑树""桃树""橘树""楸树""楠树""枫树""浙江""汾河""漳河""洛河""洮河""沱江""湘江""父亲"这些"小类名加大类名"的例子。不过，需要指明的是，语法具有抽象性，种属概念构词一旦形成一个"词语模"，就会显示其能产性，爆发式增长。这也正是种属概念词常以词模形式(如"X树""X鱼""X花"等)出现的原因。

2.2 种属概念词的语法结构类型归属

"词法研究在语法研究中居有重要地位，应该受到重视。词法同句法一样，体现着一种语言配列的结构规律及其特点，而且甚至可以说不同语言在语法上的差异往往体现于词法的比句法的更要突出，也就更应该注意研究。"(陈光磊 2001)种属概念构词在一定程度上体现的是汉语构词法的某种独特性，理应受到关注，而不应被漠视。

鉴于"松树"类种属概念词内部构成上的特性，我们认为，种属概念词不应简单归属于定中型偏正式，其内部的语法结构类型可以视为同位式[③]。这主要基于以下诸方面的认识。

2.2.1 种属概念词本身具有不同于一般定中型偏正式合成词的特性

第一，从意义上看，种属概念词前后成分A与B，从种与属两个不同视角指称同一事物，两者之间具有注释说明与被注释说明的关系，迥异于定中型偏正式的修饰限定关系。而这也正是词汇学、汉语史研究者把它归入"补充式""注释格"或特殊的"偏正式复合词"的缘由，他们虽然对种属概念词内部的语法结构关系的称说方式不同，但本质一样，他们都从造词法的角度观察到了种属概念词不同于一般定中型偏正结构的特性，这就是前后部分之

① "词根加词头、词尾"构成的词，从历时的角度看，是否也是由短语凝固化而来？这是一个值得思考的问题。现代汉语研究不能仅局限于共时平面这一视角。

② 陈长书(2013)也认为种属概念词"在上古前期就已经出现，只是在当时尚未定型，规模很小"。

③ "注释格"不属于语法结构关系类，"补充式"易与中心语加补语的中补结构相混淆。

间具有注释说明的关系。这种观察是敏锐的,值得深思,不容忽略。在这里,A的意义与AB等同,A的与AB等同的意义可以在词义上得以体现,具有语义指称上的唯一性。如"桂花"的"桂",包含"肉桂""月桂树""桂皮树"等多个义项,但其中一个指的是"桂花"。

第二,从逻辑关系上看,种属概念词也具有不同于定中型偏正式的特性。葛本仪(1985)[75-76]曾指出:在汉语中,"造词和构词具有共同的逻辑基础","造词时的思维规律的可理解性,就赋予了构词规律的可分析性"。种属概念词造词和构词的逻辑基础就是"从属关系",以区别于表示"限定关系"的定中型偏正式:

> 从属关系是指外延较小种概念,可以包含在外延较大的类概念之内,种概念从属于类概念,两者是从属关系。汉语中凡是在这种概念关系的基础上造成的词,反映在构词上,就是补充式中用物类注释说明的一类词。如:
>
> 鲤鱼　柳树　梅花　芹菜　淮河
>
> 茅草　玉石　蝗虫　鹞鹰　菊花

第三,从语法功能上看,种概念A可以脱离属概念B而单独运用,且指称意义不变,这也是偏正式所不具有的特性。双音节的种属概念词AB的出现不以同义的单音节词A的消失为条件,而是呈现出单双音节词A、AB的可以同现,这不但可以为人们的语义表达提供可资选择的同义手段,节律调整也更加灵活、方便①。如:

(1) **松**:要知松高洁,待到雪化时。

① 从认知角度看,双音节的种属概念词也具有区别于一般构词的特性。单音节、双音节词其认知语义存在鲜明的不同,前者常常表示基本层次范畴,比较具体,口语色彩强;后者则往往表示非基本层次范畴,比较抽象,具有一定的书面语色彩(王灿龙 2011)。此种概括对一般的词而言是恰当的,如"种"与"种植"、"树"与"树木"、"扫"与"打扫"、"街"与"街道"都具有此种认知语义的差异,由此造成的"种树木、种植树、扫街道、打扫街"结构由于认知语义存有差异而不成立。但对于种属概念词而言,则呈现出不同的特点,包含有两种情况:有的单音节词表示基本层次范畴,比较具体,口语色彩强,双音节词表示非基本层次范畴,比较抽象,具有一定的书面语色彩,如"姨—姨妈""肝—肝脏";而有的单音节词则保留了古汉语的书面语色彩,双音节化后反倒书面语色彩不鲜明,如"松—松树""梅—梅花"。这可以说是种属概念词不同于其他构词的认知语义特征。深究其缘由,这是词义的时代色彩在起作用,是词义受时代变化影响的结果。

松树：世界上松树的种类特别多。

(2) **梅**：梅兰竹菊常被人称为“四君子”。

梅花：梅花香自苦寒来。

当然，不可否认，在现代汉语中这种脱离了属概念B的单音节种概念A，其使用并不自由，会受到一定的领域层次、语境条件等的限制。有的单音节种概念A，甚至不能脱离属概念B而独立运用，如“鲤鱼”的“鲤”，芹菜的“芹”。这是古今汉语发展演变的必然结果。

至于三四个音节的种属概念词，受汉语词汇双音节化以及经济性原则的影响，以脱离属概念B为常态。如“白杨树、牡丹花、玫瑰花、水晶石、西凤酒、五粮液酒、孔府家酒、竹叶青酒”都可以脱离属概念“树、花、石、酒”而独立运用，体现出很强的独立性。当然，脱离属概念的种概念A与三音节、四音节种属概念词也可随表达的需要而进行选择、调配：

(3) **北京**：北京，简称“京”，是中华人民共和国首都、直辖市、国家中心城市、超大城市，全国政治中心、文化中心、国际交往中心、科技创新中心，是中国共产党中央委员会、中华人民共和国中央人民政府和全国人民代表大会的办公所在地。

北京城：北京城，是中国历史上最后5代封建王朝辽的陪都及金、元、明、清的都城，其设计规划体现了中国古代城市规划的最高成就，被称为“地球表面上人类最伟大的个体工程”。

(4) **茅台**：纯正酒味，口感好，大家说贵州茅台就是这个味啊！

茅台酒：茅台酒，贵州省遵义市仁怀市茅台镇特产，中国国家地理标志产品。

有时，在特定的语境中，属概念B也可以脱离种概念A而单独运用，由此指称种属概念词AB。如：

(5) 这棵树长得真好看。

(6) 这朵花儿很漂亮。

(7) 这种酒味道很纯正。

例(5)、例(6)、例(7)在特定的指量结构“这棵”“这朵”“这种”的制约下，这里的“树”可以指称具体的某一种树，“花儿”也是具体的某一种花，“酒”也是特定的某一种酒，此种以属概念代替种属概念的用法是语流义变的结果，是特定的语境使得属概念的外延缩小,表述了种属概念的语义①。

第四,从概念"隐含"到"呈现"的方式看,种属概念词也具有不同于定中型偏正式的特点。胡敕瑞(2005)曾指出:"中古汉语词汇发生了重大的变化,变化主要体现在不少词语从上古到中古发生了概念'隐含'到概念'呈现',主要类别有'修饰成分从中心成分中呈现''对象从动作(或动作从对象)中呈现''动作从结果中呈现'三类;呈现的具体原因是汉语的形、音、义在汉代发生了剧变,当然也有汉语自组织的因素。"其中的"修饰成分从中心成分中呈现",有一部分指的就是定中型偏正式双音节词。其呈现方式是原词作为体词性的中心概念被保留,隐含的修饰限制性成分(包括领属性概念和描写性概念两种)在词首呈现出来。如:

臂→手臂;波→水波;发→头发;泪→眼泪;叶→树叶;指→手指

金→黄金;矛→长矛;象→大象;月→明月;地→大地;银→白银

对于汉语中从概念"隐含"到概念"呈现"的现象,蒋绍愚(2011)也曾指明,古汉语由一个词表达的概念,现代汉语可以由两个词的语法组合来实现。如"吃饭、穿衣",古汉语用"食、衣"来表示,也就是用包含在一个词的语义构成中的方式来表达。这当属于胡文中所言的第二种类别中的"对象从动作中呈现"。

其实,汉语中从概念"隐含"到概念"呈现"的类别,并非只限于胡文所划分的这三类,起码还应有一类,这就是属概念从种概念中呈现。其呈现的方式是原种概念作为构词成分保留,隐含的属概念呈现出来。细加分辨,种概念的保留方式主要是作为词首与属概念组合。如;

松→松树;杨→杨树;鲤→鲤鱼;鳄→鳄鱼;菊→菊花;梅→梅花

糯→糯米;蒲→蒲草;芹→芹菜;茼→茼蒿、豇→豇豆;淮→淮河

羔→羔羊;枭→枭鸟;羔→羔羊;蚜→蚜虫;舅→舅父;姨→姨母

或存的另一种方式是置于词末与属概念组合,如:

茅→草茅;濮→城濮;献→城献;蝗→虫蝗;犊→禽犊

但由于"大名冠小名"组合在秦汉两代走向消亡,所以从概念"隐含"到概念"呈现"也受到抑制。

---

① 这种情况,葛本仪(2014)认为是动态应用中词义的具体事务对应性的性质的显现,这里的"树""花"和"酒",不仅可以表一种,还可以表一棵、一朵、一种。

关于汉语词从概念"隐含"到"呈现"的产生时间,胡敕瑞认为是中古汉语词汇发生的重大变化。不过就我们对种属概念词的观察,此种现象从上古就开始产生了。正如上文所阐明,王力(2003)在列举上古汉语里有一些双音词是由短语凝固而来时,就举有"凤鸟""匏瓜"这样的"小类名加大类名"例子。

2.2.2 汉语词法、句法的结构规则具有一致性

汉语语法有一鲜明的特点,词法、句法的结构规则具有一致性,即"词、短语和句子的结构原则基本一致"(黄伯荣,廖序东 2007)[8]。① "松树"类种属概念词在短语层面也可以找到相对应的同位结构形式,且都只限于名词性成分。同位短语"多由两项组成,前项和后项的词语不同,所指是同一事物。前(项)后项共作一个成分,因前后语法地位相同,故名同位短语;又因前后项有互相说明的复指关系,故又叫复指短语"(黄伯荣,廖序东 2007[48];2017[49])。② 同位结构包含多种类别,AB 表现为种属类关系的是其中重要的一类。如:

(8) 山东省、青岛市、长岛县、罗湖区、城关镇

(9) 北京首都、青岛地区、滨州地区、深圳特区

(10) 李鹏教授、李群书记、夏耕市长、雷洪部长

(11) 王伟先生、陈红小姐、大李师傅、刘华老师

(12) 五一劳动节、八一建军节、十一国庆节、五四青年节

例(8)、例(9)类同位结构表示地域名称,A 项表示地名, B 项从行政区划来加以称说;例(10)、例(11)类同位结构表示对人的称谓,A 项表示人名, B 项从职务、职称、关系等角度加以指明。例(12)类同位结构表示节假日、运动等,A 项表示时间,B 项从其性质加以说明。

由句法上的种属同位关系,我们也可以反证"松树"类种属概念词应归为同位结构,特别是表达同一或同类事物的不同称说方式,更具有一定的说服力。如"浔城——浔阳城——浔阳区""京城——北京城——北京市""歙

① 虽然说汉语中"造词与造句不能等量齐观"(董为光,2009),但两者之间存有一致性,则是不可否认的。

② 事实上,与短语层面的方位短语、介词短语相呼应,汉语的词法层面也存有方位式(如"皇上、乡下、城里、镇上、天上、生前、产后、震中")、介词式(如"从前、从头、从来")等结构形式。前者周荐(2005)[143]把它归入"定中格"。

县——长岛县”“中秋节——三八妇女节”①。有意思的是,在当今的媒体语言中还出现了“马云爸爸”这样的表达形式,如:“王思聪老公手撕马云爸爸。”且“马云爸爸”还可以缩略成“马爸爸”,如:“马云在现场还被人叫马爸爸。”由“马云爸爸”到“马爸爸”,我们也可以看出,种属概念关系是贯穿于词与短语之中的,在词与短语的界限问题上有时难以绝然划清②。“王妈——王妈妈——王芳妈妈”“陈老、赵妈、梅姨、芳嫂——陈老总、赵妈妈、梅阿姨、芳芳嫂”的共现,也同样说明了这一问题。

目前现代汉语语法研究的问题在于:(1)囿于汉语各研究领域分野的限制,在无意中割裂了词法与句法上的这种联系性,把同表种属概念的结构分而视之,词法上归属于偏正,句法上归属于同位,这种双重多元标准的采用是不科学的,无助于汉语语法结构全貌的揭示。特别是构词法在语言学研究的归属上,不少人主张应归属于词汇学,就更加剧了这种分裂。(2)限于现代汉语语法的共时描写,看不到种属概念词由简单到复杂(由单音节词双音节化或双音节词多音节化)的生成过程,单层面、静态地看问题,缺少历时、动态的探询眼光,因而也限制了其解释力。

细加分析,表种属关系的同位短语包含有两种类型,一是“种+属”式,以上所述同位短语均属此种类型。一种是“属+种”式,如:

(13)班长张辉、市长李群、部长雷洪

(14)首都北京、故乡蓬莱、电视剧《长征》

(15)日本研究地震第一人松田时彦、小人物李天明

事实上,在词法层面也同样存有“种+属”“属+种”两种类型。这种语序上所存有的共性,也说明两者之间的联系性。邢公畹(2000)[362-365]曾对汉台语③构词法做过比较,指出:“就以上所举的例子看,我们知道汉台两语中

---

① 邢公畹(2000)[358]就把“北京城、中秋节、端午节”视作为词。

② “马爸爸”还可以缩略为“马爸”。在举国抗击“新冠肺炎”疫情的当下,以其言论之真实、专业而备受上海人信赖的网红专家、上海华山医院感染科主任张文宏大夫,就被网友们亲切地称为“华山张爸”“张爸”。如:“对于大家目前所关心的问题,‘华山张爸’在最新采访中这样说……”“那么‘张爸’的预测是啥?”由此也可以看出,“马爸爸”的出现并非个例。

③ “台语”指侗台语群而言,“是一个广义的说法”,是汉藏语系的分支(邢公畹2000)[340]。

都有用一个成分表大名、用另一个成分表小名的构词方法；所不同的地方，不过是汉语先出小名，后面出大名；台语则先出大名，后出小名罢了。这个方法（选择法）不但用之于构词法，而且用之于汉语的造字法。”但他同时又花大的篇幅，着力指明汉语中也存有“大名冠小名”的现象，以此证明汉语和台语“在原始汉台语（Primitive Sino-Tai）的推测中”具有“同源关系”：“如《礼记》言‘鱼鲔’，鱼其大名，鲔其小名也。《左传》言‘鸟乌’，鸟其大名，乌其小名也。《孟子》言‘草芥’，草其大名，芥其小名也。《荀子》言‘禽犊’，禽其大名，犊其小名也。皆其例也。”

2.2.3 前人在此问题上的有益探索与启示

如果把种属概念词归入定中型偏正式，简单是简单，但易于忽略其特性，不便于对汉语词语结构的深入、全面认识。事实上，对于种属概念词结构上有别于定中型偏正式的特性，不少论著已注意到此，由此给我们以很多有益的启示。如“巧克力糖”与“咖啡壶”在黄伯荣、廖序东（2017）[204]《现代汉语》中是分而视之的。前者“巧克力糖”教材视为一个词，而与之配套的二维码小测验题的标准答案里却把“咖啡壶”视为两个词。之所以如此处理，是有一定的理据性的，因为“巧克力糖”与“咖啡壶”虽表面结构相同，实则存异，黄廖本教材看到了其两者之间的差异性。“巧克力糖”去掉“糖”字，“巧克力”仍可成立，指的还是“巧克力糖”；而“咖啡壶”则不同，去掉“壶”，“咖啡”虽可成立，但所指并非“咖啡壶”。“巧克力糖”按黄廖本词汇观，属于外来词，我们将在后文中论及。

邢公畹（2000）[358-359]从汉外对比的角度，对“松树”类种属概念词内部的结构关系有进一步的阐释，认为“它的前一成分跟后一成分之间的关系，如果把它说成是一种限制，倒不如把它说成一种选择——前一成分从后一成分的大范围中选择一个较小的范围。譬如‘树’‘菜’‘花’‘鸟’等都是大范围，而其各自的小范围则有‘梧桐’‘茴香’‘海棠’‘子归’等”；以此区别于前一成分跟后一成分之间的关系是限制关系的“偏正式实词性的‘复词’（compound）”。这种不同的处理与揭示都给我们以很好的启迪。

董为光（2009）对种属概念词内部的语法结构关系则明确提出“同位式”的观点，但他的“同位式”范围过于宽泛，把汉语复合词结构分析中的所有“疑难问题”都用同位式来解释，这是我们不敢苟同的。不过他所提出的“兼顾造词法与构词法的复合词结构体系”的研究思路值得充分肯定。构词法虽不同于造词法,但构词法的确认应以了解造词法为基础,如此汉语词内部的结构关系的辨析才会更加清晰、准确。同时,造词法视角的介入,可以使以往共时平面上的联合式、偏正式、主谓式、动宾式等内容,具有更为丰富的内涵,视域更广阔,因而也就更具本真,很多能体现汉民族文化的要素也都清晰可见。从某种意义上说,造词法之于构词法是一种激活,是一种更好的展现。①

语言理论的价值在于它解决实际问题所具有的功效。一种观点的提出是否科学,要看它对语言事实的解释力有多大。较之于其他诸种观点,我们认为"松树"类种属概念词归属于同位式,其解释力更强,更切合汉语的实际,这样既照顾到了其词语生成特性,也使词法、句法结构规则上下贯通,一以贯之,不存有矛盾、不周延之处。

三、种属概念构词是外来词借入的重要方式

种属概念构词不仅是汉语词汇复音化的重要手段,同时也是外来词借入的重要方式。汉语中很多外来词就是由此而产生的。在汉语外来词的借入方式中,就存有一类"音译加意译外来词",即"整个词音译之后,外加一个表示义类的汉语语素"(黄伯荣,廖序东 2007[263];2017[246])。在黄廖本教材中举有以下例证:

卡车、卡介苗、沙皇、芭蕾舞、香槟酒、桑拿浴、沙丁鱼、啤酒

这类外来词构成的逻辑语义基础仍是"从属关系",前后成分之间表现为种与属的联系。胡明扬(2000)就认为"在音译形式上面加上一个意译的成分",是"对所表示的事物的类属做出说明"。葛本仪(1985[58];2014[74])在论述种属概念词的例举里就举有"吉普车、芭蕾舞、桑拿浴、比萨饼"的例子。②

在汉语中,由此构成的外来词有很多。正如叶蜚声、徐通锵(2011)所指

---

① 对此,李宇明(2019)也指出:"如此说来,把造词法纳入到词法范畴是有积极意义的,这样可以更好地解释词义,更加深入地分析词语内部的语义关系和语法关系,可以更深入地探讨词语的构成。"

② 陆志韦(1990)[313]也论及外来借词"卡车""碘酒""吉普车""霓虹灯""高尔夫球"等,但他仍把它们视之为"偏正格的名词"。

出的:“汉语中有相当一部分这种类型的借词。”①以下例子均摘录自高名凯、刘正埮(1958),高名凯 、刘正埮、麦永乾、史有为(1984),史有为(2004),史有为(2019)等著作:

卡片(card)、毡酒(gin)、恤衫(shirt)

夹克衫(jacket)、乒乓球(ping-pang)、加农炮(cannon)

泡打粉(powder)、托利党(Tory)、辉格党(Whig)

纳粹党(Nazi)、派克笔(Parker)、汉堡包(Hamburger)

吉普车(jeep)、别克车(buick)、白脱油(butter)

比萨饼(pizza)、艾滋病(AIDS)、卡宾枪(carbine)

踢踏舞(tittup)、伦巴舞(rumba)、探戈舞(tango)

太妃糖(toffee)、威化饼(waffle)、碧根果(pecan)

曷生派(Essene)、来福枪(rifle)、坦克车(tank)

爵士乐(jazz)、雪茄烟(cigar)、朗姆酒(rum)

法兰绒(flannel)、毛瑟枪(Mauser)、暹罗国(Siam)②

高尔夫球(golf)、拉力赛(rally)、拖拉机(трактор)(俄)

乌冬面(うどん)(日)、华尔兹舞(waltz)、尼微拉党(leveller)

克里苏油(cresote)、白兰地酒(brandy)、威士忌酒(whisky)

巧克力糖(chocolate)、布鲁氏菌(Brucella)、沃克须更气(oxygen)

法兰西斯党(Franciste)、克勒特复兴运动(Celtic Revival)

在现实语言交际中,由此构成的语言现象还有很多,可以说这是一种重要的汉语借词方式,只要音译表义不够显明,为增加其区别性,就可以如此组织,让人一见而可以知其意,但也都只限于表指称的名词性成分:

泰坦尼克号(电影名):“泰坦尼克”是英语 Titanic 的音译,“号”是音译后加上的表示义类的成分。

阿尔卑斯山:“阿尔卑斯”是英语 Alps 的音译,“山”是音译后加上的表示义类的成分。

三明治快餐:“三明治”是 sandwich 的音译,“快餐”是音译后加上的表示义类的成分。

---

① 并举例有“啤酒”“卡车”“卡片”“法兰绒”“拖拉机”“哈巴狗”。

② 邢公畹(2000)[358]也把“暹罗国”视作为种属概念词。

可口可乐饮料:“可口可乐”是英语(coca-cola)的音译,“饮料”是音译后加上的表示义类的成分。

卡布奇诺咖啡:“卡布奇诺”是英语cappuccino的音译,“咖啡”是音译后加上的表示义类的成分。

提拉米苏甜点:“提拉米苏”是英语Tiramisu的音译,“甜点”是音译后加上的表示义类的成分。

西米露甜品:“西米露”是Slimilu的音译,“甜品”是音译后加上的表示义类的成分。

开市客超市:“开市客”是英语Costco的音译,“超市”是音译后加上的表示义类的成分。①

宜家家居:“宜家”是IKEA的音译,“家居”是音译后加上的表示义类的成分。

迪卡侬运动超市:“迪卡侬”是Decathlon的音译,“运动超市”是音译后加上的表示义类的成分。

飞科剃须刀:“飞科”是英语Flyco的音译,“剃须刀”是音译后加上的表示义类的成分。

凯迪拉克汽车:“凯迪拉克”是Cadillac的音译,“汽车”是音译后加上的表示义类的成分。

欧佩克石油输出国组织:“欧佩克”是OPEC(Organization of Petroleum Exporting Countries)的音译,“石油输出国组织”是音译后加上的表示义类的成分。

从音节上看,这些“音译加意译外来词”有两个音节、三个音节、四个音节、五个音节、六个音节、七个音节甚至是十个音节。② 这就存有一个其语法

① 值得注意的是,在网络上“开市客超市”还可直接表述为“Costco超市”。无独有偶,史有为(2019)《新华外来词词典》还收录有“AA制”(AA是英语All Apart的缩略)。这说明,字母词也可以是音译加意译外来词语构成的一部分。

② “王力曾经指出:‘大多数的复音词是由英语翻译而来的。’(王1943—1944下)又说:‘数千年来,中国语虽颇有复音的倾向,然而复音词毕竟不多。近代有了后符号‘儿’‘子’‘头’等,复音词是比古代多了许多;但如果比之欧化后的复音词,仍然望尘莫及。’(王1944—1945下,268)”(潘文国,叶步青,韩洋 2004)[11]关于这一点,由“音译加意译外来词”也可得以证明。

单位的归属问题,因为简单把它们全部视之为词,显然不妥。目前人们在对词与短语进行划分时,这些"音译加意译外来词"并没有进入人们的视野,由此形成词与短语划分上的盲区。双音节、三音节的,把它们视作为词,没有问题;四个音节、五个音节的,也还可以视之为词;但六个音节、七个音节甚至是十个音节的,特别是音译后外加的表示义类的是双音节、三音节、四音节、七个音节的独立运用的一个词或几个词,如"三明治快餐""可口可乐饮料""卡布奇诺咖啡""飞科剃须刀""迪卡侬运动超市""克勒特复兴运动""欧佩克石油输出国组织",就很难把它们再视之为词了。黄伯荣、廖序东(2012[251];2017[246])也敏锐地观察到这一现象,他们指出:"在音译词之后加上表示义类的汉语词也属此类。例如'丁克家庭'(或称'丁克夫妻'),'丁克'(DINK)是英 double income no kids 的音译缩写。意思是'双倍收入,不要孩子','家庭'是后加的汉语词。"不过,它们从另一个视角再度说明,种属概念关系是贯穿于汉语词与短语之中的,汉语词法、句法的结构规则具有渗透性(戚晓杰 2011)。

另外,现今现代汉语语法对外来词结构上的关注,往往只限于音译外来词,认为是单纯词,至于其他类型外来词的结构关系如何,则往往避而不谈,由此产生模糊。可喜的是,词汇学、汉语史等著作都关注于此。由以上语言现象分析,我们也可以看出,"音译加意译外来词"——如果是一个词的话,也是由两个语素构成的,它们应归属于复合式合成词,而非单纯词。

音译加意译外来词语有一个有意思的现象,双音节的不能脱离义类语素而独立,如"卡片、啤酒"不能说成"卡、啤",这与汉语词的双音节化倾向密切相关。至于三个音节以上的,有的可以,如"香槟酒、坦克车、白兰地酒、威士忌酒、可口可乐饮料"可以说成"香槟、坦克、白兰地、威士忌、可口可乐";有的则不可以,如"卡宾枪、沙丁鱼、布鲁氏菌、克勒特复兴运动",就不能说成"卡宾、沙丁、布鲁氏、克勒特复兴"。之所以如此,细加探究,我们发现这与其使用频率有关,熟知的程度越高,其脱离义类独立运用的可能性就越大,反之,亦然。可见,使用频率对于汉语的组织结构,起着重要的作用。

值得注意的是,有的音译加意译外来词语,来自少数民族语言。可见,种属概念组合也是少数民族外来词借入的重要方式。如:

乌鲁木齐市:"乌鲁木齐"是维语的音译,意为"优美的牧场","市"是音译后加上的表示义类的成分。"乌鲁木齐市",可简称"乌市"。

呼和浩特市:“呼和浩特”是蒙古语的音译,意为“青色的城”,“市”是音译后加上的表示义类的成分。“呼和浩特市”简称“呼市”。

齐齐哈尔市:“齐齐哈尔”是达斡尔语的音译,意思是“边疆”或“生态牧场”,“市”是音译后加上的表示义类的成分。

有时,这种来自少数民族语言的音译加意译外来词语,其表示义类的成分是否出现,带有一种陌生化的语感,可以成为一种可供选择的修辞手段,根据上下文加以调配,显示了汉语运用的弹性特征。如“布达拉宫”一般不脱离“宫”而独立存在,但随着“布达拉宫”知名度的提高,有时“布达拉”也可以独立运用,与“布达拉宫”前后共现:

(16) 回到拉萨,回到了布达拉
回到拉萨,回到了布达拉宫
在雅鲁藏布江把我的心洗清,在雪山之巅把我的魂唤醒
爬过了唐古拉山遇见了雪莲花,牵着我的手儿我们回到了她的家
你根本不用担心太多的问题,她会教你如何找到你自己(歌曲《回到拉萨》)

以上所述音译加意译外来词语内部的种属概念关系,实质上也是一种同位关系。“同位”又称“复指”。周荐(2005)[75、76]在论述此类现象时,就曾用“复指”来表明其前后部分的关系:“外语中的某个词本就指某种事物对象,汉语把该外语词译借进来时另加汉语语素复指(着重号为引者所加)这一事物对象。如‘塔那格拉’源于新拉丁语 Tanagra,本就指产于拉丁美洲的一种羽毛艳丽的小鸣鸟,汉语将‘塔那格拉’借进时另加‘雀’指明,构成了‘塔那格拉雀’这样一个半外来词。”“同类的例子如‘啤酒’的‘啤’、‘卡车’的‘卡’、‘酒吧’的‘吧’、‘沙皇’的‘沙’,都是这种外来的黏着语素。”这表明,周荐(2005)[127]在有意无意中,也看到了“音译加意译外来词”这种种属概念词内部的同位特性。但他把汉语固有的“松树”类种属概念词仍视为“小类名+大类名”的定中型偏正式,这种把种属概念关系分而视之的对待方式是不足取的。

四、结　语

由以上分析可见,种属概念组构是汉语词语构成及其外来词借入的一

种重要方式，种属概念词有着不同于定中型偏正式的特性，理应独立一类，归为同位式。此种发现正是基于词汇学、汉语史研究的启迪，汉语语法研究应与词汇学研究、汉语史研究紧密结合，相互沟通，不仅包括研究对象、研究方法的沟通，还包括研究成果的沟通。如此，我们的汉语语法研究才会更加深入、全面、切实，避免学术偏见。“语言作为一种交际工具的整体，它是由许多部分，也就是说它是由许多子系统构成的，这些子系统结合在一起，相互联系，相互制约，共同构成了语言的整体。所以分析语言内部各个部分的关系，观察研究它们之间的联系和补充作用，是一个非常值得探讨的问题。”(葛本仪 2005)[106]汉语各领域的沟通研究对于认知汉语的本质特性，揭示汉语的本真面貌，有着重要意义。

参考文献

陈长书(2013)试论汉语种属型复合词的结构特点和规律，《现代中国语研究》。

陈光磊(2001)《汉语词法论》，上海：学林出版社：5。

董为光(2009)汉语复合词结构分析若干问题，《语言研究》第3期：95。

高名凯，刘正埮(1958)《现代汉语外来词研究》，北京：文字改革出版社。

——，——，麦永乾，等(1984)《汉语外来词词典》，上海：上海辞书出版社。

葛本仪(1985)《汉语词汇研究》，济南：山东教育出版社。

——(2005)谈词汇和语法的相互依存关系，载戚晓杰等编，《汉语教学与研究文集》，北京：高等教育出版社。

——(2014)《现代汉语词汇学》，北京：商务印书馆。

黄伯荣，廖序东(2007,2012,2017)《现代汉语》，北京：高等教育出版社。

胡明扬(2000)《语言学概论》，北京：语文出版社：298。

胡敕瑞(2005)从隐含到呈现(上)，载北京大学汉语语言学研究中心《语言学论丛》编委会编，《语言学论丛》第三十一辑，北京：商务印书馆。

蒋绍愚(2011)词汇、语法和认知的表达，《语言文字学》第10期：33-38。

李宇明(2019)汉语的词法可以更丰富些，载崔应贤，《汉语构词的历史考察与阐释》，北京：新华出版社。

陆志韦(1990)《陆志韦语言学著作集》，北京：中华书局。

潘文国，叶步青，韩　洋(2004)《汉语的构词法研究》，上海：华东师范大学出版社。

戚晓杰(2011)谈汉语句式结构的层面渗透——以《醒世姻缘传》中的两种基本句式为例，《古汉语研究》第1期。

史有为(2004)外来词——异文化的使者，上海：上海辞书出版社。

——(2019)新华外来词词典,北京:商务印书馆。

王灿龙(2011)句法组合中单双音节选择的认知解释,载中国语文杂志社编,《语法研究与探索》精选集,北京:商务印书馆:576-579

王　力(1980)《汉语史稿》中册,北京:中华书局。

——(2003)《汉语语法史》,北京:商务印书馆:174、177。

武占坤,王　勤(1983)《现代汉语词汇研究》,包头:内蒙古人民出版社:96-97。

邢公畹(2000)汉台语构词法的一个比较研究——大名冠小名,载邢公畹,《邢公畹语言学论文集》,北京:商务印书馆。

向　熹(1983)《简明汉语史》(上),北京:中华书局:405-406。

叶蜚声,徐通锵(2011)《语言学纲要》,北京:北京大学出版社:210。

周　荐(2005)《汉语词汇结构论》,上海:上海辞书出版社。

《普通逻辑》编写组(1979)《普通逻辑》,上海:上海人民出版社。

(戚晓杰　266071　山东,青岛大学文学院　sdqixiaojie@126.com;
姜维枫　250002　济南,山东社会科学院文化研究所　641795133@qq.com)

基于形义关系的现代汉语单双音节拟声词分类研究

郑泽芝　徐　铂

提要　拟声词的形式与意义存在一定联系，因而其分类可将形式与意义结合起来。文章以《现代汉语词典》第7版中收录的单双音节拟声词为研究对象，根据词典释义从发声事物、声音特征与动作变化三个拟声词的语义描写维度将拟声词划分为直接模拟外界声音的单纯拟声词、同时体现声音特征与动作变化特征的复合特征拟声词与仅体现声音特征的声音特征拟声词。结合形式标准，文章将单双音节拟声词进一步区分为A式直接拟声词、A式声音特征拟声词、A式复合特征拟声词、AA式直接拟声词、AA式声音特征拟声词、AA式复合特征拟声词、AB式直接拟声词、AB式声音特征拟声词、AB式复合特征拟声词九类，根据结构义的不同，又将AB式复合特征拟声词分为表动态与表描述两类，并结合词例分别讨论了各类拟声词的表义特点、结构特点与形义关系。

关键词　拟声词；分类；形义关系；现代汉语；释义

一、引　言

拟声词用来模拟自然界的声音，单音节和双音节的拟声词都可以重叠，拟声词可以单独使用，在句中主要做状语，还可以做谓语、补语和定语。《现代汉语通论》第三版这样描述拟声词。但这仅是一种关于拟声词的概要性认识，仍有一些问题值得进一步考察。

如何理解"模拟"？用"阿嚏"形容打喷嚏的声音与用"咕叽"形容小声交谈或自言自语，采用了不同的拟声策略，前者被模拟的声音有着较高的音响辨识度，因此可以直接模拟，后者被模拟的声音则辨识度较低，只能根据其音响特征——声音小而模糊,选取两个有代表性的音节概要性模拟,严格来说这是人们在音响特征认识基础上的一种建构。显然"模拟"是个宽泛的概念,值得进一步讨论。

如何认识"重叠"?并非所有拟声词都能重叠,如不可重叠使用"喃喃"形容连续不断地小声说话的声音,因为"喃喃"已经形容词化。该词为什么可以形容词化?它具备怎样的特征?就可以重叠的拟声词来说,为什么同样形容撞击的声音"吧嗒"不可重叠为"吧吧嗒嗒"而"滴答"可以重叠为"滴滴答答",其后有无规律可循?

如何解释拟声词的句法分布?通常拟声词可以单独使用,但形容词化的拟声词就不可以单独使用,如不可说"潺潺,泉水流淌不止";同样形容流水的"哗啦"则可以单独使用,如"哗啦哗啦水流个不停"。显然两个拟声词具有不同的特征。

孟琮(1983)指出拟声词是人们用自己的发音器官直接摹仿外界的声音而构成的,因此其语音形式具有一定的客观基础。形式与意义之间存在一定的联系而非完全约定俗成,这是拟声词区别于其他词类的特点。因此,有必要从形式对意义的实现角度讨论上述问题。

现有研究多从单一角度描写与分析拟声词。或从形式入手,或关注意义以及句法功能。如邵敬敏(1981)根据拟声词的内部结构将其分为单音节及其重叠式、双音节及其重叠式与双音节的重叠变式三类;孟琮(1983)根据语音结构将拟声词分为 A 式、AB 式、ABCD 式,又根据意义(声源角度)将其分为普通拟声词、动物鸣声及特殊模拟声、吆喝动物声三类;张静(1957)根据意义(声音特征角度)将拟声词分为单音、连续音、混杂音、节奏音四种;哈森(2002)根据句法功能将拟声词划分为形容词性拟声词与动词性拟声词两种等。

基于拟声词形义关联特性,可将形式与意义结合起来进行拟声词分类。据储泰松(2012)统计,《现代汉语词典》第 6 版中不论是否考虑异体形式,单、双音节拟声词均占 93% 以上,而三、四音节的拟声词数量极少。因此,文章聚焦单、双音节拟声词,统计《现代汉语词典》第 7 版(以下简称《现汉》)中标记有[拟声]的单、双音节拟声词义项。由于语音的发展与衍变,有些拟声词已不可拟声,排除标记有〈书〉的拟声词义项,并将异体形式拟声词义项归并为一个统计项目,得到 179 条拟声词义项;将它们作为考察对象,进行语义分类,再结合形式进一步讨论各类拟声词的形义关联规律。

二、现代汉语拟声词语义描写维度与分类

现代汉语拟声词拟声的依据是什么？换言之,具体有哪些描写声音的角度？这些问题可以通过分析《现汉》拟声词的释义尝试解答。

袁明军(2007)将《现汉》拟声词的释义模式归为八类：发声事物 + 声音、动作变化 + 声音、声音特征 + 声音、发生事物 + 动作变化 + 声音、声音特征 + 动作变化 + 声音、声音特征 + 发声事物 + 声音、发声事物 + 声音特征 + 动作变化 + 声音、其他①。

从这八种释义模式可以看出,拟声词主要围绕发声事物(声音从哪里来)、声音特征(声音是怎样的)和动作变化(声音如何产生)三个维度描写声音,以下分别从这三个维度考察拟声词的特点并进行语义分类。

2.1 拟声词的语义描写维度

以发声事物为焦点描写声音的拟声词如门铃声"叮咚",犬吠声"汪",羊叫声"咩"等。由于拟声词模拟声音的对象丰富多样,具有"多能性"(马庆株 1987),只有当声音本身具有极高的辨识度、简单且易于模仿,声音与发声事物具有单一稳定的联系时才适合以该方法来描写,这类声音易于模拟与分辨,但是这种直接模拟外界声音、多能性不鲜明的拟声词在现代汉语拟声词中占比很小。

受到人类听觉、发音器官以及族语音系的限制,拟声词模拟的声音并非对应单一声音,如"轰隆"既可描写雷声,亦能描写大车声、发动机轰鸣声、建筑倒塌声等多种声音,简言之,是一类具有大、重、沉闷特征的声音。这里的拟声不再是对声音的直接模拟,而是基于人们对声音特征认识的建构,即对听到的声音根据特征先进行归类再进行模拟。能被人识别的声音特征包括高低、快慢、长短、轻重等,如描写响亮的声音"铿",描写尖细的声音"吱",描

① 袁明军(2007)《〈现代汉语词典〉里的拟声词》一文总结的拟声词第八种释义模式"其他类"以"噗噜噜"一词为例,其释义为"形容泪珠等一个劲儿地往下掉",我们认为这也可归入文中释义模式的第七类"发音事物 + 声音特征 + 动作变化 + 声音",该例在《现汉》释义中省略了"的声音",但并不影响释义内容的划类。

写轻微的风、雨、雪等的声音“淅淅”等。这类以声音特征为焦点的拟声词多能性最强,对应多种声音,模拟具有相同声音特征的一类声音。

可以直接模拟的声音太少,声音特征模拟的声音又不够精细,生动的汉语需要一种兼顾精确性与概括性的拟声手段,如从同一高度向下掷铁球与铁饼,其声音都短暂明亮,这时引入动作变化特征就能更精确地拟声,用“嗒”模拟掷铁球的点撞击声,用“啪”模拟掷铁饼的面撞击声。可以看到,这类拟声词同时体现了动作变化特征与声音特征,如敲打木头的声音“梆”,声母表示声音源自撞击,韵母则表现声音明亮的特征。该类拟声词多能性弱于声音特征为焦点的拟声词,但表义更加明确,显著增强了拟声词的生动程度。

2.2 拟声词的语义分类

分析拟声词的三个语义描写维度,首先可将拟声词从语义上分为直接拟声与特征拟声两类,再将特征拟声类分为同时体现声音特征与动作变化特征的复合拟声与仅体现声音特征的声音特征拟声,如图1所示:

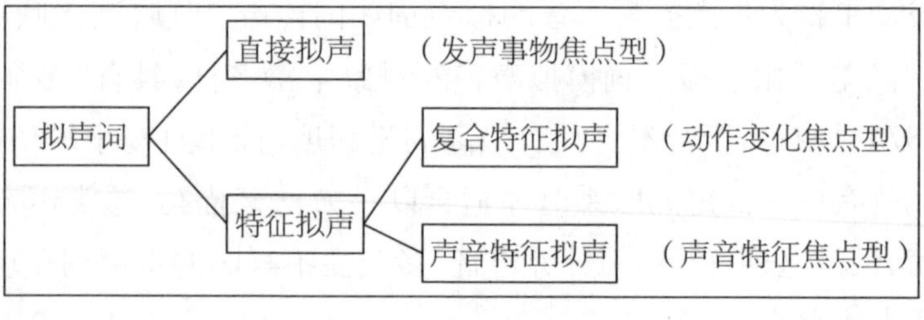

图1 拟声词的语义分类

图1中以发声事物为描写焦点的直接拟声词主要特点有三:(1)拟声词与发声事物之间直接对应;(2)无法确定被模拟声音的声源特征,即无法确定声音是由哪种动作变化产生的;(3)难以概括声音特征。直接拟声词的本质属性是模拟,其语音形式与意义之间的联系是直接的,客观性较强,往往体现出人类语言的普遍性,如不同语言对猫叫(汉语“喵”—英语 miaow)、犬吠(汉语“汪”—日语ワンワン/uan uan)等声音的摹写大致是相似的。与直接拟声相对,特征拟声词的本质属性是建构,其语音形式与意义之间的联系需要经过归类,主观性较强,往往体现出民族特色。

综上,直接拟声将自然界声音中辨识性最强的声音直接模拟出来,声音特征拟声则通过对声音特征抽象概括的方式将一些本不可模拟的声音纳入拟声词的拟音范围当中，复合特征拟声在声音特征拟声的基础上进一步引入声源特征，提高了拟声的精确度并为拟声词形成拟声词网络创造了条件。三类拟声词互为补充，编织起开放、动态的现代汉语拟声词系统。我们对纳入统计的179条单双音节拟声词义项从形义关系的角度逐条标注得到统计结果，整理如表1所示：

表1　基于形义关系的AB式拟声词分类统计表

直接拟声词	A式直接拟声词	11(6.15%)	18(10.06%)
	AA式直接拟声词	5(2.79%)	
	AB式直接拟声词	2(1.12%)	
声音特征拟声词	A式声音特征拟声词	24(13.41%)	63(35.20%)
	AA式声音特征拟声词	24(13.41%)	
	AB式声音特征拟声词	15(8.38%)	
复合特征拟声词	A式复合特征拟声词	39(21.79%)	98(54.75%)
	AA式复合特征拟声词	13(7.26%)	
	AB式复合特征拟声词	46(25.70%)	

可以看到，现代汉语单双音节拟声词中，最常采用的拟声词生成策略即复合拟声策略，占比近半，该策略兼顾了能产性与精确性；声音特征拟声词亦有35.20%的占比，体现出现代汉语拟声词系统鲜明的抽象性，往往能够从各种具体的声音中提取出某种抽象音响特征，在此基础上进行拟声，扩展了拟声词的拟声边界；严格意义的直接拟声词占比仅10.06%，这是人类发音器官与听觉分辨能力及族语音系系统的限制性在拟声词生成策略上的体现，也进一步说明拟声的主要手段并非直接模拟，而是在对声音产生特征及声音音响特征认识与归类的基础上的建构。

三、单音节拟声词的分类

单音节拟声词结合语义标准分为A式直接拟声词、A式声音特征拟声词、A式复合特征拟声词三类。

3.1　A式直接拟声词

这类拟声词主要涉及动物具有区别性特征的叫声，如例(1)；或人因生

理原因发出的声音,如例(2):

(1) 叽(形容小鸡、小鸟等的叫声)　喵(形容猫叫的声音)
咩(形容羊叫的声音)　哞(形容牛叫的声音)
嗞(形容某些动物的叫声)　咕(形容母鸡、斑鸠等的叫声)
汪(形容狗叫的声音)　喔(形容公鸡叫的声音)

(2) 喀(形容呕吐、咳嗽等的声音)　哇(形容呕吐声)
哕(呕吐时嘴里发出的声音)

从上例中可以看出,A 式直接拟声词的发声事物大多是明确的,但声音的产生机制未知,且因声音本身具有特异性较难归类为一类声音。这类拟声词句法位置灵活,可以作为独立成分使用,可以任意重复而不受限制,如“喔”可重叠为“喔喔”“喔喔喔”“喔喔喔喔”等。应该注意的是,“喔喔”等形式为两个拟声词的连用,是非词成分,应与下文中双音节的 AA 式拟声词区别开来。

3.2　A 式声音特征拟声词

《现汉》中所收的此类拟声词数量较少,用一个音节模拟声音特征,往往能从声音中提取出形容词性语素,这个形素即为人们对相应声音的认识,见例(3)—例(4):

(3) 轰(形容打雷、放炮、爆炸等巨大的声音)　哄[1](形容许多人大笑声或喧哗声)
哄[2](许多人发出的声音)　訇(形容大声)

(4) 嘻(形容笑的声音)　嚯(形容笑声)
哈(形容笑声)

例(3)中“轰”“哄”“訇”选用同一个音节模拟“大”的声音,“大”为人们对打雷、放炮、爆炸、多人大笑、喧哗等声音归纳出来的共性认识,在这种认识基础上,人们将这类声音与同样具有沉重、响亮、大等声音特征的音节 hong[xuŋ]关联起来。

例(4)中“嘻”“嚯”“哈”三词在词典的释义中没有出现体现声音特征的形容词,但它们各自的区别性声音特征事实存在,“嘻”形容含蓄的轻笑、“嚯”形容沉重的低笑,“哈”形容响亮的大笑,这里的“轻”“低”“大”为声音特征。这三个词均用于描写笑声,而相互区别的声音特征赋予了它们存在的意义,并形成了表示笑声的拟声词集合。

3.3 A式复合特征拟声词

这类拟声词在单音节拟声词中占较大的比例，在一个音节内体现了人们对于声音如何产生以及声音特征的认识。通常声母与介音体现动作变化特征，韵腹和韵尾体现声音特征，见例(5)—例(9)：

(5) 叭(形容枪声) 啪(形容放枪、拍掌或东西撞击等的声音)

(6) 咚(形容敲鼓或敲门等的声音) 嗵(形容脚步声、心跳声等)

(7) 咣(形容撞击震动的声音) 哐(形容撞击震动的声音)

(8) 刺(形容撕裂声、摩擦声) 哧(形容笑声或撕裂声)

(9) 嗖(形容很快通过的声音) 唰(形容迅速擦过去的声音)
哗(形容撞击、水流等的声音)

例(5)"叭""啪"的声母分别为b[p]、p[p^h]，从发音方法来看属于塞音(爆破音)，与撞击、断裂、喷射、爆破等动作有相似性，从发音部位来看属于双唇音，唇面之间的接触适合模拟平面物间的撞击动作，又因双唇属于最靠外的发音器官，尤其适用于模拟喷射、发射的声音；二词韵母均为a[A]，[A]为低元音，具有响亮、短促的特点，独立做韵母时适于模拟响亮、短促的声音。

例(6)"咚""嗵"的声母分别为d[t]、t[t^h]，因属于塞音且为舌尖音，声音具有较明显的点撞击属性，尤其适用于模拟点面撞击音，由于发音器官最灵活、发音部位居中，舌尖塞音可模拟多类撞击、爆破类的声音；二词韵腹均为u[u]，韵尾为-ng[ŋ]，这里[u]为后高元音，发音时口腔封闭、声音靠后增强了声音的共鸣特征，[ŋ]为舌根浊塞音，靠后的发音位置增强并延续了共鸣的声音特征，适用于模拟具有沉重、延续特点的声音。

例(7)"咣""哐"的声母分别为g[k]、k[k^h]，属于舌根塞音，因成阻部位靠后，模拟爆破性声音不及舌尖塞音与双唇塞音，多适用于模拟震动类撞击声；这里二词介音为u[u]，与声母g、k配合，模拟震动声延长、保持的动作，其后的韵母ang[ɑŋ]模拟重而响亮的声音。

例(8)"刺""哧"的声母分别为c[ts]、ch[$tʂ^h$]，分别属于舌尖前塞擦音和舌尖后塞擦音，发音时气流从舌尖与上齿背或硬腭前部之间挤压出来，适用于模拟摩擦与撕裂的声音；二词的韵母-i[ɿ]、-i[ʅ]为舌尖元音，将声母的发音姿势保持下来，以体现摩擦、撕裂等动作的延续性。

例(9)“嗖”“唰”“哗”一组声母依次为舌尖前擦音 s[s]、舌尖后擦音 sh[ʂ]和舌根擦音 h[x],由于擦音阻塞小,发音时气流顺畅通过,适用于模拟快速流畅的运动产生的声音,其中[x]阻塞最小,尤为适用模拟气体吹刮或液体流动的声音;“嗖”的韵母为复元音 ou[ou],圆唇既体现了运动持续的特征,又体现了声音无阻塞的平滑的特征;“唰”“哗”的介音 u[u]体现了动作顺畅的特征,韵母 a[A]仍用作模拟具有响亮、短促特点的声音。

从以上分析可以看出,在本类拟声词中,声母、介音、韵母跟所摹仿的声音的种类有一定对应关系:辅音具有的阻塞特征为模拟声源特征创造了条件,而声音本身具有的长短、高低、强弱等特征则与韵母的元音属性相适应。这种对应主要基于音节排列顺序与声音前后顺序间的相似性:从声音的产生来看,动作变化在前而声音产生在后,在音节内部,表示动作变化特征的声母和介音在前而体现声音特征的韵母和韵尾在后。

四、双音节拟声词的分类

将语义分类标准引入双音节拟声词,可对应分出 AA 式声音特征拟声词、AA 式复合特征拟声词、AB 式单纯拟声词、AB 式声音特征拟声词、AB 式复合特征拟声词五类。虽然词典中收录了单纯拟声的 AA 式“嘎嘎”“呱呱”等,但我们认为这属于 A 式单纯拟声词的重叠用法,不属于词的范畴。同一语义类别中的拟声词,其形式区分主要体现为结构义的不同,以下将结合结构义讨论各类的特点。

4.1 AA 式直接拟声词

在统计中未发现严格意义上的 AA 式直接拟声词,自然界很少有某种具体的声音恰好可用两个相同的音节直接模拟。《现汉》中出现的“呱呱”(鸭子、青蛙等的响亮叫声)、“嘎嘎”(鸭子、大雁等叫的声音)仍可认为是单音节拟声词“呱”与“嘎”的重叠形式。因为这类拟声词常常重叠使用,具备了高频使用特征,故收入词典,除“呱呱”与“嘎嘎”外还包括“咯咯”(形容某些鸟的叫声)、“咪咪”(形容猫叫的声音)、“咴$_{儿}$咴$_{儿}$”(形容马叫的声音),其均属于生命体发音器官发出的声音,具有声源特征不可分析的特点。

4.2 AA 式声音特征拟声词

AA 式拟声词的双音结构具有表示连续与形象化的作用。表示连续是指拟声词所模拟的声音具有连续不可分割的特性。由于结构表示声音的连续性,AA 式拟声词不可拆分,不存在对应的 A 式拟声词,且无法进入"X 的一声"结构,但可以延长为 AAA 式、AAAA 式等。形象化是指拟声词所模拟的声音具有鲜明的特征。"就重叠而言,它新增加的内容还是强调"(谢自立,刘丹青 1995)"重叠式都带有明显的形象色彩,能直接诉诸听话人的形象思维,换取视、听、味、触等方面的印象"(石锓 2005)。AA 结构的意义即在于借由重叠将某种声音特征凸显、强调与形象化。

AA 式声音特征拟声词从结构上看,双音叠用的结构可模拟具有连续性特征的声音或用于加强声音特征的形象性;从意义上看,大多能从声音中提取出集中反映人们对声音认识的形容词性语素。如例(10)—例(11):

(10) 滚滚(快速而连贯的声音)　　喃喃(低声说话声)
　　 呲呲(细微而连续的声音)

(11) 啾啾(众鸟齐鸣声)　　索索(形容轻微的声音)
　　 隆隆(形容剧烈震动的声音)

例(10)中的"滚滚""喃喃""呲呲"模拟的声音均具有连续的特征,这种声音特征是由结构体现的,除此之外,"滚滚"的"快速"义、"喃喃"的"低沉"义、"呲呲"的"细微"义则由它们各自的音节体现出来。例(11)的"索索""隆隆"中分别可提取出"轻微""剧烈"的形容词性声音特征,这些声音特征通过 AA 结构得到了强化,"啾"音节本身模拟小鸟的叫声,而 AA 结构赋予了该词以"众多"的声音特征并强化了该特征。

4.3 AA 式复合特征拟声词

AA 式复合特征拟声词从结构上看,双音叠用的结构可模拟具有连续性特征的声音或用于加强声音特征的形象性;从意义上看,在一个音节内同时体现人们对于声音如何产生以及声音特征的认识。见例(12)—例(13):

(12) 辘辘(车轮等发出的声音)　突突(形容心跳、机器开动等的声音)

(13) 铿铿(铁器撞击声)　　沙沙(形容踩着沙子、飞沙击物或风吹草木等的声音)

例(12)中"辘辘""突突"模拟的车轮滚动、心跳、机器开动等声音均具有连续性,这种声音特征由 AA 结构体现,其中"辘辘"用气流直接从肺部流出几无阻碍的边音[l]模拟滚动的特征,用圆唇韵母 u[u]模拟车轮滚动时平滑、稳定、较为流畅的声音特征;"突突"用具有明显点撞击属性的声母 t[tʰ]

模拟跳动的特征,用后元音 u[u]模拟靠近内部的、低沉的声音特征。例(13)中“铿铿”用成阻部位靠后的舌根塞音 k[kʰ]模拟撞击的特征,用含有浊音韵尾后的韵母 eng[eŋ]模拟沉重的声音特征;“沙沙”用阻塞小、发音时气流顺畅的舌尖后擦音 sh[ʂ]模拟快速流畅的运动,用低元音韵母 a[A]模拟响亮、短促的声音特征,这些动作特征和声音特征又通过 AA 结构得到强化,使所模拟的声音更加形象。

4.4 AB 式直接拟声词

与单音节单纯拟声词类似,该类拟声词主要涉及具有区别性特征的动物叫声,如例(14)或人因生理原因发出的声音,如例(15),数量较少:

(14) 布谷(杜鹃鸟叫声)

(15) 阿嚏(形容打喷嚏的声音)

因这类拟声词直接模拟的特征,双音结构无意义,但紧密不可分割,其重叠式只能为不破坏结构的完全式重复 ABAB,而不能出现 AABB、ABB 式。

4.5 AB 式声音特征拟声词

AB 式拟声词的结构义较复杂,声音特征拟声词和复合特征拟声词的结构义不同。AB 式声音特征拟声词的结构表互补,A 与 B 两个音节多数情况下或为同声异韵或为同韵异声,即使在声韵均异的情况下,两者的声母与韵母也存在对立与近似关系,见下例:

(16) 啾唧(形容虫、鸟等细碎的叫声)　咿呀(形容小孩子学话的声音)

(17) 轰隆(形容雷声、爆炸声、机器声等)　淅沥(形容轻微的风声、雨声、落叶声)

(18) 呼啦(形容物体突然倒塌或人群迅速聚散等的声音)

例(16)中“啾唧”声母相同,“咿呀”为零声母词,二词韵母差异较大;例(17)中“轰隆”“淅沥”韵母相同,声母发音部位及方法均差异较大;例(18)中“呼啦”声韵均异,二音节的声母擦音[x]与边音[l]均为不带有明显阻塞的声音,此为近似关系,韵母分别为高元音[u]与低元音[A],舌位高低差异较大,此为对立关系。这里相同或近似之处用于体现声音的类别(用于描写一类声音),差异或对立之处则用于增强拟声词的概括性(用于划定一类声音的范围),如“咿呀”,两个音节的零声母形式描写的是小孩学话这一类声音(小孩学话基本从元音开始),韵母选用音位差异最大的一组[i]-[ɑ]来概括、限定小孩学话时可能发出的声音范围。

这类拟声词A与B两个音节地位相当、互为补充,因此其重叠形式的限制较少,大部分除可重叠为不破坏结构的ABAB之外,也可重叠为AABB式,若所模拟的声音具有延续性或重复性,还可形成ABB式重叠以强化延续、重复的声音特征。“AABB结构的语法意义在于描绘性与生动性”(李劲荣2004),“AABB重叠式对AB的语义选择是AB重叠后能使AA和BB均衡地承载AABB的整体语义信息”(任海波 2001),因此能否形成AABB式重叠也可以作为AB式声音特征拟声词的一种初步的形式验证手段。

4.6 AB式复合特征拟声词

AB式复合特征拟声词的结构义包括表动态与表描述两类。

4.6.1 表动态的AB式复合特征拟声词

这类拟声词数量最多。与A式复合特征拟声词用声母与介音模拟动作变化特征、韵腹和韵尾模拟声音特征不同,本类表动态的AB式复合特征拟声词主要用A音节描写动作变化特征,B音节描写声音特征,且多数情况下存在与其意义大致相同但动态性较弱的A式复合特征拟声词,AB结构本身赋予拟声词跳跃、动态的特征,如例(19):

(19) 但是他刚飞了进去,方孔上的小盖板就吧嗒一声盖上了,这样巴塔基就被关在了里面。(北京大学中国语言学研究中心CCL语料库-当代/翻译作品/文学/尼尔斯骑鹅旅行记)

(20) 我立刻把车钥匙插进去,锁打开了,这嗒的一声算是为我平反恢复名誉。(北京大学中国语言学研究中心CCL语料库-当代/报刊/作家文摘/1997/1997B)

两例中加着重号的“吧嗒”“嗒”均形容物体轻微撞击的声音,区别在于,“吧嗒”具有的叠韵形式,突出了两个音节跳跃形成的节奏感,体现了声源(撞击)的动态性。由于只有一个音节则“嗒”没有节奏,当然无法模拟声音的动态。

A音节描写动作变化特征,B音节描写声音特征,映射声音产生的时间顺序。以上两例中,“吧嗒”第一个音节的声母b[p]模拟了平面物体间的撞击,第二个音节的声母d[t]体现了声音的点顿性音响特征,两个音节的前后顺序与声源-声音的时间顺序相对应。这种功能分布的另一证据在于,如果认为A描写动作变化,B描写声音特征,属于视觉形象的动作变化(如撞击、摩擦等)与属于听觉形象的声音特征(如点顿音、柔和音、滑音等)相比更为凸显,凸显的特征一般描写得更为细致,而模糊的特征一般描写得较为粗略。那么,这类词前一音节声母的种类应多于后一音节声母的种类,这一点在我们对《现汉》中该类拟声词声母的统计中得到了验证。

声母相同的该类拟声词,其动态由韵母变化体现。冉启斌(2009)论及异韵拟声词时指出,讲汉语的人更可能先用亮度较大(音高感较高)的前、高元音模拟听觉比较敏感的高频声音,再用亮度较小(音高感较低)的低、后类元音模拟声音较低沉的部分。一般来说前一音节高频声音体现声源特征,后一音节低频声音体现声响、共鸣等持续性音响特征,在时间顺序上与声母的映射一致。需要注意的是,较之声母的质性映射,韵母基于音高、音响的映射是一种量性映射。

同声异韵、同韵异声、声韵均异的本类拟声词,由于其两个音节的地位并不相等、结构中的声韵地位也有所差异,因而重叠情况较为复杂,整理如表2所示:

表2　AB式复合特征拟声词可重叠形式对应表

类型	词例	可重叠形式	重叠式使用情况①
同声异韵	滴答、叮当、叮咚、噼啪、乒乓	ABAB AABB	AABB式重叠用法多于ABAB式重叠用法
同韵异声	吧嗒、嘎巴、咯噔、咕咚、呱嗒、咔吧、咔嚓、咔嗒、哐当、啪嚓、丁零、玎玲、当啷、哐啷、唰拉、哗啦、啪啦	ABAB (少部分可重叠为)AABB	"哗啦""啪啦"的ABAB式重叠用法多于AABB式重叠用法
声韵均异	吧唧、哧溜、咕叽、呼啦、扑哧、扑腾	ABAB	

如表2所示,表动态的AB式复合特征拟声词可重复为不破坏结构的完全式ABAB,其中同声异韵类基本可重叠为AABB式,由于声母相同,重叠后声母位置并未变化,位置改变的是韵母;同韵异声类大部分不能重叠为

① 这里依据北京语言大学BCC现代汉语语料库验证两种重叠形式的使用情况,其中"哗啦"ABAB式重叠式用例192条,AABB式重叠式用例61条,"啪啦"ABAB重叠式用例36条、AABB式重叠用例10条。

AABB 式,加着重号的两例可以重叠,其第二音节的声母均为 l[l],后文将详细论述;常见的声韵均异类则基本不能重叠为 AABB 式。我们推测本类词能否重叠为 AABB 式与声母位置是否改变有关,而韵母位置是否变化则对此类重叠不产生影响。这与前文所述声母在两个音节中往往用于模拟声响产生的性质、声音属性,而韵母主要用来模拟附加的量性属性(如轻重、响亮、长短、共鸣等)相呼应。正因为声母别性、韵母别量,才会使同声异韵、同韵异声与声韵均异的本类拟声词的重叠形式差异明显。

前文提到 AABB 结构具有赋予描绘性与增强生动性的语法意义,阚兴礼(2004)也指出该结构"既从横的方面表示声音的繁多,又从纵的方面表示声音的杂乱",由于该结构具有这种特别意义,AB 式特征拟声词重叠为 AABB 式较之 ABAB 式重叠就更有价值,使用频率也会更高。

在整理本类拟声词时,我们发现第二个音节声母为 l[l]的情况较多,同韵异声类中可进入 AABB 重叠式的两例第二个音节声母也均为 l[l],且这两例在实际使用中 ABAB 式重叠用法明显多于 AABB 式重叠用法。是否边音[l]具有某种特性,使它适合分布在双音节拟声词第二音节的声母位置?是否这个位置上的 l 意义丰富,可分出不同种类,由此造成了重叠规律复杂的情况?邵敬敏(1981)、朱德熙(1982)、马庆株(1987)、竺家宁(1995)、石毓智(1995)、王洪军(1999)、王晓君(2007)、应学凤(2012)等学者关注到拟声词中 l 的特殊性并讨论了前一个问题,冉启斌总结了相关研究并指出 l 是一个"柔音摹声附缀"(冉启斌 2012),我们在冉文的基础上对《现汉》中 l 出现在第二个音节声母位置的 AB 式双音节拟声词进行了考察分析,将该位置上 l 的功能概括为四种:(1) 摹声(声音特征)+附缀;(2) 摹声(声音特征);(3) 附缀;(4) 摹声①(动作特征)。表 2 中的个例"哗啦""啪啦"中第二个音节的声母 l 承担的功能为"摹声(声音特征)+附缀",若 l 只承担模拟声音

① 我们认为承担"摹声(声音特征)+附缀"功能的 l[l]分布于表动态的 AB 式复合特征拟声词中,多为特例,如"哗啦""啪啦",可重叠为 AABB 式,但实际使用中 AABB 式少于 ABAB 式;承担"摹声(声音特征)"功能的 l[l]分布于表动态的 AB 式复合特征拟声词中,为多数情况,无法重叠为 AABB 式;承担"附缀"功能的 l[l]分布于 AB 式声音特征拟声词中,可重叠为 AABB 式,且实际使用中 AABB 式多于 ABAB 式;承担"摹声(动作特征)"功能的 l[l]分布于表描写的 AB 式复合特征拟声词中,无法重叠为 AABB 式。具体分析内容另文详述,本文中不再展开。

特征的功能,该拟声词无法重叠为 AABB 式,若 l 只承担附缀功能,该拟声词则可重叠为 AABB 式,且使用中 AABB 式多于 ABAB 式,这里两种功能兼有,因而重叠及其使用情况发生变化。

4.6.2 表描述的 AB 式复合特征拟声词

这类拟声词在双音节拟声词中数量较少。A、B 两音节的声母与韵母皆不相同,A 与 B 两个音节均涉及对声源特征的描述,且 A、B 之间存在时间上的先后顺序,见例(21):

(21) 吧唧(形容脚掌拍打泥泞地面等的声音)
咯吱(形容竹、木等器物受挤压发出的声音,多叠用)
扑哧(形容笑声或水、气挤出的声音)

"吧唧"中前一音节 ba[pA]的发音模拟拍打,后一音节 ji[tɕi]的发音模拟水、气挤压;"咯吱"前一音节 ge[kə]的发音模拟物体间的撞击动作,后一音节 zhi[tʂʅ]的发音模拟持续挤压的动作;"扑哧"前一音节 pu[pʰu]的发音模拟气体迸发出来的动作,后一音节 chi[tʂʰʅ]的发音模拟水、气持续性挤出的动作。前后音节相互配合,完整地模拟声音产生的动作特征,且模拟动作产生的时间顺序(如先拍打后挤压、先撞击后挤压,先迸发后持续性挤压)与音节的排列顺序是一致的。

由于本类拟声词描写的声音存在先后顺序,不能颠倒,A、B 两音节间结构紧密,可重叠为不破坏位序的 ABAB 式,但大多无法进行 AABB 式重叠。

五、辨　　析

有时,同一语音形式既可归属于声音特征拟声词又可归属于复合特征拟声词。如"嘀嗒"与"滴答",前者形容钟表机械摆动等的声音,后者则用于形容水滴落下的声音。可以从意义通过形式实现的角度进行区别。

从意义看被模拟的特征项目不同。"嘀嗒"形容钟表等机械摆动的声音,这类声音无法确定声音产生的具体方式,可以模拟的只能是这类声音具有的鲜明节奏性,这是一种声音特征。"滴答"所模拟的特征项目则比较多,可做以下解读:"滴落"属于一种少量液体引起的轻微碰撞。那么需要模拟的声源特征就包括:轻微、碰撞、动态;声音特征则为点顿音、轻小。

从形式看特征表达的策略不同。以上特征项目需通过声韵配合与音节组合得到表达。“嘀嗒”所表达的节奏性通过双声音节搭配得到表达，为凸显节奏性声母宜选取塞音，韵母响度区分要鲜明、干脆。基于以上要求选择[$ti^{55}tA^{55}$]就具有了可行性；“滴答”碰撞的声源特征通过A声母选择塞音[t]体现，轻微的碰撞特征通过A韵母选择高元音[i]体现，碰撞的动态性通过双声音节结构体现，声音的点顿性音响特征通过B音节选择塞音[t]体现，声音的轻小性音响特征通过元音[A]体现，因为相较于闭音节，开音节显得轻脆。

我们认为声母的发音方法、发音部位、送气与不送气等特征，韵母的高低、圆展、清浊，音节组合体现的节奏、韵律特征都是实现拟声词语义的潜在形式资源，声音特征拟声词与复合特征拟声词间的区别不是静态的、刚性的，需要比较意义实现的过程进行区分。

六、结　　论

文章从《现汉》拟声词的释义中提取出发声事物、声音特征、动作变化三个语义描写维度，通过这三个维度考察了拟声词的特点，将拟声词从语义角度首先划分为直接模拟外界声音的单纯拟声词与基于人们对外界声音认识的再建构的特征拟声词两类，其中特征拟声词分为同时体现声音特征与动作变化特征的复合特征拟声词与仅体现声音特征的声音特征拟声词。

结合形式标准，文章将单双音节拟声词进一步区分为A式直接拟声词、A式声音特征拟声词、A式复合特征拟声词、AA式直接拟声词、AA式声音特征拟声词、AA式复合特征拟声词、AB式直接拟声词、AB式声音特征拟声词、AB式复合特征拟声词九类，根据结构义的不同，又将AB式复合特征拟声词分为表动态与表描述两类，并结合词例分别讨论了各类拟声词的表义特点、结构特点与形义关系。

相较于以往单一角度的拟声词分类研究，文章以形义关系为切入点考察现代汉语拟声词，尝试建立一套拟声词的语义分类框架，并将形式与意义结合进行进一步的分类与讨论，拓宽了拟声词分类研究的视野。但由于文章仅探讨了单双音节拟声词，分类并未完整覆盖拟声词的形式类型，后者有待进一步的研究。同时，在分类举例时，文章发现词典中部分拟声词的释义没有突出类型特征,且对部分多义拟声词没有分立义项而是合并释义,在下一步的研究中应尝试根据各类拟声词的特点探索一套规范合理的释义模式。

参考文献

储泰松(2012)普通话拟声词的语音规律及其例外,《安徽师范大学学报》第2期:107-112。

哈　森(2002)现代汉语拟声词,《内蒙古师范大学学报》第5期:21-25。

阚兴礼(2004)AB式拟声词及其重叠形式的多角度考察,《临沂师范学院学报》第5期:82-85。

李劲荣(2004)双音节性质形容词可重叠为AABB式的理据,《上海师范大学学报》第2期:65-70。

马庆株(1987)《语言研究论丛》第四辑,天津:南开大学出版社:122-155。

孟　琮(1983)北京话的拟声词,中国语文杂志社编,《语法研究和探索》一,北京:北京大学出版社:120-156。

任海波(2001)现代汉语AABB重叠式词构成基础的统计分析,《中国语文》第4期:302-308。

冉启斌(2009)亮度原则与临摹顺序——汉语异韵拟声词的语音规律与成因,《语言科学》第6期:573-585。

——(2012)论汉语拟声词中的边音,《当代语言学》第4期:354-364。

邵敬敏(1981)拟声词初探,《语言教学与研究》第4期:57-66。

——主编(2016)《现代汉语通论》第三版,上海:上海教育出版社。

石　锓(2005)汉语形容词重叠研究概述,《武汉理工大学学报》第4期:618-622。

石毓智(1995)论汉语的大音节结构,《中国语文》第3期:230-240。

王洪军(1999)汉语非线性音系学,北京:北京大学出版社。

王晓君(2007)汉语方言拟声词调查与研究,中国社会科学院博士学位论文。

谢自立,刘丹青(1995)苏州方言变形形容词研究,《中国语言学报》第5期:214-245。

袁明军(2007)《现代汉语词典》里的拟声词,《语文研究》第1期:38-41。

应学凤(2012)现代汉语拟声词的后重格局,《汉语学报》第3期:77-86。

朱德熙(1982)潮阳话和北京话重叠式象声词的构造——为第十五届国际汉藏语言学会议而作,《方言》第3期:174-180。

中国社会科学院语言研究所词典编辑室(2016)《现代汉语词典》第7版,北京:商务印书馆。

张　静(1957)词汇教学讲话,武汉：湖北人民出版社。
竺家宁(1995)论拟声词声音结构中的边音,《台湾中正大学学报》第1期：1-13。

(郑泽芝　361005　福建,厦门大学中文系　zezhizheng@126.com；
徐　铂　361005　福建,厦门大学中文系　xubo_xmu@126.com)

移民背景与上海城市方言的父母面称称谓*

平悦铃

提要 上海一代移民的父母称谓保留来源地方言的发音；词汇上，“父亲”具有较强的一致性，“母亲”一致性较弱。“父亲”有两个主流形式“爹爹”和“阿伯”。“母亲”采用来源地方言本来的称谓形式。二代移民的父母称谓，语音基本采用上海城市方言的形式。从词汇层面看都产生了主流形式，“父亲”主流形式是“阿伯”，新形式是“爸爸”；“母亲”主流形式是“姆妈”。四个外来族群在本土化的过程中，宁波和绍兴相对保守，苏北和苏州相对激进。

关键词 上海城市方言；一代移民；二代移民；父母称谓；族群

一、引 言

本文是一个大项目的部分成果，称谓部分的调查研究还包括旁系称谓、夫妻称谓、直系亲属的其他称谓。限于篇幅本文仅讨论父母的面称。在研究前先明确以下概念和约定：

1.1 上海城市方言与乡村方言

上海城市方言（Shanghai urban dialect）：即现在国内外通称的“上海话”，是随着1843年开埠后上海城市化的进程而迅速崛起的一种城市方言，通行于繁华的中心城区。20世纪50—80年代通行于当时的市区范围，所以前辈研究者将其称为“上海市区方言”。上海乡村方言（Shanghai rural dialect）：即“上海本地老闲话”，简称为“本地话”，指的就是七百多年前就形成的，到20纪80年代末一直通行于原郊区范围，包括了当时的十个郊区方

---

* 本文节选自社会科学基金项目“移民背景与上海城市方言的形成”（项目编号14BY037）的结项报告。

言以及浦东音系方言(许宝华,汤珍珠 1988)。

下文如无特殊说明所说的“上海话”“上海方言”指的就是上海城市方言。

1.2 移民来源地的选择

1842 年开埠前,在上海这个地域生活着大量的当地人。上海地区人口的快速增长主要是由于人口从内地大量迁入的缘故,本地籍贯的人数少,外地籍贯人数多。迁入的非本籍人口最多的是江苏和浙江(邹依仁 1980)。江苏省移民来源地选择苏南的苏州和苏北的扬州、盐城三地,浙江省移民来源地选择宁波和绍兴两地。下面分说一下选择以上各点的具体原因。

1.2.1 苏州

在上海城市方言的形成过程中,特别是在萌芽期和形成期,苏州话对上海话的影响巨大。

1.2.2 苏北

苏北移民人数众多,是生活在上海城区范围人数最多的族群。正好可与后面的宁波族群做一对照,两个都是人数众多的外来族群,但一个威望较低,一个威望较高,他们在上海城市方言的形成过程中各自会有怎样的表现?

1.2.3 宁波

宁波移民是上海另一个人数众多的移民族群。由于他们从事的职业地位较高,在上海的族群威望和族群自信力也较高。

1.2.4 绍兴

绍兴移民是人数不多的移民族群,而且绍兴方言也不是当时(20 世纪 50 年代以前)吴语的代表方言。选择绍兴可与苏州做对比。两个族群人数都不算多,但苏州在上海城市方言的萌芽期和形成期有着文化上的优势地位,而绍兴则没有。

1.2.5 本地

上文 1.2.1—1.2.4 都是外来族群,本小节指的是本土族群,这也是一个人数众多的族群。指一直生活在这方水土的居民。本地族群的祖辈都是上海乡村方言的使用者,随着城市化的进程,一百五十年来,他们一代又一代经历着上海方言的各种演变,最后都成了上海城市方言的使用者。

综上,确定如下五个来源地:本地、宁波、绍兴、苏北、苏州。

1.3　一代移民和二代移民

1.3.1　外来族群的一代和二代移民

"一代移民"指本人出生在其他地方(宁波、绍兴、苏北、苏州),12 岁后才来到上海定居生活。本人母语不是上海方言,而是来源地(宁波、绍兴、苏北、苏州)方言,但会说带口音的上海城市方言。"二代移民"指本人出生或 3 岁前就定居在上海当时的城区范围,由"一代移民"抚养长大。本人母语就是上海城市方言,略带一点口音。

为了使被调查的"移民背景"项可控,要求父母双方("一代移民")都来自同一个移民来源地。排除父母来自不同来源地的情况,如父亲是宁波一代,而母亲是苏州一代等类似情况。

1.3.2　"本地一代"和"本地二代"

为了能与外来族群做相应的对比,必须定义好"本地一代"和"本地二代"。"本地一代"指 12 岁前生活区域还是通行上海乡村方言,到 12 岁后生活区域才开始通行上海城市方言的族群。本人 12 岁前不说上海城市方言,母语是上海乡村方言,到了 12 岁后才开始说上海城市方言。"本地二代"指父母均是"本地一代",本人出生时生活区域已是上海城区范围,母语就是上海城市方言。

二、来源地方言的父母称谓

2.1　来源地方言"父亲"和"母亲"称谓的具体情况

据各类方言词典、方言志的记载,五个来源地父母称谓如表 1 所示。本地参照了许宝华、陶寰(1997)和 Edkins(1869),宁波参照了 Morrison(1876)和汤珍珠、陈忠敏、吴新贤(1997),绍兴参照了王福堂(2015),苏北参照了王世华、黄继林(1996)和蔡华详(2011),苏州参照了叶翔苓(1993)和汪平(2011):

表 1　来源地方言的父母称谓

	本地	宁波	绍兴	苏北	苏州
父亲	阿爹、爹爹,阿伯,爸爸(新)	阿爹、阿伯	爹爹	□tia31 □tia0(扬州);爷(盐城)	爹爹
母亲	姆妈,妈妈(新)	阿娘、阿姆	姆嬷	妈妈(扬州),妈(盐城)	姆娒,姆妈

五个来源地方言语音系统各不相同,但从词汇层面看,“父亲”一致性比较强;“母亲”的一致性不强。

2.2 来源地方言“父亲”和“母亲”称谓的词汇形式

五个来源地“父亲”称谓词汇形式以“阿伯”(本地、宁波)和“爹爹”(本地、绍兴、苏北、苏州)为主,即有两个主流形式——“爹爹”与“阿伯”。

具体来说,本地采用“爹爹”和“阿伯”;“爸爸”则是新形式。宁波采用了“阿伯”;绍兴采用了“爹爹”;苏北(扬州)的“□tia31□tia0”,其本字似也应是“爹爹”,由于它的“祖父”为“爹爹 tiɪ31tiɪ0”,所以“父亲”称谓用“□”表示;苏北(盐城)比较独特,采用“爷”;苏州采用了“爹爹”。

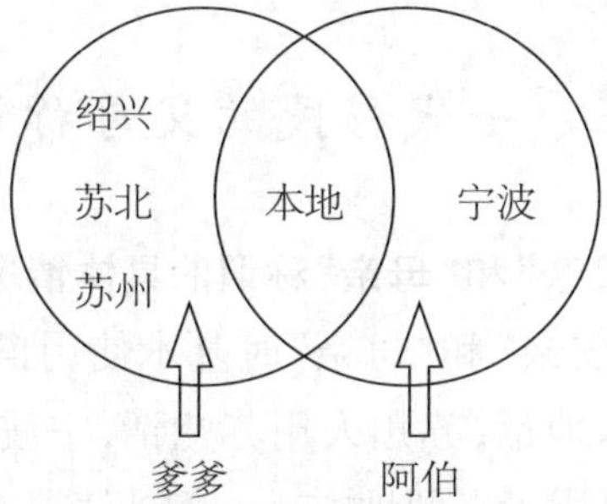

图 1 来源地“父亲”称谓采用“爹爹”与“阿伯”示意图

从表 1 和图 1 可知,来源地的“父亲”称谓,只有本地既用“爹爹”又用“阿伯”,绍兴、苏北和苏州只用“爹爹”,宁波只用“阿伯”。

五个来源地“母亲”称谓在词汇形式上各不相同,没有什么主流形式,详见表 2。但它们也有共同点,都采用了语素“姆”或“妈”,如上海的“姆妈”,把语素“姆”和语素“妈”都用上了,新形式“妈妈”,则用了语素“妈”;宁波的“阿姆”,用了语素“姆”;绍兴的“姆嬷”,前一语素用了“姆”,后一语素“嬷 mo”,应该就是“妈”,“姆嬷”其实也是语素“姆”和“妈”都用上了;苏州的“姆娒 me”,用了语素“姆”。

表 2 来源地“母亲”称谓中语素“姆”与“妈”

来源地	“母亲”称谓	语素“姆”	语素“妈”	采用语素“姆”或“妈”
本地	姆妈	+	+	“姆”+“妈”
	阿妈(娘)	-	+	“妈”
	妈妈(新)	-	+	“妈”

(续表)

来源地	"母亲"称谓	语素"姆"	语素"妈"	采用语素"姆"或"妈"
宁波	阿姆	+	-	"姆"
绍兴	姆嬷	+	+	"姆"+"妈"
苏北	妈妈(扬州)	-	+	"妈"
	妈(盐城)	-	+	"妈"
苏州	姆姆	+	-	"姆"
	姆妈	+	+	"姆"+"妈"

说明:"+"表示采用,"-"表示不采用。

三、一代移民的父母称谓

3.1 一代移民"父亲"和"母亲"称谓的具体情况

一代移民在称呼"父亲"和"母亲"时基本使用自己的母语,即家乡来源地方言。如本地人用本地话,苏州人用苏州话,宁波人用宁波话等,从词汇形式到语音形式基本采用了来源地方言。例外情况有:1 个苏北移民和2 个苏州移民,"父亲"称谓他们采用了上海形式"阿伯"。

表3 一代移民的父母称谓

编号	背景	性别	年龄	父亲	母亲
1	bd	m	75	阿伯	阿妈
2	nb	m	83	阿爹	阿姆
3	nb	f	78	阿伯	阿姆
4	sx	f	73	阿爹	姆嬷
5	sx	m	83	爹爹	姆嬷
6	sb	f	77	阿伯	妈妈
7	sb	m	87	□tia31□tia0,□tia31	妈
8	sz	f	77	爹爹	姆妈
9	sz	f	78	阿伯	姆姆
10	sz	m	72	阿伯	姆妈

说明:bd 为本地,nb 为宁波,sx 为绍兴,sb 为苏北,sz 为苏州。M 为男,f 为女。

表3中所有称谓都用家乡来源地发音,即语音形式都采用了各自的家乡话。词汇层面上,一代移民在父母称谓上表现的情况是不同的,见下文。

3.2 一代移民“父亲”和“母亲”称谓的词汇形式

一代移民“父亲”称谓的词汇形式同来源地方言一样,有两个主流形式——“阿伯”和“爹爹”。上海本地采用了“阿伯”;宁波采用了“阿爹”和“阿伯”;绍兴采用了“阿爹”和“爹爹”;苏北采用了“爹爹”和“阿伯”,它的“□tia31 □tia0”和“□tia31”,其实就是“爹爹”和“爹”;苏州采用“爹爹”和“阿伯”。

同来源地方言相比,一代移民“父亲”称谓的词汇形式发生了混用现象。图2展现了一代移民“父亲”称谓采用“爹爹”和“阿伯”的具体情况(“阿爹”和“爹”也归入“爹爹”集合):

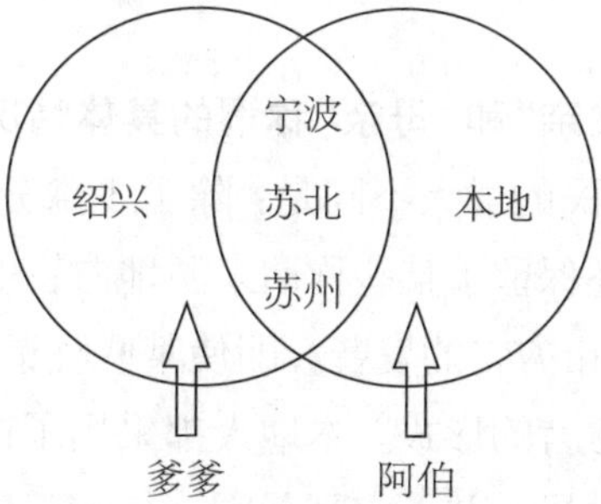

图2 一代移民“父亲”称谓采用“爹爹”与“阿伯”示意图

比较图1和图2发现,外来一代移民,除了绍兴,其他三类移民都发生了“爹爹”与“阿伯”的混用。宁波来源地方言只用“阿伯”,苏北来源地方言只用“爹爹”,苏州来源地方言也只用“爹爹”,现在他们都是“爹爹”与“阿伯”混用。上海本地本来是“爹爹”和“阿伯”混用,现在只用“阿伯”。

一代移民“母亲”称谓在词汇层面同“父亲”相比一致性不强,同来源地方言情况类似,采用了“姆”和“妈”两个语素。

表4 一代移民“母亲”称谓中语素“姆”与“妈”

背景	“母亲”称谓	语素“姆”	语素“妈”	采用语素“姆”或“妈”
本地	阿妈	–	+	“妈”
宁波	阿姆	+	–	“姆”
绍兴	姆嬷	+	+	“姆”+“妈”

(续表)

背景	"母亲"称谓	语素"姆"	语素"妈"	采用语素"姆"或"妈"
苏北	妈妈	−	+	"妈"
	妈	−	+	"妈"
苏州	姆妈	+	+	"姆"+"妈"

说明:"+"表示采用,"−"表示不采用。

比较表4与表2可发现,同来源地方言相比,一代移民"母亲"的称谓没明显变化。可见,"母亲"称谓比"父亲"更保守一些。

四、二代移民的父母称谓

4.1 二代移民"父亲"和"母亲"称谓的具体情况

二代移民与一代移民的最大不同是:除了少部分年纪较大的人(大于60岁,出生于1955年前)还保留了某些称谓来源地方言的发音,年纪小一点的二代移民都采用了上海城市方言的发音。即使某些称谓的词汇形式是来源地方言,但语音采用了上海方言的形式。本地人都采用了市区口音,因为在他们习得语言时期,其生活区域早就并入市区范围。从词汇层面看,父母的称谓向本土靠拢,即倾向于使用上海形式的"阿伯"(包括新形式"爸爸")、"姆妈"。

表5 二代移民父母称谓

编号	背景	性别	年龄	父亲	母亲
1	bd	m	69	阿伯	姆妈
2	bd	f	67	阿伯	姆妈
3	bd	f	63	阿伯	姆妈
4	bd	f	62	阿伯	姆妈
5	bd	m	60	阿伯	姆妈
6	bd	f	52	爸爸	姆妈
7	nb	m	79	阿爹	*阿姆,姆妈
8	nb	m	79	爹爹	*阿姆
9	nb	m	74	爹爹	*阿姆
10	nb	f	73	阿伯	姆妈

（续表）

编号	背景	性别	年龄	父亲	母亲
11	nb	f	71	阿伯	阿姆
12	nb	m	68	阿伯	姆妈
13	nb	f	62	阿伯	姆妈
14	nb	f	58	阿伯	姆妈
15	nb	m	57	爹爹	姆妈
16	nb	f	54	阿伯	姆妈
17	nb	m	52	阿伯	阿姆
18	sx	f	64	爹爹	姆妈
19	sx	m	63	爹爹	＊姆嬷
20	sx	f	59	爹爹	姆妈
21	sb	f	72	阿伯	姆妈
22	sb	m	71	＊爷 ɪ13	姆妈
23	sb	f	63	阿伯	姆妈
24	sb	m	62	阿伯	姆妈
25	sb	m	58	□tia53	姆妈
26	sb	f	56	阿伯	姆妈
27	sb	f	54	阿伯	姆妈
28	sb	m	52	阿伯	姆妈
29	sb	f	52	阿伯	姆妈
30	sz	f	72	爹爹	姆妈
31	sz	m	71	爹爹	姆妈
32	sz	f	70	爸爸	姆妈
33	sz	f	59	爹爹	姆妈
34	sz	m	51	阿伯	姆妈

说明：bd 为本地，nb 为宁波，sx 为绍兴，sb 为苏北，sz 为苏州。M 为男，f 为女。“＊”表示采用来源地方言的发音。

表 5 一共收入了 34 个发音人使用“父亲”和“母亲”称谓的情况，去掉本地的 6 个发音人，剩下的都是二代外来移民，共 28 人。28 ×2 =56，共调查到二代外来移民的 56 个称谓情况，结果采用来源地发音的是 5 个（表 5 中共有 5 个＊），只占 8.9%。

4.2 二代移民“父亲”称谓的不同分布

二代移民“父亲”称谓和一代移民的最大不同,就是他们大部分已经用上海话语音来发音了,除了1个苏北移民用来源地的“爷 ɪ13”,另1个苏北移民发的“□tia53”也是上海话的语音形式了,其他二代移民全部都是上海话的语音形式。词汇形式大部分是“阿伯”与“爹爹”,1个本地和1个苏州使用上海的新形式“爸爸”,1个宁波用“阿爹”,1个苏北用“爷 ɪ13”,另外1个苏北用“□tia53”。

表6 二代移民“父亲”称谓

“父亲”称谓	阿伯(含“爸爸”)	爹爹	其地
使用人数	22	9	3
百分比	64.7%	26.5%	8.8%

从表6可看出,“阿伯”(含新形式“爸爸”)是上海方言“父亲”称谓占优势的形式,有着近三分之二的使用率;“爹爹”其次,不到三分之一的使用率,其他就不是上海方言的主流形式了。这说明,各类家乡背景的二代移民(除了绍兴),都倾向于使用优势形式“阿伯”,共有20个人使用“阿伯”,使用率占总人数的58.8%。如再加上2个人使用本地新形式“爸爸”,优势形式使用率就占总人数的64.7%。

从家庭背景看,本地人都用“阿伯”,除了最年轻的52岁用了新形式“爸爸”;宁波7个用“阿伯”,3个用“爹爹”,1个用“阿爹”;绍兴全部用“爹爹”;苏北7个用“阿伯”,1个用“爷”,1个用“□tia53”;苏州3个用“爹爹”,1个用“阿伯”,1个用上海新形式“爸爸”。表7展现了不同家庭背景的二代移民使用上海优势形式“父亲”称谓(“阿伯”与“爸爸”)的情况:

表7 不同家庭背景二代移民使用优势形式“父亲”称谓(“阿伯”与“爸爸”)

背景	本地	宁波	绍兴	苏北	苏州
优势形式人数	6	7	0	7	2
总人数	6	11	3	9	5
优势形式百分比	100%	63.6%	0.0%	77.8%	40.0%

从表7可得出不同家庭背景使用优势形式“父亲”称谓从多到少的排列:本地 > 苏北 > 宁波 > 苏州 > 绍兴。可看出以下两点:(1) 越是人数多

的族群,如“苏北”和“宁波”越是倾向于使用上海优势形式,都超过了60%;(2)越是人数少的族群,如“苏州”和“绍兴”,越是倾向于使用来源地家乡方言形式(绍兴和苏州来源地方言的“父亲”都是“爹爹”,见表1),即使语音形式已经用了上海方言,但来源地的词汇形式还是顽强地保留了下来。使用上海优势形式都小于50%,苏州为40%,绍兴则为0%。

这可能意味着:对于“父亲”称谓,人数少的移民族群,倾向于保留自己的语言特色;人数多的族群由于渴望融入当地的族群,倾向于采用当地的语言形式。

4.3 二代移民“母亲”称谓的不同分布

二代移民“母亲”称谓和一代移民的最大不同,就是大部分已经用上海话语音来发音了,除了少部分年纪大(大于60岁)的二代移民还用家乡话发音。如宁波一代移民“母亲”为“阿姆”[ã44ɦm̩21],二代移民“母亲”词汇形式也有“阿姆”,但却采用上海话的发音,变成了[aʔ5ɦm̩21]。采用来源地发音的有:宁波2.5人,绍兴1个人。有人同时用上海和来源地两种形式,在计算时各算0.5人。这4个人都是大于60岁的男性。

从词汇形式来看,与一代移民明显不同,一代还是用移民来源地的词汇形式,而二代大多数采用上海方言的“母亲”称谓——“姆妈”。

表8 二代移民“母亲”称谓

“母亲”称谓	姆妈	其他
使用人次	28.5	5.5
百分比	83.8%	16.2%

从表8可看出,“姆妈”是“母亲”称谓占绝对优势的形式,共有28.5人次使用“姆妈”,有着83.8%的使用率,其他都不是主流形式。这说明,所有来源地的人都倾向于使用上海形式的“姆妈”。

表9 不同移民背景使用上海形式“母亲”称谓(“姆妈”)

移民背景	本地	宁波	绍兴	苏北	苏州
上海形式人数	6	6.5	2	9	5
总人数	6	11	3	9	5
上海形式百分比	100%	59.1%	66.7%	100%	100%

从表9可得出不同家乡背景使用“姆妈”从多到少的排列：本地 = 苏北 = 苏州 > 绍兴 > 宁波。

总的说来，与“父亲”称谓不同，“母亲”称谓更倾向于使用上海形式。外来移民，无论族群大小，都有着超过50%以上的使用率。

从不同族群来看，苏北移民和苏州移民后代全部使用了“姆妈”，原因似乎有所不同。苏州方言里本来就有“姆妈”，所以只要把语音形式变成上海话就可以了。苏北方言的“母亲”称谓是“妈妈”，但二代移民也全部使用上海本地的“姆妈”，这一族群人数众多，但全部放弃了来源地方言形式。这很可能同这一族群有着强烈的融入当地社会的心理有关，所以全部采用当地社会的语言形式。

另一人数众多的族群宁波人，在“父亲”与“母亲”称谓上表现得有所不同，“父亲”称谓倾向于使用上海本地形式(63.6%)，“母亲”称谓用来源地的比率也不小(40.9%)，在所有外来族群中是最高的。可能原因：这一族群由于母亲的家庭地位较高，所以子女更爱用来源地方言形式来称呼自己的母亲。

人数较少的移民族群爱使用来源地形式，绍兴仍然有33.3%的人在使用来源地方言的“母亲”称谓。

五、不同移民族群父母称谓的本土化

在上海，人数众多的外来移民族群有两个——宁波和苏北。这两个族群都有强烈的族群认同感，但由于历史原因，两个族群心态不同。

宁波人有着历时久远的经商传统，使得旅沪宁波人在上海的经济社会领域中创立了诸多的“第一”，如第一家国人自办的银行——中国通商银行(严信厚等)、第一家华商交易所——上海证券物品交易所(虞洽卿等)(李瑊 2003)。因此，宁波人在上海威望高，没有快速融入当地社群的急迫心态，表现在语言上就比较保守，愿意更多保留来源地语言，宁波二代移民“母亲”称谓还有不少人采用了来源地形式的“阿姆”(包括1个52岁年纪偏小的男性)。

而“苏北”这一族群，与其他族群都不同，它只是在上海这个地域才被定义为“苏北人”(或江北人)。由于缺乏经商传统和风气，在上海的经济实力较弱，导致其在上海的族群威望也低。所以他们一方面有着族群内部的强烈认同感，一方面又有快速融入当地社群的急迫心情，而且往往后者压倒前者。“苏北人”族群通过两代人,完成了从难民、移民到市民的身份转换(韩起澜 2004;蔡亮 2006)。因此,苏北二代移民“母亲”称谓全部放弃来源地方言,改用“姆妈”。

人数较少的移民族群——绍兴和苏州,由于来上海时间不同,苏州人大量来上海的时间是19世纪末—20世纪初,当时苏州话对上海话的影响有目共睹,后来移民人数大幅减少,其影响力也逐渐消失。但由于他们来得早,对上海话的影响力早就存在,因此苏州移民来上海后很容易改用上海话的形式。苏州二代移民“父亲”称谓已有不少人采用上海形式“阿伯”,“母亲”称谓他们本来也有“姆妈”这个形式。绍兴则不同,他们人数少,来上海的时间断断续续,对上海话基本没什么影响力,因此他们改用上海方言的形式就不太容易,二代移民的“父亲”称谓全部保留来源地方言的形式,“母亲”称谓还有人采用来源地方言的形式。

总的来看,四个外来族群在直系称谓的本土化过程中,宁波和绍兴相对保守,而苏北和苏州相对激进。

参考文献

蔡华详(2011)盐城方言研究,北京:中华书局。

蔡　亮(2006)近代闸北的苏北人(1900—1949),上海师范大学硕士学位论文。

韩起澜(2004)苏北人在上海1950—1980,上海:上海古籍出版社。

李　碱(2003)宁波人文化本性探源,《历史教学问题》第3期.

汤珍珠,陈忠敏,吴新贤(1997)宁波方言词典,南京:江苏教育出版社。

汪　平(2011)苏州方言研究,北京:中华书局。

王福堂(2015)绍兴方言研究,北京:语文出版社。

王世华,黄继林(1996)扬州方言词典,南京:江苏教育出版社。

许宝华,汤珍珠(1988)上海市区方言志,上海:上海教育出版社。

——,陶　寰(1997)上海方言词典,南京:江苏教育出版社。

叶翔苓(1993)苏州方言词典,南京:江苏教育出版社。

Edkins J. (1869) *A Vocabulary of the Shanghai Dialect*. Shanghai: Presbyterian Mission Press.

Morrison R W T. *An Anglo-Chinese Vocabulary of Ningpo Dialect*. Shanghai: American Presbyterian Mission.

(200433　上海,复旦大学中文系　pingyueling@ sina. com)

关于上古汉语语气词“也”动态用法的例证辨析*

——附论语气词“也”动态用法的衍生途径

梁银峰

提要　文章针对陈前瑞(2008)《句末“也”体貌用法的演变》一文中所举的关于上古汉语句末语气词“也”动态用法的例证进行了辨析,提出判断上古汉语的“也”是否具有动态用法,除了看“也”字句中动词的情状类型外,还要看“也”字句在整个话语结构中的地位,即是否表达前景事件,是否代表新信息。文章认为,表示静态的“也”是通过两种途径衍生出动态用法的:一是在已然叙述句中由位于主从复合句的从句末尾发展到位于主从复合句的主句末尾或者独立句的末尾,二是在将然句中位于句子末尾表示说话人基于某一事实或者某一假设的条件而做出的推断。在这两种语境中,句末的“也”具有现时相关性,表示事态已经出现变化或将要出现变化。

关键词　语气词;也;动态用法;前景事件;主观推断

一、引　言

上古汉语的语气词“也”在语法功能上主要表示论断、确认语气,关于它和另外一个语气词“矣”的功能区分,前辈学者的意见基本上是一致的,即认为“也”表静态,“矣”表动态(相关论述参见马建忠 1898/1983[323];吕叔湘 1942/1990[274];王力 1989;郭锡良 1988,1989;杨伯峻,何乐士 2001[855];李佐

* 本文初稿完成后,蒙业师江蓝生先生审阅,并提出宝贵修改意见,谨表诚挚谢意!

丰 2003 等)。值得注意的是,中古、近代汉语时期语气词“也”发展出了表示事实变动(即用如“矣”)的用法(相关论述参见刘勋宁 1985;梅祖麟 1994;罗骥 1994;曹广顺 1995;孙锡信 1999;黄锦君,2005;曹广顺,梁银峰,龙国富 2011 等)。关于这种新用法和上古汉语“也”的关系,陈前瑞(2008)依据体貌类型学关于体貌标记语法化路径的研究成果,认为静态“也”表示状态,属于广义的结果体;动态“也”大部分用法属于完成体,是静态“也”进一步语法化的结果。陈文提出上古汉语的语气词“也”存在动态用法,并举出了大量例证。陈前瑞先生在汉语体貌研究领域成就卓著,其研究成果在汉语学界具有较大影响。不过我们拜读陈文后,发现有不少例证在解读方面值得商榷,本文拟做详细辨析,然后就语气词“也”是如何由静态用法发展出了动态用法提出我们自己的看法。

二、关于上古汉语“也”所谓动态用法的例证辨析

不可否认的是,上古汉语文献中,确实偶尔有“也”用如“矣”或者“也”“矣”混用之例,[①]否则我们无法有效解释中古、近代汉语中大量“也”用如“矣”的由来。但哪些是“也”字用法的通例,哪些是“也”字用法的变例,却需要联系上下文甚至是文献本身的性质仔细鉴别,不可遽下结论。陈前瑞先生的文章中举出了二十个“也”字具有动态用法的例子,根据我们的分析,其中有十二个例子是难以成立的,有三个例子存在两可分析或者可做其他理解,只有五个例子可以初步判定为具有动态用法。下面先对前两类例证做具体辨析。

---

① 例如:“其不可一也……其不可二也……其不可三也……其不可四矣……其不可五矣……其不可六矣……其不可七矣……其不可八矣……。”(《史记·留侯世家》)这段话叙述张良借箸筹策一事,其不可封六国后有八事,前面三节均用“也”字煞尾,而后面五节却用“矣”字煞尾,似乎很难说出“也”“矣”二字有何区别。又如:刑罚行于国,所诛者乱人也。<u>如此则民顺治而国安也</u>。(《礼记·聘义》)散军而郊射,左射《狸首》,右射《驺虞》,<u>而贯革之射息也</u>;裨冕搢笏,<u>而虎贲之士说剑也</u>。(《礼记·乐记》)王引之《经传释词》(李花蕾点校,上海古籍出版社,2014 年)、杨树达(1965)指出,这两例的“也”用如“矣”。笔者按,上古汉语中,“矣”字经常用于假设关系复句的后一分句末尾,整个句子表示在某一假设条件下做出的推论,“矣”表示某个假设事态的出现。关于“也”用如“矣”的这一用法,本文第 3 节还要详细讨论。

(1) 秋,雨螽于宋,队而死也。(《左传·文公三年》。队,同“坠”。)

陈文认为,例(1)中动词“死”属于典型的达成类情状,既可以表示跟“死”相关的过程,也涉及“死”的结果状态(如“死人”)。“死”所关涉的状态与静态“也”的状态性有着自然的联系,从而最有可能产生新的动态用法。

只就例(1)本身而言,“队而死也”确实像个陈述句,“也”具有动态性特征。但如果考虑到《左传》是传《春秋》的,“雨螽于宋”实际上是《春秋》原文,“队而死也”是对“雨螽于宋”所做的解释和说明,那么“也”就不宜做上述理解了。也就是说,“雨螽于宋,队而死也”应该是个因果复句,该复句先说结果(事实),后说原因,“也”附于原因分句(而不仅仅是附于动词“死”)之后,含有明显的判断语气。关于这一史实,《公羊传》的解说更加明确,有助于我们理解例(1)。兹转引如下:

(2)《春秋·文公三年》:“秋,楚人围江。雨螽于宋。”

《公羊传》:“雨螽者何?死而坠也。何以书?记异也。外异不书,此何以书?为王者之后记异也。”(王者之后,此指殷商之后宋国,按《春秋》尊先圣法度存二王后,并为其记灾记异。)

《公羊传》以问答句解经(此类笔法在该书中常见),在答句后面缀以“也”字,使问句和答句之间的因果关系更加明显。《公羊传》用“死而坠也”对《春秋》经文“雨螽于宋”加以解说,与《左传》“队而死也” 虽然语序稍异,但对于理解《春秋》经文并无大碍。杨伯峻(1990)[531]《春秋左传注》云:“‘队而死’与‘死而坠’,其义略同。”再联系这一异常现象发生在秋天,大概由于天气转冷或缺少食物等原因,于是成批的螽斯大批死去,这才发生“雨螽于宋”这一异常现象。因此,我们认为例(1)准确的翻译应该是:秋天,螽斯像下雨般落在宋国,这是死了以后掉在地上的。①

(3) 项羽既存赵,降章邯等,西屠咸阳,灭秦而立侯王也,乃徙齐王田市更王胶东,治即墨。(《史记·田儋列传》)

(4) 子谓《韶》,“尽美矣,又尽善也。”谓《武》,“尽美矣,未尽善也”。(《论语·八佾》)

---

① 沈玉成(1981)《左传译文》:“秋,在宋国有大批螽斯像雨点一样落下来,这是死了以后掉地上的。”王守谦、金秀珍、王凤春《左传全译》:“秋天,螽斯虫像雨点一样落在宋国,掉下地就死去了。”两相对照,沈玉成先生的翻译更加符合文义。

陈文认为，在上面两例中，“灭”“尽”属于达成情状动词（陈文认为类似的动词还有“获”“尽”“立”“往”“入”“生”等），这类动词具有显著的动态变化特征，使得“也”字句无法再保留原有的静态用法。陈文还强调指出，例（4）中“未尽善也”为确认否定的状态，“又尽善也”是肯定状态所达到的水平。“也”从否定到肯定，是一种类推，但形式类推带来了范畴意义从静态到动态的变化。

只就例（3）“灭秦而立侯王也”这个小句本身来说，由于“灭”是个达成（achievement）动词，它所表示的动作具有非持续性特点，整个小句确实具有动态性；但从话语结构来看，“灭秦而立侯王也”在句法上是不能独立的，它和前面三个小句（“项羽既存赵，降章邯等，西屠咸阳”）在语气上是连贯的，这四个小句和后面两个小句（“乃徙齐王田市更王胶东，治即墨”）在结构上构成承接关系复句（“既……乃……”是形式标记）。[①] 我们认为，“也”位于复句中前后分句之间主要用来表示停顿语气，而不是用来表达动态事件，如果“也”表达动态事件，就意味着“也”用如“矣”，“灭秦而立侯王也”在语义上就是自足的（书面上在“也”的后面就应该用句号而不是逗号断开），但这样理解显然不符合文意。相关研究表明，上古汉语中“既……矣”式的句子一般用于在时间上存在先后关系的主从复合句的主句中（用于后一小句）或者独立成句，而很少用于在时间上存在先后关系的从句中（参见蒲立本 2006[127]；梁银峰 2017）。

把例（4）中的“尽”解释为达成情状动词欠妥，我们认为应该解释为程度副词。中国社会科学院语言研究所古代汉语研究室编《古代汉语虚词词典》（商务印书馆，1999）“尽”字条副词用法义项“五”：“用在形容词谓语前，表示谓语所指处于顶端状态。可译为‘十分’、‘至’、‘极（其）’。”所引第一个例句正是例（4）。杨伯峻（2009）《论语译注》对此例句的翻译是：孔子论到《韶》，说：“美极了，而且好极了。”论到《武》，说：“美极了，却还不够好。”也是把“尽”理解为程度副词。《汉语大词典》（汉语大词典出版社，上海辞书

① 前面三个小句中的动词“存”“降”“屠”在语义特征上属于活动（activity）动词，它们所表示的动作虽然具有持续性特点，但由于它们所在的小句在句法上不能独立，在语句的组织上实际上是被压缩成了一个“点”（在这一意义上，这三个活动动词和达成动词“灭”是一样的），整个句子表示这些动作或事件结束以后，发生了另外的事件。

出版社,1986—1994)“尽”字下对所收录词条“尽美”的解释是:“极美;完美。”所引例句正是此例。在此例中,“尽善”和“未尽善”前后对举,这正是马建忠所说的“也”字可表“决是非”“明反正”的论断语气。还需要说明的是,学界一般认为《韶》和《武》分别是帝舜和周武王时期集歌、舞、乐为一体的艺术形式,《韶》表现的是帝舜谦和揖让之风,《武》表现的是周武王伐纣获得胜利的功绩,它们作为雅乐的典范,在儒家学说中占据极高的地位。例(4)的意思是说,在孔子看来,《韶》在美和善两方面都做得非常完美了,《武》在善的方面还有一点瑕疵。但孔子作为儒家学派的思想家,坚定地维护着周天子时代所奉行的礼乐制度,对《韶》《武》一直给予高度评价,如果将“尽”解释为达成情状动词,就意味着《韶》存在一个从不尽善到尽善的变化,这显然不是孔子的原意。

(5) 王闻群公子之死也,自投于车下,曰:“人之爱其子也,亦如余乎?”(《左传·昭公十三年》)

(6) 仲尼闻魏子之举也,以为义,曰:“近不失亲,远不失举,可谓义矣。”又闻其命贾辛也,以为忠,“《诗》曰:‘永言配命,自求多福’,忠也。魏子之举也义,其命也忠,其长有后于晋国乎!”(《左传·昭公二十八年》)

陈文认为,上面两例中“闻”作为感知动词,它所表示的动作本身还包括感知的结果,从而区别于单纯的感知动作,也属于达成情状。陈文指出,“闻”类感知动词体现的是一种现时相关性,这是早期的完成体用法。“闻”所表示的动作一旦发生,或对主体产生巨大的冲击[如例(5)],或有感而发[如例(6)],现时相关性非常显著。陈文还以现代汉语“吃了就走”为例加以说明:“吃了”有时间从句、条件从句的功能,这也是完成体所在小句典型的背景性功能。

不可否认的是,动词“闻”所表示的动作是瞬间发生的,具有达成情状。但从话语结构看,这两例同例(3)一样,“王闻群公子之死也”和“仲尼闻魏子之举也”只是复句中的一个分句,而不是独立的句子,所以这两个小句末尾的“也”主要表示停顿语气(以引出后面的主句),而不是重在表达事态出现变化。陈文以现代汉语“吃了就走”之类的句子为例,试图证明上古汉语位于前一分句句末的“也”具有时间背景的功能和完成体的用法并不直接矛盾,但这种类比是不恰当的。因为“也”所在的这种小句只是用来表达事件序列中发生在先的某一事件，由于不能独自成句，不是表达事件序列中的前景事件，自然不存在现时相关性，也就无所谓完成体用法。①

(7) 师金曰：“夫刍狗之未陈也，盛以箧衍，巾以文绣，尸祝齐(斋)戒以将之。及其已陈也，行者践其首脊，苏者取而爨之而已。”(《庄子·天运》)

(8) 故曰：“为道者日损，损之又损之以至于无为，无为而无不为也。”今已为物也，欲复为根，不亦难乎！其易也，其唯大人乎！(《庄子·知北游》)

(9) 大臣不亲，百姓不宁，则忠敬不足，而富贵已过也。(《礼记·缁衣》)

陈文认为，在上面三例中，不管是像“陈”这样兼属活动情状和状态情状的动词[如例(7)]，还是像“为”这样比较抽象的达成情状动词[如例(8)]，还是像“过”这样表示非绝对状态的形容词[如例(9)]，由于句中有“已”(具有显著的动态和已然特征)，即使这些谓词本身不具有明显的动态特征，整个小句的动态特征也很明显。

陈文对例(9)的理解有误，首先应将此例排除掉。这几句是(孔子)围绕君臣相处之道发表的议论，连词“则”所连接的后两个小句是对前两个小句的说明和解释，句末的“也”仍表判断语气，这几句话的意思是：大臣对国君不亲附，百姓不得安宁，就是因为君臣之间的忠诚和恭敬之心不足，而富贵太过度。“已过”义犹“太过”(与前一小句的“不足”构成对照)，陈文将“而富贵已过也”的“过”理解为形容词是对的，但将“已”理解为“已经”的“已”则欠妥，笔者认为“已”应是表程度之甚的程度副词。②

至于例(7)、例(8)，虽然句子中有时体副词“已”，但由于后面还有后续句，“也”所在的句子要么是表示时间背景的从句[如例(7)]，③要么是表示

---

① 根据科姆里(Comrie)(2016)的观点，完成体(perfect)强调“某一过去情状和现在持续关联”。“(完成体)和一个先前情状的持续相关”。即现时相关性(与完整体[perfective]经常用来描述发生在过去的情状有所不同)。比如英语句子 I have lost my penknife(完成体)和 I lost my penknife(非完成体)的区别，前者蕴含“铅笔刀仍然处于丢失状态”，而后者却没有这样的蕴含。

② 上古汉语中，“已”用于形容词前，表示程度之甚的副词用法(义犹“太”)很常见，请参见《汉语大词典》(汉语大词典出版社、上海辞书出版社，1986—1994)“已”字条义项 7、《古代汉语虚词词典》(商务印书馆，1999)“已”字条。

③ 此例中前文“夫刍狗之未陈也”一句也是如此。

原因的从句[如例(8)],句法上都不是独立的,因此句末的"也"都是表示停顿语气,而不是表达事态出现变化。需要强调的是,例(7)"及其已陈也"相当于"及刍狗之已陈也"。上古汉语中类似的例子还有很多,并不罕见。例如:

(10) 及其将死也,召其大夫,曰……(《左传·昭公七年》)

(11) 齐侯之出也,过谭,谭不礼焉。及其入也,诸侯皆贺,谭又不至。(《左传·庄公十年》)

(12) 孩提之童,无不知爱其亲者;及其长也,无不知敬其兄也。(《孟子·尽心上》)

上面三例中,虽然句子中没有时体副词"已",但例(10)的"也"字句中有表示动作行为即将发生的副词"将",而且该例子的动词"死"以及例(11)、例(12)的"也"字句中的"入"和"长"均属于达成类情状动词,按照陈文的观点,这几个"也"字句也是动态句。但马建忠(1898/1983)[335]、吕叔湘(1942/1990)[322]都引用和分析过这两个例子,他们明确指出,这两例中的"也"字位于小句之后,表示顿宕语气。在话语功能上,"及其……也"意谓"等到……的时候",表示和后面主句所表达的事件同时发生,这类"也"字时间从句在上古汉语中很常见,相关论述可参见周法高(1961)、蒲立本(2006[181])、梁银峰(2016[35])。

(13) 昔者尧命契为子氏,为有汤也。命后稷为姬氏,为有文王也。大王命季历,明天瑞也。太伯之吴,遂生源也。(《史记·三代世表》。司马贞《索隐》:"言太伯之让季历居吴不反者,欲使传文王、武王拨乱反正,成周道,遂天下生生之源本也。")

(14) 宣子曰:"秦获穿也,获一卿矣。秦以胜归,我何以报?"(《左传·文公十二年》。穿,赵穿。)

陈文认为,大多数动态"也"所在小句跟上下文之间存在明显的因果联系,但是这种因果联系是通过叙述事件的方式来展现而不是直接地解释与说明。如例(13)中,"也"所在小句作为后续事件,同时又是前一事件的间接结果。例(14)中,"也"所在小句为假设条件,这种用法在上古很少见。

例(13)是叙述商人始祖契和周人始祖后稷的事迹。诚如陈文所说,"太伯之吴"和"遂生源也"是表示前后相续的两个事件,这两个事件之间存在因果关系:由于太伯远赴吴地(以便让太王把王位传给季历),才成就了周人生生不息的本源。我们认为,正是由于句末“也”的存在,才使前后两个小句的因果关系得以体现出来。假如句末没有“也”,整个句子就变成了纯粹的客观叙述(“＊太伯之吴,遂生源”),表示因果关系的主观论断语气没有了。① 从这个角度说,“也”的功能仍是表判断语气。我们在分析例(1)时已经指出,“也”附于因果关系复句中的原因分句之后时,仍然具有明显的判断语气,其实(13)与例(1)一样,“也”的作用也是表示判断语气,区别仅在于本例中的“也”附于因果关系复句中的结果分句之后。上古汉语中,“也”字在因果复句中表示判断语气时,附于原因(目的)分句之后还是附于结果分句之后,主要取决于说话人所强调的重点。

例(14)“也”所在小句为假设句当无疑问,“也”附于该小句之后表停顿语气,以引出下文,这种用法属于“也”字用法的通例,并非如陈文所说属于“也”的动态用法。又如[前一例引自马建忠(1983/1898)[337];后一例引自何乐士(2004)]:

(15) 苟自救也,社稷无陨,多矣。(《左传·桓公五年》,多矣,犹“足矣”。)

(16) 君若早自图也,可以无辱。(《左传·昭公十三年》)

陈文认为,处于前一分句动态的“也”字句除了确定事态的变化并作为后续句的原因小句之外,还具有提供时间参照的功能,这些作为参照时间的小句往往是旧信息。陈文举了下面两例:

(17) 十六年,伐楚,取鲁阳。武侯卒,子罃立,是为惠王。惠王元年。初,武侯卒也,子罃与公中缓争为太子。(《史记·魏世家》)

(18) 于是吴王乃与其麾下壮士数千人夜亡去,度江走丹徒,保东越。东越兵可万余人,乃使人收聚亡卒。汉使人以利啖东越,东越即给吴王,吴王出劳军,即使人鏦杀吴王,盛其头,驰传以闻。吴王子子华、子驹亡走闽越。吴王之弃其军亡也,军遂溃,往往稍降太尉、梁军。(《史记·吴王濞列传》)

陈文认为上面两例中“也”所在小句为后续句提供时间参照是可取的,但认为“也”字句本身表示事态变化的观点恐怕难以成立,理由是这类“也”

① 前面六个小句,每两个小句之间是结果和目的关系,在复句类型上也属于因果关系复句。

字句同样不能独立成句,不是表达事件序列中的前景事件。尤其是例(18)"吴王之弃其军亡也"一句,主谓之间有个"之"字(构成"主语+之+谓语+也"结构),更加说明该小句在句法上是不能独立的。上古汉语中,这类"主语+之+谓语+也"结构作为时间从句,为后续主句提供时间参照是很常见的,属于"也"字用法的通例。例如(转引自梁银峰 2016[26,31]):

(19) 宋殇公之即位也,公子冯出奔郑。(《左传·隐公四年》)

(20) 孔文子之将攻大叔也,访于仲尼。(《左传·哀公十一年》)

例(19)中动词"即"所表示的动作具有非持续性,例(20)中动词前面有副词"将",由于主谓结构之间有"之",这两例"也"字句都不是重在表示事态变化,而是充当后续句的时间从句。

除了上述值得商榷的十二个例证外,陈文中还有三个例证存在两可分析或者可做其他理解,"也"是否表动态尚在疑似之间。其中有这样两个例证:

(21) 尧让天下于许由……许由曰:"子治天下,天下既已治也。而我犹代子,吾将为名乎? ……"(《庄子·逍遥游》)

(22) 田光曰:"臣闻骐骥盛壮之时,一日而驰千里;至其衰老,驽马先之。今太子闻光盛壮之时,不知臣精已消亡矣! 虽然,光不敢以图国事,所善荆卿可使也。"……偻行见荆卿,曰:"光与子相善,燕国莫不知。今太子闻光壮盛之时,不知吾形已不逮也,幸而教之曰:'燕秦不两立,愿先生留意也。'光窃不自外,言足下于太子也,愿足下过太子于宫。"(《史记·刺客列传》)

同例(7)、例(8)一样,由于上面两例中有"已",陈文据此认为"也"所在小句具有动态特征。

例(21)"天下既已治也"的后面用句号断开还是用逗号断开直接影响到对"也"功能的判定:如果用句号断开,就意味着"天下既已治也"是句法上独立的句子,那么"也"就用如"矣","也"表示事态变化;如果用逗号断开,就意味着"天下既已治也"在句法上是不能独立的,那么"也"字就仍表停顿语气,属于"也"字用法的通例。从今人的注译本来看,"天下既已治也"的后面用句号断开和用逗号断开两种断句都有。① 鉴于本例中"天下既已治也"

① 陈鼓应(1983)《庄子今注今译》用句号断开,而方勇译注(2010)《庄子》用逗号断开。此外,今人《庄子》注译本还有用分号断开者,如雷仲康译注(1996)《庄子》。

和后一句“我犹代子”之间存在转折关系(有连词“而”为证),语气没有完全中断,我们倾向于认为在这两小句中间以逗号断开为宜。关于“也”字所起的作用,马建忠(1898/1983)[338]曾经指出:“读有助以‘也’字而承以‘而’字者,转折之句也。”(笔者按,所谓“读”,即今天所说的小句)马氏正举了此例,且在举此例时中间以逗号断开。另外,他还举了其他例子,如:

(23) 登高而招,臂非加长也,而见者远;顺风而呼,声非加疾也,而闻者彰;假舆马者,非利足也,而致千里;假舟檝者,非能水也,而绝江河。(《荀子·劝学》)

(24) 卖浆,小业也,而张氏千万。洒削,薄技也,而郅氏鼎食。(《史记·货殖列传》)

对于上述例句中“也”的作用,马建忠说得很清楚:“诸引‘也’字后接以‘而’字,无非为顿挫文势耳。”

在“天下既已治也”的后面用逗号断开还有一个证据。我们注意到,此例“也”字句中动词前面有时体副词“既”(“既已”为同义连文),众所周知,上古汉语的时体副词“既”所在小句多用于与下文发生关系的地方,它所在的小句本身一般是不能独立的(参见王力 1999[1348-1349];杜海涛 1999;杨永龙 2001)。我们在分析例(3)时已经说过,如果“既”所在的小句要独立成句(或者充当主从复合句中的主句)的话,往往在句末附上起结句功能的语气词“矣”(即构成“既……矣”式的句子)。如果在“天下既已治也”的后面用逗号断开,就意味着句末的“也”仍表停顿语气,那么这一用法就符合上古汉语“既”字句的通例;而如果用句号断开,就意味着“既……也”独立成句(这时“也”用如“矣”),而这样的句子在上古汉语中是非常少见的(参见梁银峰 2017)。从语言的系统性出发,与其将此例看作上古汉语的变例,不如将此例看作上古汉语的通例。

例(22)“不知吾形已不逮也”的“也”似乎可改用“矣”,但此例的特殊之处在于动词“逮”的前面有否定词“不”,整个小句是否定形式。在上古汉语中,语气词“也”附在否定句之后(以加强语气)是很常见的。再联系该例前文“今太子闻光盛壮之时,不知臣精已消亡矣”来看,“臣精已消亡”是肯定句,是肯定状态变化的出现,所以句末用了“矣”。下面这两例也类似:

(25) 从我于陈、蔡者,皆不及门也。(《论语·先进》)

(26) 幸而不亡,犹可说也;不幸而亡,君虽忧之,亦无及也。(《左

传·昭公十八年》)

王引之《经传释词》和杨树达(1965)都引过例(25),认为“也”用如“矣”;例(26)“亦无及也”是在假设的条件下做出的推论,杨伯峻(1990)[1399]注:“‘也’作‘矣’用。”在我们看来,这两例与例(22)“(不知)吾形已不逮也”是一样的,都是否定句,“也”都是对状态变化的否定加以强调。

吕叔湘(1942/1990)[272-273]在谈到语气词“也”的应用范围时说过:“单独的肯定句用‘也’字的,不及单独的否定句多。”“否定句用‘也’字比肯定句多,也许是因为否定句一般地比肯定句的语气强,更多确认的作用。”在比较“也”和“矣”的语气差异时,吕先生举过“矣”和“未……也”前后对举的例子。如:

(27) 吾闻其语矣,未见其人也。(《论语·季氏》)

(28) 由也升堂矣,未入于室也。(《论语·先进》)

(29) 张翠至,甘茂曰:“韩急矣,先生病而来。”张翠曰:“韩未急也,且急矣?”(《战国策·韩策二》。且,犹“何”。)

上面的每个例子中,何以前一小句用“矣”,后一小句用“也”?尤其是最后一例,同样是形容词“急”做谓语,“韩急”用“矣”,“韩未急”用“也”。照吕先生的说法,这里之所以用不同的语气词,正是因为一是动性,一是静性。例如“闻其语”是已有之事,是一个变化,用“矣”;“见其人”是未有之事,既无此变化,即作静性论,用“也”。其实不只是“未”,上古汉语中凡句中有“莫”“不”“弗”“无”等否定词,句末以“也”字煞尾表示论断语气的现象甚为常见,马建忠(1898/1983)[331-332]曾广举其例,可参看。

陈文所举的另外一个所谓“也”字具有动态用法的例证是:

(30) 夏六月庚申,卒。鬻拳葬诸夕室。亦自杀也,而葬于绖皇。(《左传·庄公十九年》)

同例(1)中“队而死也”的“死”一样,陈文认为上例中“自杀”属于典型的达成类情状动词,除了表示过程以外,由于还涉及“死”义的结果,所以后面的“也”具有动态用法。

我们注意到,“亦自杀也”与后续句“而葬于绖皇”构成承接复句,虽然也不是独立的句子,但在句法地位上与后续句是并列的(在对事件的表述上具有相对独立性),这与位于主从复合句中从句之后的“也”字不同[如上文所举例(5)—例(8)、例(17)、例(18)],因而“也”表停顿和表动态是两可的。

考虑到这个"也"字句毕竟有后续句,后面的"也"字多少还有表停顿语气的影子,为稳妥起见,最好还是看作表停顿语气,至少不是典型的表示动态用法的例子。

三、上古汉语"也"的动态用法及其判定条件

在陈文所举的例子中,有五个例子可以初步判定为具有动态用法,具体如下:①

(31) 问其故,对曰:"翳桑之饿人也。"问其名居,不告而退。遂自亡也。(《左传·宣公二年》)

(32) 子恶闻之,遂自杀也。(《左传·昭公二十七年》)

(33) 应侯惧,不知所出。蔡泽闻之,往入秦也。(《史记·范雎蔡泽列传》)

(34) 孔子蚤作,负手曳杖,逍摇于门,歌曰:"泰山其颓乎!梁木其坏乎!哲人其萎乎!"既歌而入,当户而坐。子贡闻之,曰:"泰山其颓,则吾将安仰?梁木其坏,哲人其萎,则吾将安放?夫子殆将病也。"遂趋而入。夫子曰:"赐!尔来何迟也?夏后氏殡于东阶之上,则犹在阼也。殷人殡于两楹之间,则与宾主夹之也。周人殡于西阶之上,则犹宾之也。而丘也,殷人也,予畴昔之夜,梦坐奠于两楹之间。夫明王不兴,而天下其孰能宗予?予殆将死也。"盖寝疾七日而没。(《礼记·檀弓上》)

陈文指出,前三例用于叙述历史事件,特别是前后相继的事件,其中动态的"也"所在的小句表示新信息,"也"具有结句的功能,这种用法的"也"接近于现代汉语的句尾的"了"(笔者按,即一般所谓"$了_2$")表示状态变化的用法;最后一例中,"也"所在的小句用于将来时间,小句中有时间副词"殆"和"将",表示动态的"也"和时间副词共同表示将来完成体。

对于前三例中"也"字具有结句功能的解释,我们是赞同的,但陈文认为结句功能只是动态"也"所在小句所体现的完成体的一个功能特点,而并未

① 例(34)在陈文中被分列成两例,经查原文,该两例出自《礼记·檀弓上》中的同一段话,为便于理解,本文合为一例。

把结句功能作为判断上古汉语中句末的"也"是否具有动态用法的一个必要条件(对于已然的叙述句而言)。比如在上文所转引的例子中,同样是叙述事件,"也"字位于构成承接复句的分句之间[例(3)、例(30)],或者位于构成主从复合句的从句之后例[(5)—例(8)、例(17)、例(18)],这两种语境中的"也"字没有结句功能,陈文认为"也"同样表动态,理由是"也"所在的小句中动词属于达成情状,或者动词之前有时体副词"已"修饰。诚如我们在第3节所做的辨析,陈文存在的最大问题是将句中动词的语义情状类型与句子的情状类型混同起来,动词的语义情状类型固然在很大程度上决定了句子的情状类型,但不是唯一的要素,决定句子的情状类型的不只是动词,还有其他成分(如宾语)。具体到本文所谈的"也"字句来说,如果认为凡是句中动词是达成类情状动词或者其前有副词"已"修饰,句末的"也"就具有动态用法的话,那么势必会将上古汉语中大量用于分句末尾表停顿语气的"也"字都归入表动态,如此一来其数量远远不止陈文所举的有限的几个例子。我们认为,当句中动词是达成类情状动词或者其前有"已"修饰时,虽然也涉及一种状态的转变或实现,但并不代表这种状态的转变或实现就具有现时相关性。进而言之,"也"所在的小句是否具有现时相关性,还要看它在整个话语结构中的地位,即是否表达前景事件,是否代表新信息。惟有如此,才能断定句末的"也"表达事态出现变化。我们看到,在例(31)、例(32)、例(33)中,"也"所在的小句要么单独成句,要么是充当主从复合句中的主句,"也"字都具有结句功能,不再表示停顿语气,这正是我们将这三例中的"也"看作具有动态用法(即用如"矣")的主要原因。试将例(30)与下例比较:

(35) 初,鬻拳强谏楚子。楚子弗从。临之以兵,惧而从之。鬻拳曰:"吾惧君以兵,罪莫大焉。"<u>遂自刖也</u>。(《左传·庄公十九年》)

例(35)与例(30)在语篇上前后衔接,出自同一段话中。虽然例(30)"亦自杀也"中的"自杀"如陈文所说是达成类情状动词,但由于还有后续句,因而句末的"也"仍在一定程度上表示停顿语气;而例(35)"遂自刖也"的"刖"虽然不是达成类情状动词(是活动类情状动词),但由于"遂自刖也"表达前景事件,代表新信息,因而句末的"也"表示事态已经出现变化,可见句中动词的情状类型和句子的情状类型并不完全一致。

再来看例(34),"夫子殆将病也""予殆将死也"是说话人根据所处的场景对事态所做的肯定性推断(即将然事态),句末的“也”确实接近于同时期“矣”的用法,即表动态,但是否如陈文所强调的那样,“也”所在的小句因为用于将来时(当然同时“病”“死”也是达成类动词),所以“也”就表动态,恐怕没那么简单。在上古汉语中,当“也”所在的小句用于将来时时,“也”也可以只作为纯粹的语气词来使用,以表达不同的语气,而未必表示事态即将发生变化。例如:

(36) 铸刑书之岁二月,或梦伯有介而行。曰:“壬子,余将杀带也。明年壬寅,余又将杀段也。”及壬子,驷带卒,国人益惧。齐、燕平之月,壬寅,公孙段卒,国人益惧。(《左传·昭公七年》。带,驷带,郑国大夫。段,公叔段。)

(37) 献公私谓骊姬曰:“吾欲废太子,以奚齐代之。”骊姬泣曰:“太子之立,诸侯皆已知之,而数将兵,百姓附之,奈何以贱妾之故废適立庶?君必行之,妾自杀也。”(《史记·晋世家》。适,同“嫡”。)

(38) 蒲城人欲战,重耳不可,曰:“保君父之命而享其生禄,于是乎得人。有人而校,罪莫大焉。吾其奔也!”(《左传·僖公二十三年》)

(39) 子犯请击之。公曰:“不可。微夫人之力不及此。因人之力而敝之,不仁;失其所与,不知;以乱易整,不武。吾其还也!”(《左传·僖公三十年》)

在上面的例子中,“也”所在的小句都是未然句,但“也”主要表示说话人的打算、决心、决定语气,这种用法不仅与例(31)、例(32)、例(33)用于已然叙述句中的“也”(表示事态已经出现变化)不同,而且与例(34)用于将然句并带有一定主观推断性的“也”(表示事态即将出现变化)也不同。

下面的例子更加能够证明例(36)—例(39)中的“也”与例(34)的“也”不同:

(40) a. 姜曰:“行也!怀与安,实败名。”(《左传·僖公二十三年》)

b. 魏子曰:“辛来!……今女有力于王室,吾是以举女。行乎!敬之哉!毋堕乃力!”(《左传·昭公二十八年》)

(41) a. 子木曰:“吴方无道,国无道,必弃疾于人。吴虽无道,犹足以患卫。往也!长木之毙,无不摽也;国狗之瘈,无不噬也,而况大国乎!”(《左传·哀公十二年》)

b. 帝曰:“俞,往哉!汝谐。”(《尚书·舜典》。谐,通“偕”。)

上面两组例子都是祈使句,自然是未然句,"也"的位置分别与典型语气词"乎""哉"对应,在句子中帮助表达祈使、催促语气无疑。"也"表示打算、决心、决定语气和表示祈使语气可归为同一类,区别只在于句子的主语是第二人称还是第一人称。

在上古汉语中,"也"表示事态将要出现变化不止例(34),下面两例也可归入此类:

(42) 臣闻子胥谏吴王,吴王不用,乃曰:"臣今见麋鹿游姑苏之台也。"今臣亦见宫中生荆棘,露沾衣也。(《史记·淮南衡山列传》)

(43) 其为气也,配义与道;无是,馁也。是集义所生者,非义袭而取之也。行有不慊于心,则馁矣。(《孟子·公孙丑上》)

例(42)是淮南王刘安的谋士伍被对淮南王说的话,"臣今见麋鹿游姑苏之台也""今臣亦见宫中生荆棘,露沾衣也"两句是想象即将出现的情景,比喻繁华之地变为荒凉之所,警示意味明显。其中后一句《汉书·伍被传》作:"今臣亦将见宫中生荆棘,露沾衣也。""见"之前多了个"将"字,可证句子用于将来时。例(43)的大意是:那种气(指浩然之气)必须与义、道相配,否则就缺少力量了。那种气,是由正义不断蓄积产生的,不是偶然的正义行为所能取得的。行为一旦问心有愧,那种气就会疲软了。对于"无是,馁也"的"馁"字,杨伯峻(2005)[350]注云:"表必然之境界,用法同'矣'。"联系后文"行有不慊于心,则馁矣"一句来看,"馁也"的"也"理解为"矣"是可取的。例(43)"也"所在的小句是在假设条件下出现的事态,句末的"也"也是表示事态将要出现变化。

四、语气词"也"动态用法的两种衍生途径

上古汉语中,语气词"也"和"矣"的区分不是绝对的,上古汉语中确实存在"也"用如"矣"的情况,这实际上是中古、近代汉语时期"也"表动态用法的滥觞。如何判断上古汉语的"也"具有动态用法,或者说表静态的"也"是在什么条件下发展出动态用法的,我们认为首先要区分两种语境:一是已然叙述句,二是将然句(多见于议论句或人物对话的场合)。在前一种语境中,"也"字通常位于构成主从复合句的从句之后或者位于构成承接复句的分句之间表示停顿语气,一旦这种语境中的"也"位于构成主从复合句的主句之

后(包括独立成句),或者位于构成承接复句的最后一个分句之后,“也”所在的小句表达前景事件,代表新信息,这时“也”不再表示停顿语气,而是具有现时相关性,即表示事态已经出现变化;在第二种语境中,“也”字本来就位于句末,如果这种“也”所在的小句表示说话人基于某一事实或者某一假设的条件而做出的推断,这时“也”表示事态将要出现变化。我们认为,本来表示静态的语气词“也”就是在这两种语境中发展出动态用法的,这反映了语气词“也”动态用法的两种衍生途径。

最后需要指出的是,“也”表示事态将要出现变化的用法与上古汉语中“也”表示说话人的打算、决心、决定语气的用法有时不易区分,后一种用法属于广义的祈使语气范畴,两种用法在语法性质上的区别是,前一种用法的“也”是事态助词兼语气词,后一种用法的“也”是纯粹的语气词。从后世的应用来看,这两种性质不完全相同的语气词“也”不仅没有消亡,反而在应用范围和语法功能上得到扩大和强化。我们在引言中曾经提到中古、近代汉语时期语气词“也”发展出了表示事实变动(即用如“矣”)的用法,这反映了“也”的功能扩展(具有完成体的功能)。其实语气词“也”的功能远不止此,到了唐五代,尤其是宋元以后,语气词“也”还发展出了言语互动功能,即在言语交际中传达说话人的交际意图,体现说话人的情感、态度、情绪等。有关“也”在这方面的功能蜕变,孙锡信(1999)、戴昭铭(2006)二位先生做过详细的考察。陈前瑞(2008)在附注①中说:“文献中一般把这种用法称为‘也’用如‘矣’或新情况的出现,并包括‘太迟也’之类动态性质不明显的用法,因此本文对动态‘也’也采取宽泛的界定,并进而分析其具体用法性质的不同。”笔者认为,对于近代汉语语气词“也”用如“矣”(即表示事态出现变化)的用法和“太迟也”之类动态性质不明显的用法(即纯粹表感情、态度、情绪等言语互动功能的用法)有必要加以区分,把这两种用法归为一种并不可取。关于语气词“也”在近代汉语的蜕变(尤其是言语互动功能的增强),笔者另拟专文讨论。

参考文献

伯纳德·科姆里(2016)《体范畴》,郭利霞译,北京:北京大学出版社:9、42。

曹广顺(1995)《近代汉语助词》,北京:语文出版社:93。

——,梁银峰,龙国富(2011)《〈祖堂集〉语法研究》,开封:河南大学出版社:328。

陈鼓应(1983)《庄子今注今译》,北京:中华书局。

陈前瑞(2008)句末"也"体貌用法的演变,《中国语文》第1期:28-39。

戴昭铭(2006)从"也"到"啊",《中国语言学报》第12期,北京:商务印书馆:140-152。

杜海涛(1999)上古汉语"既"字的意义和用法与汉语实词虚化问题,载北京大学汉语语言学研究中心《语言学论丛》编委会编,《语言学论丛》第二十二辑,北京:商务印书馆:153-163。

方勇译注(2010)《庄子》,北京:中华书局:8。

郭锡良(1988/1989/2005)先秦语气词新探,载郭锡良,《汉语史论集》增补本,北京:商务印书馆:53-81。

何乐士(2004)《左传》的语气词"也",载何乐士,《〈左传〉虚词研究》修订本,北京:商务印书馆:412-446。

黄锦君(2005)《二程语录语法研究》,成都:四川大学出版社:123。

雷仲康译注(1996)《庄子》,沈阳:辽宁民族出版社:2。

李佐丰(2003)上古汉语的"也"、"矣"、"焉",载李佐丰,《上古汉语语法研究》,北京:北京广播学院出版社:223-254。

梁银峰(2016)《汉语史主从句和从属句的产生及其演变》,上海:上海人民出版社:35。

——(2017)从交互主观性的角度看"既"字句的主句化和句子化,《古汉语研究》第2期:21-32。

刘勋宁(1985)现代汉语句尾"了"的来源,《方言》第2期:128-133。

罗　骥(1994)北宋句尾语气词"也"研究,《古汉语研究》第3期:29-32。

吕叔湘(1942/1990)《中国文法要略》,载吕叔湘,《吕叔湘文集》第一卷,北京:商务印书馆。

马建忠(1898/1983)《马氏文通》,北京:商务印书馆。

梅祖麟(1994/2000)唐代、宋代共同语的语法和现代方言的语法,载梅祖麟,《梅祖麟语言学论文集》,北京:商务印书馆:247-285。

蒲立本(2006)《古汉语语法纲要》,孙景涛译,北京:语文出版社。

沈玉成(1990)《左传译文》,北京:中华书局:136。

孙锡信(1999)《近代汉语语气词》,北京:语文出版社:47、96-97。

王　力(1989)《汉语语法史》,北京:商务印书馆:306。

——(1999)《古代汉语》,北京:中华书局。

王守谦,金秀珍,王凤春(1990)《左传全译》,贵阳:贵州人民出版社:396。

杨伯峻(1990)《春秋左传注》,北京:中华书局。

——(2005)《孟子译注》,北京:中华书局。

——(2009)《论语译注》,北京:中华书局:33。

——,何乐士(2001)《古汉语语法及其发展》修订本,北京:语文出版社:855。

杨树达(1965)《词诠》,北京:中华书局。

杨永龙(2001)《〈朱子语类〉完成体研究》,开封:河南大学出版社:53-54。

周法高(1961)《中国古代语法·造句编(上)》,台北:“中央研究院”历史语言研究所:268。

(200433 上海,复旦大学中国语言文学系 liang_yin_feng@126.com)

“更”的连词功能来源探析*

文桂芳　李小军

提要　汉语史上“更”语义功能丰富，学界关于其副词功能研究充分，连词功能研究尚薄弱，未见专文讨论。文章详细考察了“更”的让步条件连词、递进连词和并列连词功能的来源与发展。认为让步条件连词功能源于表“再”义的重复副词，其中“更”在“更 X_P 也 V_P”格式中被理解为极量，且从元明开始，表让步条件的“更”逐渐被“再”取代；递进连词功能源于程度副词；并列连词功能源于表“又”义的重复副词。发展出关联副词功能后，“更”进而向连词演变，且在不同语境中发展出不同的连词功能。“更”的三种连词功能典型程度不一，让步条件功能不成熟，并列连词功能一般，递进连词功能最成熟，它是能产的，开放的，建议辞书在以后修订时把“更”的递进连词功能补充上去。

关键词　“更”；让步条件连词；递进连词；并列连词；语义演变

一、引　　言

汉语史上的“更”语义功能比较丰富，其语义系统可以分为三大类，分别是动词类（更改、交替义），副词类（重复副词、程度副词和语气副词）以及连

*　本文得到国家社科基金重点项目“汉语语法化词库编制及语法化模式研究”（项目编号 15AYY010）、江西省教育厅研究生创新基金项目资助“关联理论视阈下的汉语‘重复’义词的语义演变研究”（项目编号 YC2018－B024）、江西师范大学文学院研究生创新基金项目“汉语关联副词的来源及相关范畴研究”（项目编号 2019B01）的支持；本文在第十届汉语语法化问题国际学术讨论会（三峡大学 2019 年 10 月 25—27 日）上报告过，在场的师生提出了宝贵的意见；《语言研究集刊》编辑部和匿名审稿专家也给予了专业的修改意见，谨致谢忱！文责自负。

词类(让步、并列和递进)。已有研究或关注共时平面下副词"更"与"还"的比较研究,代表性的如陆俭明(1985)、黄祥年(1984)、黄瓒辉(1999)、沈家煊(2001)、高增霞(2001)、文全民(2008)、张谊生(2009)等;结合汉语史探讨"更"副词功能的来源与内在联系的,如高育花(2001)探讨了中古汉语副词"更"的语义类别与语义演变,王阳阳、马贝加(2007)研究了副词"更"的语法化,马贝加(2014)考察了"更改"义动词"更"的各项副词功能与让步连词功能,周纯梅、李小军(2019)则分析了程度加深义副词"更"形成的路径:更改 > 重复 > 增益 > 程度加深。

此外,一些词典辞书如《汉语大词典》(汉语大词典出版社,上海辞书出版社,(1986—1994),《古代汉语虚词词典》(商务印书馆,1999),《诗词曲语辞汇释》(中华书局,1953),《中古虚词语法例释》(吉林教育出版社,1994),《虚词历时词典》(湖北人民出版社,1994),《唐五代语言词典》(上海教育出版社,1997)等也都列举了"更"的副词功能和部分连词功能用法。从研究的层面来看,"更"的副词功能研究比较充分,但连词功能研究还较薄弱,其连词功能的来源与发展迄今未见专文讨论。鉴于此,本文尝试对"更"的连词功能进行细致的历时考察,以求教于方家。

二、"更"的让步条件连词功能来源

2.1 关于让步条件连词"更"产生的三种不同意见

就目前见到的文献材料,让步条件连词"更"的产生,有三种不同意见:一是认为从"更"的重复副词用法演变而来,以董志翘、蔡镜浩为代表。董志翘、蔡镜浩(1994)认为:"更"的这一用法是由它的"第二次""再"义引申而来。但两位先生没有对让步条件连词"更"产生的机制及其在汉语史上的发展做进一步阐述。二是认为从"更"的肯定副词用法演变而来,以马贝加为代表。马贝加(2014)[559-560]认为,让步连词用法直接来源于"更"的肯定副词用法。三是认为"更"等同于"便",以何金松为代表。何金松(1994)[435]认为宋元时"更"与"便"多替换使用,"更"当为"便"字之省。

我们认为,以上观点视角不同,即"更"演变为让步条件连词是自身语义演变的结果,还是受外力影响产生的? 视角的不同,导致思考问题的方式也不同。贝罗贝、李明(2008)主张在探讨语义演变时,"首先关注演变的内在力量,而慎言外部力量的沾染或类推"。我们认为,让步条件连词"更"有自己的产生和发展演变轨迹,虽然宋元时期"更"与"便"在一些义项如表示"岂"和让步条件时用法相同,但并不能代表"更"即为"便"之省。至于汉语史上"肯定—让步"的演变,的确是常有发生,正如马先生所举例之"须"。但从语法化的频率规则来看,汉语史中的"更"其肯定副词用法本来就少,能否发生"肯定—让步"的演变还值得进一步探讨。根据我们的调查,我们赞同第一种意见,认为让步条件连词来源于其表"再"义的重复副词,其演变路径为:更改→重复→增益→让步条件(关联)。具体分析如下。

2.2 "更"的让步条件连词功能的来源

"更"本为动词,义为"更改"。《说文·攴部》:"更,改也。"这个意义上古文献频见。例如:

(1) 天不变其常,地不易其则,春秋冬夏,不更其节,古今一也。(《管子·形势》)

(2) 过也,人皆见之;更也,人皆仰之。(《论语·子张》)

"更"在上古已由"更改"义演变为"重复"义,表示动作、行为的第二次发生。(马贝加 2014)[544] 一直到宋代,"更"都主要是做重复副词。(李宗江 1999/2016)[239]

(3) 宫之奇以其族行,曰:"虞不腊矣。在此行也,晋不更举矣。"(《左传·僖公五年》)

(4) 因复更射之,终不能复入。(《史记·李将军列传》)

作为重复副词的"更",最初既可表已然,也可表未然,大约从东汉始,逐渐朝着未然方向发展,并常与表示假设条件的"若""如"等连用。

(5) 发汗后,水药不得入口为逆,若更发汗,必吐下不止。(张仲景《伤寒论》)

(6) 今天下若更有贼,我不复能击也。(《宋书·吴喜传》)

(7) 但陇右之人,以畜牧为事,若更屯聚,弥不获安。(《隋书·贺娄子干传》)

(8) 如更迁延,陷身叛逆,一挂刑书,为布衣黔首不可得也。(《隋书·皇甫诞传》)

据梅祖麟(1978/2000),将来和假设的关系古今中外都很密切。由于表重复之义的"更"小句常接未然之事,因此即使小句中没有出现"若""如"

等,也可从上下语境中推衍出假设条件之义,表示如果继续重复这一动作行为或状态,就会产生什么样的结果,故后一小句常有"必""当""即"等推断之词,或带有推论、预测与憧憬之意,或带有劝诫与阻止之意。

(9) 绣不从,进兵交战,大败而还。诩谓绣曰:"促更追之,更战必胜。"(《三国志·魏书·贾诩传》)

(10) 此儿驹齿未落,已是我家龙文;更十岁后,当求之千里外。(《北史·杨愔传》)

(11) 钦求赎之,不许。京再诉,文襄使监厨苍头薛丰洛杖之,曰:"更诉,当杀汝。"(《北史·齐本纪上》)

(12) 有宦者于苑中犯法,机杖而后奏。高宗嗟赏,赐绢数十匹,谓曰:"更有犯者,卿即鞭之,不烦奏也。"(《旧唐书·良吏传》)

(13) 明年若更征边塞,愿作阳台一段云。(李白《捣衣篇》)

但是,当后一小句的文义不再由前一假设条件小句推导而来,而是语义刚好相反,具有转折之义时,"更"就开始向让步条件连词演变,也就是说,后续内容出现转折关系是"更"由重复副词重新分析为让步条件连词的语境[①]。

(14) 故汴水之战数千,后还到扬州更募,亦复不过三千人。(《三国志·魏书·武帝纪》)

此例中"更"表"再次"之义后接已然事件,说"后又到扬州再次招募,我的部下也仍不过三千人",细味文义,前后小句中含有转折之义。我们可以将之重新分析。当把"更"看成重复副词时,"更"回指前分句内容,指在原先人数的基础上再次进行招募。当把"更"看成让步条件连词时,"更"作为让步条件小句的前一分句,具有后指功能:再怎么进行招募,也不会超过三千人。

随着"更"后接未然事件,且"更"所在的小句中出现让步条件连词"纵(然)""任"等,与后一小句中的"也"类副词如"亦""也""还"等搭配使用时,前后转折语义更甚,让步条件连词进一步发展。

(15) 纵曹操更出,亦无所骋奇。(《魏书·杨侃传》)

(16) 纵由算当更无人,应是三宝慈悲力。(《敦煌变文集·大目乾连冥间救母变文》)

---

① 太田辰夫(1958/2003)认为,纵予是表达假定的转折的。

(17) 纵然更相逢,握手唯是悲。(于鹄《寄卢俨员外秋衣词》)

(18) 任是深山更深处,也应无计避征徭。(杜荀鹤《山中寡妇》)

由于长期与“纵(然)”“任”等让步条件连词连用,一旦当让步条件连词“纵(然)”“任”等脱落,“更”与后一小句的“也”类副词搭配形成“更 X_P也 V_P”,其格式义由于语境吸收,依然会使让步条件连词“纵(然)”之义浮现:无论怎么 X_P也 V_P。

(19) 更贫家业犹供酒,未死年光尽属身。(陆游《闲趣》)

(20) 更病可无酒,犹寒已自和。(陈师道《别负山居士》)

(21) 泷吏不须前白事,更忙定要看罗浮。(刘克庄《罗浮》)

(22) 更归去,遍历銮坡凤沼,此景也难忘。(柳永《如鱼水》)

(23) 我更不中呵,须是相国之家。(郑光祖《㑳梅香骗翰林风月》第二折)

我们发现,在“更 X_P也 V_P”格式中,“更”后的 X_P一般为光杆的谓词性成分,且宜分析为无界形容词或无界动词,也就是说,它们代表的不是某一个有界的量点,而是广泛意义上的无界的量幅①,而一旦进入“更 X_P也 V_P”格式中,X_P往往代表量幅中最极端的那个量点。这是由于:“更”修饰 X_P表示性状或动作的重复或继续,但当进入这个格式时,就有无数次重复和继续的意味,仿佛是“X_P + 再 X_P一点 + 再 X_P一点 + 再 X_P一点 + ……”,故结果就常常产生极量、顶点的含义。其整个格式义表示: 假定 X_P的性状、行为的程度即使加深到极点,也无法改变后面的结果 V_P②。

总之,作为让步条件连词的“更”主要见于宋元时期,其让步条件之义很大程度上还依赖于“更 X_P也 V_P”所在的格式义或者说上下语境义,且一般用在谓词性成分前,从不用于主语前,因此我们认为“更”还不具有稳定的让步条件连词功能,至少还没有演化成熟。我们姑且把它看成是表示让步条件之义的关联副词。倒是以“更”为构词语素组成的复合词如“更总做”“更做”“更做道”“更则道”等经常出现在主语前,发展出了让步条件连词的功能。

---

① 关于“有界”“无界”与“量点”“量幅”概念请参阅沈家煊(1995)与石毓智(1991)。

② 此处观点受李凰(2009)、李文浩(2010)启发。

例如[①]：

(24) 更总做北人未识伊，据品调难作杏花看待。(辛弃疾《红梅》)

(25) 更做你是开封府同知，却不取招平人无罪。(石君宝《紫云庭》)

(26) 更做道世事云千变，敬德呵则消得功名纸半张，陛下试参详。更做道贵人多忘，咱数年间有倚杖。(尚仲贤《尉迟恭三夺槊》第一折)

(27) 更则道你庄家每葫芦提没见识，我既为了张郎妇，又着我做李郎妻，那里取这般道理。(石君宝《秋胡戏妻》)

2.3 让步条件连词“更”的发展

大约从元明开始，表达让步条件的“更”逐渐被“再”所取代。为什么“再”能取代“更”表让步条件用法？此外，汉语史中重复副词众多，如“还”也发展出了假设连词的用法，但为什么最核心的重复副词“又”却没有？

先看第一个问题。据李宗江(1999/2016)[238-239]“更”，在宋代以前主要是做重复副词，但从宋元开始，表达“重复”之义的“更”逐渐被“再”所取代，直至明末“更”的重复副词用法消失。这种变化与“更”做程度副词的用法和“再”做重复副词的使用范围的扩大紧密相关。吴福祥(1996)认为，“更”很可能是在宋元以后才开始主要用来表示程度增高的，这样“更”表重复和表程度呈现出此消彼长的反比例关系。而表达让步条件之义的“更”正是由表“再”义的重复副词发展演变而来，当表“再”义的重复副词“更”逐渐被“再”取代时，表让步条件之义的“更”也被“再”取而代之。我们可以从发展到现代汉语中的“再”的用法得到验证。据周刚(1994)，现代汉语中表示“一个动作(或一种状态)重复或继续”义的“再”可用于假设句与让步假设句，以下两例引自周刚(1994)：

(28) 你再哭，小朋友就都不跟你玩了。

(29) 你再哭，也没有用。

例(28)是假设句，例(29)是让步假设句。而这两种用法，正是中古时期由表“再”义的“更”发展而来的假设条件用法与让步条件用法的源头。据检索，最早表假设条件用法与让步条件用法的“再”宋代已出现，与表达“重复”之义的“更”逐渐被“再”所取代的时代吻合。例如：

(30) 若再犯疆场，或复入山林，不受教令，则诛讨无赦。(《资治通鉴·

---

① 以下几例均引自何金松(1994)。

唐纪》)

(31) 如一斛米,初间量有十斗,再量过也有十斗,更无些子少欠。(《朱子语类》卷64)

再来看第二个问题。我们以汉语史中使用频率较高的重复副词“又、更、还、再、复”为例,为什么最核心的重复副词“又”没有发展出假设用法与让步条件用法?我们认为这和表示未然与已然事件息息相关,因为只有在未然事件中才有可能发展出假设与让步条件用法。据吕叔湘(1980/1999)[254、644],“又”用于已实现的,“再”和“还”用于未实现的。这个结论与汉语史中的重复副词的发展是相同的。李宗江(1999/2016)[233-246]重点考察了历史上重复副词的用法,发现已然和未然的分别是历史演变的结果:“又”从上古至今都没变,主要是表示已然的重复,但“复、却、还、再、更”都经历了不分已然未然到主要表未然的过程。为什么表示未然的“复、却、还”也没有发展出让步用法?我们认为这和“更”与“再”在表示“增益”的过程中发展出让步功能时能推导出“极端”的用法有关,据吕叔湘(1980/1999)[703],表示让步的“再”与“最、顶、至”相当,这是“更”“再”的共同点,而表示一般的重复的“复、却、还”,并不能推导出“极端”的用法。①

2.4 “更”的让步条件连词演变的动因

是什么动因促使“更”演变为让步条件?我们认为是基于语用推理的“不过量原则”。

据沈家煊(1998),说话人(S)和听话人(H)之间有一种紧张关系:S不想说得太详细,而H又想要尽量听得详细。双方都意识到这种紧张关系的存在,解决的方法就是H依靠语境从S有限的话语中推导出没有说出而实际要表达的意思(或叫“隐含义”)。如果一种话语形式经常传递某种隐含义,这种隐含义就逐渐固化,最后成为那种形式固有的意义。

具体到表示增益的“更X_P也V_P”,听话人在第一次听到“更X_P也V_P”时,会将“更X_P”解读为“X_P+再X_P一点”,然后再一层层往上加,所解读到的“量点”一次比一次高,一直达到量幅中最极端的那个量点。这种推理依赖于具体的语言环境,当在相同的语境下反复使用后,这种意义就会逐渐固化。当听话人将“更X_P也V_P”中的X_P直接理解为“极值表达”,即整体理解为:假定X_P的

① 此处观点承蒙匿名审稿专家指出,深表感谢!

性状、行为的程度即使加深到极点，也无法改变后面的结果 V_P 时，语用推理完成。从语义演变的角度来看，“更”发展出让步条件功能，是沾染了“更 X_P 也 V_P”的语境义或格式义，语义沾染是语法化演变过程中的常见现象。

三、“更”的递进连词功能来源

3.1 学术界对递进连词“更”的来源的看法

从目前的文献资料来看，早些年的只见到何金松(1994)[369]列举了“更”做递进连词的用法，认为其相当于“而且”，兹抄录如下：

(32) 叶满丛深殷似火，不唯烧眼更烧心。(李绅《红蕉花》)

(33) 不惟道鬼病相持，更有邪神缴缠。(《董解元西厢记》卷6)

近年来的最新研究只见周纯梅、李小军(2019)在文中顺带提及了“更”的递进用法，认为“更”从重复发展到增益后，其后续演变有两条线，一条是程度副词，另一条则是递进连词，并举了两个做递进连词的例子。转引如下：

(34) 布三种之良田，开七朝之盛会。或有飞空罗汉，掷锡圣僧，或有鏻腹婆罗，戴火道，各将徒众，夸逞神通，皆临长者之筵，尽赴善德之会。更有城中乞士，外处贫儿，老弱者形貌尪羸，孤独者颜容憔悴，或时作队，或即成群，无目者以杖前行，喑哑者点头似语。(《敦煌变文集新书》卷2)

(35) 尼悲泣，更以香水洗函，沐浴顶戴，绕佛行道，于七日七夜不暂休息。(唐临《冥报记》)

我们认为这几例之“更”还算不上严格意义上的递进连词，虽然从分布上看它们都占据着句首谓语前的位置，在主语没有出现时，这种分布是连词的典型位置与无标记形式，但同时也是副词的典型分布与无标记形式。我们不妨把以上几例看成是演化中的“副词→连词”，或者看作是关联副词与递进连词“不惟(唯)”搭配使用，用于紧缩复句后半部分或递进复句第二句表递进义，有点类似于现代汉语中的“不仅……更”“不但……更”等。例如①：

(36) 我们军队，不但要有高超的军事技术，更要有严密的组织纪律和一往无前的大无畏气概。

① 以下两例引自侯学超(1998)。

(37) 不仅在姿势和动作上,春儿可以作为她们的表率,在认真努力和坚持不懈的精神上,这个女孩子更是远远的超越了她们。(孙犁)

那么,汉语史中"更"到底有无典型的递进连词功能? 如有,又是从何演化而来?

根据我们的研究,汉语史中的"更"在宋代发展出了典型的递进连词功能,其递进连词功能当源于其程度副词,其演变路径为: 更改→重复→增益→关联→递进。具体分析如下:

3.2 "更"的递进连词功能的来源

"更"在上古已由"更改"义动词演变为重复副词,重复的结果就是动作行为的累积,而累积造成凸显,当搭配形容词充当谓语时,"更"就获得了程度副词的用法,表达对程度的凸显和增量(董秀芳 2017)。可见从重复→增益,是汉语史上反复可见的演变路径。

(38) 宫之奇以其族行,曰:"虞不腊矣。在此行也,晋不更举矣。"(《左传·僖公五年》)

(39) 范雎曰:"汝罪有三耳。……公前以睢为有外心于齐而恶睢于魏齐,公之罪一也。当魏齐辱我于厕中,公不止,罪二也。更醉而溺我,公其何忍乎? 罪三矣。……"(《史记·范雎蔡泽列传》)

(40) 得行吾书,天地更明,日月列星皆重光。(《太平经》卷46)

(41) 或言始于魏文帝官人妆奁之戏,帝为之特妙,能用手巾角拂之。有人自言能,令试之,以葛巾低头拂之,更妙于帝。(殷芸《小说》)

例(38)"晋不更举矣"指"晋不需要第二次举兵或再次举兵了","更"为重复副词。例(39)范雎控诉须贾三大罪状,一是须贾认为范雎有外心,在魏相魏齐面前说范雎的坏话。二是当魏齐将他丢到厕所里侮辱时,须贾并不制止,三是宾客们喝醉了酒还往他身上撒尿,须贾怎么能这样忍心! 对于"更醉而溺我"中的"更",当我们把它分析为表"又"义的重复副词时,表明这三大罪状是有时间先后关系相继发生的;当我们把它重新分析为程度副词表程度加深义时,表明这三大罪状是一重胜过一重,尤其是最后一宗罪,范雎用"公其何忍乎?"来评价。例(40)"更"后直接加形容词表程度更深,是"更"做程度副词的典型用法。例(41)用于比较句,表比较的两项都出现于句中,"更"的程度副词用法更明显。

发展为程度副词的"更"后既可接形容词性成分如上面例(40)、例

(41),也可通过句法扩展修饰动词性成分,例如:

(42) 臣知其君老,有天期而忧之,为其索殊方大贤之助,异策内文,令君更得延年,是大功也。(《太平经钞辛部》)

(43) 会梁武陵王萧纪遣其将杨乾运等将兵万余人救循,循于是更据城不出。(《周书·达奚武传》)

例中"更"作为饰谓副词修饰并指向后面的动词性成分。到了宋代时,"更"逐渐向饰句副词①发展,位于后一小句的句首谓语之前,表示与前一小句相比,后一小句内容程度更甚。

(44) 鱼朝恩素疾其功,因是媒谮之,故帝召子仪还,更以赵王为天下兵马元帅,李光弼副之,代子仪领朔方兵。(《新唐书·郭子仪传》)

(45) 若见故人须细说,白发倍当时。小郑非常强记,二南依旧能诗。更有鲈鱼堪切脍,儿辈莫教知。(苏轼《乌夜啼·寄远》)

(46) 故园,无恙否,一溪翠竹,两径苍松。更有鱼堪钓,有秫堪舂。(吴潜《满庭芳·西湖》)

这种位于句首的饰句副词辖域指向后面整个小句,以(46)为例,"更"不再指向句内谓语动词,而是指向"有鱼堪钓,有秫堪舂"后面这两个小句,且"更"还具有一定的韵律独立性,可以稍作停顿,同时具有一定的篇章衔接功能,将前面两个小句即"一溪翠竹,两径苍松"一并关联。当这种具有关联功能的"更"再进一步向前发展,由句首谓语之前演变为句首主语之前即连词的典型句法位置时,"更"的递进连词功能演变成熟。

(47) 况溪桥、雪里前村,香传细蕊,春透灵根。更水清泠,云黯淡,月黄昏。(韩玉《行香子·一剪梅花》)

(48) 解骖分袂,催上兰桡。更绿波平,红日坠,碧云遥。(刘镇《行香子·赠柳儿行》)

(49) 自六朝、用武诧荆州,襟喉重疆陲。更西风似箭,峡江如线,事势夔夔。(李曾伯《八声甘州·和刘仓贺蜀捷》)

(50) 鸥且住,怕月冷吟魂,婉冉空江暮,明灯暗浦。更短笛衔风,长云弄晚,天际画秋句。(李演《摸鱼儿·太湖》)

我们发现,在递进连词"更"的统摄下,可以连续几个小句并列使用,形

① 关于饰谓副词与饰句副词,请参阅方梅(2017)。

成排比气势,将“更”后面的语意层层推进。到元明时期,递进连词“更”后小句的主语不只是非生命体,也可以是有生命特征的人。

(51) 此卜应在女主昌民间,乃不利之兆。更臣昔得异人传授秘记,其中所载已往未来,阴阳祸福,无不应验。(《隋唐演义》第90回)

(52) 至门二黄衣立于外,更二女官导之。金钿翠裳,容色绝世。(《型世言》第7回)

(53) 车前八个天曹判,车后若干递送夫。更几个多娇女,一般穿着,一样妆梳。(睢景臣《哨遍·高祖还乡》)

(54) 可怜我孤身的躲难逃灾,更一家儿衔冤负屈。(李寿卿《伍员吹箫》第二折)

随着汉语双音化趋势的加强,递进连词系统为适应这一趋势,单音节递进连词“更”通过同义复合或附加词缀构成了大量的双音节递进连词,也有个别三音节递进连词,如“更兼”“更且”“仍更”“那更”“那堪更”“更那堪”等。这些“更”作为核心语素组成的递进连词在近代汉语中甚为广见。

(55) 刘备以枭雄之姿,有关、张、赵云之将,更兼诸葛用谋,必非久屈人下者。(《三国演义》第55回)

(56) 自小生得清秀,更且资性聪明。(《醒世恒言》第3卷)

(57) 何为夺他宅舍,仍更打他损伤?(《敦煌变文集·燕子赋》)

(58) 不惟眼辨与身轻,那更马疾手妙。(董解元《西厢记诸宫调》卷2)

(59) 不惟道生得个庞儿美,那堪更小字儿得惬人意。(董解元《西厢记诸宫调》卷1)

汉语史上“况”和“更”一样,也发生了从“程度副词→递进连词”的平行演变。做程度副词指同以前相比更加深了,后转化为连词,表递进(段德森1991)。不过“况”演变为递进连词发生的时代较早,先秦时代就有递进连词的用法了。

四、“更”的并列连词功能来源

4.1 学术界对并列连词“更”的来源的看法

“更”的并列连词用法,主要指连接名词或名词性词组,表并列关系,可译作“和”“与”。学术界对“更”的并列连词用法认识比较统一,许多辞书都列举了"更"做并列连词的用法。关于其来源，就我们目前见到的文献材料，只有董志翘、蔡镜浩两位先生稍加说明，认为来源于表"又"义的重复副词。董志翘、蔡镜浩(1994)认为："更"在作"再"讲的同时，又可作"又"讲，一开始是副词，用在动词前，表示重复。……后来成为连词，用在两个动词或形容词之间，就只能解释为"又"，将这移用来连接名词，就有了"和"的意思。但两位先生没有对并列连词"更"产生的机制做进一步阐述。我们认同并列连词"更"源于表"又"义的重复副词这一看法。

4.2 "更"的并列连词功能的来源

"更"在上古就已由"更改"义动词发展为重复副词，有"再、重、又、另、还"等义(马贝加 2014)[544]，表"又"义的重复副词主要用来修饰谓词性成分。

(60) 后皇嘉树，橘徕服兮。受命不迁，生南国兮。深固难徙，更壹志兮。(《楚辞·橘颂》)

(61) 二世不行此术，而重之以无道，坏宗庙与民，更始作阿房宫，繁刑严诛……(《史记·秦始皇本纪》)

据邵敬敏、饶春红(1985)，"又"的基本语法意义是表示：同类动作、状态或性质的加合关系。例(60)中，"深固难徙"是橘树的一个特征，"壹志"是它的另一个特征，用表"又"义的"更"将这两类特征予以加合。同样，例(61)指秦二世在"坏宗庙与民"这个动作的基础上，又"始作阿房宫"，前后具有并列关系，用"更"将两个小句连接。表"又"义的"更"既可以用来连接前后两个小句，也可以在一个小句中连接两个相同性质的成分表并列。

(62) 宜家更宜国，宜子又宜孙。(丘崈《临江仙·天上玉卮称万寿》)

(63) 天地寒更雨，苍茫楚城阴。(王昌龄《别刘谞》)

(64) 所遇多被伤，呻吟更流血。(杜甫《北征》)

例(62)中"更""又"互文同义，用"更"与"又"将两个并列的动词性成分相接连。"更"也可以连接两个形容词性成分。例如：

(65) 要识此时情绪，豆梅酸更苦。(许棐《应天长·溅紫飘红风又雨》)

(66) 玉骨冰肌软更香，一枝丹棘映青裳。(王之道《浣溪沙·玉骨冰肌软更香》)

(67) 试问荻芽生也未，偏宜。出网河豚美更肥。(王之道《南乡子·用韵赋杨花》)

(68) 柳腰花貌天然好，聪慧更温柔。(杨无咎《眼儿媚·柳腰花貌天

然好》)

用于小句中连接两个相同性质的成分的"更"相当于现代汉语中表并列的框式结构"又……又……",以上例句表示"又酸又苦""又软又香"等,共同做句子谓语。一旦扩展开来将其移用来连接名词时,"更"就有了并列连词"和"的意义。

(69) 流聒聒兮湍与濑,草青青兮春更秋。(皇甫冉《杂言月洲歌送赵冽还襄阳》)

(70) 绿萼更横枝,多少梅花样。(姜夔《卜算子·绿萼更横枝》)

(71) 着尽工夫是化工,不关春雨更春风。(杨万里《春兴》)

(72) 阿谁不识朱将玉,若个关渠风更骚。(杨万里《和段季承左藏惠四绝句》)

例(69)"更"与"与"互文同义,例(70)"绿萼""横枝"皆梅别种,用连词"更"相连接,例(72)"更"与并列连词"将"互文同义表并列。连接名词性成分的"更"字短语,不仅可以在句中共同做谓语,也可以做主语[如例(70)]和宾语[如例(71)],功能更为丰富。

汉语史中表重复副词的"复"也和"更"一样,经历了相同的平行演变,也从表"又"义的重复副词发展出并列连词用法。上古"复"作为重复副词有"又"义,表示动作的重复。

(73) 终而复始,日月是也;死而复生,四时是也。(《孙子·势》)

中古时,"复"用于并列的谓词性成分之间,表示前后两种情况或动作并列出现,相当于"又"。例如:

(74) 问君今何行,非商复非戎。(陶渊明《拟古》)

(75) 惨惨时节尽,兰叶凋复零。(徐干《室思诗》)

当其扩展开来,用于连接两个名词性成分时,"复"就有了并列连词"和"的意义。例如:

(76) 寓宿湍与濑,行歌秋复春。(李欣《渔父歌》)

(77) 终日风与雪,连天沙复山。(岑参《寄宇文判官》)

(78) 宁问春将夏,谁论西复东。(王维《愚公谷》)

"复"与"更"表并列连词的用法分别于唐和元以后逐渐消失。

4.3 "更"的并列连词演变动因

我们认为"更"的并列连词用法源于其表"又"义的重复副词,有两项证据可以证明之。

首先,从概念上,重复副词与并列连词的语义接近。表"又"义的重复副词所在的句子通常表达逻辑上的合取关系,而并列连词所连接的成分,无论是名词性还是谓词性成分,表达的也是一种合取关系。比如我们说"他唱了首中国歌,又唱了首美国歌"时,意思是说"他唱了首中国歌和美国歌"。因此由重复副词功能衍生出并列连词功能是一种很有可能的语义演变。

其次,跨语言的事实反复证明,"类同副词 > 并列连词"是一种非常自然的语义演变。从人类语言来看,据 Haspelmath(2004)对世界语言中并列连接标记的多功能模式考察,发现"类同"与"名词短语并列连词"于概念上是直接毗邻的,且是由前者演变为后者。又据 Heine 和 Kuteva (2002)搜集的材料,由类同义副词演变为名词短语并列连词是一条普遍的语法化路径。而"类同"副词与重复副词密切相关①。

五、结　语

本文详细考察了"更"的连词功能的来源与发展。认为让步条件连词功能来源于表"再"义的重复副词,其中"更"在"更 X_P 也 V_P"格式中被理解为极量,大约从元明开始,表让步条件的"更"逐渐被"再"所取代,处于假设的转折义语境是其演变为让步条件的关键,或者说发展出让步条件功能"更",是沾染了"更 X_P 也 V_P"的语境义或格式义;递进连词功能源于程度副词,句法位置的改变与辖域范围的扩大导致演变的发生;并列连词功能来源于表"又"义的重复副词,一旦扩展开来将其移用来连接名词时,"更"就有了并列连词"和"的意义。

"更"在不同语境中发展出不同的连词功能:在假设与转折语境中发展出具有让步条件功能的关联副词;在语意递进中由饰句关联副词继续发展出递进连词功能;在并列语境中由关联动词的用法扩展出关联名词的并列连词功能。"更"的三种连词功能典型程度不一:让步条件连词功能不成熟,它虽位于句首谓词性成分之前,但从不用于主语前,且"更"的让步条件

① 类同副词一般指"也、亦"等,重复副词一般指"又、复、还、再、更"等,学界常将类同副词一并归入重复副词。

之义很大程度上是沾染了“更 X_P也 V_P”的格式义,宜将其看作是具有让步条件功能的关联副词;并列连词功能虽然用于连接名词性成分,但只有在与并列连词“与”“将”等互文共现时,其并列连词功能方显而易见,且并列连词功能是封闭的,不能产的,语例较少;递进连词功能最成熟,连词的句法环境也最典型,虽然此用法基本上不见于任何辞书,但通过研究,我们发现它是开放的,能产的,语例也比较丰富,建议词典辞书在以后修订时把“更”的递进连词功能补充上去。综上,我们把连词“更”的语义演变路径概括如图 1 所示:

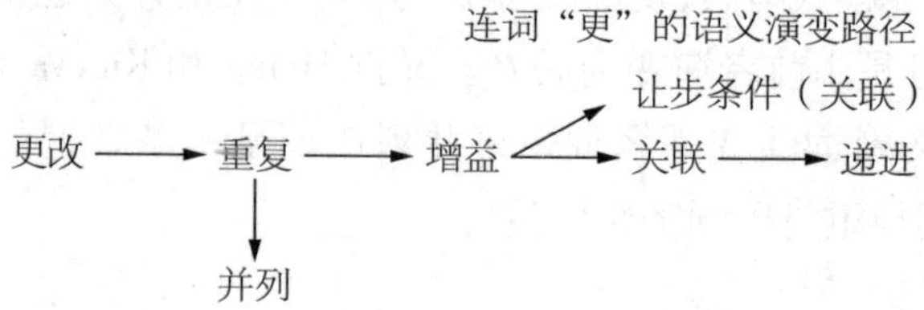

图 1

参考文献

贝罗贝,李　明(2008)语义演变理论与语义演变和句法演变研究,载沈阳、冯胜利主编,《当代语言学理论和汉语研究》,商务印书馆:12。
董秀芳(2017)从动作的重复和持续到程度的增量和强调,《汉语学习》第 4 期。
董志翘,蔡镜浩(1994)《中古虚词语法例释》,长春:吉林教育出版社:158。
段德森(1991)副词转化为连词浅说,《古汉语研究》第 1 期。
方　梅(2017)饰句副词及相关篇章问题,《汉语学习》第 6 期。
高育花(2001)中古汉语副词“更”探微,《湘潭大学社会科学学报》第 2 期。
高增霞(2001)也谈“还”与“更”,《汉语学报》下卷,武汉:湖北教育出版社。
何金松(1994)《虚词历时词典》,武汉:湖北人民出版社。
侯学超(1998)《现代汉语虚词词典》,北京:北京大学出版社:230。
黄祥年(1984)比较句中的“更”和“还”,《语言教学与研究》第 1 期。
黄瓒辉(1999)“比”字句中“更”与“还”的语用条件分析,《广州华苑》第 1 期。
江蓝生,曹广顺(1997)《唐五代语言词典》,上海:上海教育出版社。
李　凰(2009)“再 X 也 Y”的构式分析,《暨南大学华文学院学报》第 4 期。
李文浩(2010)“再 X_P也 V_P”构式分析,《汉语学报》第 4 期。
李宗江(1999/2016)汉语重复副词的演变,《汉语常用词演变研究》第二版,上海:上海教育出版社。
陆俭明(1985/2017)“还”和“更”,载马真、陆俭明,《现代汉语虚词散论》第三版,北京:北京大学出版社。
吕叔湘主编(1980/1999)《现代汉语八百词》增订本,北京:商务印书馆。
马贝加(2014)《汉语动词语法化》,北京:中华书局:559-560。
梅祖麟(1978/2000)《梅祖麟语言学论文集》,北京:商务印书馆:8。
邵敬敏,饶春红(1985)说“又”——兼论副词的研究方法,《语言教学与研究》第2期。
沈家煊(1995)“有界”与“无界”,《中国语文》第5期。
——(1998)实词虚化的机制——《演化而来的语法》评介,《当代语言学》第3期。
——(2001)跟副词“还”有关的两个句式,《中国语文》第6期。
石毓智(1991)现代汉语的肯定性形容词,《中国语文》第3期。
太田辰夫(1958/2003)《中国语历史文法》,蒋绍愚,徐昌华译,北京:北京大学出版社:308。
王阳阳、马贝加(2007)副词“更”的语法化,《浙江教育学院学报》第1期。
文全民(2008)“更”和“还”在肯定与否定比较句中的差异,《世界汉语教学》第1期。
吴福祥(1996)《敦煌变文语法研究》,长沙:岳麓书社:139。
张　相(1953)《诗词曲语辞汇释》,北京:中华书局。
张谊生(2009)“更”字比较句中多项比较的程序与格式,《世界汉语教学》第4期。
中国社会科学院语言研究所古代汉语教研室(1999)《古代汉语虚词词典》,北京:商务印书馆。
周纯梅,李小军(2019)程度加深义“更”的来源及演变机制,《新疆大学学报》第1期。
周　刚(1994)说“再”,《汉语学习》第3期。
Haspelmath M. (2004) Coordinating constructions: An orerview. In Haspelmath M. (ed.) *Coordinating Constructions*. Amsterdam: John Benjamins Publishing Company: 3-39.
Heine B, Kuteva T. (2007/2002) *World Lexicon of Grammaticalization*. Cambridge: Cambridge University Press: 327.

(文桂芳　330022　南昌,江西师范大学文学院/
418000　怀化,怀化学院教育科学学院　wenguifang2006@163.com;
李小军　330022　南昌,江西师范大学文学院　lixiaojun00@aliyun.com)

张家口晋语责怨构式“X也是VP”*

宗守云　滕祖爱

提要　“X也是VP”是张家口晋语表责怨意义的构式，由责怨对象NP、背景成分X、情态副词“也是”以及述谓成分VP构成。当NP在X的情况下有本来不应该出现的行为或状态时，说话人对此感到不满，并编码为“X也是VP”进行责怨。“X也是VP”构式具有现实性、意外性和消极性特征。“X也是VP”构式是从类同意义的普通句法结构专化而来。

关键词　张家口晋语；责怨构式；X也是VP

一、题　　解

先看几个张家口晋语的例子：

(1) 五更半夜也是吹笛子。

(2) 火车上也是打架。

(3) 都当书记了也是说赖话。

例(1)—例(3)可以概括为“X也是VP”。在说话人看来，在X的情况下出现VP是不应该的，这违背了社会固有模式[即“五更半夜不能吹笛子、火车上不能打架、当书记不能说脏话”，有关社会固有模式参看莱科夫(1994)]，说话人说“X也是VP”，表达责怨意义。“X也是VP”是形式和意义的配对，而且不能从构成成分预测“X也是VP”的整体意义，因此“X也是

* 本研究获上海市哲学社会科学规划课题“基于社会固有模式的汉语语法构式研究”(项目编号2018BYY016)资助；本文在复旦大学“2018语言的描写与解释——纪念胡裕树先生100周年诞辰学术研讨会”(2018年8月26—27日)和广西师范大学“第三届主观化理论与语法研究学术研讨会”(2018年11月30日—12月3日)交流，得到各位与会专家的指正；《语言研究集刊》匿名审稿人也给出精准的修改建议。谨此一并致谢！

VP”是典型的构式,是责怨构式。前人有关责怨构式的研究已经有一些成果,如普通话责怨构式“X 也是(的)”的研究(刘志富等 2013)、方言责怨构式“还还 VP”的研究(宗守云 2017)等。张家口晋语责怨构式“X 也是 VP”迄今尚无研究成果。本文拟从构成和特征、意义和性质、来源和发展三个方面讨论张家口晋语责怨构式“X 也是 VP”。

二、“X 也是 VP”的构成和特征

在“X 也是 VP”构式中,X 是背景成分,即 VP 是在 X 的情况下出现的;VP 是述谓成分。从认知看,VP 一般情况下都能激活一个相应的 NP,即 VP 的主体。在构式中,NP 是责怨对象,NP 不一定在句中出现,但一般都可以补出,如“他五更半夜也是吹笛子”,“他”是责怨对象。NP 作为责怨对象,在句中可隐可现,因此构式又可以概括为“(NP)X 也是 VP”。

“(NP)X 也是 VP”构式由四个部分/构件构成:NP(责怨对象)、X(背景成分)、“也是”(情态副词)、VP(述谓成分)。NP 是可现构件,X 和 VP 是必现构件,NP、X 和 VP 都是可以框填的构件,情态副词“也是”是固定构件。“也是”后面可以加后附缀“个”,意义不变,如“五更半夜也是个吹笛子”。以下详述各构件。

2.1 NP——责怨对象

NP 是说话人责怨的对象,是特定的个体、群体以及地方。

首先,说话人自己或包括自己在内的集体不能成为责怨对象。尽管在真实世界中说话人可以责怨自己或自己所在的集体,把自己或自己所在的集体作为责怨对象,但这种特殊情形并不编码在语言中。因此,NP 排斥第一人称,“我、我们、咱们”都不能出现在构式中。

其次,受话人或包括受话人在内的集体虽然可以成为责怨对象,但不在构式中出现。受话人或受话人所在的集体出现某种违背社会固有模式的行为,说话人可以针对这种行为表达不满,进行责怨。在特定语境中,说话人责怨受话人,由于说话人责怨的行为是受话人亲历的,因此受话人很容易知道说话人责怨自己或自己所在的集体,这样,“你、你们”都不需要在构式中出现。这正如在许多祈使句中,尽管祈使的对象是受话人,但“你”并不需要出现在祈使句中(“ *你立正!”)。

再次,说话人和受话人以外的第三方最容易成为责怨对象,也最容易出现在构式中,这是最典型的情况。例如:

(4) 二狗油都10岁了也是尿炕。

(5) 管得那么厉害,那帮当官的也是吃喝。

(6) 项链那么贵他也是个买。

例(4)—例(6)责怨对象分别是"二狗油、那帮当官的、他"。

最后,说话人责怨的对象也可以扩展延伸到非人NP,包括动植物和非生命物。这是"移情投射"(empathic projection)导致的,人有把自身情感投射到非人NP的本能(莱考夫等2018[592])。例如:

(7) 猪那么个喂也是不长膘。

(8) 地锄了三遍也是有那么多草。

(9) 家咋打扫也是个不干净。

(10) 都四月了也是这么冷。

(11) 东西涨价那么厉害也是个没人管。

例(7)—例(9)责怨对象分别是"猪、地、家",例(10)、例(11)的责怨对象是特定的地方,没有在句中出现。

2.2 X——背景成分

X是背景成分,是构式必须出现的内容。从韵律看,X或X中的核心成分需要重读,而VP不需要重读。从内容看,X是NP所处的时间、处所,或NP所在的性质、状态,或NP所涉的数量、对象等。

首先,时间和处所。时间和处所是事件的外围因素,在有格范畴的语言中,时间和处所经常归到旁格范畴。在分析型语言中,时间和处所很容易成为背景成分,汉语即是如此。在"X也是VP"构式中,X作为NP所处的时间、处所,成为VP的背景成分。例如:

(12) 大过年的也是嚷架。

(13) 一年到头也是个下雨。

(14) 茅缸地下也是嗑瓜子。

(15) 大路上也是下棋。

其次,性质和状态。NP所具有的身份、地位、价值、影响等,都可以看作NP的性质;NP所面对的天气、环境、情形、状况等,都可以看作NP的状态。X作为NP所在的性质、状态,成为VP的背景成分。例如:

(16) 都当爷爷了也是不稳重。

(17) 文明乡镇也是有小拐。

(18) 这么热也是个穿个大棉袄。

(19) 吃完饭也是不洗锅。

再次,数量和对象。数量和对象都是指称成分,在特定情况下,数量和对象成为NP所关涉的内容,也是可以作为背景呈现的。X作为NP所关涉的数量、对象,成为VP的背景成分。例如:

(20) 二十斤的东西也是背不起来。

(21) 一个月五千块钱也是不够花。

(22) 别人剩下的饭他也是吃。

(23) 他他爹他也是个骂。

例(20)“二十斤的东西”和例(21)“一个月五千块钱”都是NP关涉的数量,是背景成分。例(22)“别人剩下的饭”是“吃”的对象,话题化后成为关涉对象;例(23)“他”是NP,在句首和“也是”前各出现一次,“他爹”是“骂”的对象,话题化后成为关涉对象。

此外,X还可以是周遍性内容,用作背景成分。例如:

(24) 天天也是个不闲的。

(25) 他在哪里也是逮住啥说啥。

当NP和背景成分X同时出现,NP既可以出现在背景成分X的前面,如例(4)、例(5)、例(7)、例(8)、例(9);也可以出现在X后面,如例(6)、例(22);还可以在X前后同时出现,如例(23)。位置不同,意义上没有显著的不同。

2.3 “也是”——情态副词

“也是”在“X也是VP”构式中是情态副词,情态副词“也是”是从动词短语“也是”词汇化而来,详见下文。“也是”作为情态副词有以下一些特征:

1. “也是”强制性地位于VP之前,VP不能省略;

2. “也是”没有正反提问形式(“＊也是不也是,＊也不也是”);

3. “也是”不能扩展,中间不能插入任何成分;

4. “也是”和“也”不同,“也是”一定有责怨意义,“也”不一定有责怨意义;

5. “也是”作用于整个命题,且有凝固的整体意义,即表达说话人责怨,

其意义不能从构成成分“也”和“是”预测出来;

6. “也是”后面可以加后附缀“个”,意义不变。

2.4 VP——述谓成分

VP 是述谓成分,可以是谓词,甚至可以是单音节谓词,也可以是谓词短语;可以是动作行为,也可以是活动状态。例如:

(26) 大精晌午也是唱。

(27) 都快夏天了也是刮黄毛风。

(28) 那么大的岁数也是不着调。

(29) 西马岭乱成那样也是有旅游的。

VP 作为述谓成分,必须是无界的,有界 VP 不能进入构式。首先,VP 排斥“已经”“正在”等时间副词,这些时间副词和有界 VP 相容,和无界 VP 不相容。但 VP 不排斥“天天”“老/总”这样的时间性成分,这些时间性成分和无界 VP 相容。例如:

(30) 娶上媳妇了他也是天天不做活儿。

(31) 不当村长了他也是老来办公室。

其次,VP 排斥“着、了、过”等体标记,也排斥动量成分,体标记和动量成分都标示 VP 的有界性,和无界 VP 不相容。

三、“X 也是 VP”的意义和性质

责怨构式“X 也是 VP”是在这样的语义背景下出现的:

1. NP 在 X 的情况下有 VP 这样的行为或状态;

2. 根据社会固有模式,NP 在 X 的情况下,是不应该出现 VP 这样的行为或状态的;

3. 说话人对 NP 在 X 的情况下出现 VP 这样的行为或状态感到不满;

4. 说话人编码为“X 也是 VP”构式表达对 NP 的责怨。

“X 也是 VP”的构式意义可以概括为:NP 在 X 的情况下有本来不应该出现的行为或状态,说话人对此感到不满并进行责怨。

“X 也是 VP”构式具有现实性、意外性和消极性特征。

3.1 现实性

现实性和非现实性的区分,是人类语言中比较普遍的情态区分。根据

兰盖克(2017),现实性有直接现实性和间接现实性之分,正在发生的事实是直接现实,已经发生的事实是间接现实。"X 也是 VP"可以是正在发生的,是直接现实,也可以是已经发生的,是间接现实,但不能是尚未发生的。例如:

(32) 这会儿都这么黑了,他也是在地里做活不回来。(直接现实)

(33) 夜来下那么大的雨,他也是去放牲口。(间接现实)

"X 也是 VP"可以是已经计划的事实,尽管行为尚未发生,但针对行为的计划已经发生,因此仍然是已经发生的事实,具有现实性。例如:

(34) 那么好的东西,他也是要扔。

(35) 明天下大雨,老刘也是要出门。

纯粹未然的事实、假设的事实,都不具有现实性,都不能编码为"X 也是 VP"构式。

3.2 意外性

"X 也是 VP"构式都反映了对社会固有模式的违背,具有意外性。所谓社会固有模式(social stereotype),是指对特定社会中人或事物所持有的简单性看法(莱科夫 1994),比如,大老爷们应该坚韧不拔,不应该唉声叹气;大学生应该看书,不应该不看书;夏天应该下雨,不应该下雪。如果出现了应该出现的行为或状态,就是遵循了社会固有模式,是常规的情形;如果出现了不应该出现的行为或状态,就是违背了社会固有模式,是意外的情形。常规情形不能编码为"X 也是 VP"构式,只有意外情形才能编码为"X 也是 VP"构式。例如:

(36) 大老爷们也是唉声叹气(*大老爷们也是坚韧不拔)。

(37) 都大学生了也是不看书(*都大学生了也是看书)。

(38) 夏天也是下雪(*夏天也是下雨)。

社会固有模式反映的是某种情况下应该怎么样或不应该怎么样,凸显在某种背景下的述谓情形,具有恒常性。当社会固有模式应用到实际话语时,就具体化为特定用例,NP 出现,VP 成为现实性述谓。"X 也是 VP"构式体现的是对社会固有模式的违背,X 和 VP 都是构式必现的成分,而 NP 是现实中的特定对象,是交际双方共知的内容,不在构式中强制出现。如果只出现 NP,不出现 X,句子不能接受。例如:

(39) *他也是唉声叹气。

(40) *张三也是不看书。

(41) *这里也是下雪。

根据社会固有模式,有些行为或状态是任何情况下都不应该出现的,比如“偷盗、抢劫、调戏妇女、虐待儿童、随地大小便”等,出现这些情形都是意外的,是违背社会固有模式的行为,但并不能用“X 也是 VP”构式。例如:

(42) *火车上也是偷东西。

(43) *火车上也是调戏妇女。

这是因为背景成分具有选择性,在一个背景下不应该出现的行为或状态,在另一个背景下是可以出现的,如果都不能出现,背景成分就不再具有选择性,也就不能用“X 也是 VP”构式。

3.3 消极性

NP 在 X 的情况下出现 VP 的行为或状态,这是违背社会固有模式的情形,是不利的甚至是有害的,说话人对此表示强烈不满,并通过编码为“X 也是 VP”构式表达消极的责怨情绪。因此,“X 也是 VP”是表达消极情绪的构式。在语言中,消极的、负面的事件往往比积极的、正面的事件对人们的行为影响更大,这种不对称已经为许多研究证实(Rozin & Royzman 2001;Jing-Schmidt 2007)。正因为如此,在语言中,消极的、负面的内容更容易得到编码,这一倾向具有跨语言的普遍性(Wierzbicka 1999;Jing-Schmidt 2007)。Baumeister 等(2001)对这种现象有专门的研究,题目就是 Bad is stronger than good,他们认为,坏的事情之所以有更显著的影响,是因为坏的事情是需要改变的,只有这样才能适应物种进化的需求,人们更倾向关注坏的事情,是一种“自动警戒策略”(automatic vigilance strategy)。就“X 也是 VP”构式而言,说话人通过编码“X 也是 VP”来表达责怨情绪,其实也是“自动警戒策略”的运用,这可以使人趋利避害,适应人的本能需求。不仅如此,相关的一些语言成分也都容易编码为消极构式,比如“真是”“也是”等都有非常显著的消极埋怨用法(参看王幼华 2011;李治平 2012;刘志富等 2013 等)。

意外和消极比较容易建立联系,正如沈家煊(2002)所说:“‘出乎意料’和‘不如意’经常是联系在一起的:按照人的正常期待心理,应该发生的事情是如意的事情,出乎意料的事情是不该发生的事情发生了。”因此,消极情绪往往倾向于寄生在意外情态上,“X 也是 VP”构式也是如此。

四、"X 也是 VP"的来源和发展

4.1 "X 也是 VP"构式产生的句法条件

"X 也是 VP"构式脱胎于类同判断意义的并列句。从主体 NP 看,表类同判断意义的并列句有两种,一是不同主体同样如此,二是相同主体的不同方面同样如此。例如:

(44) 张三喜欢开汽车,李四也是喜欢开汽车。

(45) 张三以前喜欢开汽车,现在也是喜欢开汽车。

例(44)不能发展出"X 也是 VP"构式,因为只有主体,没有背景 X。例(45)主体的所在时间"以前"和"现在"是主体的不同方面,可以作为背景,在此基础上有发展出"X 也是 VP"构式的可能。

例(44)、例(45)中的"也是"是动词短语,其整体意义等于部分意义之和,从部分意义可以预测整体意义,"也"是类同义副词,"是"是判断义动词,"也是"表类同判断意义,并决定了整个并列句的类同判断意义。表类同判断意义的"也是"是动词短语,后面带宾语。

从宾语看,"也是"可以带体词宾语,也可以带谓词宾语,还可以是省略形式。由于不同主体不能发展出"X 也是 VP"结构,我们只讨论相同主体不同方面的情形。例如:

(46) 张三年轻时是懒汉,老了也是懒汉。

(47) 张三年轻时爱下象棋,老了也是。

(48) 张三年轻时爱下象棋,老了也是爱下象棋。

例(46)宾语为体词成分,例(47)宾语省略,这两种情况都不能发展出"X 也是 VP"构式。"X 也是 VP"构式是在例(48)这样的情形下发展出来的,也就是说,只有在"也是"后接谓词宾语的情况下,才有可能发展出"X 也是 VP"构式。

综上,"X 也是 VP"构式产生的句法条件是:相同主体 NP 在不同方面类同,且"也是"后接谓词宾语。

4.2 "X 也是 VP"构式产生的具体过程

4.2.1 从依存句到独立句

表类同判断意义的并列句是依存性的,后分句依存前分句而存在。当

前分句不出现时,原来表类同判断意义的并列句独立,在形式上成为“X 也是 VP”结构。例如:

(49) 张三老了也是爱下象棋。

这时,形式上的“X 也是 VP”结构实际上是中间状态,有两种不同的解读。一种解读是类同判断,可以认为是省略了前分句,虽然话语层面没有表现出来,但实际上还是存在的,“也是”还是动词短语;一种解读是语气加强,不存在前分句,话语层面和认知层面都不存在,“也是”已经成为情态副词。这种形式的“X 也是 VP”结构即使可以做后一种解读,仍然不是真正意义的“X 也是 VP”构式,因为表责怨的构式意义还没有规约化。

4.2.2 从基础句到特定句

例(49)可以看作是基础句,是说话人强调 NP 在 X 的情况下具有 VP 的行为。作为基础句的“X 也是 VP”结构,可以是合乎社会固有模式的情形,如例(49),张三老了爱下象棋,在社会规约中是很正常的行为,没有违背社会固有模式。“X 也是 VP”结构也可以是违背社会固有模式的情形,例如:

(50) 张三老了也是爱发脾气。

例(50)也像例(49)一样有两种解读,一种是省略前分句的解读,即“张三年轻时爱发脾气,老了也是爱发脾气”,前分句没有出现,“也是”是动词短语;一种是加强语气的解读,不存在前分句,“也是”是情态动词。后一种解读如果不附带说话人的情绪,应该还是基础句,如果附带说话人的情绪,就成为特定句,即责怨构式“X 也是 VP”。例(50)是基础句还是特定句,是可以区别的:如果可以加语气词“噢”或“嗨”,就还是基础句,因为加上“噢”或“嗨”后,惊讶的语气更加明显,但没有明显的情绪色彩;如果不能加,就是特定句,责怨构式“X 也是 VP”的一个句法条件是:句末不能出现语气词。

4.2.3 从限定句到自由句

责怨构式“X 也是 VP”形成后,在句法、语义等方面都还有一定的限制。像例(50),有以下一些限制条件:

1) 句子形式完整,主体 NP、背景 X、“也是”、VP 都在句中出现。

2) 句子顺序稳定,主体 NP 在背景 X 之前。

3) 句子构成典型,NP 一般是表人成分,背景 X 一般是时间、处所等典型背景成分。

随着不断使用,责怨构式“X 也是 VP”不断成熟完善,在句法、语义等方面逐渐自由,表现在以下一些方面。

1）形式省略化。在特定语境中,主体NP是定指成分,说话人不需要说出,听话人也可以理解,因此主体NP常常被省略掉。

2）顺序自由化。主体NP和背景X顺序自由,主体NP既可以在背景X之前,也可以在X之后,意义没有太大的差异。

3）构成多样化。主体NP既可以是述人成分,也可以是述物成分,还可以是其他成分。背景X除了时间、处所外,还可以是NP所关涉的其他内容,如性质、状态、数量、对象等。

责怨构式"X也是VP"成为自由句,就完全成熟了。

4.3 "X也是VP"构式产生的促动因素

"X也是VP"构式的产生,主要是由于专化(specialization)和泛化(generalization)促动的。从基础句到特定句是专化,用于强调的"X也是VP"结构专门分化出表责怨意义的"X也是VP"构式,这是语用的需求导致的,由于附带情绪色彩的责怨意义非常显著,说话人需要用特定的构式表达,于是原有的基础句就专化出特定句,从而形成责怨构式"X也是VP",这是从普通句法结构专化为构式。从限定句到自由句是泛化,由于责怨构式"X也是VP"的运用越来越频繁,结构就越来越自由,在句法、语义等方面出现泛化的情形,这也是语用需求导致的。

参考文献

兰盖克(2017)《认知语法基础(第二卷):描写应用》,北京:北京大学出版社。

李治平(2012)表态语"也是"的功能类型及其演变历程,《语言教学与研究》第6期:89-94。

刘志富,李丽娟(2013)表示责怨的"X也是(的)",《语言教学与研究》第6期:81-88。

乔治·莱科夫(1994)《女人、火与危险事物》,梁玉玲等译,台北:桂冠图书股份有限公司:120。

乔治·莱考夫等(2018)《肉身哲学:亲身心智及其向西方思想的挑战》,李葆嘉等译,北京:世界图书出版有限公司北京分公司:592。

沈家煊(2002)如何处置"处置式"?——论把字句的主观性,《中国语文》第5期:387-399。

王幼华(2011)"真是的"的语义倾向及其演变进程,《语言教学与研究》第6期:69-75。

宗守云(2017)责怨和强化:张家口晋语的"还还VP"句,《语言科学》第3期:265-274。

Baumeister R F. *et al*. (2001) Bad is Stronger than Good. *Review of General Psychology*, 5 (4): 323-370.

Jing-Schmidt Z. (2007) Negativity Bias in Language: A Cognitive-affective Model of Emotive Intensifiers. *Cognitive Linguistics*, *18*(3): 417-443.

Rozin P, Royzman E B. (2001) Negativity Bias, negativity dominance, and contagion. *Personality and Social Psychology Review*, *5*(4), 296-320.

AnderBois S. (2018) Illocutionary Revelations: Yucatec Maya Bakáanand the Typology of Miratives. *Journal of Semantics* 35: 171-206.

Wierzbicka A. (1999) *Emotions across Languages and Cultures: Diversity and Universals*. Cambridge: Cambridge University Press: 286.

(宗守云　200234　上海,上海师范大学人文学院　zongshouyun@sina.com;
滕祖爱　200234　上海,上海师范大学人文学院　1936592969@qq.com)

浅析单双"了"句的语义对立*

——兼谈"了$_2$"时体功能的划分

范晓蕾

提要 朱德熙(1982)对普通话"他笑了"歧义的解释代表了"单双'了'体貌对立说",文章综合多方面语料发现,该假说在音形来源上未能被证实,在功能语义上也是适用范围有限的。通过考察"动态持续性 VO + 了$_2$"的语法特点及跨方言形式,文章对"他笑了"的歧义给出新解释:它很可能源于"了$_2$"的多功能性或"笑"情状上的特殊性。这项探讨促使我们详解了"了$_2$"的近过去、单独过去两个功能,并重新剖析它的近将来功能。文章显示,有必要将"了$_2$"句的事件诠释和它的语篇表现相结合来做对应性的分析。

关键词 了$_2$;广府粤语;普通话;时体功能;语篇限制

一、"单双'了'体貌对立说"引发的思考

朱德熙(1982)提出,普通话里叙述现实事件的"他笑了"有两种诠释。一是"他笑<u>了$_2$</u>",表示他原来没笑,现在开始笑了,该动作正在持续,这可称为"已开始"义;二是"他笑<u>了$_1$了$_2$</u>",只是两个同音的"了"在连用中发生了语音融合,此时表示他刚才笑了,该动作至今已停止,这可称为"已停止"义。开始、停止属于广义的体貌(aspect),朱先生的这个说法可称为"单双'了'体貌对立说",它得到很多研究者的采纳,毕竟"他笑了"确实有上述歧义。

---

* 本研究获得国家社会科学基金重大项目"功能—类型学取向的汉语语义演变研究"(编号 14ZDB098)的资助。好友边卫花、陈健荣、徐毅发惠赐方言语料,匿名审稿人和编辑部给予宝贵意见,特此致谢!

不过,“他笑了”的歧义动因还存在另一个可能:句末总是一个“了$_2$”,“了$_2$”有两种功能分别表达已开始和已停止。因此,该句的歧义是否源自单双“了”的对立(即“了$_1$”的有无)是需要证明的。可惜普通话“了$_1$”和“了$_2$”不仅形式相同,词源也被认为都是动词“了完尽”,(王力 1980)这种语料难以有效地分辨句末“V 了”所用的是“了$_2$”还是“了$_1$ + 了$_2$”。好在上述情况在很多他方言中有所不同。南方方言尤为突出,比如,广府粤语“咗”和“喇”是功能分别对应于“了$_1$”和“了$_2$”的助词,它们的形式截然不同,词源也应该相异,这可在一定程度上检验单双“了”体貌对立说。即使在北方方言中,不少晋语、冀鲁官话的“了$_1$”和“了$_2$”虽然皆源自“了完尽”,却是不同音的形式,它们的使用状况更能检验朱先生的假说。本文将初步梳理香港粤语和几个北方方言用“了”类词的句子,展示汉语句末“V 了”及“VO 了$_2$”类格式的语法复杂性,从而促使我们对“了$_2$”的时体功能做出新的划分。

全文组织如下。第二节用广府粤语、北方方言和普通话的语料共同展示单双“了”句没有系统周遍的体貌对立,单双“了”体貌对立说不仅适用范围有限,在音形来源上也难以被证实。第三节简析普通话“VO 了$_2$”表已开始、已停止义的不同条件,由此对“他笑了”的歧义现象给出新的动因解释:它要么源于当中的“了$_2$”可承担近过去、单独过去两个功能,要么源于“笑”类词均质性极强以至兼有静态动词和动态动词的表现。第四节展示单双“了”句有更普遍的时制对立“要开始 Vs. 已实现”,并剖析“了$_2$”的近将来功能。第五节讨论“了$_2$”时体功能的分合方案。

本文只关注“了$_2$”的时体功能(不谈语气功能),重在现象的描写分类,不是做精准的语义刻画,但需简介笔者对“了$_2$”及“了$_1$”的语义认识。在众多主张中,我们认同如下的看法:

(一)“了$_2$”主要表示事件的变化(吕叔湘 1980/1999)[351]。笔者将“VP 了$_2$”的变化义进一步诠释为语篇上的“未 VP→已 VP”,它预设前文有“之前未 VP”的信息,无怪乎徐晶凝(2012)发现“了$_2$”句往往跟前后文构成“事件进展链条”。另外,“了$_2$”一般叙述过去事件,很排斥将来事件句(金立鑫 1998:112)。

(二)“了$_1$”也可分析出变化义(戴耀晶 1997),笔者认为它的变化义不牵涉语篇关系,通常会实现为 Smith(1997)[264] 说的停止

(termination)。“$了_1$”还编码了现实性(戴耀晶 1997)[47]或曰“相对过去时”(林若望 2017等)。

总之,“$了_2$”“$了_1$”是时体混合标记(雅洪托夫1959等):它们聚焦于事件的停止点或起始点(非持续段),这属于有界性体貌义;它们自由用于过去事件句,在将来事件句里受限,这相当程度上是相对过去时的效用。不过,这两词并非语义等同,因为它们有很多句法差异,方家熟知的如,“$了_2$”总能促成完句,“$了_1$”不足以完句;“$了_2$”不能搭配副词“才”,“$了_1$”可以,如“他十岁才上了小学(*了)”。本文要验证普通话的句末“V了”是否存在“V $了_2$”和“V $了_1了_2$”之别,这需保证句子含有“$了_2$”,所以,拒绝用“$了_2$”的句式会被排除在讨论范围之外。常用术语如下:

1. 方言里对应于普通话“$了_1$”“$了_2$”的功能词称为“‘$了_1$’类词”“‘$了_2$’类词”,这是基于功能对应的命名,不是说它们的词源是动词“$了_{完尽}$”。
2. 活动(activities)情状(如“打球”)和成就(accomplishments)情状(如“看那场球赛”)的VP可合称为“动态持续性VP”。此类VP不包括“位移VP”(如“回家、打球去、到超市买菜”),后者要另当别论。

二、单双“了”句的体貌对立不系统

2.1 粤语“V喇”和“V咗喇”的格式对应不成系统

我们先从“$了_2$”“$了_1$”类词异形异源的粤语来审视句末“V了”类格式的表义状况。

范晓蕾等(待刊)指出,粤语叙述现实事件的“喇”句通常会用“咗+喇”组合式,很少只用“喇”。先看以宾语O结束的句子,例(1)a、例(1)b去掉“咗”是不合法的,即很多“VO喇”句不合法;例(1)c去掉“咗”虽然也合法,但转为表将来事件“他马上要拿走钱包了”,即合法的“VO喇”句偏向表近将来事件,这属于非现实事件。简言之,粤语里现实性的“喇”句若是以宾语结束的,一般要用“V咗O喇”式,不能用“VO喇”式,后者要么不合法,要么表近将来事件。这体现出粤语没有普通话那样的“$了_1$”类词可自由隐现的强烈趋势。

(1) a. 佢哋落*(咗)堂喇下(了)课了。

b. 黄先生发 *(咗)达喇发(了)财了。

c. 佢攞走 ^(咗)个银包喇拿走那个钱包了①。

同样地,现实性的"喇"句若是以 V 结束的,也是用"V 咗喇"为常,如例(2)若换用"V 喇"式就不合法。因此,"V 喇"和"V 咗喇"没有成系统的格式对应,前者常常是不合法的句子,后者一般合法。此事实或令单双"了"体貌对立说失去必要性,因为若要讨论两个形式的语义对立,前提这两个形式都是合法的表达。

(2) a. 而家佢肥 *(咗)喇如今他胖了。

b. 刘老师已经嚟 *(咗)喇刘老师早就来了。

c. 头先班车迟咗开刚才车晚点,而家终于到 *(咗)喇这会儿终于到(停靠站)了。

虽然彭小川(2010)指出广州话的现实句有用"V 喇"的,但我们发现,这主要限于带动结式的"VC 喇",如例 (3)。其实,例(3)也可以加上"咗"换为"VC 咗喇"式,而且用上"咗"是更常见的情况,再联系"粤语的现实性'喇'句偏向用'咗 + 喇'"的整体格局,我们推断,现实句的"VC 喇"很可能只是表层形式,它实际上是"VC 咗喇"隐去"咗"的结果。可见,粤语虽未大范围出现"咗"隐去的趋势,但少数格式已有"咗"隐去的苗头,很不成气候。

(3) a. 佢俾人打死(咗)喇他被人打死了。

b. 家姐已经瞓着(咗)喇姐姐已经睡着了。

c. 琴日啲衫洗干净(咗)喇昨儿衣裳洗干净了。

综合来看,作为现实句解的"VP 喇"式一般都包含"咗",这就难以支持单双"了"体貌对立说。不过,上文所述还不能证伪朱先生的假说,因为例(2)、例(3)都是带静态谓词或达成(achievements)动词,这两种动词在"$了_2$"类句子里不管有无"$了_1$"类词都只有一种体貌诠释(下文 3.1)。有"已开始 & 已停止"歧义的"V 了"必是带动态持续性动词,如"笑、吃(饭)"。下文测试"$了_2$"类句子的语义情况时会选用这种动词。

粤语里以 V 结束的现实性"喇"句也有少量案例是"动态持续性 V + 喇",但它们未必跟相应的"动态持续性 V + 咗喇"形成"已开始 Vs. 已停止"

---

① 例(c)1 的"^(咗)"表示句子隐去"咗"后仍然合法,但会改变意义;相比,例(1)a、例(1)b 的"*(咗)"表示句子隐去"咗"后就不合法了。

的体貌对立。例(4)a 的“笑喇”是已开始义,但例(4)b 的“笑咗喇”[①]只表示实现笑的动作(类似“有笑”),指停止笑或正在笑的情景皆可,无固定的已停止义。再看例(4)c、例(4)d,“喊喇”“喊咗喇”都表示已开始,不能指已停止的情景。因此,“喇”句的体貌差异“已开始 Vs. 已停止”并未系统表现为形式差异“V 喇 Vs. V 咗喇”,粤语常常违背单双“了”体貌对立说。

(4) a. [已开始] 你睇你看,BB 笑喇孩子笑了。(说话人看到孩子笑起来。)

b. [已开始/已停止] 佢笑 *(咗)喇他笑过了,到下一个啦。(在一个轮流笑的游戏里。)

c. [已开始] BB 喊喇孩子哭了,你快啲去睇吓佢啦你快点去看一下他啊。(说话人听到孩子开始哭了。)

d. [已开始/ * 已停止] 系咪衰吖,你搞到个仔喊(咗)喇你把孩子弄得给哭了。(孩子被骂哭了,目前正在哭。)

2.2 北方方言的句末只有“V 了$_2$”形式

或有方家提出,粤语跟普通话在语法格局上不完全对应,“V 喇”和“V 咗喇”的情况不足以推翻针对普通话的单双“了”体貌对立说。诚然如是,不过,与普通话系出同源的北方方言也不支持这一假说。

晋语及冀鲁官话的很多方言点里,“了$_1$”和“了$_2$”皆源自动词“了完尽”,共时上又不同音,例如,山西朔州话里两者分别读作“咾$_1$”和“噉$_2$”,见例(5)a。同时,这些方言的句末“V 了”只有“V 了$_2$”的形式,不存在“ * V 了$_1$了$_2$”格式,朔州话句末就只用“V 噉$_2$”,见例 (5)b,“他笑了”句的两种诠释皆如此,见例 (5)c。经调查,平遥话、古交话、邢台话、济宁话莫不如是,可完句的句末“V 了”至少在形式上只能是“V 了$_2$”类的。

(5) a. 媳妇儿都肉胖咾了1 五斤噉了2。

b. 满月以后,媳妇儿就肉胖(* 咾了1)噉了2。

c. [已开始] 他将将儿刚才不高兴,这阵儿现在一下笑噉了2。

[已停止] 将将刚才你说话嘞的时候,他笑噉了2,不知道笑啥嘞呢。

---

① 特别的是,粤语“笑”甚少能搭配“咗”,例(4)b 是发音人费力假想出的语境用“笑咗喇”的情况。

某些中原官话、冀鲁官话看似允许“V 了$_2$”和“V 了$_1$了$_2$”两类形式,它的“V 了$_1$了$_2$”类格式却是假象。Chen (2015) 报道了河南商水话的“了”,该方言里,用于现实句的“了$_1$”有“*liao*^{55}”“*le*^{0}”两个形式,用于现实句的“了$_2$”只能是“*le*^{0}”,见例 (6)a。现实性的“V 了”类句有“V + *le*^{0}”“V + *liao*^{55} *le*^{0}”两种形式,见例 (6)b,二者并无“已开始 Vs. 已停止”的意义区别,它们都表示已停止义,这也难以支持单双“了”体貌对立说。而且,Chen (2015) 认为“*liao*^{55}”不是真正的时体词“了$_1$”,而是表示动作完结的动相标记(phase marker)。那么,商水话的句末“V + *liao*^{55} *le*^{0}”类似于“V 掉了$_2$”,不是真正的“V 了$_1$了$_2$”类格式。商水话里对应于普通话句末“V 了”的形式应该也是只有“V 了$_2$”类的。

(6) a. 咱妈刷*liao*^{55}/*le*^{0}俩碗 *le*^{0}。(Chen 2015)

b. 她回家没有哎?——回去 *liao*^{55} *le*^{0}。/回去 *le*^{0}。(Chen 2015)

概言之,对于现实性的“V 了”类句,粤语倾向用“V 咗喇”(相当于“V 了$_1$了$_2$”),北方方言一般用“V 了$_2$”,这两种组合在“形式”上不对应,但在“语义”上大致对应,都传达了有界性(变化)和现实性(相对过去时)两种意义。也就是说,北方方言的单一功能词“了$_2$”有时可承担粤语的两词连用式“咗喇”的意义,尚未找到确凿的证据支持前者有来自“了$_1$ + 了$_2$”语音融合的。或有方家提出,既然粤语“VC 咗喇”在当代有隐去“咗”、简化为“VC 喇”的苗头(2.1),那么,北方方言的“V 了$_2$”也可能是早期“V 了$_1$了$_2$”隐去“了$_1$”的结果。Chao (1968)[247] 也谈道,普通话的“了$_1$”和“了$_2$”若同时附于主要动词上,便会因同音删略为一个“了”。不过,“了$_1$”和“了$_2$”的语法化进度差异颇大,历史上两者应该是长期不同音的,若 Chao 的说法有理,古文献该有一批“V 了$_1$了$_2$”式的用例。遗憾的是,无论是古汉语文献还是现代北方方言,都未见材料有“V 了$_1$了$_2$”的形式。就目前的证据来看,普通话“他笑了”的音系底层只是“他笑了$_2$”。换言之,从句末“了”的音形来源上讲,单双“了”体貌对立说未能得到语料的证实。

南北汉语里句末“V 了”类格式的词位不对应现象或许源于两类方言的“了$_1$”“了$_2$”类词是不同的历时来源模式,从而造成共时上词源不同的“了$_2$”类词有一定的功能差异。包括粤语在内的一批东南方言里“了$_1$”类词和“了$_2$”类词来自两个词源,两词的演变路径应该没有交汇点,它们语义近似的部分也就相对较小,“了$_2$”类词难以完全兼有“了$_1$”类词的意义。于是,这些方言总要用“$了_1$ + $了_2$”类的连用式来满足意义需求，也就有大量的“V $了_1$ $了_2$”类格式。相反，北方方言的“$了_1$”“$了_2$”有演变衔接点。学界普遍认同它们均源自动词“了完尽”，而且，太田辰夫（1958）、王力（1980）等主张事态助词“$了_2$”是从动态助词“$了_1$”虚化来的。两者即使没有直接的衍生关系，至少也是同一句法位置的“了”（如“VO + 了谓词”）沿不同路径发展以致分化的结果，即多重语法化。那么，这很可能导致北方话里“$了_2$”有条件地兼有“$了_1$”的语义，由此，现实性“V 了”类句只用“$了_2$”便能达到“$了_1$ + $了_2$”的语义效果。北方方言普遍用句末“V $了_2$”来对应于粤语的“V 咗喇”，这体现出北方方言的“$了_2$”表过去事件的功能比粤语“喇”更发达。

对于普通话句末“V 了”的“了”，它的音形来源大概只有一个“了”，但它的功能语义在一定条件下可以相当于“$了_1$ + $了_2$”，这种共时分析是可行的。不过，分辨它的语义相当于“$了_2$”还是“$了_1$ + $了_2$”不宜单凭句子表开始或停止等意义因素。吕叔湘（1999）[353-354]对句末“V 了”是“V $了_2$”“V $了_1$”还是“V $了_{1+2}$”有一番整理，其主要依据是该格式表达事态变化（指“$了_2$”）或动作完成（指“$了_1$”）的意义如何。吕先生对其多数例句的解读颇有道理，但很多情况远比该书呈现的要复杂。且不说动作的完成都蕴涵事态的变化，两者难以完全区分开（齐沪扬 2003 等），更要紧的事实是：在带动态持续性动词的“$了_2$”句里，一些句子含“$了_1$”却不表完成，另一些句子不含“$了_1$”也能表完成。纵然仅着眼于句末“了”的功能语义，单双“了”体貌对立说也是适用范围有限的，它无法解释很多案例的歧义问题。见下节所述。

2.3 普通话“VO $了_2$”和“V $了_1$O $了_2$”的体貌对立不周遍

在普通话内部，单双“了”体貌对立说也面临一些不利的证据。

朱先生提出这一假说或许依据这样的事实：一部分“VO $了_2$”和“V $了_1$ O $了_2$”呈现“已开始 Vs. 已停止”的语义对立。例如，“吃饭了”可以表已开始义，“吃了饭了”只能表已停止义。见例（7）a。如此看来，至少句子以宾语 O 结束时，“$了_1$”的有无可能造成“$了_2$”句有“已开始 Vs. 已停止”的体貌对立。

（7）a. ［已开始］孩子一直不肯吃东西。——看呀，他吃（＊了）烤鸭了，吃得正香呢。

［已停止］刚才孩子吃（了）烤鸭了，这会儿应该不饿。

b. ［已开始］你们正学第四课吗？——不是，我们学（＊了）第五课了,正讲着呢。

[已停止] 我们上礼拜已经学＊(了)第五课了。

然而,带动态持续性动词的“VO 了$_2$”和“V 了$_1$O 了$_2$”有上述的体貌对立只是一部分的情况,不是平行周遍的。普通话里,一些“VO 了$_2$”兼有已开始和已停止义,且不能插入“了$_1$”,如例 (8),它们是真正的“VO 了$_2$”式;少数的“V 了$_1$O 了$_2$”也存在这种歧义,如例 (9),只不过它们可隐去“了$_1$”构成假象性的“VO 了$_2$”式,这要区别于例 (8) 的“VO 了$_2$”式。下文3.3小节将解释例(8)和例(9)的歧义原因有不同。

(8) a. [已开始] 孩子一直不肯吃东西。——看呀,他吃(＊了)烤鸭了,吃得正香呢。

[已停止] 刚才孩子写作业了吗?——刚才他吃(＊了)烤鸭了,没写作业。

b. [已开始] 李老师这会儿上(＊了)课了,等他下课再说吧。

[已停止] 小王昨天在补习班上(＊了)课了,一整天没休息。

(9) a. [已开始] 天儿闷了好几天,这会儿可算下(了)雨了,出门记得带伞。

[已停止] 昨天下(了)雨了,夜里才停下来。

b. [已开始] 老李这会儿忙啥呢?——他已经睡(了)觉了。

[已停止] 小王今天明明睡(了)觉了,咋还这么没精神啊!

再者,在冀鲁官话、晋语、中原官话等东部北方方言①里,“他笑了”类的句子确实有朱先生说的歧义,如例 (10)a,然而,有些方言的现实句虽然常用“V 了$_1$O 了$_2$”,却从不用“VO 了$_2$”。以邢台话为例,VO 若用于“了$_2$”句,它表已开始义时经常要加动相补语“开$_{起始义}$”,它表已停止义时一般必用“了$_1$”,如例 (10)b。简言之,邢台话若表达现实事件,可以用“V 开 O 了$_2$”“V 了$_1$O 了$_2$”类格式,但一般不能用“VO 了$_2$”类格式,后者是不合法的组合式。

(10) a. [已开始] 你看,孩的$_{孩子}$这会儿笑嘞$_{了2}$,笑嘞$_{得}$多高兴哎$_{啊}$。

[已停止] 他先会儿$_{刚才}$说的$_{着}$话一下儿$_{忽然}$给笑嘞$_{了2}$,不知道

① 这里之所以限于东部的北方方言,是因为西北方言的现实句十分排斥 VO 语序,而是偏向用把字句或 OV 语序。

笑啥嘞呢。

b. [已开始] 头晌上午还晴嘞呢，这会儿可倒反而下 *（开起来）雨嘞了2，出门拿上伞。

[已停止] 夜个昨天下 *（嘞了1）雨嘞了2，到黄夜晚上才停咾了1。

也就是说，北方方言里，句末“V 了”有“已开始 & 已停止”的歧义是普遍现象，但现实句范围里，“V 了$_1$O 了$_2$”和“VO 了$_2$”的格式对应却缺乏跨方言的平行性，前者一般是合法的，后者常常不合法。

综上可见，普通话的“VO 了$_2$”和“V 了$_1$O 了$_2$”各自都存在“已开始 & 已停止”的歧义现象，某些北方方言的现实句又从不用“VO 了$_2$”。那么，一些“VO 了$_2$”和相应的“V 了$_1$O 了$_2$”虽然呈现了体貌对立“已开始 Vs. 已停止”，却只是一部分情况，这种不成系统的“形式-语义”联系不能简单套用到任一句末“V 了”上。因此，从功能语义上讲，单双“了”体貌对立说至多仅适用于一部分“了”句[如例 (7)]，并不能解释另一部分现实性“了”句的语义问题[如例(8)、例(9)]，这表明句末“V 了”的歧义还存在其他的动因。

三、现实句“VO 了$_2$”的使用条件

3.1 现实句“VP 了$_2$”的表义状况

广府粤语和北方方言的语料显示，单双“了”体貌对立说不适用于“他笑了”的歧义解释。那么，该如何解释此句的歧义呢？我们尝试另一种可能的动因——“了$_2$”的多功能性。要检验该猜想，需考察“VO 了$_2$”的使用状况。

从上文 2.3 小节看，普通话里现实性的“VP 了$_2$”所述事件是开始还是停止，优先起作用的是 VP 的情状特征。如下三种组合式的表义效果属学界公论，是各方言“了$_2$”类词的普遍状况，它们也是“了$_2$”变化义的核心用法。

（一）“静态动词 + 了$_2$”总有已开始义，如“有（了）工作了”，它的“VO 了$_2$”和“V 了$_1$O 了$_2$”式是相同的情况。

（二）“达成动词 + 了$_2$”总是已停止义，如“到（了）家了”，它的“VO 了$_2$”和“V 了$_1$O 了$_2$”式是相同的情况。

（三）“动态持续性 V + 了$_1$ + O + 了$_2$”一般是已停止义，如“吃了饭了”。普通话还有第四种组合式“动态持续性 VO + 了$_2$”（如“吃饭了”），方家皆知它表已开始、已停止皆有可能。那么，该组合式表示这两种意义的条件分别

是什么？它跟同样有开始义的“开始 VO 了$_2$”和停止义的“V 了$_1$O 了$_2$”有何区别？下面我们就来解答这些问题，并展示该组合式在方言间的差异性，由此解析出“了$_2$”的两种新功能。

注意，本节所论的“动态持续性 VO + 了$_2$”是句法底层不隐含“了$_1$”的，它不能插入“了$_1$”，如例(8)。切忌将它混淆于表层隐去“了$_1$”的“V(了$_1$)O 了$_2$”，后者加上“了$_1$”后在意义和语篇上没有任何变化，如“你吃(了)早饭了没?”“我都看(了)两本书了”。因此，本节的“动态持续性 VO + 了$_2$”不会是“V + 无定数量 NP + 了$_2$”(如“看两本书了”“睡半天了”)，后者都可补出“了$_1$”。

3.2 普通话“VO 了$_2$”的两种新用法

3.2.1 近过去的“了$_2$”和已开始义

普通话里“动态持续性 VO + 了$_2$”表已开始义的案例是偏少的，如例(11)，这并非“了$_2$”的常见用法。它的“了$_2$”包含变化义，因为这种“了$_2$”句的前文一般要含有 VP 情况的信息，传递出“之前未 VP”的意思，前文和本句构成了事件进展链条。粤语和很多北方方言也能用“了$_2$”类词表达例(11)，只不过有些方言要用带起始补语的格式(如邢台话“下开$_{起始}$雨嘞”)而非“VO 了$_2$”类格式。

(11) a. 天儿闷了好几天(前文：之前一直未下雨)，这会儿可算下雨了，出门记得带伞。

b. 孩子一直不肯吃东西(前文：之前未吃东西)。——看呀，他吃烤鸭了，吃得正香呢。

c. 我找张老师签字呢(前文：预期张老师未上课)。——他这会儿上课了，等他下课再说吧。

d. 你们正学第四课吗(前文：预期未学第五课)？——不是，我们学第五课了，正讲着呢。

e. 听说老王从不抽烟。(前文：之前没有抽烟的习惯)——那是过去，他现在也抽烟了。

f. 妈妈过去从不喝茶(前文：之前没有喝茶的习惯)，现在每天都会喝一杯普洱茶了。

这种表已开始义的“VO 了$_2$”不能像“开始 VO 了$_2$”那样自由使用，它有两个限制。第一，所述事件当前仍在持续，不能在过去时段(如刚才、昨晚、去年)已结束。这种事件可以是当前持续的惯常事件,如例(11)e、例(11)f。更多的情况是表述“现场性”的特定事件——所述事件在说话前刚开始。比如,例(11)a、例(11)c的时间状语“这会儿”、例(11)b的感叹句“看呀”、例(11)d的时间副词“正”都指示了句子的现场性。也就是说,这种“了2”句很多是宣告说话时刻的新情况。第二,句子的VO信息一般见于前文,指语篇中可预期性很高的行为。这种“VO了2”最容易表达“下雨、吃饭、睡觉、上课、抽烟”等人们熟知的常规活动,如例(11)a到例(11)c,这些活动因为常规性而有较高的可预期性。这种VP也包括当前场景下预期会发生的行为,如例(11)d的“学第五课”在学校课程的计划里,预期会发生。再如,例(11)f里“喝一杯普洱茶”的信息已见于前文“从不喝茶”,由此变为该谈话场景下可预期性很高的行为。例(12)显示,已开始义的“VO了2”难以接受“学英语、打篮球、看《星球大战》、听科普报告”等非常规、难预期的特殊行为,因为这些VO是语篇中完全的新信息,它导致“VO了2”叙述谈话场景里的无预期事件,违背该句式的信息要求。相比之下,含起始义动词的“开始VO了”“V起O了”或位移连动式“VO去了”“到……VO了”等表已开始义没有语境和信息限制,它们所述的开始义事件可以是过去时段已结束的,也可以带无预期性的VO。

(12) a. 小王刚才一直打游戏,?? 这会儿<u>学英语了</u>。(可改为“学英语去了”)

b. 孩子一下午坐着不动。——看呀,?? 他<u>打篮球了</u>,打得正高兴呢。(可改为“打起篮球了”)

c. 刚才还看到院长在做手术呢,怎么不见了?——哦,* 他这会儿<u>在会议室听报告了</u>。(可改为“到会议室听报告了”)

粤语也有“动态持续性V(O)+喇”表已开始义的少数案例,并有相似的限制,如例(13)。这些句子都叙述现场性极强的事件,特别是例(13)d的“靓喇”只能描述当面的即刻情景,带有强语气,它不同于“靓咗喇”,后者是一般地叙述变化,可以表述远过去的事件。例(13)的VO也是可预期性极高的常见活动,不能是例(14)这种可预期性偏低的特殊行为。值得一提的是,例(13)的“VP喇”都不隐含“咗”,它们冲破了“粤语现实性‘喇’句偏向用‘咗+喇’组合式”的基本格局。

(13) a. 而家<u>落(*咗)雨喇</u>现在下雨了,出去记得着雨褛出门记得穿雨衣。

b. 头先阿仔一直唔不肯食饭刚才儿子一直不肯吃饭。——睇吓看呀,佢食(＊咗)饭喇他吃饭了,仲食得好过瘾添还吃得很香呢。

c. 你哋学紧第四课你们正学第四课,係唔係呀是不是呢?——唔係不是,我哋而家学(＊咗)第五课喇我们现在学第五课了。

d. 靓(＊咗)喇靓(＊咗)喇够漂亮了,快啲走啦快点儿走啊。(语境:对方正在化妆,通过告知"你已足够漂亮"来催促其离开。)

(14) a. 阿乐头先仲读紧书阿乐刚才还在读书,＊而家就打篮球喇现在就打起篮球了。(可改为"去咗打篮球喇去打篮球了"或"喺度打篮球喇在打篮球了")

b. 呀仔头先仲喺度食饭儿子刚才还在吃饭,而家呢现在呢?——睇吓看呀,＊佢温书喇他开始复习功课了。(可改为"去咗温书喇去温书了")

c. 正话仲见倒院长喺度做紧手术架刚才还看到院长在做手术呢,而家点解唔见人嘅现在怎么不见人了?——哦,＊佢而家喺会议室听报告喇他这会儿在会议室听报告呢。(可改为"去咗听报告喇")

既然"动态持续性 VO + 了$_2$"类格式表已开始义使用是极受限的,"了$_2$"的这种搭配式应该是后起的新用法。从词汇限制来看,此用法尚处于词汇扩散中,它应兴起于"了$_2$"跟常用 VP 的搭配中。从现场性特征看,此用法可称为"了$_2$"的"近过去功能",即事件在最近的过去刚开始、持续至今。该功能可以归为"了$_2$"变化义功能的边缘用法,这里暂且将它独立出来,是为凸显它用法上的特殊性。

3.2.2 单独过去的"了$_2$"和已停止义

再看"动态持续性 VO + 了$_2$"表已停止义的情况,该用法广泛见于普通话,如例(15),当中的"了$_2$"无法归为变化义功能。一方面,这种"了$_2$"句不能加上"了$_1$",它的前文一般没有任何"之前未 VO"的信息,有些句子的"了$_2$"还能换为持续体助词"呢",足见它无关变化义。

(15) a. 小王看上去特累啊。——他昨天在补习班上(＊了)英语课了/呢,一整天没休息。

b. 我今天给一个学生写(＊了)推荐信了,这学生的成绩单不好,真不知道怎么给他写才好!

c. 儿子刚才干啥了?——他看(＊了)《星球大战》了/呢,没干正事。

d. 你今天没来单位,在家干啥了?——我给领导写(＊了)报告了/呢,也没闲着。

另一方面,很多方言不能用"了$_2$"类词表达例(15),它们要用另一句末助词或不用任何时体词,如例(16)。据目前考察,"了$_2$"类词能表达例(15)的现象只见于东北官话(如北京话),它应该是后起的新用法。

(16) a. <香港> 阿发一啲精神都冇喔。——佢琴日喺学校度上英文课嚟/(＊喇),成日都冇休息。[对译例(15)a]

b. <邢台> 我今儿给一个学生写推荐来/(＊嘞了2),这个学生嘞成绩单不好看,不知道咋给他写算好![对译例(15)b]

c. <重庆万州> 你昨天做啥子的你昨天做什么了?——看《星球大战》的/(＊了)看电影了。[类似(15c)]

d. <温州> 你今日冇走单位里你今天没来单位,在屋里妆阿乜啊在家干啥了?——我在屋里替领导写报告Ø/(＊罢了2)我在家给领导写报告了,也忙显忙也很忙。[对译例(15)d]

显然,例(15)的"了$_2$"必须独立为另一功能,我们认为它代表 Chao (1968)[798]说的"过去的单独事件(isolated event in the past)"(以下简称"单独过去")。虽然 Chao 只给了"我昨儿到张家吃饭了"等少数例句,未做任何阐释和论证,但笔者认同他的这一直觉性定义,在此给出理据。该功能应该阐释为:简单报道某个动态事件的已然发生,该事件默认不涉及跟其他事件的先后进展关系。换言之,单独过去的"了$_2$"只能叙述过去事件,编码了绝对过去时;它不含变化义,蕴含了事件在语篇上的单独性。再看,这种"了$_2$"句必表示事件停止,见例(17)a,这只能归为当中"了$_2$"的意义。一来,句子的谓语是动态持续性 VP,词汇上不含停止义;二来,句子的时间状语虽指示过去,但这不会衍推停止义,因为同一句子不用"了$_2$"(改用"呢")便可取消停止义,见例(17)b;另外,这种"了$_2$"句还是表述有界事件,但"有界化"不足以定义当中"了$_2$"的作用,因为事件的起始也属于有界事件(体貌聚焦于起始点),这种"了$_2$"句却不能表开始义。所以,此"了$_2$"应该编码了停止义。不过,单独过去的"了$_2$"表示事件停止是该词的隐性意义,它体貌上不是取景聚焦于事件的终结点,而是关注整个事件过程"事件的发生"。这种"了$_2$"的体貌义更像是 Comrie(1976)定义的完整体(perfective):它表示一个完全的事件,侧重于事件的整体性,不考量事件内部的各个阶段。概言之,单独过去的“了$_2$”编码了单独性、过去时、完整体三个语义特征,它仍是表达有界事件的时体混合标记。

(17) a. 妈妈刚才干啥了?——她刚才在家洗衣裳了,(*这会儿还在洗)。

b. 妈妈刚才干啥了?——她刚才在家洗衣裳呢,这会儿还在洗。

经考察,单独过去的“VP 了$_2$”使用上有两个特点。第一,语篇上,句子单独报道一个动态事件,无关乎事件变化,前文不能有“之前未 VP”或“预期要 VP”的信息。换个角度说,本句的 VP 是全新的信息,且难以跟前后文构成事件进展链条。例(15)各例都只叙述了一个动态事件,即“了$_2$”句的事件,前后文未讲述其他的动态事件。例(15)a 里“了$_2$”句是解释“看上去特累”的原因,这为前文主旨做出了解释说明。例(15)b 里“了$_2$”句起铺垫前提的作用,它是为引出后文的谈话主旨“学生的成绩单不好,不知道如何给他写推荐信”。例(15)c—例(15)d 里“了$_2$”句只是回答对方的提问,不涉及其他的连续事件。第二,句子的 VP 虽无词汇限制,但语法上必须是动态持续性 VP。这种“了$_2$”句拒绝静态 VP、达成 VP 和“了$_1$”,是因为这些 VP 搭配有界性体貌词后必有变化义,而变化义是跟单独过去义相冲突的。

单独过去的“VO 了$_2$”容易被混同为变化义的“V 了$_1$O 了$_2$”隐去“了$_1$”后的表层形式,毕竟这两种“了$_2$”句都叙述已停止的事件,但二者有语篇差异。以例(18)为例,当中叙述“看《星球大战》”一事的两个“了$_2$”句都表已停止义,不过,它们允许加“了$_1$”的情况有别,还有不同的前后文限制,这些差异正说明它们的“了$_2$”是不同的功能,阐释如下。

(18) a. 晌午你写作业了吗?(前文:无关“看《星球大战》”)——没,晌午我看(*了)《星球大战》了,?? 然后就回家睡了一觉。(邢台话用“看《星球大战》来”)

b. 听说你想看《星球大战》。(前文:未看《星球大战》、预期要看)——对啊,晌午我看(了)《星球大战》了,然后就回家睡了一觉。(邢台话用“看咾了1《星球大战》嘞”)

例(18)a 的“了$_2$”句不能加上“了$_1$”,其 VP“看《星球大战》”正是句法底层的情况,前文没有该事件的任何信息,本句很难跟前后文构成先后相继的事件进展链条;它的前后文一般是对本句的解释或评价,如该例可以后加“我完全忘了写作业这回事"或"那电影挺好看的"。这些都表明例(18)a的"了$_2$"是表单独过去的。例(18)b的"了$_2$"句可以加上"了$_1$",其VP的句法底层是含"了$_1$"的,前文有"预期要看《星球大战》"的信息,后文可以是"然后就回家睡了一觉",本句与前后文构成事件进展链条,这跟典型的变化义"了$_2$"句"我今年有新工作了,然后就搬到了新公司附近住"是相同的。所以,例(18)b的"了$_2$"是表变化义的。那么,例(18)a里"了$_2$"句的停止义是"了$_2$"自身的意义,例(18)b里"了$_2$"句的停止义是当中"了$_1$"的意义。例(18)的两个"了$_2$"句在邢台话正是用不同的句末时体词"来"和"嘞$_{了2}$"。例(18)b还显示,双"了"句的VO往往见于前文信息,如前文表达了未曾VO、预期要VO、不确定已VO等,此时双"了"句除表达事件"已VO"外,还隐含该事件达成了先前预期或确认了待定信息。这种隐含义是单"了$_1$"句或单"了$_2$"句所缺乏的,该特点是分析双"了"句意义的重要角度。

3.2.3 小结

表1 "了$_2$"类词时体用法的分类

时体功能	可搭配的"VO"类型(普通话例句)	特殊限制	跨方言差异		
			邢台话	北京话	粤语
① 变化义的核心用法(已开始/已停止)	[静态V] 他有工作了。 [达成V] 他到家了。 [V了$_1$] 他吃了饭了。	(无)	√	√	√
② 近过去(已开始)	[动态持续性V(*了$_1$)] 看呀,现在他吃饭了。	现场性+少数词汇	√	√	?(用"V开$_{起始}$O嘞$_2$")
③ 单独过去(已停止)	[动态持续性V(*了$_1$)] 我刚才在张家吃饭了。	语篇上不涉及事件进展	√	×	×
④ 近将来(要开始)	[动态V(*了$_1$)] 我吃饭了,食堂就开门了。	现场性+少数词汇	√	√	√

综上所述，“了$_2$”的时体用法可据各项表现划分细类，即表1的四个功能，功能④将在第四节讨论，这里提前列出。本节显示，普通话“动态持续性VO+了$_2$”表已开始义和已停止义分别是“了$_2$”的功能②和功能③，两功能均使用受限。比如，很多“动态持续性VO+了$_2$”句表已开始义不合法，如例（12），而相应的“V了$_1$O了$_2$”都合法，两格式合法句的极度不对称也是单双“了”体貌对立说适用范围有限的重要理由。

表1还显示，功能①和功能②、功能③在VP类型上大致互补：前者搭配“非动态持续性VP”，后两者主要搭配“动态持续性VP”。也就是说，所搭配VP的情状差异会引发“了$_2$”的功能变异，这在语法化里是很自然的现象。从历时角度而言，功能词的词汇搭配有变化往往会引起功能词的语义演变，功能词的功能扩展常肇因于其词汇搭配或分布环境的扩展。虽然“了$_2$”的词源早已用于“动态持续性VO+了”式，但当中的“了”起初是谓词性补语。我们推测，待“了$_2$”发展为句末时体词时，它最初只允许功能①的搭配式，后来才扩展到搭配式“动态持续性VO+了$_2$”，从而衍生出功能②、例③。此推测还有更多的共时证据，比如，徐晶凝（2016）[83]发现书面叙事语篇中“VO了$_2$”很少见，刘一之博士称老北京话甚少用“我吃饭了”表过去事件（口头意见）。当然，表1的功能划分也尚待历史文献来检验。

3.3 “单双‘了’体貌对立说”之外的动因

分析完“VO了$_2$”的使用状况，下面看普通话的“V$_{不及物}$了$_2$”。该格式的合法案例多是带达成动词（如“倒了、死了、醒了、走$_{离开}$了”）或形容词（如“累了、胖了、漂亮了”），此时“了$_2$”明显属于功能①，它也是“了$_2$”最典型、最成熟的功能。然而，该格式带动态持续性动词并不周遍，虽然当中很多例子是合法的，如例（19）a，但不少例子是接受度偏低的，如例（19）b难以找到适用的语境。可见，不管有无宾语O，“了$_2$”搭配动态持续性VP的能力都尚在发展中，并不成熟。按照表1的搭配模式推导，例（19）a的“了$_2$”应属于功能②或功能③。

（19）a. 他笑了。|他病了。|他睡了。|他活动了。|他游泳了。

b. *他蹦跳了。|*他站了。|*他蹲了。|？他喊叫了。|？他散步了。

至此，可以回到普通话“他笑了”的歧义动因上来，我们在单双“了”体貌对立说之外，提出另外两种可能的解释。

“笑”是动态持续性动词,联系“动态持续性 VO + 了$_2$”表已开始、已停止义的条件,“他笑了”的歧义可归因于“了$_2$”的不同功能。具体而言,这种句子表已开始义时,“了$_2$”代表功能②,此时晋语、冀鲁官话等只能用“了$_2$”类词(如邢台话“他笑嘞”),句子表已停止义时,“了$_2$”承担功能③,此时晋语、冀鲁官话等可以用“来”类词,如邢台话“他笑来”。

还有另一种更可能的动因:无论“他笑了”表已开始还是已停止,它的“了$_2$”始终是功能①,而“笑”的情状特性导致“笑 + 了$_2$”有歧义。虽然“动态动词 + 了$_1$/了$_2$”做现实句解时一般表示已停止义(如“吃了、看了”),但例(4)显示,至少粤语里“笑”类动词搭配“了$_1$”“了$_2$”类词后[即“笑(咗)喇、喊(咗)喇”]不衍推停止义,允许“事件开始、持续至今”的诠释。这种情况还见于“病、睡觉”,“病了”“睡了觉了”类的句子在多数方言都可以表已开始义。进一步看,这种表现跟“静态动词 + 了$_1$/了$_2$”是平行的,如“累了、有了工作、知道了这件事了”都默认表已开始义。同时,“笑、哭、病、睡觉”所述事件的过程均质性(homogeneity)很强,该情状特点接近于静态动词,这或导致它们搭配“了$_1$”“了$_2$”类词时也能如“累了”等一样表已开始义。也就是说,“笑”类动词的情状类型介于静态动词和动态动词之间,可视为“准动态动词”,这令它们搭配“了$_1$”“了$_2$”类词兼有两种动词的表义效果——产生了“已开始 & 已停止”的歧义现象。

上述两种动因假设均有合理性,可分别解释不同语境里“了”句的歧义问题。例如,例(8)的歧义源于语篇差异促使“了$_2$”分别承担功能②和功能③,例(9)的歧义源于其动词情状上属准动态动词,以至搭配双“了”也有两解。理论上,“笑了”的歧义动因或许会因语境而异。例如,例(20)a 的“笑了”是已开始义,例(20)b、例(20)c 的“笑了”是已停止义,它们的语义对立可分别解释为不同的动因。例(20)a 的“笑了”是功能②的“了$_2$”,它广义上也是功能①。例(20)b 的“笑了”相对于前后文是单独事件,它的“了”可视作功能③的“了$_2$”。例(20)c 的“笑了”与前后文形成事件进展链条,它的“了”至少包含功能①的“了$_2$”。如此一来,例(20)a 和例(20)b 的语义对立可归因于两句所用的“了$_2$”乃不同功能;例(20)a 和例(20)c 的语义对立归因于“笑”是准动态动词,它搭配同一种“了”也必有歧义。

(20) a. [已开始] 孩子刚才还不高兴呢(前文:之前未笑),这会儿可算笑了。(邢台话必用“笑嘞”)

b. [已停止] 你刚才说着说着为啥停住了(前文:对方追究原因)?——当时我看见你笑了,不知道笑啥呢(后文:补充相关信息)。(邢台话用"笑来""笑嘛"均可)

c. [已停止] 会议结束的时候,董事长忽然笑了,然后走到门外跟秘书说了几句话(后文:后续另一动态事件)。(邢台话必用"笑嘛")

上例的启示在于,句末"V了"的歧义动因不止一种,除却"$了_1$"意义的有无,也可能是"$了_2$"的多功能性,还可能是V情状特性引发的后果。这三种动因应该都实际存在,分别适用于不同的情况。也就是说,一个句末"V了"的歧义动因会随案例而异,这需要综合考察,不宜大而化之地处理。现实句的句末"V了"功能语义上到底相当于"V $了_2$"还是"V $了_1了_2$",取决于谓词情状、句子意义、语篇状况三项因素,这当中的精确条件尚待梳理。

齐沪扬(2003)提及普通话里所谓的句末"$了_{1+2}$"应该归并到"$了_2$"中,这与本文的看法并不一样。我们主张,从音形来源上看,普通话的句末"V了"都是"V $了_2$",不存在两个"了"的语音融合;从功能语义上讲,现实句的句末"V了"确实有"V $了_2$"和"V $了_1了_2$"之别。本文为此提供了多方面的事实证据,这也不同于齐氏。

四、单双"了"句的时制对立更普遍

4.1 跨方言的普遍状况

普通话的"$V_{不及物}了_2$"还有另一种歧义"已实现 & 要开始",如例(21)a的"走了",它表已实现义时可加副词"已经",它表要开始义时可加助动词"要"。吕叔湘(1999)[353]已透露出类似的观察,该书指出:句末"V了"若表示动作完成且事态已改变,便是用"$了_{1+2}$";若表示事态将有变化,则是只含"$了_2$"。可见,吕先生将该格式"已变化 & 将变化"的歧义现象归结为"$了_1$"的有无(至少在意义上)。我们同意这一判断,因为有同样歧义的"VO + $了_2$"可证明这一点。例(21)b的"回家了",它表已实现时可以加上"$了_1$",而表要开始时不能加"$了_1$"。

(21) a. [已停止] 我(已经)走了,这会儿不在单位。

[要开始] 明天再说吧,我(要)走了!

b. [已停止] 我(已经)回(了)家了,这会儿不在单位。

[要开始] 明天再说吧,我(要)回(*了)家了!

可见,普通话里“VO 了$_2$”和“V 了$_1$O 了$_2$”会呈现另一种语义差异:“要开始 Vs. 已实现”的时制(tense)对立。在无特别标记的情况下,“动态持续性 VO + 了$_2$”除表过去事件(表 1 的功能②、功能③)外还能表将来事件,而相应的“V 了$_1$O 了$_2$”只能表过去事件。从这一角度看,单双“了”句更突出的语义对立是时制义的不同。

尽管“VO 了$_2$”类格式表已实现义没有跨方言的普遍性,如它作为现实句解在邢台话里不合法(上文 2.3 小节),但它表要开始义却有相当的普遍性。例如,邢台话里合法的“VO 嘞$_{了2}$”只能表要开始义,如“天下雨嘞$_{天快下雨了}$!”“我回家嘞$_{我要回家了}$”。也就是说,邢台话里“VO 了$_2$”和“V 了$_1$O 了$_2$”类格式虽没有“已开始 Vs. 已停止”的体貌对立,却存在“要开始 Vs. 已实现”的时制对立,后一种语义差异在北方方言中应该更普遍。

粤语“咗”的有无更明显地呈现出上述时制对立,“V(O)喇”默认表要开始义,而“V 咗(O)喇”只能作现实句解,表已实现义。多数的“V 喇”只能表要开始义,如例(22)a,只有很少的“V 喇”表“要开始 & 已实现”皆可,如例(22)b。“VC 喇”最容易有“要开始 & 已实现”的歧义,如例(22)c,它表要开始义不能加“咗”,它表已实现义可加“咗”。因此,“V(O)喇”和“V 咗(O)喇”更具系统性的语义差异也是“要开始 Vs. 已实现”的时制对立。

(22) a. [要开始] 刘老师嚟喇刘老师要来了。| 班车终于到喇那班车终于要到了(正在进站、尚未停靠站)。

b. [要开始/已实现] 佢喊喇他要哭了/他哭起来了。

c. [要开始/已实现] 佢俾人打死喇他马上要被人打死/他已被人打死。

注意,例(22)c 的“VC(O)喇”看似表停止义,实际上可归为开始义,因为 VC 是起始点、终结点重合的达成情状,它的开始义等同于停止义。据考察,温州话的“V 罢$_{了2}$”和“V 爻$_{了1}$罢$_{了2}$”也存在同样的时制对立。就现有语料来看,南北汉语里单双“了”句最普遍的语义对立是“要开始 Vs. 已实现”,这可称为“单双‘了’的时制对立”。

“V(O)了$_2$”表要开始义正是陈前瑞 (2005) 等为“了$_2$”界定的“最近将来时”功能,但以往未明确的是:近将来的“了$_2$”标示了开始义,且不能搭配“了$_1$”。再者,近将来的“了$_2$”不搭配标示将来义的其他功能词。虽然有些“了$_2$”句自由表述将来事件,如“就 VP 了$_2$”(“他明年就上了大学了”)和“要

VP 了$_2$”(如“他要病倒了”),但前一句式可自由用“了$_1$”,后一句式依赖“要”标示将来义,笔者会另文证明它们的“了$_2$”是变化义的核心用法。考察发现,南北汉语的“了$_2$”类词普遍有近将来功能,这一功能限于表要开始义,不能是要停止、要持续义。可见,近将来的“了$_2$”也编码体貌义,聚焦于事件的起始点。

4.2 近将来“了$_2$”的使用限制

近将来的“了$_2$”使用上颇为受限,我们发现其表现平行于近过去的“了$_2$”。

第一,近将来的“了$_2$”类词偏向搭配动态 VP,它在北京话里只能搭配动态持续性 VP 和位移 VP,在粤语里还可以带达成 VP[如例(22)c 的“打死”]。而且,它的 VP 多指人们熟知的常规活动,如“睡觉、吃饭、起床、挂电话、下雨”。普通话里例(23)a—例(23)b 的“了$_2$”句难以找到合适的语境表近将来事件,它们的 VP 正是指不易预期到的特殊行为。这种词汇限制类似于近过去的“了$_2$”。粤语也是如此,另外,“V(O)喇”本就是颇受限制的组合式,它的案例常常是不合法的,如例(23)c 的“喇”句不管表何种意义,都难以找到可用的语境。

(23) a. <普通话> 你去打球不? ——不去,?? 我看《星球大战》了啊,影院快开演了。(对比:我吃饭了啊,家里快做好了。)

b. <普通话> 儿子得赶紧写作业。——?? 他(这就)打篮球了,明天再说。[对比:他(这就)睡觉了,明天再说。]

c. <粤语> *佢肥喇他胖了。|? 我行开喇我走开了。

近将来的“了$_2$”对动词还有更多要求。比如,“他笑了”“我哭了”虽有近过去的诠释,却难以表近将来事件,这大概是因为近将来的行为有自主计划性,而“笑、哭”通常是非计划性的。不过,近将来的“了$_2$”偏向搭配位移 VP,它的位移事件是常规活动[如例(24)a]或特殊行为[如例(24)b]皆可。换言之,“位移 VP + 了$_2$”是表近将来事件最自由的“了$_2$”句,这种搭配偏向将他文解释。

(24) a. 看呀,你爸出门了,快叫住他吧。|我上楼去了,待会儿下来。

b. 我看《星球大战》去了,影院快开演了。|舅舅马上回他山东老家了,快跟他说再见。

第二,近将来的“了$_2$”句所述事件一定是现场性的,它报道说话当场即刻要面临的情景,属非预期的新信息,这跟近过去的“了$_2$”句也很一致。陈前瑞（2005）指出近将来的“了$_2$”句用于“报”“告别”“应答”“催促”四种语境,其实,这些语境都表明了句子的强现场性。看来,无论叙述过去还是将来,“动态 V(O) + 了$_2$”表事件的开始(已开始、要开始)总是有现场性,对此我们试做解释。一方面,“了$_2$”作为有界性体貌词,必聚焦于事件的阶段点(起始点、停止点),不会直接表示事件持续。另一方面,现场性的事件默认是在说话时正在持续、发生于谈话人眼前的,所以,现场性和事件持续最为匹配。这样一来,“了$_2$”句标示的事件阶段点和现场性最匹配的事件持续段是截然不同的,但此差异可被调和:“事件开始”语用隐含事件持续(不停止),标示事件的起始点也能匹配于事件的现场性。因此,有现场性的“了$_2$”句若要标示事件的某一阶段点,必是起始点。可见,事件的现场性是激活“动态 V(O) + 了$_2$”开始义的语境动因,“动态 V(O) + 了$_2$”的开始义是事件现场性的语义后果。

现场性事件在谈话中信息价值极大,这令近过去和近将来的“了$_2$”句往往带有强语气以彰显本信息的重要性。现场性或被看作 Li 等(1982）所谓“现时相关状态（current relevant state)”的一种,但现时相关性属于句子的话语效应,它可以指任何时段的事件,缺乏操作性强的鉴定标准,是个空洞的概念。比如,“来着”也有现时相关性,它如何区别于“了$_2$”呢？目前未见有很好的解答。相反,现场性不是句子的话语效应,而是事件的客观特征,所以它的外延极小,可有效预测一部分“了$_2$”的使用状况。

4.3 小结

虽然近将来和近过去的“了$_2$”在使用上高度相似,但近将来的“了$_2$”在系统周遍程度上要高一些。对于带动态持续性 VO 的“了$_2$”句(不含“就、要$_{将}$、起$_{起始}$”等语法标记),它表要开始义只能是近将来的“VO 了$_2$”式,而它表已开始义不只是近过去的“VO 了$_2$”式,还有少数的“V 了$_1$O 了$_2$”式[如例(9)]。又如上文4.1 小节所述,“VO 了$_2$”类格式能表要开始义广泛地见于多数方言,而此格式在不少方言没有已开始义的诠释。因此,“VO 了$_2$”和“V 了$_1$O 了$_2$”更具系统性的语义对立是“要开始 vs. 已实现”,这种时制差异是单双“了”功能对立的显著模式。

五、“了$_2$”时体功能的分合

本文主要是厘清语言事实,重在破除旧有观念、发掘有价值的议题。

通过单双“了”语义对立的讨论,我们将“了$_2$”类词的时体用法划分为四个功能,即上文3.2.3小节的表1所示。功能①的“了$_2$”是典型用法,可以搭配“了$_1$”;其余三种“了$_2$”属于非典型用法,都不能搭配“了$_1$”。我们推测,功能①的“VO了$_2$”句法上都隐含“了$_1$”,因为很多方言里功能①的“了$_2$”类词用于动宾句时有稳固的“V*(了$_1$)O了$_2$”类组合式,如“<香港>我到*(咗)香港喇”“<邢台>他有*(嘞)活计$_{工作}$嘞”,这种组合式只有在谓词为“VC”时才易隐去“了$_1$”类词。因此,双“了”句是“了$_2$”出现的最典型格式,当中“了$_1$”的隐去应该是北京话晚起的现象,刘勋宁(2002)也提及北京话发生过“V了$_1$O了$_2$→VO了$_2$”的形式演化。再看,在功能①之外为“了$_2$”分立出功能②、功能③、功能④,有助于预测“吃饭了”表已开始、已停止、要开始等意义的情况。本文未详论“位移VP+了$_2$”(如“我回家了”“妈妈去超市买菜了”),它需要另文再述,因为该组合式的表现很独特,当中的“了$_2$”可以是功能①、功能③、功能④。

表1的四个“了$_2$”在句法树上应该处于同一节点位置,但句法同位的功能词也会有语义变异,故“了$_2$”的时体用法未必要做同质性的分析。本文分离四个“了$_2$”不是随文释义,而是清晰地描写了它们的使用区别,不仅考察四个“了$_2$”可搭配的VP范围及其表义效果,还关注它们的语篇特征(前后文的信息类型),因为句末助词必然关联着句子的语篇限制,这是句末时体词意义的重要方面。以往研究要么局限于单句分析“了$_2$”句的事件意义,要么笼统观察语篇来概括“了$_2$”的话语功能,而本文显示,有必要将“了$_2$”句的事件意义和它的语篇表现结合分析,这会推进对“了$_2$”语义的认识。

表1的功能划分还辅以方言证据,加入了历时角度,该视角分析虚词的用法容易引向“多个功能”的结论,此乃语义演变的渐进性规律使然。当然,共时分析中语义功能的分合是有弹性的,可以采取“功能尽量归一”的方案。“了$_2$”的功能②、功能④都有事件变化的特征,可归为功能①的边缘用法,它们的使用区别尚能溯因于VP意义或语境信息的差异。不过,“了$_2$”的功能③不能看作功能①的用法之一,因为这种“了$_2$”句已看不到变化义的意味。

再看，功能③跟功能①、功能②、功能④有如下的语义共性：叙述有界事件且所辖的谓语为全句的自然焦点；默认报道一个新情况，语篇上起到杨凯荣(2013)说的“旨在报告事件发生”的作用。这种功能概括能否准确预测“了$_2$”的分布状况并解释好“了$_2$”句在意义和语篇上的变异表现呢？目前尚不确定。依笔者愚见，“了$_2$”的时体功能不宜取“大一统”的界定策略，至少功能③有必要独立于其他用法，这将影响“了$_2$”时体意义的刻画方式。

表1显示，普通话里近将来和近过去的“VO了$_2$”均能跟“V了$_1$O了$_2$”形成语义对立“(要/已)开始 Vs. 已停止”，但两种“VO了$_2$”都限于少数词汇，而“V了$_1$O了$_2$”没有词汇限制，所以，两格式的任何一种语义对立都不是系统周遍的。那么，它们在“形式–语义”上的任一联系都不能简单类推到句末“V了”上。对于句末“V了”是否含“了$_1$”的意义，不能仅凭句子表开始/停止义(或变化/完成义)来辨别，V的情状特点和句子的语篇表现也要纳入考量，因为“了”句的语义诠释受制于多种因素。对于有些句末“V了”的“了”音形上源自两个“了”的融合，本文用证据质疑了这一固有看法。这些发现是后续研究之基础，句末“了”的功能语义和音形来源还需要长久的努力才能完全破解。

对于现实性的“V了”类句，南北汉语分别用“V了$_1$了$_2$”和“V了$_2$”两类句末形式，这种差异亟待解释。南北汉语的“了$_1$”“了$_2$”类词是不同的词汇来源和演变路径，有必要梳理好它们共时上的语法异同点。本文考察的方言点十分有限，南方方言只选了广府粤语，而湘语、赣语、吴语也是“了$_1$”类词和“了$_2$”类词异形异源的，这些方言“V了$_1$了$_2$”类格式和“V了$_2$”类格式或有更多特点，望同人来推进此课题的进展。

参考文献

陈前瑞(2005)句尾“了”将来时间用法的发展，《语言教学与研究》第1期：66-73。

戴耀晶(1997)《现代汉语时体系统研究》，杭州：浙江教育出版社。

范晓蕾，陈健荣(待刊)香港粤语“咗”的语法特征——与北京话“了$_1$”的比较，载“中央研究院”语言学研究所，《语言暨语言学》。

金立鑫(1998)试论“了”的时体特征，《语言教学与研究》第1期：105-119。

林若望(2017)再论词尾“了”的时体意义，《中国语文》第1期：3-21。

刘勋宁(2002)现代汉语句尾“了”的语法意义及解说，《世界汉语教学》第3期：70-79。

吕叔湘主编(1980/1999)《现代汉语八百词》增订版,北京:商务印书馆。

彭小川(2010)《广州话助词研究》,广州:暨南大学出版社。

齐沪扬(2003)语气词“的”、“了”的虚化机制及历时分析,《忻州师范学院学报》第2期:30-36。

太田辰夫(1958/2003)《中国历史文法》修订译本,蒋绍愚、徐昌华译,北京:北京大学出版社。

王　力(1980)《汉语史稿》,北京:商务印书馆。

徐晶凝(2012)过去已然事件句对“了$_1$”“了$_2$”的选择,载北京大学中国语言学研究中心编,《语言学论丛》第四十五辑,北京:商务印书馆:404-427。

——(2016)主观近距交互式书面叙事语篇中“了”的分布,《汉语学习》第3期:74-84。

雅洪托夫(1959)《汉语的动词范畴》,陈孔伦译,北京:商务印书馆。

杨凯荣(2013)从表达功能看“了”的隐现动因,《汉语学习》第5期:31-43。

朱德熙(1982)《语法讲义》,北京:商务印书馆。

Chao Yuen Ren (1968) *A Grammar of Spoken Chinese*. Berkeley and Los Angeles: University of California Press.

Chen Yujie (2015) The Complexity of Liao ‘Finish’ and Its Weakened Form Le in the Shangshui Dialect of Central Plains Mandarin, Henan Province. *International Journal of Chinese Linguistics*, 2(1): 57-84.

Comrie B. (1976) *Aspect: An Introduction to the Study of Verval Aspect and Related Problems*. Cambridge: Camebridge University Press: 18.

Li C N, Thompson S A, Thompson R M. (1982) The Discourse Motivation for the Perfect Aspect: the Mandarin Particle LE. In Hoppor P. (ed.) *Tense-aspect: between Semantics and Pragmatics* 19-44. Amsterdam: John Benjamins Publishing Company.

Smith C S. (1997) *The Parameter of Aspect*. (*2nd Ed.*) Dordrecht: Kluwer Academic Publishers.

(100871　北京,北京大学　fanxiaolei2013@163.com)

江西余江方言三身代词的单数和复数*

彭有明

提要 余江方言的人称代词分为第一人称代词、第二人称代词、第三人称代词和其他人称代词。余江方言三身代词具有“我/尔/渠”和“我呢 ne/尔呢 ne/渠呢 ne”两套单数形式,没有词性质的复数形式,而有“我/尔/渠”与短语“两人”,或“几个人”,或“个多人”,或“伊多人”构成的九种复数形式。随着城镇化进程的深入,年轻人偶尔也会借用鹰潭方言的三身代词“我得 te/尔得 te/渠得 te”复数形式。余江方言人称代词在语义上具有较强个性,在构成和语法语用功能上也具有较强个性,彼此之间的语法和语用的能力大小不一。

关键词 余江方言;人称代词;三身代词;单数;复数

余江县是江西省鹰潭市下辖的一个县,位于江西省东北部,距离南昌市大约 150 千米,全县通行赣方言。

各个方言都有代词,代词能起代替和指示作用,它分为第一、第二、第三人称代词和其他人称代词。前三种人称代词被称为三身代词。余江方言是赣方言鹰弋片区的一个小片区方言,和其他语言或汉语方言或赣方言其他片区相比,余江方言三身代词既有相同点,又有不少的差异,具有比较强的个性。这主要体现在三身代词单数和复数的意义、构成、语法功能、语用功能等方面。下面我们将从这些方面来探讨余江方言三身代词单数和复数的特点。

在本文中,所涉及的方言词,如有本字就写本字。本字若不清楚,则用

* 本文为“十三五”(2018 年)江西省社科规划项目“城镇化进程中的余江方言语法语用研究”(项目编号 18YY21)阶段性研究成果。本文根据审稿人提出的宝贵意见做了大量的修改,特此感谢!

同音字代替。若无同音字,则用"□"代替,同时在"□"后面予以注音,说明该词的读音。

一、余江方言三身代词的形式及意义

余江方言的三身代词和普通话、赣方言其他片区一样,也分为第一、第二、第三人称代词和其他人称代词。三身代词的单数形式一共有六个,分为两套。第一套有三个单数形式,它们分别是:第一人称代词单数"我 $ŋa^{35}$"、第二人称代词单数"尔$n̩^{35}$"、第三人称代词单数"渠 $k^hiɛ^{35}$"。为了论述方便,我们称之为三身代词单数 A 类形式。第二套也有三个单数形式,它们分别是:第一人称单数代词"我呢 $ŋa^{35}$ ne"、第二人称代词单数"尔呢$n̩^{35}$ne"、第三人称代词单数"渠呢 $k^hiɛ^{35}$ne",我们称之为三身代词单数 B 类形式。详见表 1:

表 1

数 人称	单数	
	A 类	B 类
第一人称	我 $ŋa^{35}$	我呢 $ŋa^{35}$ne
第二人称	尔$n̩^{35}$	尔呢$n̩^{35}$ne
第三人称	渠 $k^hiɛ^{35}$	渠呢 $k^hiɛ^{35}$ne

余江方言三身代词单数 B 类形式是在 A 类形式后面添加一个词缀"呢 ne"构成的。余江方言三身代词单数的词汇意义和普通话三身代词单数相同,但语法语用功能有差异,后面会有所论述。

虽然余江方言三身代词都有单数,但它们却没有发展为由词构成的复数,若要表达复数,则在三身代词单数 A 类形式后面添加短语"两人",或"几个人",或"个多人",或"伊多人"。详见表 2:

表 2

数 人称	复数		
第一人称	我两人 $ŋa^{35}$ liɑŋ n	我几个人 $ŋa^{35}$ tɕi ko nin	我个多人 $ŋa^{35}$ ko tuo nin
第二人称	尔两人$n̩^{35}$liɑŋ n	尔几个人$n̩^{35}$tɕi ko nin	尔个多人$n̩^{35}$ko tuo nin
第三人称	渠两人 $k^hiɛ^{35}$ liɑŋ n	渠几个人 $k^hiɛ^{35}$ tɕi ko nin	渠伊多人 $k^hiɛ^{35}$ i tuo nin

从表2可以看出,余江方言三身代词复数形式一共有九个,分为三组,第一组是在三身代词单数A类形式后面添加短语“两人”,第二组是在三身代词单数A类形式后面添加短语“几个人”,第三组是在三身代词单数A类形式后面添加“个多人”或“伊多人”。后面添加了“两人”的人称代词在数量上指2个人。后面添加了“几个人”的人称代词在数量上一般指3到4个人,后面添加了“个多人”和“伊多人”在数量上一般等于或超过5个。

需要说明一下“个多人”中的“个”和“伊多人”中的“伊”。赵日新(1999)认为,“个”用作指示代词只出现于南方方言,吕叔湘(1990)认为“个”是近指。余江方言是一种南方方言,“个多人”中的“个”是个表示近指的指示代词,表示“这、这么”的意思。“个多人”表示“这么多人”的意思。这种意思并不表示人数很多,只表示人确定的数量范围,相当于普通话中的“这些人”。“个多人”不管在数量上是表示5个人,还是超过5个人,数量范围都是确定的。对于“伊”,黄易青(2016)认为,“伊”是个指示代词,用在主语、宾语和定语。但在余江方言中,“伊多人”中的“伊”是一个表示远指的指示代词,表示“那、那么”的意思。“伊多人”表示“那么多人”的意思,它也只表示人确定的数量范围,相当于普通话中的“那些人”。

二、余江方言三身代词单数语法语用功能

余江方言的单数具有A类和B类两种形式,它们的语法语用功能既有相同的一面,也有不同的一面。

2.1　余江方言三身代词单数的语法功能

语法功能主要包括两个方面,一是指充当句法成分的能力,二是指词和词语的组合能力。余江方言三身代词单数A类和B类形式的语法功能既有相同的一面,又有不同的一面。

2.1.1　充当句法成分能力的异同

2.1.1.1　相同的充当句法成分的能力

余江方言的三身代词单数A类和B类形式具有相同的充当句法成分的能力,这主要表现在下面三个方面。

1）都能充当主语

余江方言三身代词单数A类和B类形式都可以充当主语,和普通话、赣

方言其他地区的人称代词用法相同。例如:

(1) 我/我呢冇买。(我没买。)

(2) 尔/尔呢摘哩苹果冇?(你摘了苹果没有?)

(3) 渠/渠呢摘哩两个李哩。(他摘了两个李子。)

余江方言三身代词单数B类形式做主语,现在年轻人不太使用了,用和不用,都很自由。

2) 都能充当介宾结构中的宾语

余江方言的三身代词单数A类和B类形式,都能充当介宾结构中的宾语。例如:

(4) 表把我/尔/渠/我呢/尔呢/渠呢热死哩。(不要把我/你/他热死了。)

(5) 老我/尔/渠/我呢/尔呢/渠呢话一下。(和我/你/他说一下。)

(6) 等我/尔/渠/我呢/尔呢/渠呢害死哩。(被我/你/他害死了。"死"表程度)

在例(4)、例(5)、例(6)各句中,介词"把""老"和介词"等"都可以和三身代词单数A类形式"我/尔/渠/"和单数B类形式"我呢/尔呢/渠呢"组合构成介宾结构。

3) 都能充当兼语

在余江方言中,三身代词单数A类和B类形式都能充当兼语。例如:

(7) 请我/尔/渠/我呢/尔呢/渠呢吃饭。(请我/你/他吃饭。)

(8) 派我/尔/渠/我呢/尔呢/渠呢去北京。(派我/你/他去北京。)

(9) 叫我/尔/渠/我呢/尔呢/渠呢买米。(叫我/你/他买米。)

在例(7)、例(8)、例(9)中,余江方言三身代词单数A类和B类形式都做兼语,即分别做动词"请""派"和"叫"的宾语;又做"吃饭""去北京"和"买米"的主语。在余江方言中,三身代词的兼语用法和普通话相同。在余江方言中,和"请""派""叫"语法功能相当的词,还有"帮""有""称""祝"等。

2.1.1.2 不同的充当句法成分的能力

1) 不同的充当动宾结构的宾语的能力

① 三身代词单数A类形式充当动宾结构宾语的能力

余江方言三身代词单数A类形式可充当动宾结构中的宾语,但不能出现在句末。这是余江方言三身代词独特性的较强体现。例如：

(10) ＊爹爹把伞把哩我。(爸爸把伞给了我。)

(11) ＊渠不会笑尔。(他不会笑你。)

(12) ＊尔要踢渠。(你要踢他。)

在余江方言中，例(10)、例(11)、例(12)都不合语法，但在普通话中却符合语法。其原因是例(10)中的第一人称代词“我”、例(11)中的第二人称代词“尔”和例(12)中的第三人称代词“渠”都处在句末。

② 三身代词单数B类形式充当动宾结构宾语的能力

余江方言三身代词单数B类形式可自由地充当动宾结构中的宾语，可出现在句子末尾。例如：

(13) 打我呢/尔呢/渠呢。(打我/你/他。)

(14) 喜欢我呢/尔呢/渠呢。(喜欢我/你/他。)

在例(13)中，动词“打”表行为动作；在例(14)中，动词“喜欢”表心理活动。处于句末的三身代词单数B类形式分别做动语“打”和“喜欢”的宾语。

单数B类形式后面还可出现其他的词语。例如：

(15) 打哩渠呢哇？(打了他吗？“哇”表疑问语气。)

(16) 卖哩我呢一斤橘哩。(卖了我一斤橘子。)

(17) 想尔呢到天光。(想你到天亮。)

(18) 打渠呢就不对。(打他就不对。)

在例(15)中，“渠呢”做动语“打”的宾语，它后面出现了疑问语气词“哇”。在例(16)中，“我呢”做动语“卖”的间接宾语，它后面出现了直接宾语“一斤橘哩”。在例(17)中，“尔呢”做动语“想”的宾语，它后面出现了介宾短语“到天光”。在例(18)中，“渠呢”做动语“打”的宾语，它后面出现了整个句子的谓语“就不对”。

针对余江方言三身代词单数A类和B类形式充当主语和宾语的情况，肖萍、陈昌仪(2004)认为，余江方言人称代词单数形式的用法存在主格和宾格之分，甚至是严格的区分。这种说法似乎不完全正确。因为只需要在例(10)、例(11)、例(12)这三个句子的后面添加一些词语，这些句子又变成合乎语法的句子了。例如：

(19) 爹爹把伞把哩我有？(爸爸把伞给了我没有？)

(20) 渠不会笑尔嘛。(他不会笑你嘛。“嘛”表肯定语气)

(21) 尔踢渠一下。(你要踢他一下。)

在例(19)中,“我”后面添加了副词“冇”,在例(20)中,“尔”后面添加了语气词“嘛”,在例(21)中,“渠”后面添加了数量短语“一下”。正是由于在例(19)、例(20)、例(21)三身代词单数A类形式后面添加了一些词语。所以,虽然“我/渠/尔”在句中仍然做宾语,但是这些句子都是合乎语法的句子了。我们不妨再举几例:

(22) a *渠要我。(他需要我。)　(22) b 渠要我到死。(到死他都需要我。表责备)

(23) a *喜欢渠。　(23) b 喜欢渠不得哟。(喜欢他不可以哟。)

(24) a *骂尔。　(24) b 骂尔一辈子。

在例(22)b中,“到死”是一个介宾结构,在“我”的后面,做动词“要”的补语。在例(23)b中,“不得”在“渠”的后面,在整个句子中做谓语。在例(24)b中,“一辈子”是个数量短语,在“尔”的后面,它们都做动词“骂”的宾语。

由此可见,余江方言单数A类形式并不是不能做宾语,只是不能出现在句末罢了。再结合上文所述,余江方言单数A类和B类形式既可以做主语,又可以做宾语,它们似乎不存在主格和宾语的(严格)区分。如果硬要像有些学者所说的余江方言人称代词有主格和宾格的区分,那也只是当单数A类形式在句子末尾的时候所表现出来的这样一种情况。即A类单数形式可以做主语,有主格,但在句子末尾的时候不能做宾语,即没有宾格。

2) 不同的充当定语的能力

① 三身代词单数A类形式做定语的能力

余江方言三身代词单数A类形式大都可以修饰单音节、双音节和多音节名词,但它们之间必须加上结构助词“个”。其用法和普通话、赣方言其他地区相同,例如:

(25) 我个手/手套。(我的手/手套)

(26) 尔个刀/菜刀。(你的刀/菜刀)

(27) 渠个碗/铁饭碗。(他的碗/铁饭碗)

当双音节名词是和余江方言区日常常见的事物和人时,结构助词“个”可以省略,这点和普通话也相同,例如:

(28) 我屋里(我家里) (29) 尔爹爹(你爸爸) (30) 渠姆妈(他妈妈)

余江方言人称代词单数A类形式修饰单音节、双音节和多音节名词构成的偏正结构可以做更大短语的成分,它们之间的结构助词“个”大都可以省略。正如朱德熙(2000)所说,如果中心语是一般名词,单说的时候要用“的”字;包含在句子里的时候,可以不用“的”字。例如:

(31) 我(个)笔坏不哩。[我(的)笔坏了。]

(32) 让尔(个)菜刀锈落去。[让你(的)菜刀锈掉。]

(33) 打破哩渠(个)铁饭碗。[打破了他(的)铁饭碗。]

例(31)中的“我(个)笔”是一个定中短语,做主语。例(32)中的“尔(个)菜刀”是介词“让”的宾语。例(33)中的“渠(个)铁饭碗”,做“打”的宾语。在这三例中,存在于人称代词A类单数形式和名词性词语之间的结构助词“个”都可以省略。

② 三身代词B类形式做定语的能力

余江方言三身代词单数B类形式不能做定语。例如:

(34) a *我呢/尔呢/渠呢书(我/你/他书)

(34) b *我呢个/尔呢个/渠呢个书(我的/你的/他的书)

例(34)a中的“我呢/尔呢/渠呢”不能直接做定语修饰“书”,在例(34)b中,“我呢/尔呢/渠呢”后面加上结构助词“个”之后,也不能做定语修饰“书”。

即便在一个更大的结构中,三身代词单数B类形式也不能做定语。例如:

(35) a *我呢/尔呢/渠呢书是旧个。(我书/你书/他书是旧的。)

(35) b *我呢个/尔呢个/渠呢个书是旧个。(我的/你的/他的书是旧的。)

(36) a *把我呢/尔呢/渠呢书烧落去。(把我/你/他书烧掉。)

(36) b *把我呢个/尔呢个/渠呢个书烧落去。(把我的/你的/他的书烧掉。)

(37) a *洗落我呢/尔呢/渠呢鞋哩。(洗掉我/你/他鞋子。)

(37) b *洗落我呢个/尔呢个/渠呢个鞋哩。(洗掉我的/你的/他的鞋子。)

例(35)a的“我呢/尔呢/渠呢书”和例(35)b“我呢个/*尔呢个/*渠呢

个书”构成的定中结构在更大的主谓结构中也是不合语法的。例(36)a的“我呢/尔呢/渠呢书”和例(36)b“我呢个/尔呢个/渠呢个书”构成的定中结构在更大的介词结构中也是不合语法的。例(37)a的“我呢/尔呢/渠呢鞋”和例(37)b的“我呢个/尔呢个/渠呢个鞋”构成的定中结构在更大的动宾结构中也是不合语法的。

2.1.2 词和词语的组合能力的异同

2.1.2.1 相同的词和词语的组合能力

1) 相同的构成主谓、兼语和介宾短语的组合能力

余江方言三身代词单数A类和B类形式,具有一些相同的词和词语的组合能力。如上文2.1.1小节所讲,余江方言三身代词单数A类和B类形式都可做主语、兼语和介宾结构中的宾语。那也就意味着它们可与谓词性词语和介词进行组合。我们再举几个例子进行说明:

(38) 我/尔/渠去。我呢/尔呢/渠呢去。(我/你/他去)

(39) 我/尔/渠聪明。我呢/尔呢/渠呢聪明。(我/你/他聪明)

(40) 叫我/尔/渠/我呢/尔呢/渠呢做哈里呀?(我/你/他做什么呀?)

(41) 老我/尔/渠/我呢/尔呢/渠呢话事。(和我/你/他说话)

在例(38)和例(39)中,单数A类和B类形式都可和动词“去”、形容词“聪明”组合,构成主谓短语。在例(40)中,单数A类和B类形式既可和前面的动词“叫”组合,又可和后面的动词性词语“做哈里”组合,从而构成兼语。在例(41)中,单数A类和B类形式都可和前面的介词“老”组合,构成介宾短语。

2) 相同的构成比况短语的组合能力

比况助词“(一)样”可附在余江方言三身代词单数A类和B类形式后面组成比况短语。例如:

(42) 老我/尔/渠(一)样[像我/你/他(一)样]

(43) 老我呢/尔呢/渠呢(一)样[像我/你/他(一)样]

2.1.2.2 不同的词和词语的组合能力

除了上文提到的余江方言三身代词单数A类、B类形式和“个”组合的能力不同以外,它们还有下面几种不同的组合能力。

1) 不同的构成联合短语的能力

在余江方言中,联合短语中间的连词往往使用“老”“还是”等词,三身代

词单数 B 类形式可放在连词的前面和后面,但是单数 A 类形式只能放在连词的前面。例如:

(44) a 我/尔/渠老王师傅(我/你/他和王师傅)

(44) b *王师傅老我/尔/渠(王师傅和我/你/他)

(45) a 我呢/尔呢/渠呢老王师傅(我/你/他和王师傅)

(45) b 王师傅老我呢/尔呢/渠呢(王师傅和我/你/他)

2) 不同的构成同位短语的能力

余江方言三身代词单数 A 类形式可和别的词语构成同位短语,这点和普通话相同。比如:

(46) 我/尔/渠江西。(我/你/他江西,江西: 名词)

(47) 我/尔/渠自己。(我/你/他自己,自己: 代词)

(48) 我/尔/渠这种人。(我/你/他这种人,这种人: 体词性短语)

余江方言三身代词单数 B 类形式,基本不能和别的词语构成同位短语。比如:

(49) 我呢/尔呢/渠呢自己。(我/你/他自己)

(50) *我呢/尔呢/渠呢江西。(我/你/他江西)

(51) *我呢/尔呢/渠呢这种人。(*我/你/他这种人)

在例(49)中,余江方言三身代词单数 B 类形式"我呢/尔呢/渠呢"虽然还能和代词"自己"构成同位短语,但现在年轻人基本不这样说了。在例(50)中,"我呢/尔呢/渠呢"不能和名词"江西"构成同位短语。在例(51)中,"我呢/尔呢/渠呢"也不能和定中短语"这种人"构成同位短语。事实上,除了上面列举的个别情况外,余江方言三身代词单数 B 类形式均不能和别的词语构成同位短语。

3) 不同的构成"的"字短语的能力

余江方言三身代词单数 A 类形式后面可以附加助词"个",构成"的"字短语。

(52) a 我个/尔个/渠个是新个。(我/你/他的是新的)

然而,B 类形式后面不可以附加助词"个"构成"的"字短语。例如:

(52) b *我呢个/尔呢个/渠呢个是新个。(我/你/他的是新的)

2.2 余江方言三身代词单数的语用功能

余江方言三身代词单数两类形式不但在语法功能上存在异同,语用功能上也存在异同。

2.2.1 相同的语用功能

在一定的语言环境中,如在答语中,说话者为了言语的经济性,充当主语的三身代词单数A类形式和B类形式都可以省略。例如:

(53) A:尔去不?(你去不?) B:(我)不去。

(54) A:渠呢卖哩蛋冇?(他卖了蛋没有?) B:(渠呢)冇。

在例(53)、例(54)中,答语的主语"我""渠呢"都可以省略,也可以不省。

在对话的答语中,三身代词单数A类形式和B类形式在充当宾语时也可以省略。

(55) A:尔打渠不? B:打(渠)哟!

(56) A:尔喜欢我呢不? B:喜欢(尔呢)哟!

在例(55)、例(56)中,答语的宾语"渠""尔呢"都可以省略,也可以不省略。

2.2.2 不同的语用功能

在余江方言中,回答疑问点是谁的特指问,三身代词单数A类形式是不能单独回答做主语或做宾语的疑问点的,必须要使用单数B类形式来回答这两个疑问点。例如:

(57) A:哈人打破哩碗?(谁打破了碗?)

B:*我/尔/渠。(我/你/他。)//我呢/尔呢/渠呢。(我/你/他。)

(58) A:小明话哈人哪?(小明说谁呀?)

B:*我/尔/渠。//我呢/尔呢/渠呢。

在例(57)、例(58)中,三身代词单数A类形式"我/尔/渠"都不能单独直接作答。余江方言三身代词单数在回答做主语或做宾语的疑问点时,一定要使用单数B类形式"我呢/尔呢/渠呢"。

三、余江方言三身代词复数语法语用功能

3.1 余江方言三身代词复数的短语性

和其他方言不太相同的是,余江方言三身代词的复数不是一个词,而是一个短语。余江方言复数是一种同位短语。

在先秦时期,人称代词的单复数同形,人称代词是表示单数还是复数,需要根据一定的上下文才能决定。到了汉代,人称代词的单数和复数形式渐渐有了区分。人称代词复数的意义可以通过在人称代词后面添加"属""曹""等""辈"等词来表示。虽然"属""曹""等""辈"这些词可以表示复数,但它们都有词汇意义,本质上属于实词,表示"同一类人""这些人""那些人"等意思。从语法的角度来看,人称代词加上"属""曹""等""辈"等实词后,构成了一个短语。由于人称代词和"属""曹""等""辈"等词所指的对象相同,所以,它们构成的短语是一个同位短语。

在余江方言中,单数形式中的"我/尔/渠"虽然已经从上古汉语的单复数同形中分化出来专门表示单数。但是复数中的"我/尔/渠",仍然继承了上古汉语的用法,复数中的"我/尔/渠"表示复数的意思,分别相当于普通话中的"我们/你们/他们"。余江方言三身代词后面的"两人""几个人""个多人""伊多人"都是定中短语,其语法作用相当于古代汉语中的"属""曹""等""辈"等词。"我/尔/渠"和"两人""几个人""个多人""伊多人"组合后,也构成一个短语。由于前后两者所指的对象相同,所以它们构成的短语是一个同位短语。只是这种同位结构和普通话的同位结构不完全相同。在普通话同位短语"我们/你们/他们这些人"中,"我们/你们/他们"和"这些人"所指对象完全相同。然而在余江方言中,"我/尔/渠"和"两人""个多人""几个人""伊多人",虽然实质所指对象相同,都是复数,但从普通话的角度看,所指对象不相同,前者是单数,后者是复数。

余江方言三身代词复数内部的同位结构属性也可以从其他方言得到印证。和余江紧挨着的鹰潭的方言,它的人称代词复数形式是词,不是短语。第一、二、三人称代词复数形式分别是"我得 te""尔得 te""渠得 te"。普通话的"我们/你们/他们这些人",在鹰潭方言中,说成"我得/尔得/渠得个多人"。在短语中,"我得/尔得/渠得"和"个多人"所指对象相同,因此,"我得/尔得/渠得个多人"是个同位短语。同样,我得/尔得/渠得两人、我得/尔得/渠得几个人、渠得伊多人也是个同位短语。在余江方言"我/尔/渠个多人"中的"我/尔/渠"相当于鹰潭方言中的复数形式"我得 te""尔得 te""渠得 te",所以余江方言"我/尔/渠个多人"也是一个同位短语。同理,余江方言其他的复数形式也是一个同位短语。

汉语各方言基本都有词汇层面的三身代词复数,从跨语言来看,没有词汇层面的三身代词复数的语言是比较少的,但余江方言的三身代词复数只有短语形式,而没有词的形式,这是余江方言在类型学上的极其重要的特点。

3.2 余江方言三身代词复数语法功能

余江方言三身代词复数与普通话和很多其他方言三身代词复数的语法功能大体相同。

3.2.1 充当句法成分的能力

余江方言三身代词复数充当句法成分的能力主要表现在下面三个方面:

3.2.1.1 充当主语的能力

余江方言三身代词复数都可以做主语。例如:

(59) 我两人/我几个人/我个多人冇有钱。(我们俩/我们/我们没有钱。)

(60) 尔两人/尔几个人/尔个多人几太呀?(你们俩/你们/你们几岁呀?)

(61) 渠两人/渠几个人/渠伊多人不会洗衣裳。(他们俩/他们/他们不会洗衣服。)

3.2.1.2 能充当宾语的能力

1) 充当动宾结构中的宾语的能力

余江方言三身代词复数作动宾结构中的宾语都非常自由,不受环境的制约。例如:

(62) 再让下我两人/尔个多人/渠伊多人。(再让一下我们俩/你们/他们。)

(63) 再让下我两人/尔个多人/渠伊多人不?(再让一下我们俩/你们/他们不?)

(64) 尔教下我两人/渠伊多人□ts^he。(你教一下我们俩/他们吧。□ts^he表委婉语气)

(65) 我等哩尔两人/尔几个人/渠伊多人一个多钟头。(我等了你们俩/你们/他们一个多小时。)

(66) 叫我两人/我几个人/尔个多人/等三日。(叫我们俩/我们/你们等三天。)

在例(62)中,三身代词复数形式在句末充当宾语,但后面没有任何词语,可以单独使用;在例(63)中,三身代词复数形式后面有一个副词“不”;在例(64)中,三身代词复数形式后面有一个语气词“□ts^he”;在例(65)中,三身代词复数形式后面有一个定中短语“一个多钟头”。在例(66)中,三身代词复数形式后面有一个中补短语“等三日”。

2) 充当介宾结构中的宾语的能力

余江方言的三身代词复数,都能充当介宾结构中的宾语。例如:

(67) a 芳芳把我两人/尔两人/渠两人骂死哩。(芳芳把我们俩/你们俩/他们俩骂死了。)

(67) b 芳芳等我几个人/尔个多人/渠伊多人骂死哩。(芳芳被我们/你们/他们骂死了。)

在例(67)a和例(67)b中,介词“把”和介词“等”都可以和三身代词的复数组合构成介宾结构。

3.2.1.3 充当定语的能力

1) 修饰单音节名词

余江方言三身代词复数都可以做定语,但不能直接修饰单音节词,三身代词复数修饰单音节词必须加上结构助词“个”。例如:

(68) a *我两人/尔两人/渠两人笔坏不哩。(我们俩/你们俩/他们俩笔坏了。)

(68) b 我两人个/尔两人个/渠两人个笔坏□pu哩。(我们俩的/你们俩的/他们俩的笔坏了。)

(69) a *我几个人/尔个多人/渠伊多人车是绿个。(我们/你们/他们车是绿的。)

(69) b 我几个人个/尔个多人个/渠伊多人个车是绿个。(我们的/你们的/他们的车是绿的。)

在例(68)a、例(69)a中,三身代词复数后面分别缺少一个结构助词“个”,所以它们都是不合语法的。

2) 修饰双音节和多音节名词

余江方言三身代词的复数可以修饰双音节和多音节名词,但两者之间一般要加上结构助词“个”。例如:

(70) 我两人/我几个人/我个多人个水库。(我俩/我们/我们的水库。)

(71) 尔两人/尔几个人/尔个多人个戏台。(你俩/你们/你们的戏台。)

(72) 渠两人/渠几个人/渠伊多人个土鸡汤。(他俩/他们/他们的土鸡汤。)

在例(70)、例(71)、例(72)中,结构助词"个"是不能省略的,即便在一个更大的结构中,也不能省略。例如:

(73) *我两人/我几个人/我个多人水库冇水去哩。(我俩/我们/我们的水库没水了。)

(74) *渠在尔两人/尔几个人/尔个多人戏台上演戏。(他在你俩/你们/你们的戏台上演戏。)

(75) *尔表把渠俩/渠几个人/渠伊多人土鸡汤倒落去。(你不要把他俩/他们/他们的土鸡汤倒掉。)

在例(73)、例(74)、例(75)中,人称代词复数(定语)和"水库""戏台上""土鸡汤"(中心语)之间没有结构助词"个",所以它们都是不合语法的。

但当双音节名词所指称的是我们日常常见的事物时,结构助词"个"偶尔也可以省略,例如:

(76) a 我两人/尔两人/渠两人屋里(我俩/你俩/他俩家里)

(76) b 我个多人/尔几个人/渠伊多人屋里(我们/你们/他们家里)

3.2.1.4 充当兼语的能力

余江方言三身代词复数都能充当兼语。例如:

(77) 请我/尔/渠/我呢/尔呢/渠呢吃饭。(请我/你/他吃饭。)

(78) a 派我两人/尔两人/渠两人去北京。(派我们俩/你们俩/他们俩去北京。)

(78) b 帮我几个人/尔个多人/渠伊多人做饭。(帮我们/你们/他们做饭。)

在例(77)、例(78)a、例(78)b中,三身代词都做兼语,即做"请""派"和"帮"的宾语;又做"吃饭""去北京"和"做饭"的主语。在余江方言中,三身代词复数的兼语用法和普通话相同,也和前面已经所讲的单数形式的兼语用法相同。

3.2.2 词和词语的组合能力

3.2.2.1 三身代词复数构成同位短语的能力

余江方言三身代词的复数基本上不能和别的词语构成同位短语。

例如：

(79) a 我两人/尔两人/渠两人自己。(我们俩/你们俩/他们俩自己)

(79) b 我几个人/尔个多人/渠伊多人自己。(我们/你们/他们自己)

(80) a ＊我两人/尔两人/渠两人江西。(＊我们俩/你们俩/他们俩江西)

(80) b ＊我几个人/尔个多人/渠伊多人江西。(我们/你们/他们江西)

(81) a ＊我两人/尔两人/渠两人个些书生。(＊我们俩/你们俩/他们俩这些书生。后一个“个”是指示代词)

(81) b ＊我几个人/尔个多人/渠伊多人个些书生。(我们/你们/他们这些书生)

在例(79)a、例(79)b中，余江方言三身代词复数可以和代词“自己”构成同位短语。在例子(80)a—例(81)b四句中，余江方言三身代词复数都不能和名词“江西”或体词性短语“个些书生”构成同位短语。

3.3 余江方言三身代词复数的语用功能

3.3.1 对疑问点的回答

在余江方言中，回答疑问点是谁的特指问，三身代词复数能自由地单独回答疑问点，不需要借助其他的条件，例如：

(82) A：哈人不想去？(谁不想去？)

B：我几个人/尔个多人/渠伊多人。(我们/你们/他们。)

(83) A：小明想哈人哪？(小明想谁呀？)

B：我两人/尔个多人/渠几个人/渠伊多人。(我们俩/你们/他们/他们。)

3.3.2 省略

3.3.2.1 句中的省略

在一定的语言环境中，说话者为了言语的经济性，充当主语的三身代词复数都可以省略。例如：

(84) A：我个多人/尔几个人/渠伊多人放几日假呀？(我们/你们/他们放几天假呀？)

B：(我个多人/尔几个人/渠伊多人)不放假。[(我们/你们/他们)不放假。]

在例(84)中，B的答语可以省去主语“我个多人/尔个多人/渠伊多人”。

充当宾语的三身代词复数也都可以省略。

(85) A:尔打我个多人/渠伊多人□po?(你打我们/他们吗?)

B:打(尔个多人/渠伊多人)哟!(打你们/他们哟!)

(86) A:渠喜欢我个多人/尔几个人□pe?(他喜欢我们/你们吗?)

B:喜欢(我个多人/尔几个人)哟!(喜欢(我们/你们)哟!)

在例(85)中,B 的答语可以省去宾语"尔个多人/渠伊多人",在例(86)中,B 的答语可以省去宾语"我们/你们"。

3.3.2.2 内部结构的省略

在余江方言中,第一人称复数"我个多人"和第二人称复数"尔个多人"在使用的时候有个特殊情况,就是前面的第一人称代词"我"和第二人称代词"尔"可以省略,仅用复数的后面一部分"个多人"来表示。省略的主要原因是在一定的语境下,追求话语的经济性。例如:

(87) A:尔个多人毕业哩□po?(你们毕业了吗?)

B:个多人毕业哩哟。(我们毕业了。)

在例(87)中,B 的答语是"我个多人毕业哩哟"的省略形式。

(88) A:个多人做哩□po?冇做了,我就不把工钱。(你们做完了吗?没做完,我就不给工钱。)

B:做了□pu 哩。(做完了。)

在例(88)中,A 的问话"个多人做哩□po?"是"尔个多人做哩□po?"的省略形式。

省略后,"个多人"到底是表示"我个多人",还是表示"尔个多人",这要根据说话者当时的语境。当说话者属于"个多人"中的一员时,"个多人"就表示"我个多人";当说话者不属于"个多人"中的一员时,"个多人"就表示"尔个多人"。

从上面的例子可以看出,第一人称和第二人称的复数做主语,"我"和"尔"这两个人称代词在一定的语境下是可以省略的。

四、结　　语

在余江方言中,三身代词单数保留了两套形式,A 类和 B 类。三身代词复数有"我/尔/渠两人""我/尔/渠几个人""我/尔/渠个多人""渠伊多人"

几种复数形式。随着城镇化的发展和深入，余江方言受邻近方言，如鹰潭方言的影响，有些年轻人，偶尔也会说鹰潭方言三身代词的复数形式：第一人称复数形式是“我得 te”，第二人称复数形式是“尔得 te”，第三人称复数形式是“渠得 te”。只是目前余江方言区的人很少使用，特别是余江潢溪镇、锦江镇等地的村民，更不太使用这种复数形式。余江方言三身代词单数和复数的语法功能、语用功能的大小不完全一样，这体现了余江方言三身代词和赣方言其他地区或其他方言不太相同的地方。余江方言三身代词复数形式虽然是个短语，但也在向词的方向迈进了。鉴于本文研究的重点，在此就不做深入探讨了。

参考文献

黄易青（2016）先秦虚词“实”“维”“伊”“繄”的用法及其词源关系，《北京师范大学学报》第 2 期：63。

肖　萍，陈昌仪（2004）江西境内赣方言人称代词单数的“格”之考察，《南昌大学学报》第 6 期：157。

赵日新（1999）说“个”，《语言教学与研究》第 2 期：39。

朱德熙（2000）《语法讲义》，北京：商务印书馆：142。

（33600　江西，宜春学院文学与传播学院　penyouming76@163.com）

吴语瑞安话“有”的功能及其反映的方言类型特点*

吴　越

提要　南部吴语瑞安话的“有”有五种密切相关的语义功能：① 表达领属关系；② 表示存在；③ 强化或表示过去事实；④ 强化现在事实或一般规律；⑤ 强化对非现实状况的主观判断。东南方言的“有”普遍具有更多扩展功能，而瑞安话的“有”在其中亦属显赫，表现在更高的句法强制性。“有”的多功能性与其核心语义“存在”(EXISTENCE)密切相关，这也决定了“有”只能作用于具有先存性、确定性的命题，只进行“话题—述语”判断，而不用于“以言行事”。“有”对时体不敏感，表现在兼容各种时体成分及意义。文章也结合瑞安话对时体的整体不敏感性，初步讨论不敏感范畴的两种类型。

关键词　“有”；瑞安话；多功能性；显赫性；不敏感范畴

“有”是汉语中仅次于“是”的第二高频动词（刘丹青 2011a）。朱德熙(1961)指出，“有”的最基本语义大致有二。一表“领有”，如“我有一本书”；二表“存在”，如“有这么一个人”。除这两种基本语义外，“有”还可表列举、度量和比较（丁声树等 1961/1999），以及“产生或出现某种新情况”（张豫峰 2006）。

东南方言中，“有”普遍具有更多扩展功能，可参施其生(1996)，陈前瑞、王继红(2010)等。已有研究更多地着眼于闽语、粤语，实际上，功能发达的“有”也是南部吴语的一个重要语法特征。郑张尚芳(2002)已经指出温州话的“有字句”与闽语相似，但未展开讨论。

---

* 本文写作受中国社会科学院博士后创新项目“库藏类型学视野下汉语代词及相关形式的指称研究”资助，《语言研究集刊》匿名审稿专家提出了精彩而细致的意见，一并致谢。尚存问题，均归作者。

本文考察南部吴语瑞安话的"有"[①]。东南方言的"有"普遍具有更多扩展功能,而瑞安话的"有"在其中亦属显赫:语义上,有五种密切相关的功能;形式上,表现为更高的句法强制性。我们系统考察这些语义功能,寻找彼此的深层联系——统一的核心语义。同时,"有"的表现也部分反映了瑞安话的类型特点。

本文的瑞安话语料来自笔者调查和自省。需要说明,由于"有"的语义复杂,普通话对译必然难以完全表现其中的微妙差异。例句翻译均仅为大意,以辅助理解。

一、瑞安话"有"的五种语义功能

瑞安话"有"有五种语义功能,分别用于:① 表达领属关系;② 表示存在;③ 强化或表示过去事实;④ 强化现在事实或一般规律;⑤ 强化对非现实状况的主观判断。至于"有"用于列举、度量、比较等用法,"列举"常可归入"存在"用法,"度量"和"比较"可根据句内信息和语境信息分别归入某种事实或未来状况,本文不再单列。

1.1 表达领属关系

瑞安话"有"表达领属关系,涉及领属范畴的几种具体语义。根据领有者与被领有者的关系,领属关系可分成四类,[②]详细讨论可参吴越(2019b)。

第一,控制—占有。领有者控制和占有被领有者,是最典型的领属关系。Heine(1997)结合相关讨论指出,原型"领属"显示领有者对被领有者的某种控制。Taylor(2001)提出原型领属概念的八个特征,其中之一是"领属者对领属物的所有权通过交易获得,领属者会保持领属权,除非他和其他人做进一步的交易",同样体现领有者对被领有者的"控制"。"控制—占有"关系中,核心名词可以是器官、身体部位,如:头、手等,也可以是具有可让渡性的一般名词,如"书、电脑"等。如例(1):

---

① 本文所说的"瑞安话"指瑞安市区话,与温州市区话(以下简称"温州话")同属吴语瓯江片。"温州方言"则指广义的、通行于温州地区的吴语。这种区别方式参照颜逸明(2001)等的处理。

② 引自陈玉洁的"第十四届全国语言学暑期高级讲习班讲义"。讲义中还提到一类表示属性的情况,与另外四种差异较大,故此暂时将其排除在外。

(1) 我个三本书(我的三本书) 我有三本书。(我有三本书。)

第二,社会关系。核心名词是表达社会关系的名词,包括亲属关系与一般社会关系。如:

(2) 渠拉三个嬢嬢(他的三个姑妈) 渠有三个嬢嬢。(他有三个姑妈。)[亲属关系]

(3) 渠个五十个同学(他的同学) 渠有五十个同学。(他有五十个同学。)[一般社会关系]

第三,所属关系。领有者隶属于被领有者。所属关系一般不以"有"参与的谓词性领属结构表示,试比较例(4)a、例(4)b。

(4) a. 我倈单位(我们单位) b. *我倈有单位

第四,立场。即以领属结构表达立场和态度(可参陈振宇,叶婧婷2014)。被领有者通常是专有名词。立场一般不以"有"参与的谓词性领属结构表示,试比较例(5)a、例(5)b。

(5) a. 我倈小张(我们小张) b. *我倈有小张

综上,原型的领属关系("控制—占有")最易转换为"有"参与的谓词性领属结构表达,其次是社会关系。所属关系和立场一般不用"有"参与的领属结构表达。

1.2 表示存在

1.2.1 瑞安话中表示"存在"的"有"

普通话的"有"可表"存在",即对空间"领有"事物进行客观描述(丁声树等1961/1999)。瑞安话的"有"也是如此,如例(6)、例(7)。

(6) 桌上有三个手机。(桌子上有三个手机。)

(7) 世上訾那有居种侬。(世界上怎么会有这种人。)

1.2.2 瑞安话无主句"有+NP+VP"中"有"的句法强制性

已有研究对普通话的无主句"有+NP+VP"中"有"的性质有以下几种主要观点。吕叔湘(1942/2002)认为"有"是无定标记。张新华(2007)认为"有"从动词语法化为弱限定标记,加在"有指却无定"的形式前,使之具有一定限定性①。赵建军(2013)认为"有"提升了NP的有定性,使之成为新引入

① 董秀芳(2017)也提出了古代汉语的证据:"有"是动词,但动作性不强,可看作引进"不定指名词"的标记。

的话题,是有定标记。但总的来看,正如徐烈炯(2009)指出,普通话“有”的插入“并不完全是一个句法手段”,“不是一个为了让主语满足定指要求而使用的单纯的句法标记”,而是受到语用因素影响。“有”的有无反映说话者的不同意图,产生不同的言外效力和言语效果。不使用“有”的情况一般用于客观的、无偏见的描述。即,徐烈炯(2009)认为普通话“有”不是(至少不完全是)一个存在封闭算子之类的句法成分,它的隐现更多与语用因素相关。例如:

(8) a. 有一块三明治在餐桌上。 b. 一块三明治在餐桌上。

例(8)a可能用于以下语境:一位女士早晨出门时告诉睡梦中的丈夫早餐放在哪里;例(8)b可能用于以下语境:两个偷窥者从邻居家窗户往里窥视时发现桌上放着一块三明治。

瑞安话非数量解读的“一量名”结构不出现在主语位置。通指句中,无论是陈述客观事实或规律,还是表达主观判断或评价,瑞安话“一量名”结构都不现于主语位置,除非得到存在算子“有”允准的,可参吴越(2019a)。例(10)改编自白鸽(2014),已重新编号。

(9) *(有)一件衣裳丐风吹去爻罢。[(有)一件衣服被风吹走了。]

(10) 渠说话还未讲完,*(有)一个学生就笑笑起。[他话还没说完,(有)一个学生就笑了起来。]

这显示瑞安话的“有”具有更高的句法强制性,是句法手段而不是语用手段,可能与“有”显赫的多功能性有关,同时也部分反映了瑞安话的类型特点(详见3.1节)。

1.2.3 强化或表示过去事实

瑞安话“有”可用于强化过去事实,或直接表示过去事实。

强化过去事实,表现为“有”可与经历体标记“过”[例(11)]、完成体标记“爻”①[例(12)]同现。同时,现实标记“罢”②也可与“过、爻”同现。

(11) 个物事我早日有见过(罢)。(这个东西我之前见过的。)

---

① “爻”的功能也有待深入讨论,本文暂时处理为完成体标记。

② 需要说明,游汝杰(1999)等认为“罢”是完成体标记,我们认为“罢”是“现实标记”,否则例(12)就有两个完成体标记。另外,温州方言中有两个“罢”,二者语音形式不同,功能存在明显差异,相当复杂,可参考游汝杰(2003)的描写。“罢”的问题容另文展开,本文暂时将此处的“罢”处理为现实标记。

(12) 居俫碗渠有洗爻(罢)。(这些碗,他洗过的。)

现实标记“罢”并非强制使用,如例(11)、例(12)的“罢”可自由出现。只是当“有”与“罢”配合时,可进一步强调现实。“有”与“罢”搭配的详细情况可见游汝杰(1999)。

直接表示过去事实表现为“有”可不与任何体标记搭配而表达过去事实,如例(13)。

(13) 渠有电话打来。(他打电话来了。)

这与过去事实更强的“先存性”(Pre-existence)有关,过去事实更容易成为“有”的作用对象。与“先存性”相关的问题详见2.2节。

1.2.4 强化现在事实或一般规律

瑞安话“有”可强化现在事实或一般规律。

我们所说的“现在事实”即Davidson(1963)所说的可被物理学描述的、具有时空论元(temporal-spatial argument)的事件;“一般规律”约等于不具有时空论元的类指性(generic)事件。二者很大程度上可类比事件谓语(stage-level predicate)和属性谓语(individual-level predicate)。(可参Calson 1977;Chierchia 1995)

骆锤炼(1994)已提出温州话“有”可用于“对事实的强调肯定”,用例包括(但不限于)“现在事实”和“一般规律”。

首先,“有”可与持续体、进行体标记“是□ɦau^{0}”搭配,强化现在事实,如:

(14) 张三有是□ɦau^{0}刣鸡罢。(张三已经在杀鸡了。)

第二,“有”也可强化一般规律。范晓蕾(2017)认为东南方言(包括少数南部吴语)的“有”是惯常标记,即指用于“一般规律”。此时,句子不带时体成分,如例(15)(骆锤炼1994)。动物习性是典型的“一般规律”,也可用“有”,见例(16)。当然这并不是最无标的表达,因为“有”一般用于说话人对主语/话题有一定的判断和预设的场景,而不用于整句焦点的“新闻句”,详见2.3节。

(15) 居部车有驶温州过。(这辆车从温州经过的。)

(16) 熊猫有吃竹叶个。(熊猫是吃竹叶的。)

1.2.5 强化对非现实状况的主观判断

瑞安话“有”可强化对非现实状况的主观判断。

游汝杰(2003)认为温州方言的"有"既见于表"过去时间"的句子,也见于表"将来时间"的句子,实际上肯定了"有"可用于非现实状况。他同时指出,用于将来时间的"有"可与"会"互换,见例(17)。

(17) a. 尔走来能界,我一定会是搭①等尔。[你来的时候,我一定会在(那里)等你。]

b. 尔走来能界,我一定有是搭等尔。

我们认为,二者的互换实际上不是随意的。"会"在表达认识情态时,既可用于基于一定事实例证或一般规律的判断,也可用于没有事实或规律支持的判断;而"有"只用于基于一定事实例证或一般规律的判断。

另外,"有"可用于条件句,表示具备做某事的条件,有"有 VP"和"有来 VP"两种表达,其中"来"是瑞安话中非强制的可能补语标记。刘丹青(2008/2017)指出可能补语也可视作动结式的"可能形态"。

(18) 有走走爻先。(有得去就先去。) 有吃末吃底。(有得吃就吃。)

而非条件句的可能式只能用"有来 VP",不能用"有 VP",如例(19),条件句/非条件句的可能式一定程度上存在形式区别。例(18)的普通话对译显示,普通话中没有类似瑞安话的形式分工。

(19) 居日小张表现好,点心有 *(来)吃;小李表现不好,点心冇 *(来)吃。

(小张今天表现好,点心有得吃;小李表现不好,点心没得吃。)

综上,"有"只能用于基于事实例证或一般规律的判断,是"有"的核心语义一以贯之的要求,详见下文 2.1 节。同时也需考虑到,汉语的条件句是极易产生特殊句法格式的环境。

1.2.6 小结

瑞安话的"有"有五种密切相关的语义功能:①表达领属关系;②表示存在;③强化或表示过去事实;④强化现在事实或一般规律;⑤强化对非现实状况的主观判断。游汝杰(2003)已经观察到温州方言"有"的三种扩展功能:第一,前置于动词或形容词,肯定动作或状态已经发生;第二,前置于带结果补语的持续动词,强调状态正在发生变化;第三,前置于动词,表示拟想

① 这是温州话的说法,瑞安话一般说"是□ɦau^{0}"。"□ɦau^{0}"是瑞安话的一般处所词。此处依游汝杰(2003)原文记录。

中的动作在将来的某个时间肯定会发生。这三点分别部分地对应上述③、④、⑤。

南方方言“有”的多功能性相当常见,但跨方言比较显示,瑞安话的“有”在“有”普遍具有多种扩展功能的南方方言中也相当强势和显赫。

陈前瑞、王继红(2010)总结了闽、客、粤方言“有”字句的体貌相关用法,包括:①“有+动态谓词”表示肯定事件的现实性;②“有+静态谓词”表示肯定状态。静态谓词包括形容词和状态动词(如心理动词);③“有+动态谓词”表示肯定状态的现实性;④“有+动态谓词”肯定状态变化的结果或状态变化的完成,肯定某种客观事件的已然结果。游汝杰(1999)认为温州方言有用法①、②、③,没有用法④。但我们认为,瑞安话兼有这四种用法。用法②“肯定状态”和用法④“肯定状态变化的结果或完成”虽只是微殊,但在瑞安话中确有形式分工。如例(20)、例(21)的a句是用法②,b句是用法④。

(20) a. 蝤蠓有臭。(青蟹是臭的。) b. 蝤蠓有臭爻。(青蟹臭了。)

(21) a. 渠有白。(他确实是白。) b. 渠有白起。(他变白了。)

陈前瑞、王继红(2010)认为闽台闽语表状态变化的形容词“热、红”的“状态变化”语义是“状态存在”的话语蕴涵。但瑞安话表状态变化的形容词不是“状态存在”的话语蕴涵。例(20)b和例(21)b的(动态)谓词“臭、白”分别带结果补语“爻”和“起”(由趋向补语进一步虚化而来),显然表示状态变化的结果/完成而不是“状态”本身。

表示事物稳定属性的形容词也可与“有”同现,如例(22)。当然,这不是对事物属性的无标表达,不用于感叹句,但常用于听者对言者感叹内容的复述。被复述时,“有A”不表达情感,而表达命题,这与“有”要求同现成分具有“先存性”有关,详见下文2.2节。

(22) —感叹句:a. 居株树真高。(这棵树真高。) b. *居株树有高/有真高/真有高。

—对感叹句的回答:尔觉着居株树有高也?(你觉得这棵树高?)

综上,瑞安话“有”主要用于①表达领属关系;②表示存在;③强化或表示过去事实;④强化现在事实或一般规律;⑤强化对非现实状况的主观判断。在“有”普遍具有各种扩展用法的南方方言中,瑞安话“有”的多功能性也相当显赫。正是这种显赫性使“有”获得更高的句法强制性。我们认为

"有"的语义多功能性与其核心语义有关,详见第2节。

二、"存在"的先存性和确定性:多功能"有"的发展基础

2.1 "有"的核心语义:存在(EXISTENCE)

"有"的原型语义可能是"领属(possessive)",也可能是"存在(exist)"。海涅、库特瓦(2012)指出:汉语"有"既可表领属,也可表存在,而"二者的先后关系尚不清楚"。一般来说,这一语法化过程开始于无生命/非人称名词或处所名词取代指人名词占据领有者位置。但有证据证明反向变化过程同样存在。

但无论"有"的原型语义为何,我们观察并抽象出其核心语义:"存在"。这一核心语义贯穿于"有"的多种语义功能,我们用大写的 EXISTENCE 表示。"有"用于强化或表示过去事实、强化现在事实、一般规律及对非现实状况的主观判断。此时,事实、判断和规律都以命题形式出现,具有先存性。"有"强化了先存的命题,属于认识情态。

2.2 先存性(Pre-existence)和同步性(Synchronicity)

先看先存性。先存性(Pre-existence)这一哲学概念已见于语言学研究。例如,结果宾语是动词描述的行为完成后才生成或出现的,如例(23)的"洞",必定不具有先存性。相对地,在动作或事件前就存在的对象,就可认为具有先存性。

(23) 小明在墙上钻了一个洞。

本文用"先存性"这一术语指"有"对同现成分的要求。"有"主要用于强化对命题的肯定,属于"对命题的判断"。而"命题"必须先存于对"命题的判断",即具有先存性。

进一步看,"先存的"必然具有"确定性"(certainty)。当然,"确定性"作用等级和层次存在差异,会随对象的性质发生改变:原型的"领有"和"存在"涉及的对象具有实在、客观的确定性①;"过去事实"和"现在事实"具有时空论元,是已然的、现实的,因而具有确定性。但"事实"不一定是实体,可能不具有实在性;"一般规律"归纳自客观状况和事实例证,具有确定性。但

① "领有"和"存在"也发生了不同层级的隐喻投射。

一般规律没有时空论元,其确定性更为抽象①;当“有”在非现实状况中强化对命题的判断时,进一步突破了已然性的要求。但这些命题通过一般规律的演绎得到,建立在事实基础上,因此仍有确定性,如上文例(17)。

我们通过否定形式进一步考察“确定性”。瑞安话有三个主要否定词:冇(没有)、未、不。“冇”用于对“有”的否定;“未”用于对动作/状态达成的否定,表“未然”;“不”用于对一般谓词性成分的否定。1.2.1—1.2.5 节讨论的五种“有”都可用“冇”否定,见表 1。

表 1 “有”的五种功能及其由“冇”否定的情况举例

序号	功能	肯定句举例	受“冇”否定举例
①	表达领属关系	我有三个手机。 (我有三个手机。)	我冇手机。 (我没有手机。)
②	表示存在	桌上有个手机。 (桌上有个手机。)	桌上冇手机。 (桌上没有手机。)
③	强化或表示过去事实	个物事我早日有见过(罢)。 (这个东西我以前见过。)	个物事我早日冇见过。 (这个东西我以前没见过。)
④	强化现在事实及一般规律	张三有是□ɦau^{0}刽鸡。 (张三已经在杀鸡了。)	张三冇是□ɦau^{0}刽鸡。 (张三没有在杀鸡。)
		居部车有驶温州过。 (这辆车经过温州。)	居部车冇驶温州过。 (这辆车不经过温州。)
⑤	强化对非现实情况的主观判断	有吃吃爻先。 (有得吃就先吃。)	冇吃就覅吃。 (没得吃就不吃。)

“有”或“冇”不影响命题的确定性,正反问句很好地显示了这一点,如例(24)就是对具有确定性的命题内容进行真值判断:“有”是肯定判断,即“平时抽烟”;“冇”是否定判断,即“平时不抽烟”。

(24) —尔有吃香烟也冇?(你平时抽烟吗?) —a. 有(有)。 b. 冇(没有)。

而问“当下”是否抽烟时,操作的对象不是命题而是事件。肯定句不用

① 一个证据是“有”有时也可在不搭配时体成分的情况下肯定过去事实。这是因为“过去事实”比现在事实和一般规律具有更强的先存性,如(例改自郑张尚芳 2002):发票有开出(发票已经开了。)|学费有交。(学费已经交了。)|渠电话有打来。(他打电话来过了。)

“有”,否定形式也不是“有”,而是“不”,如例(25):

(25) a. 尔吃香烟也不?[你(现在)抽不抽烟?] b. *尔有吃香烟也不?

再看同步性。同步性(Synchronicity)是瑞士精神病学家荣格所创的术语,指有意义的巧合或相等。本文借这一术语指“以言行事”时,言语行为的发生,与结果的发生/状态的存在实现“同步达成”。“有”不用于表达同步性,因而不见于体现同步性的感叹句和祈使句。

感叹句主要用于表达感情,但也表达信息(朱德熙 1982)[24]。但“表达信息”仅是表达感情的副产品,如“天气好极了”,在表情之余也提供了“天气好”的信息。但这不是命题,无法判断对错。感叹句被说出时,表情功能也即时完成。“有”不用于感叹句,如例(26)[亦见上文例(22)]。

(26) a. 真生好!(真漂亮!) b. *真有生好!

原型的祈使句是更典型的“以言行事”,用于要求听话人做某事(朱德熙 1982)[23]。“有”也不用于祈使句,如例(27)。

(27) a. 水倒去爻!(把水倒掉!) b. *水有倒去爻!

表 2 “先存性”和“同步性”的场景分布

	“有”的功能和使用场景						
	领有	存在	过去事实	现在事实和一般规律	用于未然情境的判断	感叹句	祈使句
先存性	○	○	○	○	○		
同步性						○	○

综上,贯穿瑞安话“有”五种功能的核心语义是“存在”(EXISTENCE),先存性和确定性是共同的基本要素(具体功能又各有伴随性语义要素)。这使得“有”只能用于具有先存性的场景(强化肯定命题),而不用于具有同步性的场景(“以言行事”),见表 2 的小结。

2.3 “话题—述语”判断和“非话题—述语”判断

“话题—述语”判断(categorical judgment)和“非话题—述语”判断(thetic judgment)的区别最早由哲学家 Franz Brentano 提出,并由语言哲学家 Anton Marty 引入语言学研究(Kuroda 1972),是“判断”的两种最基本类型。“话题—述语"判断包括两部分操作,第一部分是明确主语,第二部分是判断(肯定或否定)对主语的陈述,因此"话题—述语"判断也称"双重判断"(double judgment)。"非话题—述语"判断没有这两部分操作,也称"简单判断"(simple judgment),类似于"新闻句"。

"有"一般只用于"话题—述语"判断,这是"有"的核心语义"存在"(EXISTENCE)决定的。当用于表"领有"和"存在"时,领有者、处所是话题,被领有者及其存在是述语。当用于强化过去事实、现在事实和一般规律时,命题本身必须包含话题。"怎么了"或"什么事"是需由"非话题—述语"判断回答的问题,"有"从不用于回答这两个问题,如:

(28) —妆乜也?(怎么了?)/乜事干也?(什么事?)

—a. 渠燥起罢。(他生气了。) b. *渠有燥起。

"有"用于"话题—述语"判断时,还可借助语用重音区分不同的陈述强度,如例(29)a 中,说话人关注到"(渠)他"的状态,对话题有较低程度的预判;例(29)b 中,说话人对"他生气了"形成了倾向性较强的判断。对比测试见例(30)、例(31)。

(29) a. 渠有燥起。(他生气了。) b. 渠有燥起。(他确实生气了。)

(30) —渠妆乜坐□ɦau⁰不响哗?(他为什么坐在那里不说话?)

—a. 渠有燥起。(他生气了。) b. * 渠有燥起。(他确实生气了。)

(31) —渠坐□ɦau⁰不响,我眙渠有燥起。(他坐在那里不说话,我看他生气了。)

—a. *渠有燥起。(他生气了。) b. 渠有燥起。(他确实生气了。)

三、瑞安话"有"的多功能性所反映的方言类型特点

3.1 更高的句法强制性

1.2.2 小节提到,瑞安话"有"在无主句"有+NP+VP"中有更高的句法强制性。这实际上与瑞安话整体上具有更高的句法强制性有关,这里主要指各句法位置上的各种形式有(相对于普通话而言)更为固定的指称解读(参见吴越 2019a)。

首先,瑞安话"一量名"结构不做类指解读,只有光杆名词才做类指解读,如:

(32) <瑞安话> a. 学生就应该好好(能)学习。(学生就应该好好学习。)

b. *一个学生就应该好好(能)学习。

即使在极少数用于说理的情况中,"一量名"结构也只用于个体定指,这比普通话的情况严格。白鸽(2014)指出,普通话的"一量名"可兼类指和有定,其实质是形式偶合,如:

(33) 张玲本事可大着呢,你可不要小瞧<u>一个孤身女人</u>。

而瑞安话基本不存在这种形式偶合。在"人称代词/专名+一量名"结构中,"一量名"结构作为同位短语后件时,尽管省略前件得到句法允准,如例(34),但实际上仍然用于定指个体,而不用于无特定对象的说理。

(34) <u>一个学生</u>,应该好好(能)学习,覅整日想着游戏。(一个学生,应该好好地学习,别整天想着游戏。)

第二,表不定指时,"有(一)量名"和"(一)量名"在不同句法位置形成分工,主语位置只能用"有一量名",宾语位置只能用"一量名",见上文1.2.2小节。

总的来说,瑞安话的"一量名"结构不用于类指,表不定指时严格受限于宾语位置。这为"有"的句法强制性提供了整体环境。若要在主语位置表不定指,"(一)量名"结构必须得到"有"的允准。同时,"有"的核心语义是句法强制性得以实现的语义基础。

3.2 对时体的不敏感性

瑞安话的"有"从表达领属关系到表示存在,从强化或表示过去事实到强化现在事实、一般规律,最后允许用于强化对非现实状况的主观判断。这些情况中,"有"兼容不同的时间和不同的体意义,显示"有"对时体的不敏感性。

正如语言中的"显赫范畴"(刘丹青 2011b 等)和"寄生范畴"(刘丹青 2018)都是"敏感范畴"(刘丹青,孙泽方 2020),语言中的"不敏感范畴"也有两种表现。以"时体不敏感"为例,第一是"中和型",即某一成分或格式强势地推平句子中的时体成分及意义;第二是"包容型",即某一成分或格式兼容各类时体成分及意义。瑞安话"有"基本属于后者:对于以命题形式出现的过去事实、现在个体事实、一般规律、对非现实情境的主观判断,“有”的作用是强化对命题的肯定。这些命题都匹配了不同的时间概念和相应的体标记,而“有”兼容了各类情形。

对时体的不敏感性是瑞安话的整体特点,“有”的表现并非孤例。下面再简要讨论两种类型。但与“有”的“包容型”不同,这两种类型属于“中和型”。

第一,后置状语[①]和状态补语同形。以“快”为例。刘丹青(2018)指出,普通话表示速度的方式状语“快”只用于非现实环境,现实性环境没有合适的单音状语,须用双音节单位加“地”构成“飞快地、很快地”,如例(35)。

(35) a. 你快写吧。 b. 他飞快地写着。 c. 他很快地写了一篇报道。

瑞安话中,“V 快”可同时用于非现实环境和现实环境。对[+自主]动词,如“吃”,状语“快”后置构成“吃快”,常用于祈使句表催促,用于未然环境,如例(36)a:“快”也可做“吃”的状态补语,用于已然环境,如(36)b。对[-自主]动词,如“晓得(知道)”不进入祈使句,只能用于已然环境,见例(37)。

(36) a. 吃快(快点吃)[未然,后置状语]　　b. 吃快(吃得很快)[已然,状态补语]

(37) 晓得快(* 快知道/早就知道了)[已然,状态补语]

第二,动结式和可能式具有相同的否定形式。例(38)在瑞安话中有两解,一解做动结式,即“雪并没有积得很厚”;二解做可能式,即“雪可能不会积得很厚”。

(38) <瑞安话>雪积不厚。

一般地,动结式倾向用于已然事件,可能式倾向用于未然事件(尽管这不绝对),动结式与可能式的否定式同形,反映了时体概念一定程度的“推平”。

同时,“有”对时体不敏感的表现有向“包容型”发展为“中和型”的倾向。“有”可能将其后成分在形式上“包装”成名词性成分。如例(39)肯定

---

① 刘丹青(2014)指出,汉语状语修饰限制动词词义,语用上没有特殊功能。带状语的动词通常单独或跟状语一起构成句子的主要信息。动补结构在语用上以补语为主要信息,动词通常是旧信息,且一般是预设信息。

过去事实,例(40)是用于非现实情境的条件句,都不使用时体成分。

(39) 尔也有晓得?(你也知道?)

(40) 有方便(能界)再讲。(等方便的时候再说。)

我们认为,这是因为名词对时体概念最不敏感,动词对时体概念最敏感,形成了一个连续统,见表3。这种从“包容型”到“中和型”的转变可能与“有”的显赫性密切相关。

表3 不同词类和语义、语用功能的关联(Croft 1991)

Syntactic Category 句法范畴	**Noun 名词**	**Adjective 形容词**	**Verb 动词**
Semantic class 语义类	Object 对象	Property 属性	Action 动作
Pragmatic function 语用功能	Reference 指称	Modification 修饰	Predication 陈述

四、结　　论

本文主要有以下三个结论。

第一,瑞安话“有”具有语义多功能性,具有高显赫度,表现在它可能导致其在某些句法格式中的强制性。

第二,瑞安话“有”的多功能性与其核心语义“存在”(EXISTENCE)密切相关。“存在”义使“有”只适用于具有先存性、确定性的情况,而不适用于具有同步性的情况。这也使得“有”只用于“话题—述语”判断,而不用于“非话题—述语”判断。

第三,某一语言形式可能同时表达若干范畴,只是实际上该语言并不明确区分这些范畴。或者,某一形式可自由表达或兼容特定范畴内部多种“互补分布”的意义,可认为该语言对该范畴(至少是这一相关语义概念)相对不敏感,有“中和型”和“包容型”两种类型。两种类型在一定条件下可以相互转化。瑞安话的“有”对时体的不敏感性大体上属于“包容型”,但已经一定程度上出现了发展为“中和型”的倾向性。这仍与“有”的显赫性密切相关。

参考文献

白　鸽(2014)“一量名”兼表定指与类指现象初探,《语言教学与研究》第4期。

陈前瑞,王继红(2010)南方方言“有”字句的多功能性分析,《语言教学与研究》第4期。

陈振宇,叶婧婷(2014)从“领属”到“立场”——汉语中以人称代词为所有者的直接组合结构,《语言科学》第2期。

丁声树等(1999[1961])《现代汉语语法讲话》,北京:商务印书馆:78-79。

董秀芳(2017)从存在义到不定指代义和多量义:“有X”类词语的词汇化,董秀芳,《汉语词汇化和语法化的现象及规律》,上海:学林出版社。

范晓蕾(2017)基于汉语方言的惯常范畴研究,《当代语言学》第4期。

海　涅(Heine),库特瓦(Kutva)(2012)《语法化的世界词库》中译本,北京:世界图书出版公司:330。

吕叔湘(2002[1942])《吕叔湘全集》第一卷(中国文法要略),沈阳:辽宁教育出版社:188。

刘丹青(2011a)“有”字领有句的语义倾向和信息结构,《中国语文》第2期。

——(2011b)语言库藏类型学构想,《当代语言学》第4期。

——(2014)粤语句法的类型学特点,载刘丹青,《著名中年语言学家自选集·刘丹青卷》,上海:上海教育出版社。

——编著(2017[2008])《语法调查研究手册》,上海:上海教育出版社:76。

——(2018)寄生范畴:源于语法库藏限制条件的语义范畴,《中国语文》第6期。

——,孙泽方(2020)寄生范畴、敏感范畴和形—义关联度—以汉语事态范畴为例,《世界汉语教学》第3期。

骆锤炼(1994)瓯语的“有”字句,《温州师范学院学报》第2期。

施其生(1996)论“有”字句,《语言研究》第1期。

吴　越(2019a)《现代汉语代词及相关形式的指称研究》,浙江大学博士学位论文。

——(2019b)吴语瑞安话的领属结构,载陶寰,盛益民主编,《汉语方言领属范畴研究》,上海:中西书局。

徐烈炯(2009)数量名词短语作主语的限制:语用角度的研究,载徐烈炯,《指称、语序和语义解释:徐烈炯语言学论文选译》,北京:商务印书馆。

颜逸明(2001)《浙南瓯语》,上海:华东师范大学出版社:1。

游汝杰(1999)温州方言的“有字句”和过去式标志,载游汝杰,《游汝杰自选集》,桂林:广西师范大学出版社。

——(2003)温州方言语法纲要,载游汝杰,《著名中年语言学家自选集·游汝杰卷》,合肥:安徽教育出版社。

张新华(2007)与无定名词主语句相关的理论问题,《北京大学学报》第6期。

张豫峰(2006)现代汉语句子研究,上海：学林出版社：75。
赵建军(2013)作为话题标记的"有",《汉语学习》第1期。
郑张尚芳(2002)闽语与浙南吴语的深层联系,载丁邦新,张双庆编,《闽语研究及其与周边方言的关系》,香港：香港中文大学出版社。
朱德熙(1961)"存在"和"有",《新闻业务》第2期。
——(1982)《语法讲义》,北京：商务印书馆。
Carlson G. (1977) *Reference to kinds in English*. Doctoral dissertation, MIT.
Chierchia G. (1995) Individual-level Predicates as Inherent Generic Incarlson G N, Pelletier F J. (eds.) *The Generic Book*. Chicago: The University of Chicago Press.
Croft W. (1991) *Syntactic Categories and Grammatical Relations: The Cognitive Organization of Information*. Chicago: The University of Chicago Press: 55.
Davidson D. (1963) Actions, Reasons, and Causes. *The Journal of Philosophy*, *60*(23).
Heine B. (1997) *Possession: Cognitive Sources, Forces, and Grammaticalization*. Cambridge: Cambridge University Press: 3.
Kuroda Shige-Yuki. (1972) The Categorical and the Thetic Judgment: Evidence from Japanese Syntax. In Jackendoff R. *Foundations of Language*, Oxford: Oxford University Press.
Taylor J. (2001) *Linguistic Categorization: Prototypes in Linguistic Theory (2nd Ed.)*(《语言的范畴化：语言学理论中的类典型》),北京：外语教学与研究出版社：202。

(100732 北京,中国社会科学院语言研究所 yuewulinguistics@hotmail.com)

试解 Z 变音之谜：语音篇*

支建刚

提要 Z 变音是语法和语音交界层面的现象，因此在确定其合音成分的时候，要综合考虑跨层面的多项标准。文章从语音形式角度入手，发现 Z 变音分布区周边方言有后圆特征的"子"缀，却没有后圆特征的"儿"音。而且，后圆特征的"子"缀有其存在的方言音韵基础。结合构词和形态方面的表现，我们认为参与 Z 变的合音成分不是"儿"，不是"头"，可以确定是"子"。Z 变音即子变音。

关键词 Z 变音；语音形式；音韵基础

一、引　　言

Z 变音现象是国内外语言学界较为关注的课题之一，也是一个重要的语言学谜题。支建刚（2019）从构词功能和形态手段两个角度入手，梳理出豫北获嘉、晋南临猗两个代表性方言的 Z 变、儿化、头缀在构词和形态方面的不同表现，发现：（1）构词功能可以作为分辨 Z 变词（音）、儿化词（音）、头缀词的主要标准。（2）从晋语和周边官话方言来看，圪头词和"儿"缀组合最多，其次是"子"缀，基本不和"头"缀组合。而方言中儿化系统与 Z 变系统又是相互独立的。这可以作为区分 Z 变词（音）和儿化词（音）、头缀词的一个辅助标准。（3）"重叠 + 儿化"的混合形态可以作为分辨 Z 变词（音）、儿

* 本文得到国家社科基金项目"晋冀豫交界地带晋语儿话的类型及其演变研究"（项目编号 20BYY048）、天津师范大学青年科研拔尖人才培育计划（项目编号 52WX1703）和中青年教师学术创新推进计划基金（项目编号 52WX1601）资助。论文写作过程中，曾就相关问题先后请教过王临惠、李旭、李仙娟、程敏敏、凌锋、赵变亲等多位老师，沈明老师提出了细致的修改意见，张娟老师和汪菁同学也提供了帮助，谨致诚挚谢意！

化词(音)、头缀词的另一个辅助标准。据此得出,从构词功能和形态表现的匹配度上看,Z 变词不可能是儿化词、头缀词。下面我们再结合语音形式来讨论①。

方言中词缀的构词功能与形态特征都需要借助相应的语音形式来表现。功能、形态、语音三个系统紧密关联。从豫北获嘉、晋南临猗方言的情况来看,Z 变词有名词和量词两类,相应的 Z 变音的语音形式都与后附[ɔ]、[o]、[u]、[ou]或[+后]、[+圆]的特征有关;儿化词包括体词性和非体词性的,其形式都为卷舌形式的[r]化;头缀词都是名词,"头"缀都读[tʰou]。它们在语音形式上是相互独立的。即使在豫北晋语西部平舌型儿化区,Z 变音、儿化音、头缀也可以得到有效区分(贺巍 1981;支建刚 2012[95-113]等)。这就是王福堂先生(2005)[185]所说的"子变韵和儿化韵各有系统,相互间并不混淆"。三个系统可以区分,但却不确定 Z 变音系统的性质是什么。原因在于:当初参与合音的后缀与目前自成音节的后缀,语音发展不同步,这种现象在"儿"和"子"身上都存在。比如豫北晋语中的"儿"字都读[ɭ]或[ɭə],但相应的卷舌边音式的儿化只存在于林州城郊、林州任村、林州临淇、林州东姚、安阳马家、安阳铜冶、鹤壁山城、淇县朝歌、淇县黄洞、卫辉狮豹头、卫辉庞寨、延津榆林等少数方言的部分韵母中,其他大部分方言的儿化音则形式各异(支建刚 2012)[102-103]。那么,如何从语音角度来看 Z 变音呢?关键核心就在于[+后][+圆]两个特征。

二、[+后][+圆]特征的后缀

关于 Z 变音的研究,大致应有两大环节。第一环节是寻找具备[+后][+圆]特征的后缀,也就是探寻 Z 变的原始基础;第二环节是解释后缀与前行音节合音与演化的音理机制。目前,第一环节的工作就卡壳了。王洪君(2008)说道:"目前发现的 Z 变词有多种形式,但都是与后附 o、ou、u 或具有

---

① 据王福堂(2005)[196-197],汉语方言中既有[u]类 Z 变韵,又有[ə]类 Z 变韵,两者的特点有所不同。支建刚(2012)认为官话方言中的[ə]类"子"尾([tsɿ]→[tsəʔ]→[təʔ]→[tə]→[lə]→[ə])可以有效解释[ə]类 Z 变音的形成。本文所说语音形式,主要集中于讨论[u]类 Z 变音这一难点。

[+后]、[+圆]的特征有关,而前述的‘-子’(笔者按:[tsɿ]、[tsəʔ]、[tsə]、[zəʔ]、[zə]、[təʔ]、[tə]、[ləʔ]、[ə]等)却都是不圆唇的前或央元音。……我们期待着更多的材料发现。”显而易见,不管认为Z变音是子变音、儿化音、头变音还是其他,都要寻找具备[+后][+圆]特征的后缀形式。除此外,在寻找的时候,我们还需要注意“求近”与“广泛”两点。求近就是寻找周边毗邻方言,广泛就是不限于一个周边方言(侍建国 2011)。这种历史比较法选择比较对象时的追求,也是我们应该坚持的理念。

2.1 “头”缀

北方官话方言中的“头”缀一般读[tʰou]或[tʰəu],都具有[+后][+圆]特征。据目前调查情况来看,一般有Z变音的方言,也另有“头”缀词;反过来,有“头”缀词的,却不一定有Z变音。至于“头”缀与Z变音的关系,要从构词功能方面来看,是否可以构成量词是Z变和头缀(头缀词与量词“头”不同)的重要区别。这点与北京话“子”缀和“头”缀构词功能的区别一致。详见支建刚(2019)的论述。

山西临猗方言的“头”缀也读[tʰou],但老派口语中把“骨头”读为[ku$^{31-44}$ · tou],“翻跟头”读为[fæ$^{31-24}$ tɕie^{31} · tou](王临惠 2007,2013)。这个[tou]只在个别方言的少数词中出现,不符合我们追求的“广泛”要求。

晋语上党片不少方言的“枕头”叫作“豆⁼枕”或“逗⁼枕”,结合周边方言看,很可能就是“头枕”,其中“头”的声母多不送气,例如:陵川[təu^{24} tʂə̃^{213}](金梦茵 1983)、高平[tʌu$^{53-35}$ tʂə̃ĩ^{212}](白静茹等 2005)、长子[təu^{53} tsən^{45}](高炯 1995)[44]、晋城[tʌɤ^{53} · tʂẽ](沈慧云 1983),等等。但是这些方言的“头”缀却读[tʰəu]/[tʰʌu]/[tʰʌɤ]。例如长子:石头[səʔ^{212} tʰəu^{24}]、舌头[səʔ^{212} tʰəu^{24}]、指头[tsəʔ^{213} tʰəu^{24}],等等。(高炯 1995)[40,47]。“头”字在个别词汇中的语音变化不具有普遍意义,它与语音语法交界层面的“头”缀音变不同。

“头”缀具备[+后][+圆]特征,但它的问题在于仅仅是少数方言少数词汇的音值偶合,而且无法解释构词等非语音层面的问题(支建刚 2019)。如果把Z变音视作头变音,那这些方言将会形成“头变词”与头缀词并存的现象;如果认为长治的[təʔ]、万荣的[tə]/[tɯ]、内黄的[tɛ]、平顺的[ləʔ]、林州的[ləʔ]等后缀是由“头”缀演变而来,那这些周边方言将会形成两个

“头”缀并存的局面。如此大面积成系统的跨语音语法层面的叠置，在汉语中并不曾见。“头变词”与头缀词、两个“头”缀之间是什么样的关系，不容易说清楚。因此说，Z 变音不可能是头变音。

2.2 “儿”音

以往，学界都是在寻找符合[＋后][＋圆]特征的“子”缀，但我们也需要反过来审视，周边地区是否有符合[＋后][＋圆]特征的“儿”音？

从中古拟音来看，学界对“儿”和“子”两字的拟音各有多种形式，但都不包含[＋后][＋圆]特征。请看表1（各家拟音来源于复旦大学东亚语言数据中心）：

表1 “儿”和“子”的中古拟音

	高本汉	李芳桂	王力	周法高	李荣	邵荣芬	蒲立本	郑张尚芳	潘悟云
儿	ȵʑĭĕ	ȵʑjĕ	ȵʑie	ȵiɪ	ȵie	ȵʑiɛ	ȵje	ȵʑiE	ȵiE
子	tsi	tsï	tsĭə	tsi	tsiə	tsie	tsiə̯	tsiɨʔ	tsɨ

也就是说，“儿”和“子”在解释 Z 变音时所面临的问题是相同的，它们是怎么与[＋后][＋圆]特征联系起来的？或者说它们是如何发展出[＋后][＋圆]特征的？这个问题必须回答。

从现代方言来看，根据曹志耘主编（2008）、侯精一等主编（1993）、张启焕等（1993）诸家材料，Z 变音分布区没有“儿”读[＋后][＋圆]特征的音；南方地区倒有不少[＋后][＋圆]特征的“儿”，主要分布于枞阳[əu/əo]、池州[ø/ɵ]、无为[ɔ]、桐城[ɔ]、岳西[ʮo]、潜山[ʮo]以上安徽、江苏射阳[ɔ]、江都[ɔ]、扬中[ɔ]以上江苏以南地区，其中江西地区较多。例如：乐安[o]、樟树[o]、万安[o]、余干[ɔ]、兴国[əu/əo]、寻乌[lu]，等等。但它们离 Z 变音分布区较远，联系起来比较困难。

据此来看，“儿”参与 Z 变既无中古音韵基础，也无周边方言支撑。不管认为 Z 变音是现实平面的儿化音还是较早层次的儿化音，都需要周边方言[＋后][＋圆]特征的“儿”作为支撑。这是解释时需要面对的最大困难。

2.3 “子”缀

学界关于 Z 变音研究的基本共识是：“有这种变韵的方言一般就不再有通常的‘子’尾”（王福堂 2005）[183]。放开眼界，近来不少调查发现，在 Z 变音分布区的周边，部分方言具有[＋后][＋圆]特征的“子”缀，它们很可能反映了 Z 变前的状态。

(1) 河南北部地区有[+后][+圆]特征的“子”。支建刚(2015、2018)以桂林镇方言为代表,报道了林州中南部桂林、合涧、原康、东姚、采桑等乡镇方言中具备[+后]、[+圆]两个特征的子缀[ɔ]和[lɔ],它们的声母脱落或流音化,读轻声,达到了参与子变合音的前提条件。我们看看林州东姚的情况。

当前字韵母为[ɿ ʅ i u y ai uai ei uei ɑu iɑu ou iou ɑŋ iɑŋ uɑŋ əŋ iŋ uŋ yŋ],即末位音素具备[+高][+浊]特征时,“子”缀读[ɔ]。例如:

菜籽子 tsʰai^{13} tsɿ^{54} ɔ^{0}　软柿子 ʐuA^{54} ʂʅ^{55} ɔ^{0}　鸡子 tɕi^{31} ɔ^{0}
裤子 kʰu^{13} ɔ^{0}　驴驹子 ly^{41} tɕy^{31} ɔ^{0}　筛子 ʂai^{31} ɔ^{0}
线拐子 ɕiA^{13} kuai^{54} ɔ^{0}　砖坯子 tʂuA^{55} pʰei^{31} ɔ^{0}　锥子 tʂuei^{31} ɔ^{0}
刨子 pɑu^{13} ɔ^{0}　肉膘子 ʐou^{13} piɑu^{31} ɔ^{0}　钩子 kou^{31} ɔ^{0}
袖子 ɕiou^{55} ɔ^{0}　杠子 kɑŋ^{55} ɔ^{0}　糨子 tɕiɑŋ^{55} ɔ^{0}
天窗子 tʰiA^{21}tʂʰuɑŋ^{31} ɔ^{0}　门子 məŋ^{41} ɔ^{0}　瓶子 pʰiŋ^{41} ɔ^{0}
聋子 luŋ^{41} ɔ^{0}　裙子 tɕʰyŋ^{41} ɔ^{0}

当前字韵母为[A iA uA yA ɔ iɔ ɯʌ uʌ ʅɜ iɜ yɜ æʔ iæʔ uoʔ yæʔ aʔ iaʔ uaʔ yaʔ],即末位音素具备[-高][+响]特征时,“子”缀读[lɔ]。例如:

麻子 mɔ^{41} lɔ^{0}　架子 tɕiɔ^{55} lɔ^{0}　麦蛾子 maʔ^{3} ɤɯʌ^{41} lɔ^{0}
锅子烟袋～kuʌ^{31} lɔ^{0}　车子纺花～tʂʰʅɜ^{31}lɔ^{0}　茄子 tɕʰiɜ^{41} lɔ^{0}
靴子 ɕyɜ^{31} lɔ^{0}　扇子 ʂA^{55} lɔ^{0}　钳子 tɕʰiA^{41} lɔ^{0}
缎子 tuA^{55} lɔ^{0}　菜园子 tsʰai^{13} yA^{41} lɔ^{0}　尺子 tʂʰæʔ^{31} lɔ^{0}
毛栗子 mɑu^{21} liæʔ^{3} lɔ^{0}　竹子 tʂuoʔ^{31} lɔ^{0}　曲子大麦～tɕʰyæʔ^{31} lɔ^{0}
麦子 maʔ^{31} lɔ^{0}　蝎子 ɕiaʔ^{31} lɔ^{0}　墙豁子 tɕʰiɑŋ^{41} xuaʔ^{31} lɔ^{0}
坐月子 tsuʌ^{13} yaʔ^{31} lɔ^{0}

从方言内的功能担当和方言间的系统对比上,都可以判定林州东姚方言的名词后缀[ɔ]和[lɔ]就是“子”的具体存在形式。这与林州桂林方言的情况一样(支建刚 2015)。

(2) 晋南地区有[+后][+圆]特征的“子”。“闻喜话子尾大都是念轻读的 u,由于受前一个音节元音韵尾的影响,有时也念成轻读的 o,没有因子尾而变韵,也没有特殊的变调。”(侯精一,温端政主编 1993)例如:“厨子”念 pfhu · u,“豹子”念 pau · u,“珠子”念 pfu · u,“炉子”念 lau · u。(闻喜县志编纂委员会 1993)①另外，万荣方言的后缀“子”，吴建生等(1997)记作[tɯ]，吴云霞(2009)记作[təu]。综合来看，闻喜的[u]、万荣的[təu]加上运城北部和临猗的[tou]、临猗李汉的[ou]，它们连片分布，都是“子”缀的方言形式。

(3) 山东地区有[+后][+圆]特征的“子”。山东章丘方言中带“子”缀的名词特别丰富，“子”一般音[tʅ^{0}]，但有时音[tɔ^{0}](高晓虹 2011)。陵县(今德州市陵城区)方言的“子”缀读轻声的[ou]，例如：梆子[paŋ^{213} ou]戏曲形式、鼻子[pi^{42} ou]、饺子[tɕiɔ^{55} ou]、扳子[pa^{213} ou]一种工具、花子[xua^{213} ou]乞丐、把子[pa^{55} ou]一~韭菜、洋柿子[iaŋ^{42} sʅ^{31} ou]，等等(李龙 2009)。临邑各乡镇的“子”有[ʅ]、[ə]、[ɯ]、[u]、[ou]、[əu]等几种读音。其中，翟家乡、理合乡的“子”缀读[u]或[ou][əu]；宿安乡、临盘镇的“子”缀主要读[u]或[ou][əu]；德平镇、林子镇、临邑镇少量词语后的“子”缀读[u]或[ou][əu]。例如翟家乡：肚子[tuː^{33} u^{1}]、猴子[xoːu^{35} u^{4}]、梯子[tʰiː^{21} əu^{2}]、筷子[kʰuɛː^{33} əu^{1}]、饺子[tɕiɔː^{31} əu^{3}]，等等。(邢英英 2015)

上述的“子”缀，有[tɔ]、[lɔ]、[ɔ]、[tou]、[ou]、[u]等多种读法，均符合[+后][+圆]特征，它们是汉语方言中实实在在存在的不可忽视的语言事实。这种特征的“子”缀读音能够从音理上充分解释豫北、晋南方言 Z 变韵收[u]、[ɔ]、[o]尾的原因。它们是有一定的方言基础的。

结合支建刚(2019)关于“子”“儿”“头”的构词功能和形态表现的论证来看，[u]类 Z 变音来源于“子”更为充分合理，“儿”“头”等无法满足“构词功能+形态表现+语音形式”的综合要求。

三、[+后][+圆]特征子缀的音韵基础

但问题是，这样的“子”尾又是如何而来的呢？其实，现代方言中存在不

① 这两处闻喜的材料，作者都是潘家懿等先生。王洪君(2004)将以上现象描写为 Z 变音。结合《山西方言调查研究报告》第二十章南区方言整体情形来看(整章都由潘家懿、王临惠、吕枕甲完成)，该章临猗、夏县、运城等方言里都有子变韵，作者应该对子变韵及其关涉现象有着整体认识。也就是说，他们很可能认为闻喜与临猗、夏县、运城等地的现象稍微不一致，处理为子尾是他们的一种主张。子尾和变韵两种描写结果只是处理上的不同，实际现象可能处于两者的中间状态，当研究者进行定性描写时，要么记成子尾形式，要么记成变韵形式。

少"子"读后圆特征音的情况。(1) 江西地区有[+后][+圆]特征的"子"。颜森(1982)、陈昌仪(1991)、刘纶鑫主编(1999)、孙宜志(2007a,2007b)、李军(2015)[107]描写了江西奉新、万载、高安、宜丰、上高、分宜、奉新藻溪、樟树临江等赣方言的"子"读[ᶜtsu],且有相应音韵基础,即止摄开口三等精庄组字今读u 韵,与遇摄合口一等合流。例如万载:紫止 = 祖遇 tsu | 次止 = 醋遇ts^hu | 丝止 = 苏遇 su | 事止 = 书遇 su。相应的,"子"做词缀时读轻声,例如高安(老屋周家):燕子 $iɛn^{33}$ tsu^0 | 兔子 t^hu^{33} tsu^0 | 麦子 mak^1 tsu^0 | 箱子 $sioŋ^{55-53}$ tsu^0 | 席子 ts^hiak^1 tsu^0,等等。(2) 闽语厦门、建瓯、莆田、仙游、福鼎白琳、霞浦长春等方言中也有止摄开口三等精庄组字读作[u]、[o]韵母的情况,例如莆田:子 tso | 资 tso | 私 ɬo | 词 ɬo | 事 ɬo,等等(刘晓南 2005;戴黎刚 2012;秋谷裕幸 2010)。(3) 粤西地区的东莞清溪、香港西贡、阳春三甲、信宜思贺、信宜钱排、廉江右角、阳西塘口和广西玉林地区的福绵、北流等客家话中也有相同现象(李如龙等 1999;陈晓锦 2004)。例如廉江右角,古止摄开口三等部分精、庄、章组字与遇摄合流,读[u],"资兹 = 租 tsu^{45} | 子紫 = 祖 tsu^{31} | 词辞 = 除 ts^hu^{12} | 次自 = 醋 ts^hu^{44} | 思师 = 书 su^{45} | 事士 = 数 su^{44}"(练春招 2002)。

这种现代方言中实实在在存在的现象,在历史文献中也有所反映。早在唐代,闽南诗僧义存的诗韵中,托名陈元光的《龙湖集》诗中,就有止开三精庄组字押入鱼模部的情况(周长楫 1994,1996)。到了宋代,支鱼通押是南方诗人用韵中普遍存在的现象,在赣、吴、闽、川地区均甚为突出(刘晓南 2012)。宋代音韵学家吴棫曾在《韵补》中描述止开三精庄组字的读音"幾与鱼虞等韵相叶""与语韵相叶""与'举、武'为韵"。例如:

子(泲、宰、姊、秭),奖礼切。古子有二读,与纸叶者,声近济水之济。与语叶者,如今读,籽梓一类皆仿此。泲,此本济水之字,今读讹。

士,今与止韵叶用。古有一音,如今世俗所读而与"举、武"为韵。

杜爱英(1998)等考察了宋代江西诗人支微部与鱼模部通押的情况,发现词韵 36 例、诗韵 24 例。筠州新昌(今宜丰)德洪诗中,二部通押共有 7 例,其中 3 例鱼模部字押入支微部,4 例支微部押入鱼模部,例如:《腊月十六夜读阎资钦提举诗一巨轴》叶"西诗词珠",《初入制院》叶"意指语死",《李端叔诞辰》叶"雨飞处女",《玄沙宗一禅师真赞》第二韵段叶"如途水珠驴"。今宜丰方言止摄精庄组韵母与遇摄精知庄章组合流读[u]韵,现代方言与文献记载相吻合。

另外，据李军(2015)[258]研究，成书于1757年的《辨音摘要》中，“止摄开口三等精庄组字独立为‘姿’韵系，……与由模韵字、虞韵非组庄组字组成的‘夫’韵系对立。而‘姿’韵系‘雌’小韵所辖字有‘雌清支麄清模差嵯初支’，其中就有模韵字‘麄’。这无意中透露了‘姿’韵系韵母与‘夫’韵系韵母相近，同样具有圆唇的特征”。今临江方言止开三精庄组字与遇摄合口一等字合流读作[u]韵。也就是说，《辨字摘要》反映了清代中叶赣语宜春片方言“支＞鱼”的特征。

显然，“子”在汉语发展史或部分方言发展史上，存在过且继续存在着读作后圆特征音的情况。这种方言现象是实实在在的客观事实。至于这样的音值是如何形成的，学者们能否解释清楚，则是另外一个问题。目前，音韵学界多数学者认为汉语史上曾经存在过独立的资思韵①阶段，一个仅由止摄开口精庄组字构成、韵母音值不同于止摄开口非精庄组字的韵类(王力1982；麦耘 2004；张光宇 2011；张民权 2013；曾南逸 2015 等)。并且，这种韵类结构很可能来自通语，而不是只存在于某个方言中(张光宇 2011；张民权 2013；曾南逸 2015)。正如曾南逸(2015)所言，《韵会》赀字母韵所反映的分韵格局是闽、粤、客、赣、吴、徽等方言的常见特征，“能够对分处西南和东北两翼的越南语和朝鲜语的分韵格局产生相同影响的汉语不可能是南方方言，也不会是某种北方方言，而应该是通语”。那么，当时的资思韵到底是个什么样的音值呢？这是个充满争议的问题。我们还是从吴棫《韵补》说起。由于《韵补》描写的资思韵“幾与鱼虞等韵相叶”，但它在今天闽语内部的音值差异又很显著(例如：厦门[u]、莆田[o]、福州[y]、泉州[ɯ]、永安[ɿ])，李思敬(1994)把南宋时的止摄三等精系字韵母拟为央元音[ʉ]，且认为这个“央元音[-ʉ]不稳定，后代可以朝两个方向变化，一个是向前元音的方向靠拢，变成舌尖前元音[ɿ](如今天的潮州音)；一个是向后靠拢，变成后元音[u](如今天的厦门音)”。邵荣芬(1995)也持相同观点，认为“假定吴氏时代止摄开口精、庄组字的韵母为-ʉ，鱼、虞韵的-y为-iu，其余的同今建瓯话，这样不仅止摄开口精、庄组字跟鱼、虞叶韵，以及止摄开口其他声母字跟齐韵开口叶韵的问题可以得到解释，而且这些韵母跟现代建瓯话的发展和

① 根据张光宇(2011)，严格地说，精组声母条件下为资思韵，精庄组声母条件下应该叫资师韵。

继承关系也可以一目了然了”。我们同意两位先生的观点，认为当时通语中的资思韵很可能是[ʉ]或非常接近于[ʉ]的一个音值。因为，它既可以最大程度地解释闽语内部各方言的音值差异，也可以解释如下一个重要的系统性问题。《韵补》里多次描写到“今俗读此二音几与鱼虞等相叶，其失之甚矣！”“如今世俗所读而与语韵相叶”“如今世俗所读而与‘举、武’为韵”，而今天的学者基本认同闽语资思韵读同鱼虞韵属于新文读层，且这个文读层早在宋代已经产生（戴黎刚 2012；杜佳伦 2014）。那么，明明是文读音，为什么去汴京赶考过的进士吴棫却说是“俗读”而且还“失之甚矣”呢？我们认为有这样一种可能，在语言规范程度很低的古代，当通语传播扩散到各个方言时，由于方音音系的制约和影响，人们习得文读音时常常会产生不标准或矫枉过正的现象，由此产生了各种接近于[ʉ]的音值。也就是说，韵类属于通语，韵母属于文读层，但音值却产生了地方变异（类似于古代的地方普通话）。换句话说，方言中各种接近[ʉ]的音值，并非是自然音变机制下的产物，而是当时通语与方言接触的结果，是当地音系对外来语音项目的适应性改造或类推性对应。这种“音值近似并不是指受语中（新增）的音类在声学参数上完全达到源语中相应音类的标准。而是在受语音系的框架下，吸收了源语音类中的某些发音特征形成的（新）音类。”（金耀华 2019）这种情况，既可以产生于南方闽、客、赣、粤等方言，也可以产生于北方地区。

历史上止开三精庄组字读后圆特征音的范围可能更大，现代豫北、晋南、山东部分方言中后圆特征的子尾，可能就是唐宋时期资思韵读如鱼虞韵的历史遗迹和语音变异。这也有诗歌押韵方面的佐证。徐朝东（2019）根据敦煌世俗文书考证，唐五代关中、洛阳、山西、河北、皖北都有少量“支入鱼”的情况，例如：山西唐彦谦《咏葡萄》“栩雨起”，河北卢藏用七古《景星寺碑铭》“主古府宇秘”，皖北许坚七律《题胡氏华林书院》“图模居鱼书鱼庐模欺之”，等。这很可能透露了当时北方部分方音的特点。

事实证明，“子”在汉语史或部分方言史上存在过读作后圆特征的读音，但是历史文献的记载远比方言的实际情况少得多。另外，同样具有后圆特征，“儿”不符合“求近”原则，“子”却符合求近原则。上述客赣闽粤等方言止开三精庄章组字读[u]韵与北方官话中后圆特征的子尾，很可能存在某种关系。

四、余　　论

官话方言中的“子”缀，有很多具体的存在形式或变体形式，比如：[tou]、[ou]、[u]、[tɔ]、[lɔ]、[ɔ]、[tsɿ]、[tsəʔ]、[təʔ]、[tə]、[lə]、[ə]、[ɣ]、[ɯ]、[tei]、[nei]、[ᴇ]、[ẽ]、[ə̃]、[ŋ]等。如此多的形式，其产生原因势必也多种多样。但有两点非常重要：一是方言固有差异的影响。古代方言的差异远比现在大，人们在习用母方言和习得官话通语时，本身就可能存在老差异和产生新差异；二是后缀的轻读弱读。作为后缀，轻读弱读容易受语流因素影响，容易导致模糊的中间状态，而这种中间状态就为多向变化创造了条件，同时，也为定性描写提供了多种可能。语音的变异变化都是在实际的学习和使用中发生的，其原因也必须从这方面去寻找。但是，就方言中“子”缀的读音情况和 Z 变音的特点来看，并不是所有形式的“子”缀都会参与合音，也并不是所有形式的“子”缀都达到了合音的阶段。史艳锋(2013)认为：“子变合音时‘子’尾韵母的音值是多元的，除[u]外，还有可能是[ʊ/o/ə/ɤ/ɯ/]甚至[ŋ/ẽ/ə̃]等。”对此，我们认为，就单个方言而言，合音时“子”尾韵母的音值并非多元的，很多 Z 变音的特征是合音中与合音后继续演变的结果。在这点上，我们同意胡伟、焦磊(2017)的认识。

参考文献

白静茹，原慧艳，薛志霞，等(2005)《高平方言研究》，太原：山西人民出版社：115。

曹志耘主编(2008)《汉语方言地图集》，北京：商务印书馆。

陈昌仪(1991)《赣方言概要》，南昌：江西教育出版社。

陈晓锦(2004)《广西玉林市客家方言调查研究》，北京：中国社会科学出版社。

戴黎刚(2012)《闽语的历史层次及其演变》，北京：中国社会科学出版社。

杜爱英(1998)北宋诗僧德洪用韵考，《山东师大学报》第 1 期。

杜佳伦(2014)《闽语历史层次分析与相关音变探讨》，上海：中西书局。

高　炯(1995)《长子方言志》，太原：山西高校联合出版社。

高晓虹(2011)《章丘方言志》，济南：齐鲁书社：274。

贺　巍(1981)济源方言记略，《方言》第 1 期。

侯精一，温端政主编(1993)《山西方言调查研究报告》，太原：山西高校联合出版社：668。

胡　伟,焦　磊(2017)河南滑县半坡店方言的Z变音,全国汉语方言学会第19届年会暨国际学术研讨会论文。
金梦茵(1983)陵川方言志,《语文研究》增刊:44。
金耀华(2019)普通话影响下汉语方言音类的重新分化,《中国语文》第4期。
李　军(2015)《江西赣方言历史文献与历史方音研究》,北京:商务印书馆。
李　龙(2009)《山东陵县方言研究》,黑龙江大学硕士学位论文:24-30。
李如龙等(1999)《粤西客家方言调查报告》,广州:暨南大学出版社。
李思敬(1994)从吴棫所描写的某些南宋"俗音"音值证《切韵指掌图》的列"等",载中国音韵学研究会编,《音韵学研究》第三辑,北京:中华书局。
练春招(2002)粤西廉江石角客家方言音系,《方言》第3期。
刘纶鑫主编(1999)《客赣方言比较研究》,北京:中国社会科学出版社。
刘晓南(2005)《韵会》赀字母韵考论,《中国语文》第2期。
——(2012)《宋代四川语音研究》,北京:北京大学出版社:122-123。
麦　耘(2004)汉语语音史上的ɿ韵母,载中国音韵学研究会,石家庄师范专科学校编,《音韵论丛》,济南:齐鲁书社。
秋谷裕幸(2010)闽东区福宁片四县市方言音韵研究,福州:福建人民出版社。
邵荣芬(1995)吴棫《韵补》和宋代闽北建瓯方音,《中国语文》第5期。
沈慧云(1983)晋城方言志,《语文研究》增刊:36。
史艳锋(2013)子变韵和子变韵的形成构拟——以孟州方言为例,《语言暨语言学》第5期。
侍建国(2011)《历史语言学:方音比较与层次》,北京:中国社会科学出版社:123。
孙宜志(2007a)《江西赣方言语音研究》,北京:语文出版社:182。
——(2007b)江西万载方言的音韵特点,《江西教育学院学报》第2期。
王　力(1982/1991)朱熹反切考,载王力,《王力文集》第18卷,济南:山东教育出版社。
王福堂(1999/2005)《汉语方言语音的演变和层次》,北京:语文出版社:185。
王洪君(2004)从山西闻喜的小方言差异看Z变音的衰变,《语文研究》第1期。
——(1999/2008)《汉语非线性音系学:汉语的音系格局与单字音》,北京:北京大学出版社:212。
王临惠(2007)《临猗方言研究》,天津:天津社会科学院出版社。
——(2013)晋豫一带方言Z变音源于"头"后缀试证,《中国语文》第4期。
闻喜县志编纂委员会(1993)《闻喜县志》,北京:中国地图出版社:456。
吴建生,赵宏因(1997)《万荣方言词典》,南京:江苏教育出版社:21。
吴云霞(2009)《万荣方言语法研究》,北京:语文出版社:81。
邢英英(2015)《山东临邑方言语音研究》,西北大学硕士学位论文:42-55。

徐朝东(2019)敦煌世俗文书所见之语音现象,《语言研究》第 1 期。

颜　森(1982)高安(老屋周家)方言词汇(一),《方言》第 1 期。

曾南逸(2015)《韵会》赀字母韵的性质和音值——以汉语方言、“域外方言”等材料为证,《天津大学学报》第 6 期。

张光宇(2011)语言的连续性,《汉藏语学报》第 5 辑,北京：商务印书馆。

张民权(2013)论宋代资思韵的语音性质及其嬗变,《语言研究》第 1 期。

张启焕,陈天福,程　仪(1993)《河南方言研究》,开封：河南大学出版社。

支建刚(2012)《豫北晋语语音研究》,北京语言大学博士学位论文。

——(2015)河南林州桂林镇方言子尾的读音,《方言》第 2 期。

——(2018)论官话方言中子变韵的合音成分,载复旦大学汉语言文字学科《语言研究集刊》编委会编,《语言研究集刊》第二十二辑,上海：上海辞书出版社。

——(2019)试解 Z 变音之谜：构词形态篇,待刊。

周长楫(1994)从义存用韵看唐代闽南方言某些特点,《语言研究》增刊。

——(1996)中古韵部在闽南读书音里的分合,《语言研究》增刊。

(300387　天津,天津师范大学国际教育交流学院　sevenstars0820@163.com)

从“支微入鱼”现象论江淮官话黄孝片与赣语怀岳片的历史关系*

余　鹏

提要　文章基于“支微入鱼”现象讨论江淮官话黄孝片与赣语怀岳片的历史关系。两片方言的“支微入鱼”现象高度相似，韵类上都只涉及古止摄合口，声类上都只涉及知、章、影组（黄孝片还涉及一个日母字“蕊”），不涉及见组。该现象涉及的例字几乎都可以在其源方言饶州赣语中找到源头。韵类上，两片方言比饶州赣语少一个蟹合三的“税”字；声类上，两片方言止合三见组字不入虞，而饶州赣语不然。这两点是两片方言在明代初年以来的共同创新。

关键词　支微入鱼；江淮官话黄孝片；赣语怀岳片；历史关系

一、引　　言

汉语方言的“支微入鱼”现象，前人有不同程度的讨论（如张光宇1993；顾黔 2001；王军虎 2004；刘勋宁 2005，2012）。“支微入鱼”，字面上指的是中古止摄合口支、微韵今读入遇摄鱼韵的现象。王洪君（2006）指出，苏州话止摄合口三等的白读 y 与虞韵相同，与鱼韵白读不同。郑伟（2012）在此基础上提出，“支微入鱼”这个现象叫“支微入虞”更准确。虽然大部分汉语方言的中古鱼虞两韵已经合流，但在鱼虞有别的汉语方言

---

* 本文是国家社科基金重大项目“600 年来赣语与官话互动的历史追踪、现状调查与数据库建设”（项目编号 18ZDA297）的研究成果。全文在第三届南方官话国际学术研讨会（重庆，2019.10）上报告过。感谢与会学者、编辑部和审稿人的宝贵意见。文章不足之处，由作者承担责任。

中,支脂微等韵派入的是虞韵,而不是鱼虞有别层次上的鱼韵。由于"支微入鱼"一词习用已久,我们仍用这个术语来指称鱼虞不分层次上的相关现象。

在汉语方言"支微入鱼"现象中,并入鱼韵的韵摄除了合口的支、微韵,还包括脂韵合口。有的方言蟹摄合口三四等也读入鱼韵,个别点蟹摄合口一等也读入鱼韵(王为民 2011;郑伟 2012。两家原文术语作"支微入虞")。"支微入鱼"后多数方言今读 y。前人对此类现象的讨论多集中于这一音值类型。实际上,"支微入鱼"现象还有 ʅ、ɥ、ʮ 等音值类型(顾黔 2016)。

黄孝片是官话化了的赣语怀岳片,其白读层在 11 个音韵条目上相同,具有 10 项共同创新;而两片方言的人口奠基于明代初年,都来自饶州府,其中以乐平、鄱阳为主(二县市方言下文合称饶州赣语)(余鹏 2018)。本文以"支微入鱼"现象继续论证这个问题。

目前尚未见到前人关于赣语怀岳片的"支微入鱼"现象的研究成果。前人对黄孝片"支微入鱼"现象有所研究。汪化云(2000[67-68],2004)以鄂东方言 4 个点 14 字的读音为例,说明鄂东方言古止摄合口三等逢知章组、见系今有读同遇摄合口三等的现象,并指出,这个现象可上溯至清光绪八年(1882)《黄冈县志》记载的"水近暑"。周杨(2007,2008)指出上述现象即"支微入鱼",并发现,清乾隆二十四年(1759)的《黄冈县志》已记载了黄冈方音"水近暑",比前人发现的文献记载早一百二十多年。郭丽(2009a,2009b,2012)也讨论了黄孝片的"支微入鱼"现象。其主要内容有:其一,黄孝片止摄合口三等知系、见系字在云梦、黄冈、孝昌①、武穴四地今白读层读 ʮ 韵母。其二,黄孝片古蟹摄合口一三等、止摄合口、遇摄鱼虞韵逢泥精组今白读为 i 韵母,这说明蟹摄合口一三等、止摄合口经历了共同的演变,早期与鱼虞韵合流读 y。以上三家的黄孝片范围都不包括后来划入黄孝片的安庆三县市。这三县市是否该划入黄孝片,学界有不同意见(汪化云 2016;吴波 2016)。本文的黄孝片范围同样不包括安庆三县市,其余根据中国社会科学院语言研究所等(2012:75)。

本文声调标调类,古平、上、去、入用上标的数字 1—8 表示,奇数表示

① "孝昌"原文作"孝感",孝感为地市级行政单位,这里具体到更小的县级行政单位。

阴调类或不分阴阳的调类,偶数表示阳调类。轻声用上标的0表示。对于异读字,且材料来源有文白标记的,白读音用单下画线表示,文读用双下画线表示。本文考察的材料说明如下。其一,江淮官话黄孝片:英山(陈淑梅 1989),浠水(詹伯慧 1981),红安(陈章太,李行健 1996),麻城(夏中华 2011),广济梅川(卢源斌等 1985),广济花桥(陈姗姗 2012),黄梅(张家异 2012),孝昌(郭丽 2006),瑞昌孙(陈昌仪 2005,孙宜志记音),瑞昌曾(Coblin 2005,曾国祥记音),九江县(九江县县志编纂委员会办公室 1996,2010),蕲春青石(徐红,张春泉 1998),鄂城(笔者母语)(以上有"支微入鱼"现象);安陆(盛银花 2007),孝南(王求是 2014),应城(赵元任等 1948),大悟(邓清 2014),黄陂(吴峤等 2002),新洲(熊顺喜 2010),蕲春漕河(李江帆 2012),九江市(熊颖 2012)(以上暂未发现有"支微入鱼"现象)。其二,赣语怀岳片:太湖(黄拾全 2011),宿松高岭(唐爱华 2005),宿松二郎(孙宜志 2002)(以上有"支微入鱼现象");岳西(储泽祥 2009),潜山(唐乐燕 2013),怀宁(吕延 2004),望江(安徽省地方志编纂委员会 1997)(以上暂未发现"支微入鱼"现象)。其三,饶州赣语。乐平(何磊 2011),鄱阳(程序 2000)。其四,其他方言:武汉、扬州(北大中文系编、王福堂修订 2003),安庆(陈章太,李行健 1996),信阳(张启焕等 1993),南京(刘丹青 1997)。

二、江淮官话黄孝片和赣语怀岳片的"支微入鱼"现象及其性质

江淮官话黄孝片和赣语怀岳片的"支微入鱼"现象,指的是古止摄合口的支、脂、微三韵的小部分字今白读韵母读同虞韵(就鱼虞有别的层次而言),今读 ʮ 或 y。从该现象涉及的小韵来看,两片方言的这个现象称为"止合入虞"更恰当。我们认为,两片方言蟹摄合口一三等端系字今读 i 韵母不属于该现象,详见下节。

从古声母来看,黄孝片的"支微入鱼"现象只涉及古知、章、日、影四组声母,不涉及其他声组。具有这个现象的黄孝片方言点及其例字穷举如下。黄孝片白读层鱼虞有别(郭丽 2009c),因此用虞韵字做对比组。

英山:槌tʂ^{h}ʮ^{2}/tʂ^{h}ʮəi^{2} | 锤tʂ^{h}ʮ^{2}/tʂ^{h}ʮəi^{2} | 吹tʂ^{h}ʮ^{1}/tʂ^{h}ʮəi^{1} | 水ʂʮ^{3}/ʂʮəi^{3};

蕊 ʯ^{3}；喂 ʯ^{5}/uəi^{5}①。比较虞韵字：主 tʂʯ^{3}|树 ʂʯ^{6}|遇 ʯ^{6}。

浠水：锤tʂʰʯ^{2}/tʂʰʯei^{2}|吹tʂʰʯ^{1}/tʂʰʯei^{1}|水 ʂʯ^{3}/ʂʯei^{2}；蕊 ʯ^{3}；喂 ʯ^{5}。比较虞韵字：主 tʂʯ^{3}|树 ʂʯ^{6}|遇 ʯ^{6}。

红安：槌kʰʯ^{2}/kʰʯei^{2}|锤kʰʯ^{2}/kʰʯei^{2}|吹kʰʯ^{1}/kʰʯei^{1}|炊kʰʯ^{1}/kʰʯei^{1}|睡ʂʯ^{5}/ʂʯei^{5}；猬 ʯ^{0}。比较虞韵字：主 kʯ^{3}|树 ʂʯ^{6}|遇 ʯ^{6}。

麻城②：吹tʂʰʯ^{1}/tʂʰʯei^{1}|坠 tʂʰʯ^{5}|水 ʂʯ^{3}/ʂʯei^{3}/ʂei^{3}|喂 ʯ^{5}|唯 ʯ^{2}。比较虞韵字：主 tʂʯ^{3}|树 ʂʯ^{6}|遇 ʯ^{6}。

广济梅川：锤 kʰʯ^{2}/kʰʯi^{2}|水 fʯ^{3}；喂 ʯ^{5}|纬 ʯ^{6}。比较虞韵字：主 kʯ^{3}|树 fʯ^{6}|遇 ŋʯ^{6}。

广济花桥：槌 tʂʰʯ^{2}|锤 tʂʰʯ^{2}|吹 tʂʰʯ^{1}|锥 tʂʯ^{1}/tʂʯi^{1}|水 fʯ^{3}；喂 vʯ^{5}/ui^{5}/ue^{5}。比较虞韵字：主 tʂʯ^{3}|树 fʯ^{6}|遇 ŋʯ^{6}。

黄梅：槌 tʂʰʯ^{2}|锤 tʂʰʯ^{2}|水 ʂʯ^{3}/ʂʯɛ^{3}|喂 ʯ^{5}；唯 ʯ^{2}|纬 ʯ^{5}。比较虞韵字：主 tʂʯ^{3}|树 ʂʯ^{6}|遇 ȵʯ^{6}。

孝昌③：槌 tʂʰʯ/tʂʰʯei^{2}|坠 tʂʰʯ/tʂʰʯei^{5}；为 ʯ/uei^{6}（～什么）|猬 ʯ^{0}（刺～子）。比较虞韵字：主 tʂʯ^{3}|树 ʂʯ^{6}|遇 ʯ^{6}。

团风方言也有这个现象，涉及的都是知、章、影组字，不包括日母的“蕊”字：锤槌 tʂʰʯ^{2}|水ʂʯ^{3}|吹 tʂʰʯ^{1}|坠 tʂʯ^{4}|炊 tʂʰʯ^{1}|唯 ʯ^{2}|慰 ʯ^{5}|蔚 ʯ^{5}|纬 ʯ^{6}|唯 ʯ^{2}|为 ʯ^{0}。（汪化云 2000[67-68]；2004）

以下黄孝片的“支微入鱼”现象只涉及止摄合口知、章组，不涉及影组、日母，包括：

瑞昌孙：水 ʂʯ^{3}。比较虞韵字：主 tʂʯ^{3}|树 ʂʯ^{6}|遇 ʯ^{6}。

瑞昌曾：水 ʂy^{3}/ʂui^{3}。比较虞韵字：主 tʂy^{3}|树 ʂy^{6}|遇 ȵy^{6}。

九江县：槌tʂʰʯ^{2}/tʂʰue^{2}|锤tʂʰʯ^{2}/tʂʰue^{2}|水 ʂʯ^{3}/ʂue^{3}。比较虞韵字：主 tʂʯ^{3}|树 ʂʯ^{6}|遇 ʐʯ^{6}。

---

① 本文引用的材料来源中，一字多音时，原文有时不标记读音性质，或只标记了其中一个读音的性质，标记的读音性质也不限于文、白读音，还有新、老、口（语）等。对于语料中的这种情况，本文引用时忠于原文。下同。

② 麻城“唯”“坠”、下文广济梅川“纬”、黄梅“唯”的读音根据汪化云（2000[68]/2004），原文未说明广济乡镇地点，这里暂放到梅川下。

③ 孝昌“槌”“坠”“为”三字的 ʯ 韵母读音来自郭丽（2012），原文未标调。“猬”根据郭丽（2012）。“主”根据郭丽（2009c）。

蕲春青石：锤 $tʂ^hʮ^2$。比较虞韵字：主 $tʂʮ^3$ | 树 $ʂʮ^6$ | 遇 $ʐʮ^6$。

鄂城：槌 $tɕ^hy^2$。比较虞韵字：主 $tɕy^3$ | 树 $ɕy^6$ | 遇 y^6。

可能因为这些方言大多分布于黄孝片的侧翼,容易受到别的方言的影响。其中,瑞昌、九江县、鄂城都在长江南岸,而黄孝方言核心区分布在长江北岸。

怀岳片、饶州赣语读入虞韵的止摄合口字穷举如下。此外,乐平还有一个蟹摄的“税”字。

太湖①：槌 $tɕ^hy^1$ | 炊 $tɕ^hy^1$ | 锤 $tɕ^hy^5$ | 锥 $tɕy^1$ | 喂 y^6 | 纬 y^6。比较虞韵字：主 $tɕy^3$ | 树 $ɕy^6$ | 遇 y^6。

宿松高岭：吹 $tɕ^hy^1$/$tɕ^hyei^1$ | 槌 $tɕ^hy^2$/$tɕ^hyei^2$ | 锤 $tɕ^hy^2$/$tɕ^hyei^2$ | 锥 $tɕy^1$/$tɕyei^1$ | 水 $ɕy^3$/$ɕyei^3$。比较虞韵字：主 $tɕy^3$ | 树 $ɕy^6$ | 遇 ny^6。

宿松二郎：吹 $ʧ^hʮ^1$/$ʧ^hʮei^1$ | 炊 $ʧ^hʮ^1$/$ʧ^hʮei^1$ | 槌 $ʧ^hʮ^2$ | 锤 $ʧ^hʮ^2$/$ʧ^hʮei^2$ | 水 $ʃʮ^3$/$ʃʮei^3$。比较虞韵字：主 $ʧʮ^3$ | 树 $ʃʮ^6$ | 遇 $nʮ^6$(以上怀岳片)。

乐平②：吹 $k^hɯ^1$/k^hy^1 | 炊 $k^hɯ^1$/k^hy^1 | 垂 $k^hɯ^2$/k^hy^2 | 睡 $fɯ^5$ | 跪 $k^hɯ^3$/k^hy^3 | 追 $kɯ^1$/ky^1 | 槌 $k^hɯ^2$/k^hy^2 | 锤 $k^hɯ^2$/k^hy^2 | 锥 ky^1 | 水 $fɯ^3$ | 葵 k^hy^2 | 蕊 y^3/lei^3 | 慰 y^6/ui^6(以上止摄) | 税 $fɯ^2$(以上蟹摄)。比较虞韵字：主 $kɯ^3$/ky^3 | 树 $fɯ^6$ | 遇 $vɯ^6$(以上饶州赣语)。

以上个别字音有本字问题,说明如下。其一,黄梅“锤”原字作“捶”。捶,《广韵》之累切,属于中古上声,今读声调不合乎反切。其二,“锥”字 y 韵母的读音,有的材料来源未给本字,包括广济花桥(注“刺：针把手～咯”)、鄱阳(注“昆虫咬或刺人”)、宿松高岭(注“蜂蜇人”),本字定为“锥”音义皆合。其三,“喂”的 $ʮ^5$ 类读法,有的材料来源写作“擩”,包括：英山(～猪：喂猪,～伢儿：喂小孩),广济梅川(注“～一口饭”)。另外,“喂”广济花桥(注“给小孩子喂东西吃：～饭”)材料来源未给本字,本字是“餧”,今简体字作“喂”,音合义通。“擩”《广韵》有儒佳切、而主切、而遇切、奴豆切,《集韵》有尼主切、而宣切,没有一个反切是今音对应的古清声母去声地位。其四,“猬”,红安材料来源写为“驴”字,见词汇“刺猬”条：刺驴子 $ts^hɿ^5$ $ʮ^0$ $tsɿ^0$。“刺猬子”这

① “炊”等后 5 字根据徐建(2011)。

② 乐平“睡”音根据刘纶鑫(1999) $hɯ^5$ 折合。“蕊”“慰”的 y 韵母读音根据乐平县志编纂委员会(1987)。

个词形也见于孝昌。其五,“跪”为群母上声字,鄱阳(注“以膝盖顶人”)、宿松二郎(注“弯曲膝盖用力抵压住某物”)未给本字,意义均包含“膝盖弯曲并抵触某物”,是“跪坐”的引申义。

表1是黄孝片、怀岳片和饶州赣语“支微入鱼”现象的辖字比较:

表1 江淮官话黄孝片、赣语怀岳片和饶州赣语“支微入鱼”现象辖字比较

	止合													蟹合
	吹	炊	垂	睡	追	槌	锤	锥	水	跪	葵	蕊	喂	税
黄孝片	+	+	+	+	−	+	+	+	+	−	−	+	+	−
怀岳片	+	+	−	−	−	+	+	+	+	−	−	−	+	−
饶州赣	+	+	+	+	+	+	+	+	+	+	+	+	−	+

注:“追”“归”“葵”三字,饶州赣语有而黄孝片、怀岳片没有;“喂”字,饶州赣语没有,而黄孝片、怀岳片都有或其一有。

比较黄孝片与怀岳片,其“支微入鱼”现象表现出两个相同点。其一,声类上,都只涉及古知、章、影组(黄孝片个别点还涉及一个日母字“蕊”),不涉及见组。其二,韵类上,都只涉及止摄合口,不涉及蟹摄合口。

笔者(余鹏2018)曾证明,黄孝片与赣语怀岳片都源自饶州赣语。就表1而言,若将黄孝片、怀岳片与饶州赣语相比,黄孝片、怀岳片“支微入鱼”现象涉及的字,饶州赣语几乎都涉及,仅“喂”字除外。“喂”字并入虞韵的读音见于黄孝片、怀岳片,而不见于饶州赣语。但“慰”与“喂”同样是止摄合口影母字,乐平“慰”y^5读入虞韵。因此,从声组来看,饶州赣语“喂”不读入虞韵不算例外。

还需解释的是,为什么饶州赣语的“支微入鱼”还涉及蟹摄合口三等的“税”字,而黄孝片、赣语怀岳片不然。我们认为,这一方面跟“税”字不是口语用字有关。另一方面,黄孝片、怀岳片都处于长江以北而与官话方言相邻,比较容易受到权威官话或其他官话方言的影响。至于饶州赣语的“支微入鱼”现象涉及见组(“跪”“葵”二字),而黄孝片、赣语怀岳片不涉及,这是两片方言的共同创新。

从数量上看,“支微入鱼”现象见于黄孝片的14种材料,在考察的21份黄孝片材料中占比66.7%;若以县为单位计算,这个现象出现于12个县市,在本文考察的18个县市(不含团风)中占比也是66.7%。因此2/3的黄孝片有这个现象。在本文考察的 7 种怀岳片材料中,有 3 种有“支微入鱼”现象,占比 42.8%;若以县为单位计算,这个现象出现于 2 个县市,在本文考察的 6 个县市中占比 33.3%。

在古止摄合口知、章、日、影组今读入虞韵的例子中,凡有文白异读的,各点读入虞韵的读音都是白读,没有相反的情况;相应的文读则接近权威官话。这说明今读入虞韵的白读韵母 y/ɥ 属于白读层,相应的文读 ɥei 类韵母属于文读层。

黄孝片与怀岳片的“支微入鱼”现象可以排除周边官话的影响,分别以武汉、信阳、安庆、南京、扬州为例:

表 2 周边官话止摄合口三等(知章日见影组)、蟹摄“税”字、虞韵的今读

	止合三							
	吹	炊	垂	睡	追	槌	锤	锥
武汉	ts^{h}uei^1	ts^{h}ei^1 口 ts^{h}uei^1	ts^{h}uei^2	suei^5	tsuei^1	ts^{h}ei^2 ts^{h}uei^2	ts^{h}uei^2	tsuei^1
信阳	ts^{h}ei^1	ts^{h}ei^1	ts^{h}ei^2	sei^5	tsei^1	ts^{h}ei^2	ts^{h}ei^2	tsei^1
安庆	tʂ^{h}uei^1	tʂ^{h}uei^1	tʂ^{h}uei^2	ʂuei^5	tʂuei^1	tʂ^{h}uei^2	tʂ^{h}uei^2	tʂuei^1
南京	tʂ^{h}uəi^1	ts^{h}uəi^1	tʂ^{h}uəi^1	ʂuəi^5	tʂ uəi^1	tʂ^{h}uəi^1	tʂ^{h}uəi^1	tʂuəi^1
扬州	ts^{h}uəi^1	ts^{h}əi^1	suəi^2 ts^{h}uəi^2	suəi^5	tsuəi^1	ts^{h}uəi^2	ts^{h}uəi^2	tsuəi^1
	止合三					蟹合三	遇合三虞	
	水	跪	葵	蕊	喂	税	主	遇
武汉	suei^3	kuei^5	k^{h}uei^2	y^3	uei^5	suei^5	tɕy^3	y^5
信阳	sei^3	kuei^5	k^{h}uei^2	zei^3	vei^3	sei^5	tɕy^3	y^5
安庆	ʂuei^3	kuei^5	k^{h}uei^2	ʐuei^3	uei^3	ʂuei^5	tʂu^3	y^5
南京	ʂuəi^3	kuəi^5	k^{h}uəi^2	ʐuəi^3	uəi^5	ʂuəi^5	tʂu^3	y^5
扬州	suəi^3	k^{h}uəi^5 kuəi^5	k^{h}uəi^2	luəi^3	uəi^5	suəi^5	tsu^3	y^5

注:[1] 信阳材料来源未收“喂”字,这里根据陈章太、李行健(1996),原文声调如此。[2] 安庆“喂”声调原文如此,鲍红(2012)音 uei5。

除了武汉的“蕊”字,表 2 中例字各点均不读入虞韵。因此,黄孝片、怀岳片“止合入虞”的辖字可以排除周边官话和明清南系官话的影响。

三、江淮官话黄孝片和赣语怀岳片古端系条件下蟹止摄合口今读同虞韵的性质

黄孝片、怀岳片古蟹止摄合口逢三等端系今白读层读 i 韵母，均读同虞韵端系字。从音类分合上看，这也是“支微入鱼”。此外，黄孝片蟹摄合口一等端系今白读层也读 i 韵母，怀岳片、饶州赣语不然。如表 3 所示：

表 3　江淮官话黄孝片、赣语怀岳片、饶州赣语蟹止摄端系字今读入虞韵例字

		蟹合一		蟹合三	止合三		遇合三虞	
		堆	罪	岁	泪	醉	须	取
黄孝片	英山	ti^{1}	tɕi^{6}	ɕi^{5}	li^{6}	tɕi^{5}	ɕi^{1}	tɕ^{h}i^{3}
	红安	ti^{1}老 tei^{1}新	tɕi^{6}老 tsei^{6}新	sei^{5}新	li^{6}老 lei^{6}新	tɕi^{5}老 tsei^{5}新	ɕi^{1}	tɕ^{h}i^{3}
	广济梅川	ti^{1}	tsi^{6}	si^{5}	—	tsi^{5}	si^{1}	ts^{h}i^{3}
	瑞昌孙	tei^{1}	tsei^{6}	sei^{5}	lei^{6}	tsei^{5}	sei^{1}	ts^{h}ei^{3}
	孝昌	ti^{1} tei1	tsei^{5}	ɕi^{5}	nei^{6}	tɕi^{5} tsei^{5}	ɕi^{1}	tɕ^{h}i^{3}
怀岳片	太湖	tei^{1}	ts^{h}ei^{6}	ɕi^{6}	lei^{6}	tɕi^{6}	ɕi^{1}	tɕ^{h}i^{3}
	宿松高岭	tei^{1}	ts^{h}ei^{6}	ɕi^{5} sei^{5}	li^{0} lei^{6}	tɕi^{5} tse^{i5}	ɕi^{1}	tɕ^{h}i^{3}
	宿松二郎	tei^{1}	ts^{h}ei^{6}	ɕi^{5}/sei^{5}	lei^{6}	tɕi^{5}/tsei^{5}	ɕi^{1}	tɕ^{h}i^{3}
饶州赣	乐平	tei^{1}	ts^{h}ei^{6}	ɕi^{5}	lei^{6}	tɕi^{5}	ɕi^{1}	tɕ^{h}i^{3}

注：瑞昌孙的材料来源未收“须”，根据瑞昌曾补。

瑞昌孙读 ei 韵母而不读 i，因为该地古蟹止摄字在帮组、端系条件下发生了 i > ei 的音变（其中蟹开一只含帮组字，止开三不含精组字），蟹止摄开口三四等字例如：米 mei^{3} | 比 pei^{3} | 弟 tei^{6} | 西 sei^{1} | 地 tei^{6}。Coblin（2005）对瑞昌方言的这个音变有简要讨论。

我们认为黄孝片、怀岳片古蟹摄合口字（不论是否包括一等）未与止摄合口三等合流过。两片方言古蟹摄逢合口端系字今读 i 韵母（瑞昌还有 i > ei 的继续变化），与止、遇摄合口端系今读 i 韵母，是先后的，而非同步的

变化。

其一,假设黄孝片、怀岳片古蟹摄合口一三等、止摄合口合流过,那么蟹摄应该像止摄一样,有知、章、日、影组读入虞韵的例字,而实际上两片方言这批字都不读入虞韵。

其二,郑伟(2012)对汉语方言支微入鱼类型的蕴含关系表明,在支微入鱼读 y 韵母的汉语各大方言中,不存在古蟹止摄合口逢端系今读入虞韵而逢其他声组今都不读入虞韵的方言。因此,古端系条件下,止摄合口三等、蟹摄合口一三等也入虞,应是一前一后的变化,而非共同演变。

四、江淮官话黄孝片和赣语怀岳片“支微入鱼”现象的演变过程

止摄合口字,前文已给了端系、知章日影组的例子,止摄合口其他声组(即非、庄、见组)的字如表 4 所示:

表 4　江淮官话黄孝片、赣语怀岳片和饶州赣语止摄合口非、庄、见组例字

		飞	尾	帅	龟
黄孝片	红安	fei^{1}	uei^{3}	sai^{5}/ ʂɥai^{5}	kuei^{1}
	广济梅川	fi^{1}	ui^{3}	sai^{5}	kui^{1}
	孝昌	fei^{1}	uei^{3}	ʂɥai^{5}	kuei^{1}
怀岳片	太湖	fei^{1}	mi^{3}/uei^{3}	ɕyai^{5}	kuei^{1}
	宿松高岭	fei^{1}	mi^{3}/uei^{3}	sai^{5}/ɕyai^{5}	kuei^{1}
饶州赣	乐平	fei^{1}	mi^{3}/ui^{3}	suai^{5}	kui^{1}

由微母字以及广济梅川“飞”字的今读可见,止摄非组字今读有白读层 i、文读层(u)ei 两个层次,其中微母字今文读层有 u 介音。止合三帮组字今读 i 韵母的黄孝片方言还有:

飞:广济花桥 fi^{1}。“尾”:孝南 i^{3}(~巴)/uei^{3}(结~)。

鄱阳与乐平相邻,也是旧饶州府赣语,其止合三非组字今也多读 i 韵母,如:飞 fi^{1} | 肥 fi^{2}。

结合前文的讨论,我们认为,黄孝片、怀岳片止摄合口三等和虞韵的演变过程如图 1 所示:

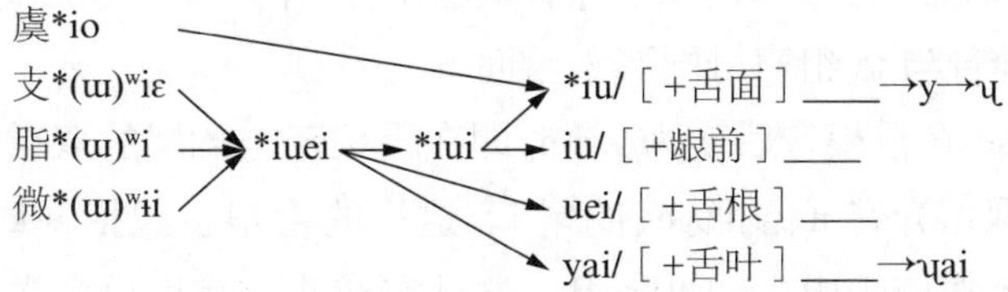

图 1　江淮官话黄孝片、赣语怀岳片和饶州赣语止摄合口三等、虞韵的演变

图 1 虞、支、脂、微韵的中古拟音根据潘悟云（2000），ɯ 放在括号中，表示重纽字的介音。根据郑伟（2012），唐五代西北方音、早期某个北方官话、大部分南方方言的“支微入鱼”现象为一类，其蟹止合口三四等字的音变起点是 ∗ iuei，经过 ∗ iuei > ∗ iui > iu > y 的变化完成并入虞韵。在图 1 的黄孝片、赣语怀岳片和饶州赣语止摄合口三等、虞韵的演变过程中，∗ iui 在舌面音声母后和龈前音声母后分别变为 ∗ iu 和 i。舌面音声母后的 ∗ iu 此时并入虞韵，但也可能在迟至 y 阶段（< ∗ iu）才并入虞韵。

这里音变的理据是异化作用。∗ iui 前接龈前音（anterior）时变为 i。龈前音在这里包括双唇音、唇齿音、舌尖前音。双唇音、唇齿音对应于中古的非组声母，即 ∗ pf、∗ pf^h、∗ bv、∗ ɱ（m），m 放在括号中表示微母今读有存古读 m 的例子；舌尖前音对应于中古的端系声母，即端、泥、精组，即 ∗ t、∗ t^h、∗ d、∗ n、∗ l、∗ ʦ、∗ $ʦ^h$、∗ dz、∗ s、∗ z（音变发生时古浊音声母不一定仍然读带音声母，下同）。在介音、韵尾一致的情况下，这个音变维持介音、韵尾的音值而舍弃韵腹的音值①。上述龈前音声母与 i 同属于发音部位靠前的音段，而 u 元音舌位为后，加上介音、韵尾都是前元音 i，造成了韵腹 u 被删除，i 成为新的韵腹②。

∗ iui 在舌面性质的音后面变为 iu，这是顺异化。因为 i 也属于舌面音，舌面音声母与舌面的介音 i 相配，因此在异化作用中舍弃了 i 韵尾，保留了 i 介音。这些舌面音对应于中古的知章日影组。音变发生时知章组、日母声母逢支、脂、微这样的三等韵已变为舌面音 ʨ 组声母。影组声母也参与了这

① 也可以理解为韵腹 u 被相同的韵头、韵尾 i 同化，即兼有顺同化、逆同化的双重作用。

② 从文白异读看，蟹止摄今龈前音声母后的韵母 ei 是文读层，例字见前文表 3。又如，孝昌：嘴ʨi^{3}（< ∗ ʦi^{3}）/ʦei3；宿松高岭：嘴ʨi^{3}（< ∗ ʦi^{3}）/ʦei^{3}。

个音变。当时影组的影、云、以三个声母应已合并为一个零声母,而三等字有 i 介音,i 介音与 ȶɕ 组声母同属于舌面音。

图 1 ＊iuei 在舌根音后变为＊uei,即在舌根音与韵尾的双重异化作用下删除介音 i,保留介音 u、韵腹 e、韵尾 i。这里的舌根音包括＊k、＊k^h、＊g、＊ŋ、＊x、＊ɣ,对应于中古的见晓组。这批字在北方官话也多未颚化。刘勋宁(2012)指出,见组合口三等在北方官话(该文指胶辽、东北、北京、冀鲁四个官话二级方言)中一般会颚化,但蟹、止摄合口三、四等见组字不颚化,成为见系演变的例外。这是因为北方官话"偏居一方(北方)",有"打破格局的自由和可能"。同理,黄孝片核心区域与中原地区有大别山脉相隔,这批字的声母也没有受到中原官话颚化的影响。

图 1 的[+舌叶]性质的声母对应于中古庄组,包括＊ʧ、＊$ʧ^h$、＊ʤ、＊ʃ。舌叶辅音拼合舌面元音 i、u 是很自然的,因此庄组拼合＊iuei 对介音位置的 i、u 没有产生异化作用(只是韵腹低化变 a),＊iu 变为 y 后,大部分黄孝片有 y > ɥ 的继续变化,使 yai 变为 ɥai。

五、结　　语

我们比较了江淮官话黄孝片和赣语怀岳片的"支微入鱼"现象。首先,根据现有材料,我们穷尽性地给出了相关例字,指出该现象分布于大半黄孝片点和小部分怀岳片点,其性质是白读层。其二,论证了黄孝片、怀岳片古端系条件下蟹摄合口今读同虞韵不属于"支微入鱼",至少不能用来说明蟹止摄合流过。其三,说明了黄孝片、怀岳片"支微入鱼"现象的演变过程。其四,结合已有研究,说明了黄孝片、怀岳片的"支微入鱼"现象直接来自饶州赣语,其形成年代早于明代初年。

笔者(余鹏 2018)曾说明,黄孝片白读层与赣语怀岳片具有音韵方面的 10 项共同创新,从移民史来看,黄孝片曾为赣语怀岳片的一部,二者又都源出于明代初年饶州府的对外移民。本文从"支微入鱼"的现象为这一论点增添了一个新的证据。关于"支微入鱼"现象,饶州赣语涉及止摄合口三等知章组、日母、见系字,以及蟹摄合口三等的"税"字;黄孝片与怀岳片赣语韵类上都只涉及止摄合口三等字的知、章、影组(黄孝片还涉及一个日母字"蕊"),不涉及见组,也不涉及蟹摄。这也可视为黄孝片与赣语怀岳片的一项共同的音韵创新。

参考文献

安徽省地方志编纂委员会编(1997)《安徽省志·方言志》,北京:方志出版社。
鲍　红(2012)安徽安庆方言同音字汇,《方言》第3期。
北大中文系编,王福堂修订(2003)《汉语方音字汇》第二版,北京:语文出版社。
陈昌仪主编(2005)《江西省方言志》,北京:方志出版社。
陈姗姗(2012)湖北省武穴市花桥话语音研究,南京大学硕士学位论文。
陈淑梅(1989)《湖北英山方言志》,武汉:华中师范大学出版社。
陈章太,李行健(1996)《普通话基础方言基本词汇集》,北京:语文出版社:1030。
程　序(2000)鄱阳方言语音研究,南京大学硕士学位论文。
储泽祥(2009)《岳西方言志》,武汉:华中师范大学出版社。
邓　清(2014)大悟方言语音研究,上海师范大学硕士学位论文。
顾　黔(2001)《通泰方言音韵研究》,南京:南京大学出版社。
——(2016)长江中下游沿岸方言“支微入鱼”的地理分布及成因,《语言研究》第1期。
郭　丽(2006)孝感(花园镇)话音韵研究,陕西师范大学硕士学位论文。
——(2009a)湖北西南官话音韵研究,复旦大学博士学位论文:131-133。
——(2009b)湖北西南官话的特征及其与黄孝方言的关系,《东方语言学》第6期:188-190。
——(2009c)湖北黄孝方言鱼虞韵的历史层次,《语言科学》第6期:661。
——(2009d)也谈黄孝片方言圆唇舌尖化现象的来源,《语言研究》第1期。
——(2012)从蟹止摄合口的历史层次看黄孝方言的性质,载复旦大学汉语言文字学科《语言研究集刊》编委会编,《语言研究集刊》第九辑,上海:上海辞书出版社:48-50。
何　磊(2011)江西乐平方言语音初探,漳州师范学院硕士学位论文。
黄拾全(2011)安徽太湖方言音系,《方言》第1期。
九江县县志编纂委员会办公室(1996)《九江县志》,北京:新华出版社。
——(2010)《九江县志1986—2005》,北京:方志出版社。
乐平县志编纂委员会编,华守煌总纂(1987)《乐平县志》,上海:上海古籍出版社:443。
李江帆(2012)湖北蕲春方言语音研究,华侨大学硕士学位论文。
刘丹青(1997)《南京话音档》,上海:上海教育出版社。
刘纶鑫主编(1999)《客赣方言比较研究》,北京:中国社会科学出版社:136。
刘勋宁(2005)一个中原官话中曾经存在过的语音层次,《语文研究》第1期。
——(2012)“支微入鱼”的地理分布及其成因——兼说古中原官话ü[y]语音层的变异,

《陕西师范大学学报》第1期：88。
卢源斌，史　纪，刘启宇(1985)《广济方言志》，广济：湖北省广济县县志编纂委员会办公室。
吕　延(2004)马庙镇方言调查研究，上海大学硕士学位论文。
潘悟云(2000)《汉语历史音韵学》，上海：上海教育出版社：89-90。
盛银花(2007)《安陆方言研究》，武汉：湖北人民出版社。
孙宜志(2002)安徽宿松方言同音字汇，《方言》第4期。
唐爱华(2005)《宿松方言研究》，北京：文化艺术出版社；北京：中国社会科学出版社。
唐乐燕(2013)安徽潜山梅城方言语音研究，安徽大学硕士学位论文。
汪化云(2000)武汉方言中残存的白读与黄冈方音，《湖北师范学院学报》第3期。
——(2004)《鄂东方言研究》，成都：巴蜀书社：27。
——(2016)《黄孝方言语法研究》，北京：语文出版社：5。
王洪君(2006)层次与演变阶段——苏州话文白异读析层拟测三例，载"中央研究院"语言学研究所，《语言暨语言学》第七卷第一期。
王军虎(2004)晋陕甘方言的"支微入鱼"现象和唐五代西北方音，《中国语文》第3期。
王求是(2014)《孝感方言研究》，武汉：华中师范大学出版社。
王为民(2011)"支微入鱼"的演变模式及其在晋方言中的表现，《语言科学》第6期。
吴　波(2016)江淮官话的分区标准，《南京师范大学文学院学报》第2期。
吴　峤，王志芳，罗庆云，郑梦娟编著(2002)《武汉郊区方言研究》，武汉：武汉出版社。
夏中华(2011)麻城方言调查报告，广西民族大学硕士学位论文。
熊顺喜(2010)新洲方言研究，广西师范大学硕士学位论文。
熊　颖(2012)江淮九江方言音系研究，江西师范大学硕士学位论文。
徐　建(2011)安徽太湖方言语音研究，广西师范大学硕士学位论文：84。
余　鹏(2018)论江淮官话黄孝片与赣语怀岳片的历史关系，《语言科学》第4期。
詹伯慧(1981)《浠水方言纪要》，东京：龙溪书舍。
——，张振兴主编(2017)《汉语方言学大词典》下卷，广州：广东教育出版社。
张光宇(1993)吴闽方言关系试论，《中国语文》第3期：166。
张家异(2012)黄梅小池方言语音研究，漳州师范学院硕士学位论文。
张启焕，陈天福，程　仪(1993)《河南方言研究》，开封：河南大学出版社。
赵元任，丁声树，杨时逢，等(1948)《湖北方言调查报告》，上海：商务印书馆。
郑　伟(2012)"支微入虞"与现代方言，载"中央研究院"语言学研究所，《语言暨语言学》第十三卷第五期。
中国社会科学院语言研究所，中国社会科学院民族学与人类学研究所，香港城市大学语言资讯研究中心(2012)《中国语言地图集 · 汉语方言卷》第2版，北京：商务印书馆：75。

周　杨(2007)黄孝片方言 ɥ 韵系的历史层次及来源,《语言研究》第4期。

——(2008)计算机汉语方言辨识的理论与方法探讨——以黄孝方言为例,华中科技大学博士学位论文：145-151。

Coblin S W.（2005）*Comparative Phonology of the Huáng-Xiào Dialects*. Taipei：Institute of Linguistics，Academia Sinica：58-59。

（518172　广东深圳,香港中文大学(深圳)人文社科学院　marcoyu@ cuhk. edu. cn）

汉语态度语音的韵律、嗓音和调音运动特征*

耿浦洋　顾文涛　曹　文

提要　语音是态度传递的重要媒介之一，态度的表达和感知都与一定的语音特征相关联。文章使用电磁发音仪，从声学和生理角度，考察了汉语在“友好—敌对”和“强势—弱势”表达时，语音产出的韵律（基频、音强、时长）、嗓音和调音运动（舌位前后和高低、嘴唇圆展度和开口度）特征。结果发现，相比友好/弱势，敌对/强势的基频更高、音强更大、时长更短，声带更紧，舌位高低运动范围扩大，嘴唇更突出。这一结果说明，态度的语音表达不仅依靠韵律变化，嗓音和口腔发音器官运动调节也同样重要。文章不仅增进了对态度表达在生理层面上的认识，还为态度语音合成、对外汉语的态度语音教学提供了一定的理论基础。

关键词　态度语音；汉语；韵律；嗓音；调音；电磁发音仪

态度，是指主体对目标客体（如：人物、地点、事物等）的反应性表达，是以某种特定方式行动或反应的心理状态（Gerrig *et al.* 2015；Jung 2016）。比如，一个无赖霸占座位并拒绝离开，人们会对其产生负面态度，进而做出厌恶或制止其行为的举动。

在日常生活中，态度的表达与感知是人际交往的重要环节，有助于个体适应社会、建立良好的人际关系。一般认为，态度的表达与感知有两种媒介：言语行为和非言语行为（如：面部表情、肢体语言等）（Hönemann & Wagner 2017）。其中，前一种媒介也被称为态度语音（attitudinal speech）。对态度语音进行研究，不仅可以使人们了解如何正确地表达态度，还可以为

* 基金项目：本研究得到国家社会科学基金项目（项目编号 13&ZD189），江苏高校哲学社会科学优秀创新团队建设项目（项目编号 2017STD006）以及留学基金委的资助。

态度语音的合成和识别、对外汉语的态度语音教学以及留学生适应中国生活提供一定的帮助。

目前,针对态度语音的研究主要关注两个问题:话者如何使用语音表达态度,以及听者如何通过语音感知态度。本文重点对前一个问题进行研究,从韵律、嗓音和调音角度,探索汉语在态度表达时的语音特征。

一、态度表达的语音特征

在言语交流中,说话者通常通过两种方式传达话语的意义,一是通过文本内容(即语言学信息),二是通过语音声学表达方式(副语言与非语言信息)。值得注意的是,同样的文本内容,用不同的语音特征表现出来,有可能表达截然相反的语用意义。

语音要素可分为两个层次:一个是超音质(或超音段)成分,一个是音质(或音段)成分。超音质成分又称为"韵律特征",包括音高、音强、音长等;音质成分从声源-滤波器模型的角度来看,又可分为嗓音和声腔调音两部分,前者是指声门的活动状态、对应于声源,后者是指决定声腔形状的各发音器官(如:舌、唇、下颚等)的状态、对应于滤波器。对态度语音的研究,可分别从韵律、嗓音、调音这三方面考察。目前,态度语音表达的研究多集中在对韵律特征的分析,对嗓音、调音特征的研究还未得到广泛关注。

1.1 态度表达的韵律特征

韵律特征,是指语音在音高、音强和音长方面的变化。研究认为,特定的韵律特征可以为话语赋予新的含义(如:反讽),而且这可能是人类通过进化得来的表达真实情感的方式(Schul & Lamb,1982)。

有关语音学和心理学的跨学科研究发现,态度确实可以凭借不同韵律特征来编码和传递,具体包括:基频(被感知为音高)的高低和范围;声音能量(或振幅,被感知为音强);时域特征(或语速),包括节奏和停顿(Rilliard *et al*. 2009; Mac *et al*. 2012; Grawunder & Winter 2010)。例如,讽刺态度的语音表达通常伴随基频升高、时长加长的特征(Cheang & Pell 2008);强势(或权威)态度的语音表现为基频降低、音强增大(Rilliard *et al*. 2013);"不自信"的话者表现为基频更高、停顿更多、时长较长、音强更小(Jiang & Pell 2017)。特别是,Ohala(1984,1996)提出"体型编码"(size code)假设,认为人类在侵略性表达(如敌对、强势)时基频变低以传递体型较大的信息,非侵略性表达(如友好、弱势)时基频变高以传递体型较小的信息。

此外,由于态度表达直接受语言、社会文化等因素的影响(Lu *et al.* 2012),一些研究也发现了跨语言的区别。例如:友好(或礼貌)态度,在英语和德语中表现为:基频较高、音强较小、语速较慢的韵律特征(Chen *et al.* 2004a;Mixdorff *et al.* 2015);而韩语则表现为:基频较低、音强较小(Grawunder & Winter 2010)。还有研究从二语学习的角度,进一步探索不同语言态度表达的差异。例如,日本和法国二语学习者对英语的态度语音产出和母语者存在差别,具体表现为,日本学习者在表达"讽刺和轻蔑"时基频和音强高于母语者,而法国学习者在"权威和惊讶"态度下的基频和音强显著高于母语者和日本学习者(Rilliard *et al.* 2017)。

综上所述,研究者对态度语音进行了一些研究,发现话者在态度表达时具有一定韵律特征。然而,相比其他语言的研究,目前对汉语态度表达的韵律研究还较少,需要引起更多的重视。

1.2 态度表达的嗓音特征

对态度语音进行嗓音研究,主要有两种途径:(1)对声学参数的分析:例如,对于汉语、韩语和英语,话者在表达"礼貌"时H1-H2更高(第一第二谐波差值,越高代表越接近气嗓音)、基频抖动更低(jitter,反映声带闭合规律)(Chen *et al.* 2004b;Grawunder & Winter 2010;Caballero *et al.* 2018);话者在自信时的HNR(harmonic-to-noise ratio 信噪比,反映喉头松紧度)更低,而不自信时HNR更高,说明自信时的声带更松弛(Jiang & Pell 2017)。(2)利用生理研究手段(如:喉头仪、X光):Gobl和Chasaide(2003)使用喉头仪对态度语音进行研究,发现"惊讶、热情"态度的声带信号拥有较高的开商值(open quotient values)和较低的喉头倾斜值(glottal skew values),说明这两种态度的嗓音更接近气嗓音。

1.3 态度表达的调音运动特征

Ohala(1984,1996)提出"体型编码"(size code)假设,认为人类在侵略性表达(如敌对、强势)时会突出嘴唇以传递体型较大的信息;非侵略性表达(如友好、弱势)时会微笑(即延展嘴唇)以传递体型较小的信息。但是,针对态度语音的调音运动做定量分析的研究十分有限,只有Erickson等人(2000)发现,"敬佩、怀疑"在英语和日语中舌根位置都有显著的变化,即"敬佩”的舌位压低或后移，“怀疑”的舌根抬高和前移。

此外，Erickson 等人（2016）对汉语情绪语音的研究发现，对于高唤醒度的情绪（如：生气），会出现过度发音（hyper-articulation）现象，即舌位运动范围变大，在声学上表现为元音空间扩大，也就是第一共振峰（主要取决于咽腔大小，与舌位高低直接相关）和第二共振峰（主要取决于口腔大小，与舌位前后、嘴唇圆展直接相关）的变化范围扩大。考虑到敌对/强势与愤怒有一定的相似性（Archer 2009），敌对/强势也可能出现过度发音现象，即舌位前后、高低运动范围会扩大，但是这还缺乏实验验证。

1.4 研究假设

综上所述，由于目前对汉语态度表达的语音研究还较缺乏，本文将从韵律、嗓音和调音这三个维度对汉语态度表达进行研究，利用声学参数分析韵律和嗓音特征，利用生理运动参数分析调音特征。态度选择上，根据 Gu 和 Fujisaki（2013）的定义，选取日常生活中较常见的两组态度：友好—敌对、强势—弱势。每组中的两个态度相互对立，能够更好地对比不同态度表达时的差异。我们使用电磁发音仪（Electro-Magnetic Articulography），采集 33 名汉语母语者在态度表达时的语音和发音器官运动信号，然后对两组态度分别进行组内的韵律和发音特征对比。

根据 1.1 和 1.2 节所述，从以往相关的态度语音研究结果来看，我们对实验有如下预期：

假设 1（H1）：韵律特征，相比友好和弱势，敌对和强势的基频更低、音强更大、时长更短；

H2：发声特征，敌对和强势的声带更紧，友好和弱势的声带更松，更接近气嗓音；

H3：调音特征，以往研究几乎未提到相关的特征。根据 Ohala（1996）提出的假设，人类在侵略性表达时会突出嘴唇、非侵略性表达时会延展嘴唇。Erickson 等人（2016）在类似的研究中提到，发音人在生气时的开口度会增加。因此，我们预期，敌对和强势的嘴唇更突出、开口度增加；友好和弱势的嘴唇更延展、开口度减小。此外，以往研究鲜有报告过类似态度的舌位运动特征，或共振峰变化（受舌位运动影响）。因此，我们先提出一个零假设（null-hypothesis），即两组态度在舌位前后和高低运动上无显著区别。最终，通过研究结果来证明/推翻该零假设。

二、实验方法

2.1 实验被试

本实验共招募33名汉语普通话发音人(15男18女),被试均来自中国北方地区(北京、河北和东北部),普通话标准。招募的男被试平均年龄23岁,平均身高176.7cm(标准差=4.7 cm);女被试平均年龄25岁,平均身高164.7cm(标准差=4.6 cm)。所有被试都是右利手,都没有言语听觉损伤的历史。

2.2 实验材料

本文选择日常生活常见的两组态度进行研究:友好—敌对、强势—弱势,每组由互为对立的两极构成(Gu & Fujisaki 2013)。对于每组态度,设计了12个目标句,每句包含4—16个字,详见附录1。每个目标句在字面上都是中性的,通过不同的语境设置,每句话都可以分别用每组中的两个态度进行表达。

我们使用角色扮演的方式引导被试产出态度语音。对于每个目标句,我们设计了两个对话分别引导每组中的两个态度。每个对话包含4—8个话轮,目标句单独作为最后一个话轮。发音人扮演每个对话中的一个角色产出目标句。

为了尽可能地使发音人沉浸在每个对话中,产出真实、自然的态度语音,我们使用动画的形式呈现每个对话。每个对话有三张卡通图片,每张图片都描绘了相关的场景信息(如:人物、地点等)。此外,第一张图片还提供了其他相关信息(如:人物关系、事件背景等),第二张图片呈现除目标句以外的所有对话,第三张图片呈现目标句。示例参见附录2。

2.3 数据采集

本研究使用NDI Wave电磁发音仪(Electro-Magnetic Articulography,以下简称EMA)进行数据采集。通过EMA系统附带软件Wavefront(v2.0),可以同时采集调音运动轨迹和语音信号。调音数据采样频率200 Hz,语音数据采样频率44 kHz。

调音运动轨迹数据采集,需要将微型传感器粘贴在相应的发音器官上,如图1所示:1个6DOF(degree-of-freedom)传感器粘于发音人额头(REF),6个5DOF传感器分别粘于发音人的舌头(舌尖TT、舌面TB、舌根TD,间隔约15 mm)、双唇(上唇UL、下唇LL)和下齿龈(即下颚JW),所有传感器均位于中矢状面上。在 EMA 磁场产生器制造的磁场内，可以通过监测这些传感器的运动轨迹，采集调音信号。

实验在 Berkeley PhonLab 录音棚内进行，发音人距离电脑屏幕约 50 cm，EMA 磁场产生器位于发音人头部左侧约 20 cm，领夹式话筒（AKG-C417）距离发音人嘴唇约 25 cm。实验材料由 Opensesame 软件（Mathôt *et al*. 2012）呈现，同时该软件可以连接 Wavefront 软件，进行实时的调音和语音数据采集。

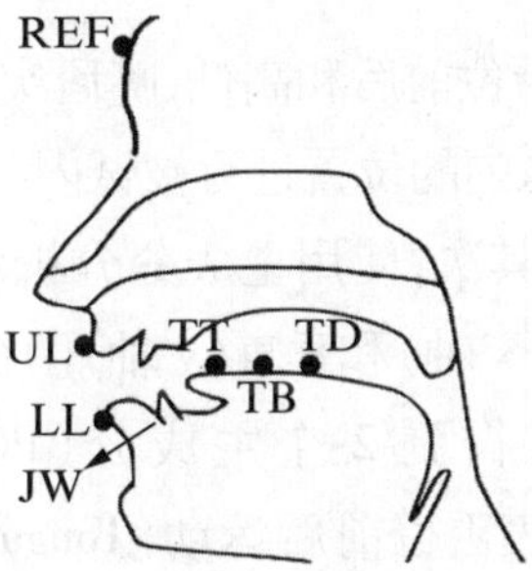

图 1　传感器位置示意图

实验开始前，首先记录发音人的口腔咬合平面，通过咬合蜡板定位发音人的上门牙和左右第二磨牙的中点在中矢状面上的位置，用于数据预处理时建立坐标系。实验开始后，对于每个对话，三张卡通图片按顺序播放，发音人每看完一张后点头示意，主试播放下一张图片。当发音人看完第三张图片，准备好用相应态度产出目标句后，点头示意，主试按录制键采集调音和语音信号。在 16 个练习对话结束后，开展正式数据采集。实验共采集 4（态度）×12（目标句）×33（发音人）=1 584 个目标句。

2.4　数据处理及分析

声学参数的提取使用 Praat 软件（Boersma & Weenink 2016）。首先，使用 Montreal Forced Aligner（McAuliffe *et al*. 2017）对语音信号在字和音位两个层面进行自动标注，然后由一名有丰富语音标注经验的人员在 Praat 软件中进行手动校正，保证语料标注的准确度。基于语音标注，提取每个目标句的韵律特征：基频均值和范围、音强均值和范围、时长。其中，基频的提取使用 Praat 自带的短期自相关算法（short-term autocorrelation algorithm），对每个计算错误（倍频或半频）的音高点进行手动修正。对于嗓音特征，对每个目标句的所有元音段提取 jitter、shimmer 和 H1-H2，并分别将这三个参数进行句内平均，得到每个目标句的平均 jitter、shimmer 和 H1-H2。

调音数据的预处理使用 Python 脚本(Johnson & Sprouse, submitted)。首先,使用 Garcia(2010)提出的 Robust 算法对调音数据进行滤波。其次,为了校正发音人在录音时的头部移动,将位于额头的 6DOF 传感器(REF)作为参考点,计算出其他 6 个 5DOF 传感器的相对位置。最后,结合 REF 位置和实验前记录的发音人口腔咬合平面,建立坐标系,将发音人上门牙位置定义为坐标系原点,发音器官在水平方向的前后运动映射在 x 轴,垂直方向的上下运动映射在 y 轴。

调音特征主要集中在舌位前后和高低、嘴唇突出度和开口度。首先,将预处理后 6 个传感器在坐标系内的位置进行被试内归一化(z-score),消除被试间差异,使数据具有可比性。其次,使用主成分分析法,对舌尖(TT)、舌面(TB)和舌根(TD)三个点在水平(x 轴)和垂直(y 轴)两个方向上的运动进行被试内(within subject)降维处理,得到 2 个主成分(PC1 和 PC2),方差贡献率:88.9%。具体来说,PC1 代表舌位前后运动(Tongue Front-back,简称 TF,代表 TT_x、TB_x、TD_x),PC2 代表舌位高低运动(Tongue High-low, 简称 TH,代表 TT_y、TB_y、TD_y)。表 1 列出了正交旋转后的主成分载荷矩阵及方差贡献率。第三,利用公式(1)和(2)分别计算嘴唇突出度和开口度。最后,在得到舌位前后(TF)、舌位高低(TH)、嘴唇突出度(LP)和开口度(LO)四个特征后,分别对每个目标句的 TF、TH、LP 和 LO 的均值和范围进行计算。

嘴唇突出度(LP) = 下唇 LL(x) - 下齿龈 JW(x)　　(1)

开口度(LO) = 上唇 UL(y) - 下唇 LL(y)　　(2)

表 1　正交旋转后的主成分载荷矩阵及方差贡献率

舌位运动	主成分(PC)	
	1	2
TT_x	**0.973**	0.002
TT_y	0.048	**0.817**
TB_x	0.980	0.081
TB_y	0.004	**0.983**
TD_x	**0.978**	0.101
TD_y	0.114	**0.896**
方差贡献率(%)	50.93	37.94

注:舌尖(TT)、舌面(TB)、舌根(TD),水平运动(x)和垂直运动(y)。

2.5 语料筛选

为保证本文语料的有效性,本研究还进行了感知实验进一步筛选语料。邀请20名汉语(9男11女)母语者进行感知实验,所有被试均为右利手,无听力或言语损伤。感知实验为两选项强制判断任务(2 alternative force task),被试每听完一个目标句后进行判断,提供两个选项:正确态度(即发音人的目标态度)和其组内对应的态度。友好—敌对组总体识别率为70.6%,强势—弱势组总体识别率70.3%。本研究仅对识别率超过75%(1.5×机会水平,本实验机会水平为50%)的语料进行分析,有效语料869句:友好203句,敌对233句,强势207句,弱势226句。

2.6 统计分析

对筛选后语料的(1)韵律特征:基频(均值和范围)、音强(均值和范围)和时长(整句);和(2)发音特征:嗓音参数(jitter、shimmer和H1-H2)的均值、调音特征(舌位前后和高低、嘴唇突出度和开口度)的均值和范围进行统计分析。使用R语言(R Core Team, 2018),分别对每组态度的韵律和发音特征建立线性混合模型(Linear Mixed-effect Model,以下简称LMM)(lme4包, Bates *et al*. 2015; lmerTest包, Kuznetsova *et al*. 2017)。每个模型中①,态度和性别作为固定因子,被试和句子作为随机因素。最后,对模型中的显著效应进行事后检验②(lsmeans包, Lenth 2018)。

三、实验结果

3.1 韵律特征

假设H1对韵律特征进行了预期:敌对/强势的基频更低、音强更大、时长更短,友好/弱势的特征相反。为验证H1,对两组态度的韵律特征分别进行组内对比。结果如下。

3.1.1 基频

两组态度的基频均值和范围如图2所示。LMM统计结果发现,友好—

---

① R命令:model <- lmer (Parameter ~ Attitude * Gender + (1|Speaker) + (1|Sentence), data = data)。

② R命令:事后检验,主效应:emmeans (model, pairwise ~ Attitude, adjust = "tukey");交互效应:emmeans (model, pairwise ~ Attitude|Gender, adjust = "tukey")。

敌对：态度对基频范围有显著主效应，态度×性别对基频均值有显著交互效应［范围：$F(1,423)=89.73$，$p<0.001$；均值：$F(1,409)=15.27$，$p<0.001$］；强势—弱势发现了同样的效应［范围：$F(1,407)=7.78$，$p=0.006$；均值：$F(1,407)=13.37$，$p<0.001$］。

对上述显著效应进行 Tukey-HSD 事后检验：

友好—敌对：1）基频范围，友好小于敌对（$\beta=-3.66$，$SE=0.39$，$t=-9.47$，$p<0.001$）；

2）基频均值，女发音人，两个态度无显著差异；男发音人，友好小于敌对（女性：$\beta=0.05$，$SE=0.19$，$t=0.29$，$p=0.78$；男性：$\beta=-1.22$，$SE=0.22$，$t=-5.58$，$p<0.001$）。

强势—弱势：1）基频范围，强势大于弱势（$\beta=1.11$，$SE=0.4$，$t=2.79$，$p=0.006$）；

2）基频均值，女发音人无显著差异；男发音人，强势大于弱势（女性：$\beta=0.14$，$SE=0.16$，$t=0.85$，$p=0.4$；男性：$\beta=0.81$，$SE=0.19$，$t=4.17$，$p<0.001$）。

上述结果说明，无论敌对或是强势，基频范围都更大，这也与图 2 所示吻合。此外，对基频均值发现性别差异，只有男发音人在敌对/强势 Vs. 友好/弱势表达时存在差异。

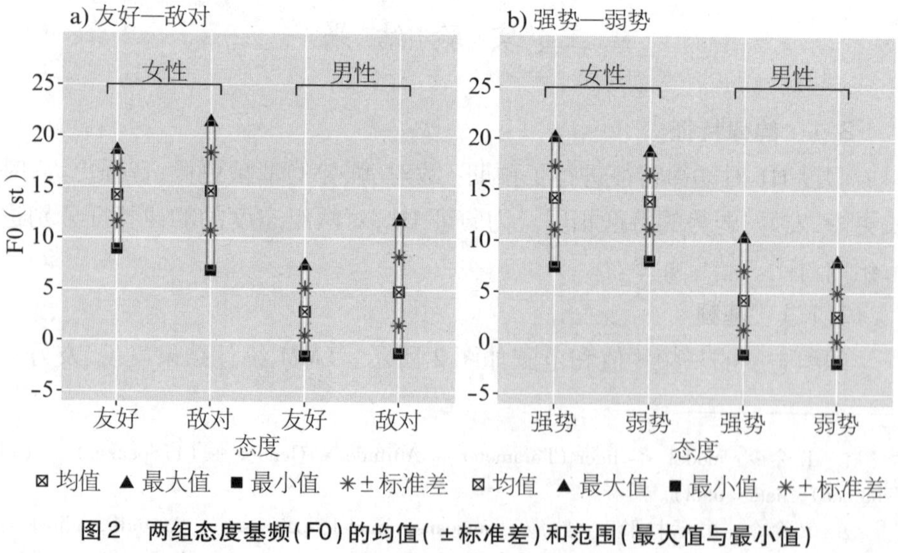

图 2　两组态度基频（F0）的均值（±标准差）和范围（最大值与最小值）

3.1.2 音强

LMM 统计结果发现,友好—敌对：态度对音强均值和范围都有显著主效应[均值：$F(1,409) = 280.58, p < 0.001$;范围：$F(1,415) = 127.99, p < 0.001$];强势—弱势也有同样的发现[均值：$F(1,408) = 350.78, p < 0.001$;范围：$F(1,422) = 93.54, p < 0.001$]。

对上述显著效应进行 Tukey-HSD 事后检验：

友好—敌对：1）音强均值,友好小于敌对($\beta = -4.12, SE = 0.25, t = -16.75, p < 0.001$)；

2）音强范围,友好小于敌对($\beta = -3.66, SE = 0.39, t = -9.47, p < 0.001$)。

强势—弱势：1）音强均值,强势大于弱势($\beta = 4.32, SE = 0.23, t = 18.73, p < 0.001$)；

2）音强范围,强势大于弱势($\beta = 3.84, SE = 0.4, t = 9.67, p < 0.001$)。

上述结果说明,相比友好/弱势,敌对/强势的音强均值和范围都更大。

3.1.3 时长

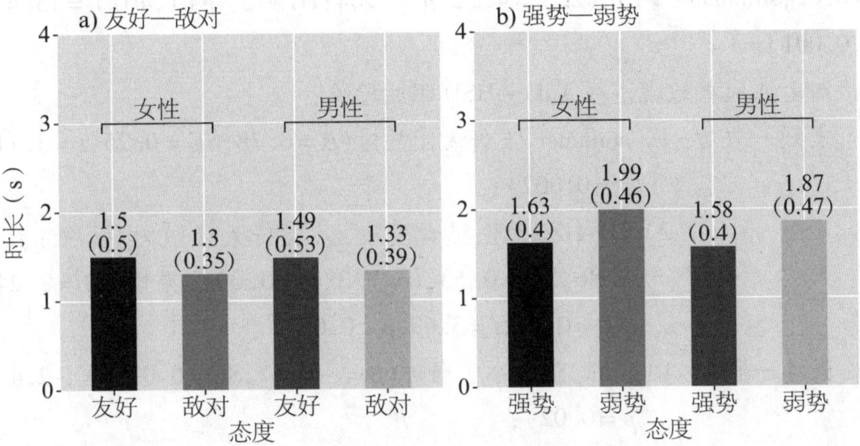

图 3 两组态度时长的均值(标准差)

两组态度的时长均值如图 3 所示。LMM 统计结果发现：

友好—敌对：态度对时长有显著主效应[$F(1,410) = 6.77, p = 0.01$],友好时长长于敌对($\beta = 0.05, SE = 0.02, t = 2.6, p = 0.01$)；

强势—弱势：态度×性别对时长有显著交互效应[$F(1,415)=4.08$, $p=0.04$]，无论男女发音人，强势时长短于弱势(女性：$\beta=-0.35$, $SE=0.03$, $t=-11.97$, $p<0.001$；男性：$\beta=-0.26$, $SE=0.03$, $t=-7.51$, $p<0.001$)。

上述结果说明，相比友好/弱势，敌对/强势的时长更短，语速更快。

本小节对韵律特征的统计结果，一定程度上证明了假设 H1：相比友好/弱势，敌对/强势的音强更强、时长更短。对于基频特征，汉语的表现与预期截然相反，敌对/强势的基频更高、范围更大。此外，基频还存在性别差异，男发音人在敌对/强势时基频升高、友好/弱势时基频降低，而女发音人并无显著差异。这些现象将在第4节进行讨论。

3.2 嗓音特征

发声特征分析选取 jitter、shimmer 和 H1-H2 三个嗓音参数。LMM 统计结果发现，友好—敌对：态度对 shimmer 有显著主效应，态度×性别对 H1-H2 有显著交互效应[shimmer：$F(1,426)=9.69$, $p=0.002$；H1-H2：$F(1,409)=4.28$, $p=0.04$]；强势—弱势：态度对 jitter 有显著主效应，态度×性别对 shimmer 和 H1-H2 有显著交互效应[jitter：$F(1,430)=5.82$, $p=0.02$；shimmer：$F(1,422)=4.22$, $p=0.04$；H1-H2：$F(1,407)=15.41$, $p<0.001$]。

对上述显著效应进行 Tukey-HSD 事后检验：

友好—敌对：1) shimmer，友好大于敌对($\beta=0.78$, $SE=0.25$, $t=3.11$, $p=0.002$)；

2) H1-H2，无论男女发音人，友好大于敌对(女性：$\beta=3.86$, $SE=0.53$, $t=7.3$, $p<0.001$；男性：$\beta=2.24$, $SE=0.61$, $t=3.69$, $p<0.001$)。

强势—弱势：1) jitter，强势小于弱势($\beta=-0.17$, $SE=0.07$, $t=-2.41$, $p=0.02$)；

2) shimmer，女发音人，强势小于弱势；男发音人，两个态度无显著差异(女性：$\beta=-1.4$, $SE=0.33$, $t=-4.23$, $p<0.001$；男性：$\beta=-0.37$, $SE=0.39$, $t=-0.94$, $p=0.35$)；

3) H1-H2，无论男女发音人，强势小于弱势(女性：$\beta=$

-4.55, $SE = 0.39$, $t = -11.66$, $p < 0.001$；男性：$\beta = -2.22$, $SE = 0.46$, $t = -4.82$, $p < 0.001$）。

上述结果说明，相比友好/弱势，敌对/强势的声带更紧（即 H1-H2 更小）。这个结果证明了假设 H2。

3.3 调音运动特征

3.3.1 舌位前后（TF）和高低（TH）

为了表述方便，下面简称舌位前后（Tongue Front-back）为 TF，舌位高低（Tongue High-low）为 TH。

对于 TF，LMM 统计结果发现，友好—敌对：态度对 TF 均值和范围有显著主效应［均值：$F(1,415) = 27.86$, $p < 0.001$；范围：$F(1,409) = 10.75$, $p = 0.001$］；强势—弱势：未发现 TF 的显著差异［均值：$F(1,237) = 2.8$, $p = 0.09$；范围：$F(1,412) = 2.45$, $p = 0.12$］。对友好—敌对的显著效应进行事后检验：TF 均值，友好大于敌对（$\beta = 0.24$, $SE = 0.05$, $t = 5.28$, $p < 0.001$）；TF 范围，友好小于敌对（$\beta = -0.23$, $SE = 0.07$, $t = -3.28$, $p = 0.001$）。

对于 TH，LMM 统计结果发现，友好—敌对：态度×性别对 TH 范围有显著交互效应［$F(1,403) = 4.39$, $p = 0.04$］；强势—弱势：态度对 TH 范围有显著主效应［$F(1,405) = 14.31$, $p < 0.001$］。

对上述显著效应进行事后检验发现：

友好—敌对：TH 范围，无论男女发音人，友好小于敌对（女性：$\beta = -0.17$, $SE = 0.08$, $t = -2.05$, $p = 0.04$；男性：$\beta = -0.43$, $SE = 0.1$, $t = -4.44$, $p < 0.001$）；

强势—弱势：TH 范围，强势大于弱势（$\beta = 0.27$, $SE = 0.07$, $t = 3.78$, $p < 0.001$）。

上述结果说明，相比友好/弱势，敌对/强势的舌位高低运动范围都更大（如图 4 所示）。对于舌位前后运动，只有友好—敌对发现了区别性特征，表现为友好的舌位更靠前、运动范围更小。这些结果与 H3 的预期相反，两组态度在舌位运动上存在显著特征。

3.3.2 嘴唇圆展度（LP）和开口度（LO）

为了表述方便，下面简称嘴唇圆展度（Lip Protrusion）为 LP，开口度（Lip Opening）为 LO。

对于 LP，根据 LMM 统计结果，两组态度都发现了态度对 LP 均值的显著

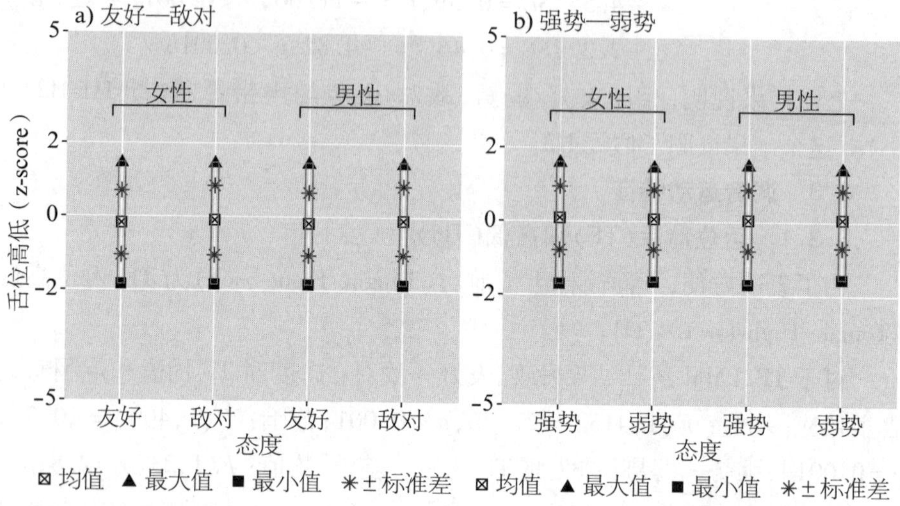

图4　两组态度舌位高低的均值(±标准差)和范围(最大值与最小值)

主效应[友好—敌对: $F(1,367)=28.05, p<0.001$;强势—弱势: $F(1,244)=7.31, p=0.007$]。

对上述显著效应进行事后检验发现:

友好—敌对: LP 均值,友好小于敌对($\beta=-0.34, SE=0.06, t=-5.3, p<0.001$);

强势—弱势: LP 均值,强势大于弱势($\beta=0.16, SE=0.06, t=2.7, p=0.007$)。

对于 LO,LMM 统计结果发现,友好—敌对: 未发现 LO 的显著差异[均值: $F(1,372)=0.36, p=0.85$;范围: $F(1,408)=1.34, p=0.25$];强势—弱势: 态度对 LO 均值和范围有显著主效应[均值: $F(1,363)=6.76, p=0.01$;范围: $F(1,409)=12.93, p<0.001$]。

对强势—弱势的显著效应进行事后检验: LO 均值,强势大于弱势($\beta=0.12, SE=0.05, t=2.6, p=0.01$);LO 范围,强势大于弱势($\beta=0.3, SE=0.08, t=3.6, p<0.001$)。

上述结果说明,相比友好/弱势,敌对/强势的嘴唇更突出(即圆唇),如图5 所示。对于开口度,只有强势—弱势发现了区别性特征,表现为强势开口度和运动范围更大。这个结果和 H3 的预期较为吻合。

综合本小节的结果,发声上,友好/弱势比敌对/强势的声带更松、更接

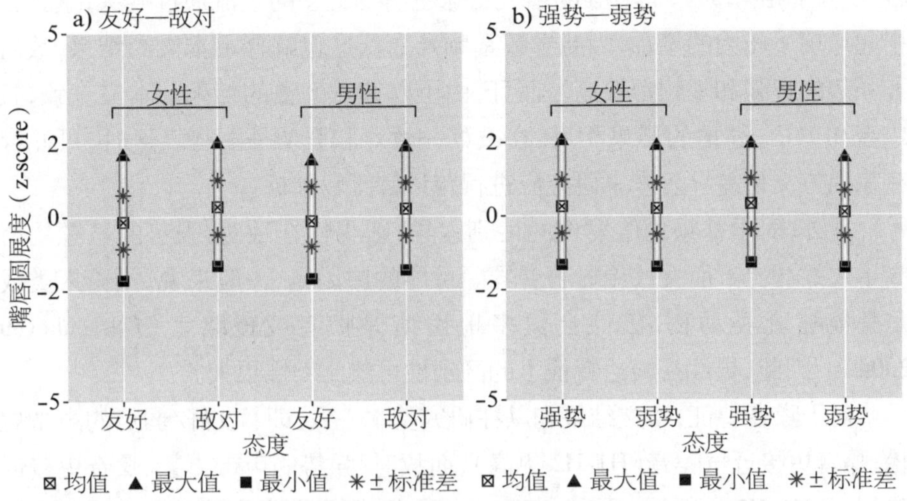

图 5　两组态度嘴唇圆展度的均值（±标准差）和范围（最大值与最小值）

近气嗓音；调音上，相比友好/弱势，敌对/强势的舌位高低运动范围更大、嘴唇更突出。这些结果一定程度上证明了假设 H3。此外，还发现了两组态度在发音策略上的差异：对于 jitter，友好—敌对未发现差异，而强势小于弱势；对于舌位前后，友好比敌对更靠前，强势—弱势未发现差异；对于开口度，友好—敌对未发现差异，强势大于弱势。

四、讨 论 与 总 结

本文考察了汉语在两组态度表达时的韵律和发音特征，结果发现：相比友好/弱势，敌对/强势表达时，发音人基频更高、音强更大、时长更短，声带更紧，舌位高低运动范围扩大，嘴唇更突出。

对于基频特征，汉语表现为：敌对/强势比友好/弱势均值更高、范围更大。这与以往美式英语和德语的研究结果截然相反（Chen *et al*. 2004a；Mixdorff *et al*. 2015），与韩语的结果较为一致（Grawunder & Winter 2010）。根据 Ohala（1984）的假设，人类在侵略性表达时可能普遍具有基频降低的特征。然而，不仅本文和对韩语的研究发现了反例，Rilliard 等（2013）也发现了美式英语的不同结果，即敌对伴随基频升高的现象。那么，是什么原因造成这样的现象？Rilliard 等（2013）认为，敌对态度下人们的说话声音往往会比较大(即音强增大),而音强的增大意味着需要更多的气流通过喉头,这就会引起声门下压力的增加,因此导致基频升高。这也解释了本文的结果,敌对和强势的音强和基频都较高。而且,由于以往对韩语的结果与本文一致,且二者和英语、德语的结果相反,在友好—敌对和强势—弱势表达时,可能存在东西方文化差异。未来研究应进行跨语言比较分析。

此外,对于基频均值发现的性别差异,即男性在敌对/强势的基频均值高于友好/弱势,而女性无显著差异。可能的原因是,一般来说,不论人类或是其他哺乳类动物,雄性会更多地扮演保护者或侵略者(Gussenhoven 2004)。因此,男性在表达特征上的区别性可能比女性更大。

对于嗓音特征,本文结果和以往研究基本一致,即:友好/弱势的声带更松、嗓音更接近气嗓音(H1-H2 更高),而敌对/强势的声带更紧、嗓音更接近嘎裂声(H1-H2 更低)。研究发现,人们更倾向于把携带嘎裂声的语音感知为“权威、男性化”(Yuasa 2010)。此外,友好/弱势的 shimmer 较高,说明其声带振动的不规则性更大,这可能与气嗓音有关。

对于调音特征,相比友好/弱势,敌对/强势的舌位高低运动范围更大、嘴唇更突出。对于嘴唇圆展的特征,本文结果符合 Ohala (1996)的假设,即人类在侵略性表达时会突出嘴唇、非侵略性表达时会微笑(延展嘴唇)。

舌位运动的结果,推翻了本文提出的零假设(H3)。我们发现,态度表达的舌位运动具有一定特征。Erickson 等(2016)对汉语情绪语音的研究发现,对于高唤醒度的情绪(如:生气),会出现过度发音(Hyper-articulation)现象,表现在元音上就是第一共振峰(与舌位高低有关)和第二共振峰(与舌位前后有关)的范围扩大。前人认为,生气和敌对、强势存在相似性(Archer 2009)。因此,这两个态度可能同样会出现过度发音现象。也就是说,敌对和强势的舌位前后、高低运动范围都可能会扩大。对于舌位高低,敌对/强势大于友好/弱势,与第一共振峰表现吻合。然而,对于舌位前后,只有敌对比友好范围大,强势和弱势并无显著差异。那么,为什么强势和弱势未发现舌位前后的差异?其实,不只是舌位前后,嘴唇圆展同样会引起第二共振峰的变化,表现为:圆唇会使第二共振峰降低,展唇会使第二共振峰升高(林焘,王理嘉 1992)。那么,对于第二共振峰的调节,嘴唇圆展可能是必要特征,而舌位前后只是伴随特征。

此外,本研究还有一些地方值得改进。首先,语料在自然度上仍有提高空间。本研究采用卡通图片的呈现方式,尽可能地增加发音人的场景代入感,在语音产出的自然度上距离真实场景下的自发语音仍有差距。未来可尝试对自由对话进行录制,获取更自然的语料。其次,发音器官上粘贴的传感器可能会影响发音人自然发音。为了减小影响,每位发音人在正式数据采集前,需完成16个练习对话来适应传感器。最后,本研究只对识别率超过75%的语音进行分析,未来研究可以对比有效和无效语料的差异,以及进行态度打分的感知实验,进一步探索态度表达的韵律和发音特征,发掘态度表达和感知之间的关系。

附录1:目标句

友好—敌对

1. 这里不能拍照。
2. 我们马上就要关门了。
3. 您能小点儿声吗?
4. 这是我的座位。
5. 我也是头一次。
6. 请各位在报告期间保持安静。
7. 别再这么说了。
8. 别给自己找麻烦。
9. 我这儿没那种材料。
10. 用不着担心我。
11. 你去给我找个袋子。
12. 我知道接下来该怎么做。

强势—弱势

1. 我下个月还会再来一次。
2. 手机不允许带进馆内。
3. 他和这事无关。
4. 我们明天上午就举行新闻发布会。
5. 我们会在周五前做决定。
6. 这儿需要你的签名。
7. 教学计划最晚明天上交。
8. 部里所有人都必须到场。

9. 面试最好安排在周日。

10. 我觉得他不是很合适。

11. 我们明晚就走。

12. 他们应该知道真相。

附录 2：对话示例

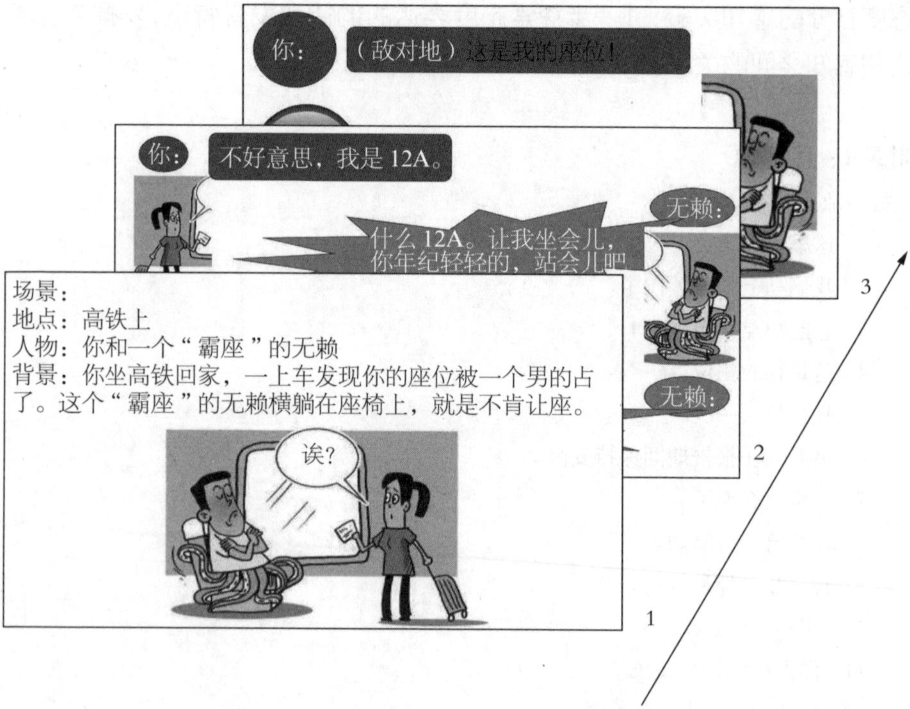

参考文献

林　焘，王理嘉(1992)语音学教程. 北京：北京大学出版社.

Archer J. (2009) The Nature of Human Aggression. *International Journal of Law and Psychiatry*, 32(4): 202-208.

Bates D, Maechler M, Bolker B. *et al.* (2015) *Lme4: Linear mixed-effects Models Using Eigen and S4. R Package*. (Version 1.1-9). Retrieved from https://CRAN.Rproject.org/package = lme4.

Boersma P, Weenink D. (2016) Praat: Doing Phonetics by Computer [Computer Program]

(Version 6.0.45). Retrieved from http://www.praat.org/.

Caballero J A, Vergis N, Jiang X. *et al.* (2018) The Sound of Im/politeness. *Speech Communication* 102: 39-53.

Cheang H S, Pell M D. (2008) The Sound of Sarcasm. *Speech Communication*, *50*(5): 366-381.

Chen A, Gussenhoven C, Rietveld T. (2004a) Language-specificity in the Perception of Paralinguistic Intonational Meaning. *Language and Speech*, *47*(4): 311-349.

Chen F, Li A, Wang H. *et al.* (2004b) Acoustic Analysis of Friendly Speech. *2004 IEEE International Conference on Acoustics, Speech, and Signal Processing*, *1*, I: 569-572. IEEE.

Erickson D, Abramson A, Maekawa K. *et al.* (2000) Articulatory Characteristics of Emotional Utterances in Spoken English. *Sixth International Conference on Spoken Language Processing*, Beijing, China.

——, Zhu C, Kawahara S. *et al.* (2016) Articulation, Acoustics and Perception of Mandarin Chinese Emotional Speech. *Open Linguistics*, *2*(1).

Garcia D. (2010) Robust Smoothing of Gridded Data in One and Higher Dimensions with Missing Values. *Computational Statistics & Data Analysis*, *54*(4): 1167-1178.

Gerrig R J, Zimbardo P G, Campbell A J. *et al.* (2015) *Psychology and Life*. Sydney: Pearson Higher Education AU.

Gobl C, Chasaide A N. (2003) The Role of Voice Quality in Communicating Emotion, Mood and Attitude. *Speech Communication*, *40*(1-2): 189-212.

Grawunder S, Winter B. (2010) Acoustic Correlates of Politeness: Prosodic and Voice Quality Measures in Polite and Informal Speech of Korean and German Speakers. *Speech Prosody 2010*. Chicago, Illinois.

Gu W, Fujisaki H. (2013) Data Acquisition and Prosodic Analysis for Mandarin Attitudinal Speech. *Eastward Flows the Great River: Festschrift in Honor of Prof. William S-Y. Wang's 80th Birthday*, 483-500.

Gussenhoven C. (2004) Paralinguistics: Three Biological Coes. In *Gussenhoven C. (ed.) The Phonology of Tone and Intonation.* Cambridge: Cambridge University Press: 71-96.

Hönemann A, Wagner P. (2017) Facial Activity of Attitudinal Speech in German. In *Proceedings of 24th International Conference on Auditory-Visual Speech Processing (AVSP2017)*: 125-130. Stockholm, Sweden.

Jiang X, Pell M D. (2017) The Sound of Confidence and Doubt. *Speech Communication*, *88*: 106-126.

Johnson K, Sprouse R. (submitted) Head Correction of Point Tracking Data.

Jung C. (2016) *Psychological Types*. London: New York: Routledge.

Kuznetsova A, Brockhoff P B, Christensen R H B. (2017) lmerTest Package: Tests in Linear Mixed Effects Models. *Journal of Statistical Software*, *82*(13).

Lenth R. (2018) Package 'lsmeans.' *The American Statistician*, *34*(4), 216-221.

Lu Y, Aubergé V, Rilliard A. (2012) Do You Hear My Attitude? Prosodic Perception of Social Affects in Mandarin. *Speech Prosody 2012*: 685-688. Shanghai, China.

Mac D. -K, Aubergé V, Castelli E. *et al.* (2012) Local Vs. Global Prosodic Cues: Effect of Tones on Attitudinal Prosody in Cross-perception of Vietnamese by French. *Speech Prosody 2012*: 222-225. Shanghai, China.

Mathôt S, Schreij D, Theeuwes J. (2012) OpenSesame: An Open-source, Graphical Experiment Builder for the Social Sciences. *Behavior Research Methods*, *44* (2): 314-324.

McAuliffe M, Socolof M, Mihuc S. *et al.* (2017) Montreal Forced Aligner [Computer program] (Version 0. 9. 0). Retrieved from http: // montrealcorpustools. github. io/ Montreal-Forced-Aligner/.

Mixdorff H, Hönemann A, Rilliard A. (2015) Acoustic-prosodic Analysis of Attitudinal Expressions in German. *Sixteenth Annual Conference of the International Speech Communication Association*. Presented at the Dresden, Germany.

Ohala J J. (1984) An Ethological Perspective on Common Cross-language Utilization of F_0 of Voice. *Phonetica*, *41*(1): 1-16.

——(1996) Ethological Theory and the Expression of Emotion in the Voice. In *Proceedings of Fourth International Conference on Spoken Language Processing. ICSLP'96*, *3*: 1812-1815. Philadelphia, PA, USA: IEEE.

R Core Team. (2018) *R: A Language and Environment for Statistical Computing*. Retrieved from https: // www. R-project. org/.

Rilliard A, Erickson D, de Moraes J A. *et al.* (2017) Perception of Expressive Prosodic Speech Acts Performed in USA English by L1 and L2 Speakers. *Journal of Speech Sciences*, *6*(1): 27-45.

——, ——, Shochi T. *et al.* (2013) Social Face to Face Communication-American English Attitudinal Prosody. *INTERSPEECH 2013*: 1648-1652. Lyon, France.

Rilliard A, Shochi T, Martin J. -C. *et al.* (2009) Multimodal Indices to Japanese and French Prosodically Expressed Social Affects. *Language and Speech*, *52*(2-3): 223-243.

Schul P L, Lamb C W. (1982) Decoding Nonverbal and Vocal Communications: A Laboratory

Study. *Journal of the Academy of Marketing Science*, *10*(1-2): 154-164.

Yuasa I P. (2010) Creaky Voice: A New Feminine Voice Quality for Young Urban-oriented Upwardly Mobile American Women? *American Speech*, *85*(3): 315-337.

（耿浦洋　210097　江苏，南京师范大学文学院　gengpuyang6@gmail.com;
顾文涛　210097　江苏，南京师范大学文学院　wtgu@njnu.edu.cn;
曹　文　100083　北京，北京语言大学语言科学院　tsao@blcu.edu.cn）

汉语近距离区域方音区分研究中元音与声调功能研究

刘黄梅　梁　洁　Vincent van Heuven

提要　本研究着眼于汉语"近距离区域方音"比较与区分,比较元音和声调在三个近距离区域之间的差异,并通过线性判别模型建模,分析元音和声调相应的声学特征变量在自动区分三个区域中的作用。本实验共涉及元音第一、第二共振峰、声调平均基频、声调时长、声调三个极值点、声调目标相对位置,共九个变量,成功证明汉语近距离区域方音的部分特征变量的声学数据存在显著性差异。而后,本研究采取线性判别分析对现有数据进行建模,得出两个有效区分率高于85%的模型,即"平均基频+声调时长+元音F2"顺位加入模型和"平均基频+声调时长+极值点1基频值"顺位加入模型。线性判别分析模型的成功证明了汉语近距离方音采取数字模型进行区分的可行性,同时也证明了声调的"平均基频""基频时长"和"极值点"声学特征在汉语方音区分中发挥着重要作用。本研究也证实了"三点极值模型"能有效地、维度地测量声调。

关键词　区域方音;元音;声调;线性判别模型;三点极值模型

一、引　　言

区域方言(Regional Dialect),又称为地域方言(李如龙 2001)或方言分支方言,是指同一方言内部不同区片的方言变体。区域方言是社会语言变异的重要来源之一。而区域方音特指该类方言变体中的区域化的语音变体,其通常包含辨别方言者身份的语音特征。几乎任何谈话都难以避免受到区域方音的影响,因为说话人和听话人同时都会受到自身和对方的区域方音的影响。同时,交谈过程中,如果说话人的区域归属不明,听话人常常会依据对方的方音等自动开启对说话人区域归属的评判。此外,人们往往对某特定区域的人存在刻板印象。以上种种都将影响听话人的态度、谈话策略以及语言感知调整策略。因此,区域方音作为人类语言的固有属性,对其进行研究是构建区域方言研究,以及人类语言研究的一个重要组成部分。本研究聚焦于汉语近距离区域方音中元音和声调声学变量的对比和模型自动区分,以此为区域方言理论的构建提供实证证据和方向。

1.1 区域方音研究回顾

拉波夫等(2005)将美国英语划分为北部、南部、东岸、西部、新英格兰和中部英语。该划分同时考虑了历史语言学因素和社会语言学因素,也奠定了诸多美国英语区域方言研究的基础。如 Jacewicz 和 Fox(2013)比较了美国三个区域的区域方音,包括拉罗来纳西北部、俄亥俄州中部和威斯康星南部美国英语,涉及元音声学第一、二共振峰值比较,元音动程比较、元音市场比较、元音动程方向比较,元音轨迹长度比较,以及元音频谱变化速率比较等。Jacewicz 和 Fox(2013)研究发现,美国英语的所有单元音都在以上三个区域呈现出规律性变化。Adank 和 Smits (2004)针对北部和南部荷兰语进行了对比研究,发现两种区域方言的动态频谱特征存在显著差异。以上研究多基于对日耳曼语系语言的研究,故区域方音差异多显现于元音;罗曼语系的区域方音差异则更多有可能存在于辅音之中。在超音段方音特征方面,研究者多注重韵律相关的声学变量在各方音区域之间的区别。Van Heuven 和 Van Leyden (2003)对奥克尼英语和设特兰英语的陈述语调和疑问语调进行了声学对比研究,并使用线性判别分析方法比较元音和韵律在两种英语分类中的作用,研究发现元音和句子韵律峰值位置是判别两种方音的最佳语音音征变量,而前者的判别功能优于后者。Grabe 和 Post(2002)着眼于英国九大区域城市英语方言的语调变异研究,分别涉及贝尔法斯特、都柏林、纽卡斯尔、利兹、布拉德福德、利物浦、剑桥、伦敦和加的夫。其研究发现基频变化速率(F0 change rate)可以将以上九种区域城市英语方言区分开来。随着各项研究的进一步深入,Fox 等(2013)研究了区域对美国英语方音音高变化曲线的影响。该研究分别比较了俄亥俄州中部、威斯康星州中东南部和北卡罗来纳州西部的区域方音中,单音节词基频最大变化速率、基频最大值相对位置、基频最大值和最小值等声学变量。该研究不仅证明了基频变化速率最大变化速率在三个区域分别存在显著差异,而且证明基频变化速率与其对应的元音频谱变化速率存在交互影响。

以上研究均采取非声调语言作为研究对象,研究区域方音区分中元音声学变量和基频声学变量的作用。而汉语作为一种声调语言,声调像音段一样具有区分意义的功能。因而,基于以往研究对区域方音区分的研究,以及汉语与上述语言的类型学差异,本研究将以汉语区域方音为对象,探讨区域方音区分中元音和声调基频变异的作用。

1.2 汉语区域方言

汉语方言之间的差异表现在句法、词汇和语音等多个方面,而最易感知的是语音和词汇的差异。常言道,"某某一开口,我就知道他是哪里人"便是指方音的差异。美国英语区域方音差异较多表现在元音上,较少表现在辅音和词汇上;而汉语方言的区域方音差异可以表现为词汇、辅音、元音以及声调等诸多方面,变化多样。同一方言内部区域方音也存在差异,有的方言内部区域方音差异大;有的方言内部区域方音差异小。一方面,这给汉语方言研究提供了丰富的材料,另一方面也给方音研究带来了诸多困难。因而研究汉语方音差异,需着眼于同一方言内部的区域方音,力求减少词汇差异的影响。本研究基于现有汉语方言文献研究,发现北方汉语方言及江淮官话内部"近距离区域方言"通常具有以下典型特征:1. 词汇统一;2. 辅音差异极小;3. 元音系统一致,但听觉差异明显;4. 声调系统一致,但听觉差异明显。这些特征跟美国英语区域方音特征相近。

本研究选取信阳市光山县内部三个区域方音作为研究对象。信阳位于河南省南部,东接安徽省阜阳市和六安市,南接湖北省黄冈市和孝感市。信阳地区方言属于北方方言的中原官话区片(贺巍 2005;卢甲文 1986;李荣 1989)。据光山县人民政府官网统计,光山县占地面积共 1 835 平方千米,已经超过整个大伦敦城的面积(1 605 平方千米)。本研究在光山县北部区域、东南部区域和西南部区域分别选取一个乡作为本次"近距离区域方音"声学实验测量对象,分别是城关镇、砖桥和南向店。三个地方两两相距各约 29 千米。叶祖贵(2013)对信阳地区十五个区域方言进行过描写语言学研究,包括光山砖桥和北向店两个地方的方言。其中北向店与南向店相邻;吕梅(2014)对光山县城关镇的方言进行了系统的描写。两篇研究同时都使用赵元任先生的五度值对城关镇、北向店和砖桥声调进行了描写(见表 1)。根据文献发现,阴平在南向店呈现出高降调趋势,而在另外两个地方仍为高平调;阳平在南向调表现为高升调,升调变化跨度明显小于另外两个区域的阳平;去声在三个区域均为低降调,但城关镇和南向店去声在升调后半段出现一个延长拖尾(见表1)。另外,根据两篇研究,三个区域的单元音/a/在的发音位置前后存在较为明显的差异。

表1　三个区域声调描写结果对比(叶祖贵 2013;吕梅 2014)

区域	T1	T2	T3	T4
城关镇	44	24	213	311
南向店	54	45	324	311
砖桥	55	35	324	31
北京	55	35	214	51

尽管当地人和描写语言学研究者都感知到光山县三个乡的区域方音在声调和元音上存在差异,即差异分别存在于超音段和音段两个层面。但是到目前还没有相关研究证明声调和元音在方音归属辨别中的各自作用。在其他汉语区域中,也鲜有相关的方音研究。本研究参照 Van Heuven 和 Van Leyden (2003)的研究方法,对三个区域方音的声学变量进行线性判别模型建模,基于此比较了音段声学变量和超音段声学变量在区域方音归属判别中的地位,研究结果为语言变异(language variation)相关理论提供了切实的实验依据。本研究主要有两个部分:第一部分对三个区域方音的四个声调和三个顶点元音进行声学描写和比较;第二部分使用以上设计的全部声学变量构建一个线性交叉判别模型,并最终确认出判别方音归属的最佳声学变量。

二、区域方音声学研究

2.1　研究方法

2.1.1　录音材料、发音人及录音

本研究采取以[p]开头的无韵尾单元音(仅包括[a、i、u]三个顶点元音)音节搭配四个声调为录音材料(见表2)。表2中均按照当地方言发音标注出相应汉字读音。其中由于当地方言缺乏连读变调(叶祖贵 2013),“不”在大多数字组中均读[pū]。另外当地方言中“荸([pú])”与普通话发音([pì])差异较大。

表 2　录音材料

元音	声调			
	T1	T2	T3	T4
[a]	粑[pā]	拔[pá]	靶[pǎ]	霸[pà]
[i]	逼[pī]	鼻[pí]	比[pǐ]	闭[pì]
[u]	不[pū]	荸[pú]	补[pǔ]	布[pù]

本研究在城关镇区域共选了 18 位发音人(9 男 9 女),在南向店区域共选了 17 位发音人(9 男 8 女),在砖桥区域共选了 19 位发音人(10 男 9 女)。发音人年龄为 55 至 66 岁。所有发音人均为当地出生人士,截至现在并未外出长期居住,最长连续外出居住时间不超过 1 个月;同时发音人均无言语和听觉障碍。

录音过程中,录音材料提前发给发音人,要求其熟悉并针对不确定问题进行沟通。其后,发音人进入当地警察局一间隔音效果较好的房间录音时,使用头戴式耳机连接电脑 Praat 软件进行录音。录音过程中,电脑屏幕每次只出现一个目标字,发音人重复 6 遍,且每两遍之间要求间隔至少一个呼吸。Praat 录音软件采取 44 100 赫兹取样率。每个发音人共产出 72 个语音单字材料,其中首位两次不进行分析,故每个发音人采取 48 个语音单字材料。

2.1.2　声学测量

本研究的声学测量和提取工具均使用 Praat 软件。作者手动标记元音段,以第一个完整周期波的结束点为元音起点,以第二共振峰消失的位置为元音终点。该段时长即为元音时长。手动选取元音中点 50 ms 的稳定段均值为元音第一和第二共振峰取值。

本研究提出了“三点极值模型”分别测取声调曲线的三个极值点基频值(如图 1),即极值点 1、极值点 2 和极值点 3。赵元任先生的三点法认为最多使用三个数值即可描述一个声调。依据该方法,当地方言中的阴平和阳平声调均符合“最小-最大-最小(L-H-L)”模型,其中最大值(H)(即极值点 2)通常被认为是声调的目标;而上声和去声则符合“最大-最小-最大(H-L-H)”模型,其中最小值(L)(即极值点 2)通常被认为是声调的目标。本研究通过 Praat 编写脚本,使软件可以按照三点极值模型要求自动提取三个点的基频值。该脚本的运行方法是:先选择是 L-H-L 还是 H-L-H 调型;以“L-H-

L"调型为例,软件将首先识别整个基频曲线的最大值,然后分别在两端识别出两个最低值,左侧最低值处被认为是声调起始位置,右侧为终点位置;同时本实验提出了"目标相对位置"(RTL = relative target location)这一声调声学变量,用以测量声调目标(即极值点 2)在整个声调曲线终的相对位置,计算公式为 RTL = 时长 1(= 极值点 1 至极值点 2 的时长)/声调时长(= 极值点 1 至极值点 3 的时长)(请参照图 1)。该区域方言声调存在"311"调型,而该模型巧妙地解决了声调后半段的"11"部分的取值测量和时长测量问题。

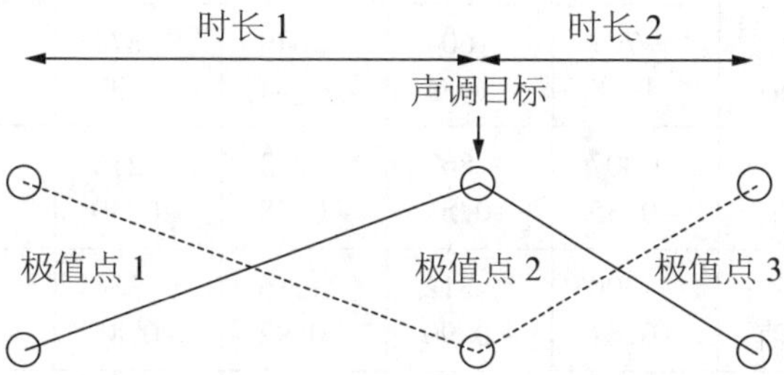

图 1 三点极值模型示意图(实线为 LHL 调型;虚线为 HLH 调型)

2.2 结果

通过对 54 位发音人的数据采集,共获得 2 592 个单音节录音样本。声学数据测量前,作者手动对以上样本进行筛查。因在连续话语中,有意而为的停顿通常超过 100 毫秒。故其中有 20 个错读或间隔短于 100 毫秒的两个录音样本被剔除,并使用该发音人同一个字的语音材料提取的声学数据均值替代。元音共振峰频率参照 Traunmüller's (1987)由赫兹转为巴克,然后在单个发音人内部,使用 Lobanov (1971)提出的归一方法进行归一。而基频值则先采用 50 Hz 作为参照转化为半音,然后在单个发音人内部做归一处理。数据比较及建模等数据处理方法均采用 IBM SPSS 24。

2.2.1 区域元音声学比较

三个顶点元音的共振峰数据 F1(第一共振峰)和 F2(第二共振峰)为区域元音声学比较的对象,其中 F1 对应元音舌位高低,F2 对应元音舌位前后。因而本实验共涉及 6 个元音声学变量(见表 3)。表 3 列明了三个区域男性和女性的三个顶点元音 F1 和 F2 的赫兹值及归一值。可以看出单个区域方音的/a/元音的 F2 存在较大差异。在采取归一后数据的基础上,本研究采取单因素重复测量测量方差分析,针对每个声学变量进行区域比较;录音遍数和声调为个体内部因素,区域为群组间因素;偏埃塔方(Partial eta squared, $p\eta^2$,在附录中列举)作为效应量标准(p 值显著性为小于 0.05);同时结合邦弗朗尼事后检验法(Bonferroni's Post Hoc test)对区域声学量值进行两两对比研究(p 值显著性为小于 0.05)。

表 3　三个区域方音元音共振峰比较

元音	声学变量参数	男			女		
		城关镇	南向店	砖桥	城关镇	南向店	砖桥
a	F1 Hz	709	604	649	874	716	709
	F1 归一值	1.38	1.34	1.34	1.37	1.33	1.36
	F2 Hz	1 007	867	963	1 216	1 031	1 059
	F2 归一值	-0.35	-0.54	-0.48	-0.30	-0.55	-0.40
i	F1 Hz	300	312	316	336	349	380
	F1 归一值	-0.81	-0.90	-0.92	-0.85	-0.94	-0.70
	F2 Hz	2 288	2 201	2 146	2 728	2 724	2 680
	F2 归一值	1.35	1.38	1.37	1.32	1.38	1.36
u	F1 Hz	339	365	382	403	430	385
	F1 归一值	-0.57	-0.44	-0.42	-0.53	-0.39	-0.66
	F2 Hz	701	733	784	810	877	755
	F2 归一值	-1.00	-0.84	-0.90	-1.03	-0.84	-0.96

首先,本研究对归一后同一声学变量的男女值进行比较,所有重复测量比较结果均不显著。因而本研究认为该归一方法针对本实验目的较为成功。其后,比较发现,/a/元音 F2 在三个区域间呈现显著差异,$F(2, 50) = 24.68$ ($p < .001$),且两两比较结果均差异显著,($p <= .005$)。其中南向店/a/最靠后,城关镇/a/最靠前。这一发现支持以往描写语言学研究者的相关结论,同时也提示/a/元音舌位前后或将成为当地方音判别的效能显著变量。另一方面,/a/元音 F1 在三个区域的重复测量比较中也呈现显著性,但在两两比较结果中,城关镇和南向店的/a/元音 F1 差异并不显著($p = .1$)。同时,/i/元音 F2 在三个区域间也呈现出显著性差异,$F(2, 50) = 21.69$ ($p < .001$),但在两两比较结果中,南向店和砖桥两个区域的/i/元音 F2 差异不显著($p = .074$)。而作为前顶点元音,/i/元音 F1 在三个区域并未显现出显

著性差异,$F(2, 50) = 3.33$ ($p = .044$)。后高元音/u/的共振峰数据比较发现其在 F1[$F(2, 50) = 4.11$ ($p = .022$)]和 F2[$F(2, 50) = 24.58$ ($p < .001$)]两个方面均显现出显著性差异。然而,其 F1 数据仅在城关镇和南向店之间存在显著性($p = .038 < .05$);而出乎意料,/u/元音 F2 在三个区域的两两对比中均显现出显著性差异。采取重复测量方差分析,F 值是判断差异显著性的重要因素。而组内差异大则会降低 F 值的效度,故在三个元音 F2 组间比较结果均显著的情况下,本研究同时考察偏埃塔方考察组内差异大小,以判断 F 值效度的大小。结果显示,/a、u/的偏埃塔方(a 男/女: 0.467/0.555; u 男/女: 0.476/0.549)明显大于/i/的偏埃塔方(i 男/女: 0.408/0.471)(见附录 2)。偏埃塔方越大就证明组内差异越小,F 值效度可以解释更多的数据。故,三个元音 F2 在重复测量比较中 F 值虽大小相近,但/i/F2 差异的 F 值效度明显较弱。图 2 采取归一后数值,对三个区域元音做比较。根据三顶点元音散点分布(颜色深度对比)(见图 2 左下),发现三个区域在/a/元音前后的分布差异最为直观和明显;同时,在采取统一刻度的基础上,/a/元音(图 2 右下)和/u/元音(图 2 右上)体现出明显的重心前后分布差异;而/i/元音(图 2 左上)在前后和高低方面则呈现出不同程度的重合。这与重复测量比较结果中/i/元音 F1 无显著性差异,F2 虽存在显著性差异,但两两比较结果中却只有部分显著且 F 值效度有限的结果相符(见附录 2)。图 2 作图工具及变量参考均依据本研究参与者之一的 Heeringa 与其合作者于 2017 年发布的元音作图软件 Visible Vowel (Heeringa & Van de Velde 2017)。

2.2.2 区域声调声学比较

汉语声调研究一直为汉语研究的热点。研究者的主要关注点包括:声调的声学实现(Chen & Gussenhoven 2015; Flemming & Cho 2017; Hu 2016; Jongman *et al*. 2006; Kuang 2013; Xu 2004),协同发音(Fujisaki *et al*. 2005; Zhang & Liu 2011),以及声调与焦点交互研究(Chen & Xu 2006; Hartmann 2008; Ling & Liang 2017; Xu 1999)。以上研究多采用赫兹或半音作为单位研究声调,本研究亦采取半音作为基频取值单位(Nolan 2003),将男女受试分开在三个区域进行比较以规避未对数据进行归一化的影响。表 4 列举了本研究声调研究涉及的相关声学变量及其定义。在男女数据分开比较的基础上,本研究采取单因素重复测量方差分析,针对

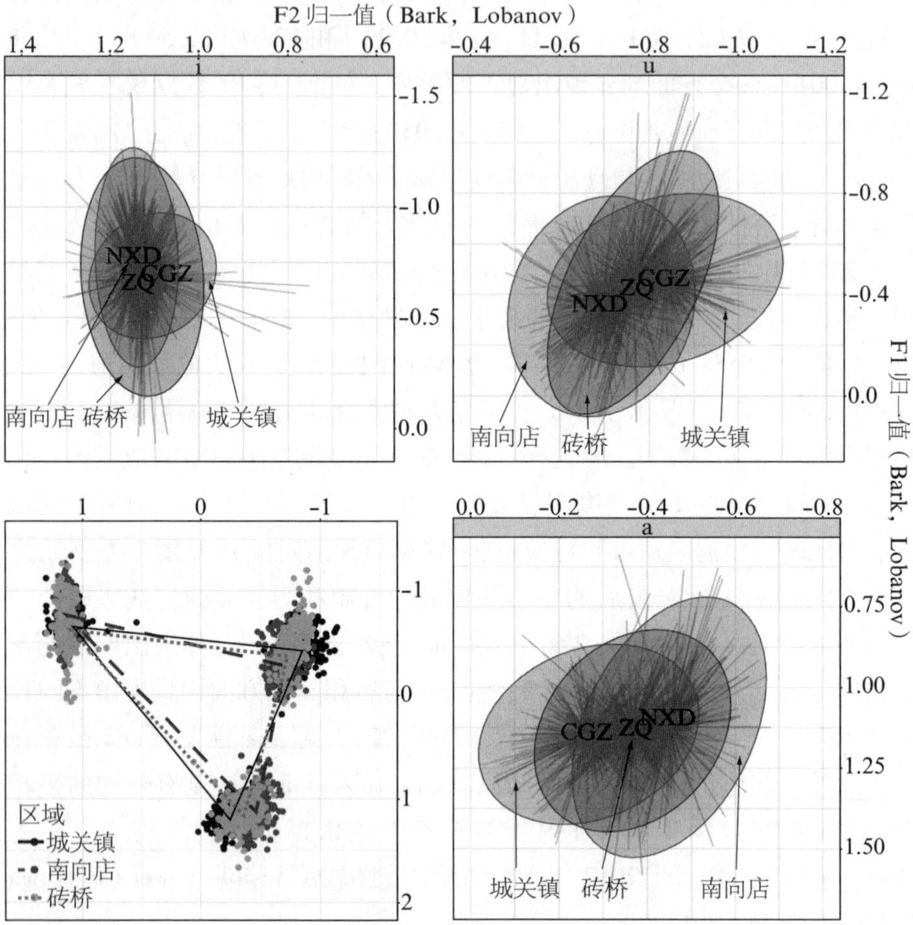

图2　三个区域顶点元音散点分布图

每个声学变量进行区域比较;录音遍数和元音为个体内部因素,区域为群组间因素;偏埃塔方(Partial eta squared, $p\eta^2$,在附录中列举)作为效应量标准(p 值显著性为小于 0.05);同时结合邦弗朗尼事后检验法(Bonferroni's Post Hoc test),对区域声学量值进行两两对比研究(p 值显著性为小于 0.05)。本研究设计的声调声学变量包括(定义请参照图 1):调域、声调基频均值、极值点 1 基频值、极值点 2 基频值、极值点 3 基频值、声调时长、以及目标相对位置。以上基频数值单位均为半音,参照公式为: $12 \times \log2(f0/50)$;时长单位均为毫秒。

表4　声调声学变量均值表(括号中为标准差)(半音,毫秒)

声调声学变量	声调	男			女		
		城关镇	南向店	砖桥	城关镇	南向店	砖桥
基频均值	T1	22.7 (2.69)	19.7 (3.57)	24.0 (3.52)	29.8 (2.75)	27.7 (1.71)	31.4 (2.49)
	T4	18.2 (3.25)	15.8 (3.64)	20.2 (3.53)	26.7 (3.07)	25.1 (2.65)	29.0 (2.96)
极值点1	T4	22.4 (3.74)	19.4 (3.83)	23.9 (3.45)	29.7 (2.00)	26.8 (4.19)	31.3 (4.43)
目标相对位置	T1	0.25 (0.19)	0.17 (0.11)	0.47 (0.21)	0.34 (0.28)	0.18 (0.15)	0.33 (0.19)
	T4	0.94 (0.14)	0.61 (0.13)	0.95 (0.09)	0.99 (0.03)	0.68 (0.17)	0.97 (0.05)

注：本表仅列举重复测量方差比较中区域效应于男女数据中同时显著的声学变量和声调。

经表4列举统计,发现声调差异多易存在于T1和T4,详细比较结果及数据处理参数请参见附录1。首先,调域对比研究结果显示仅T4在男性发音人数据中存在显著差异,而仅T2和T3在女性发音人数据中存在显著差异。但,采取三个区域间事后两两对比检查(post hoc test)却发现男女发音人组的四个声调皆不能满足三对两两比较结果均显著。其次,基频均值作为语调研究必不可少的因素(Gandour & Harshman 1978)在T1和T4两个声调方面显现出男女同时存在区域显著效应的特征,且均值大小序列相同,均为砖桥最大和南向店最小。声调三点极值模型则在基频值和极值点1的重复测量比较中均显现出了显著性差异。其中仅T4的极值点1在男女性别中存在显著性差异。同时,数据显示男女受试内部在三个区域间声调时长在重复测量比较中未能显现出差异同时显著。而目标相对位置(RTL)则在重复测量比较中也具有显著性差异(补充数据)。RTL是极值点2相对于整段声调的位置,是一个相对的归一值。统计结果支持该变量采取的相对取值方法能够有效地归一男女性别差异,即同一变量在男、女受试内部比较结果均表现出同时显著(T1和T4同时显著)或同时不显著(T2和T3同时不显著);而其他变量均存在某一变量在男受试内部显著而女受试内部不显著的情况(或反之亦然的情况)。

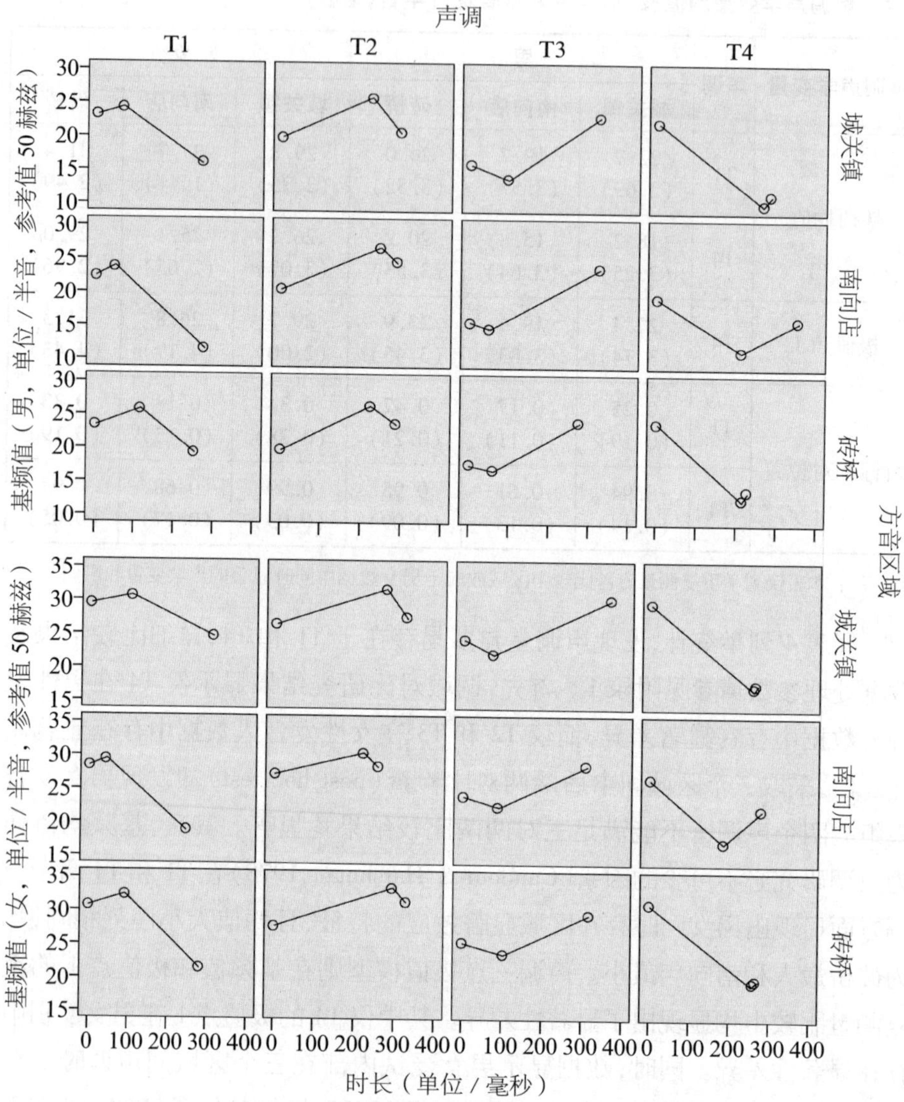

图3　三个区域方音男女声调图(三点极值模型)

图3采用三点极值模型测取的基频和时长均值数据绘制了三个方音区域的男女声调调型图。从图3可以看出：1. 同一区域内部男女调型基本一致;2. T1和T4在三个区域方音中差异最为显著;3. 南向店乡方音中T1和T4与另外两个地方差异显著,其T1的声调1段时长甚至短于44毫秒(男女均值),而时长2段则显现为一个明显的降调调型,而其T4的声调2段则表

现为一个长拖尾(男女时长均值为 117 毫秒)。4. 三点极值模型绘制出男女声调图中的 T1 在三个区域存在明显的区域特征。因为,本研究认为三点极值模型是描述该方言区片的区域方音较为理想的模型。然而,三点极值模型对于描述更大范围内的方音声调差异的效果还需进一步验证,作者将努力在多个大方言区片内对该模型加以测试,以考察其对于汉语区域方音声调描写的优、劣势。

2.2.3 小结

语音声学分析通过比较三个区域方音的顶点元音[a、i、u]以及四个声调的声学变量,发现低元音[a]的第二共振峰、T1(阴平)和 T4(去声)的基频平均值、极值点 1 基频值,以及目标相对位置在统计学中具有显著性差异意义。该发现支持了叶祖贵(2013)的观点:即,该方言区片存在较明显的区域方音差异。但是叶祖贵的结论是基于听感经验,我们的研究则提供了实验语音学的证据。同时,由于以往的描写中并未对区域方音如何彼此差异做出描述,本实验通过声学数据统计,发现了具有代表性的声学参数。在此基础上,本研究在下一章节引入线性判别模型继续探讨声学数据探讨的声学变量能否在数据统计中成功区分三个方音区域。

三、区域方音声学区分的线性判别模型

3.1 方法

线性判别模型(LDA)(Klecka 1980)自提出后被广泛应用于较大规模的数据自动分类筛选。故本章节引入 LDA 模型对声学变量数据进行自动区分,检测这些声学数据能否成功判别单个数据的区域归属,并比较归属区分的成功率。本次线性判别模型分析涉及全部三个顶点元音和四个声调,元音声学变量包括“元音时长”“F1”和“F2”;声调声学变量包括“基频均值”“三个极值点的基频值”“声调时长”和“目标相对位置(RTL)”。同时,单个发音人的单个刺激在四组复读数据内算取均值,使得 LDA 模型的单个元音或声调在单一变量上总保持 54 例个案(54 个发音人)。然后,元音数据在 Bark 的基础上,声调数据在半音的基础上分别使用 z-score 归一后,输入模型,进行判别检验。线性判别模型采取分步检测法,每一步添加一个变量,记录完成判别的步骤数量和最有变量序列。

本线性判别分析共设置四类模型：第一类是“元音 + 声调”，其包含全部元音和声调的全部声学变量；第二类是“元音”，其包含全部元音的全部声学变量；第三类是“声调”，其包含全部声调的全部声学变量；第四类模型仅单个元音或声调的全部声学变量，共有7次判别检验。

3.2 结果

本次线性判别分析共包括9个变量(3个元音变量和6个声调变量)。表5直观列举了每组线性判别分析的有效判别率和判别分析步骤数量。在第一类线性判别分析模型的有效判别率为90.7%，说明在实验涉及的声学变量能够成功区分三个区域。分步判别模型依次加入三个变量，分别是“基频均值”，判别有效率为72.2%；“声调时长”，判别有效率增加到79.8%；“F2”，判别有效性达到90.7%。依据其变量分别加入的步骤，我们也可以称该模型为“基频均值 + 声调时长 + F2”顺位加入模型。第二类“元音”模型判别成功率为63%，约是随机概率的两倍。该模型仅采取“F2”作为全部步骤，排除“元音时长”和“F1”的有效性。但该模型对于砖桥区域数据的判别率仅为42.1%。第三类“声调”模型对变量数据的分类判别也较为成功，有效率为85.2%。其分布判别模型依次加入的三个变量中前两项与第一类线性判别模型相同；第三步加入的变量是“极值点1基频值”。第四类模型针对单一元音或单一声调进行判别，其结果只有T2(阳平调)对三个区域实现成功判别，有效判别率均高于70%(高于随机概率的两倍)，三个步骤依次为“平均基频”“声调时长”和“目标相对位置(RTL)”；其他元音或声调对个别区域的判别有效率均出现接近随机概率的情况，属于无效判别，如T4(去声调)判别模型总体有效率为70.4%，然而其对城关镇区域数据归属判别率仅有50.0%。声调T3构建判别模型无效，这表示T3“基频均值”“三个极值点的基频值”“声调时长”和“目标相对位置(RTL)”这四类参数均未能实现数据判别在某一区域超过33.33%。在区域声调声学比较的重复测量分析中，T3均未出现男女两个群组同时显著的情况(见附录1)，这与T3-线性判别模型无效的结果相符，即三个区域发音人的T3在区域内个体差异较大，且区域间不显示以区域为单位的群组差异，这两项特征共同导致声调T3的判别模型失败。

表 5　四种线性判别分析有效判别率和判别步骤

判别组	有效判别率（%）				判别步骤
	城关镇	南向店	砖桥	总体	
元音 + 声调	88.9	94.1	89.5	90.7	3
元音	72.2	76.5	42.1	63.0	1
声调	72.2	94.1	89.5	85.2	3
[a]	72.2	76.5	36.8	61.1	1
[i]	66.7	76.5	42.1	61.1	1
[u]	72.2	76.5	42.1	63.0	1
T1	55.6	100	52.6	68.5	2
T2	72.2	82.4	84.2	79.6	3
T3	失败	失败	失败	失败	失败
T4	50.0	94.1	68.4	70.4	2

四种类型的线性判别结果证明：依据“近距离区域方言”声学数据判断所属区域具有可行性。此外，“基频均值”和“声调时长”在区域方音判别中有重要作用，在仅采取其作为预测变量的模型中，区域方音判别成功率可以达到79.8%。而“元音时长”在本判别模型中无法区分区域方音，与“声调时长”的突出作用形成对比，也证明在无韵尾音节语音实验中需要将“元音段时长”和“声调时长”加以区分，而本实验提出的“三点极值模型”则可以为“声调时长”的测定提供一种有效方法。同时，声调类线性判别模型的成功还证实了“极值点1”和“RTL”作为区分近距离方音依据的地位，也为本实验提出的“三点极值模型”的合理性和可行性提供了实验依据。

本文所选择的分步线性判别模型（step-wise LDA）依据其线性特点，对较大规模数据进行自动分类时会依次从最有效的分类参数开始，逐步添加参数，直至添加新参数不能有效改善整体分类结果，通常以优化率低于5%为结束标准。（Klecka 1980）所以有效判别结果必然与系统采取的判别步骤成正比。但模型更重要的意义体现在三个方面：1. 无论步骤多少，模型证明目前设置的声学参数足以高度成功判别三个区域的发音人归属（最高判别率90.7%）；2. 通过对全部参数和部分参数的有效率对比可以看出个别参数之间的效度大小。如“元音 + 声调模型”较“声调模型”多三个“元音”参数,但前者将后者中的第三步骤参数“极值点 1 基频值”更换为“元音”类中的“F2”参数,并将模型成功效率提高 5.5%。效果较为显著,由此建议元音参数的加入对模型优化具有显著作用;3. 判别有效率比较结果为更大的智能模型采取哪一类参数作为模型因子提供依据。如:“元音”和“声调”两个模型对比,虽然声调模型需要三个步骤方能构建最有效模型,但单一采取“基频均值”的判别有效率为 72.2%,而单一采取元音“F2”的判别有效率为 63%。故,在本模型与实践结合形成更大规模的智能模型时,亦建议优先考虑“声调”类参数。

四、结　　论

本研究着眼于汉语“近距离区域方音”比较与区分,比较元音和声调在三个近距离区域之间的差异,并通过线性判别模型建模分析元音和声调相应的声学特征变量在自动区分三个区域中的作用。本实验共涉及元音第一、第二共振峰、元音时长、声调平均基频、声调时长、声调三个极值点、声调目标相对位置,共九个变量。分别采取三个顶点元音和四个声调的数据,进行重复测量方差比较,结果如下:三个顶点元音中,[a]元音的第二共振峰,[u]元音的第一和第二共振峰在三个区域间均存在显著性差异;四个声调中,T1(阴平调)和 T4(去声调)的基频均值和目标相对位置(RTL),以及 T4(去声调)的极值点 1 基频值在三个区域间均存在显著性差异。由此证明汉语近距离区域方音的部分特征变量的声学数据存在显著性差异。而后,本研究采取线性判别分析对现有数据进行建模,得出对现有三个近距离区域两个有效区分率高于 85% 的模型,即“平均基频 + 声调时长 + 元音 F2”顺位加入模型和“平均基频 + 声调时长 + 极值点 1 基频值”顺位加入模型。线性判别分析模型的成功证明了汉语近距离方音采取数字模型进行区分的可行性,同时也证明了声调作为超音段特征,在汉语方音辨别中有重要作用。本实验发现声调在近距离方音判别中发挥主要作用的语音特征变量是“平均基频”。这与 Gandour 和 Harshman(1978)在跨语言声调感知研究中发现一致。Gandour 和 Harshman(1978)通过实验发现影响泰语、约鲁巴语和美国英语为母语的受试对声调差异识别的声学变量中具有显著性意义的为平均基频、基频方向、基频时长、末尾极值点和基频变化斜率;而其中最终要的是平均基频。即尽管本研究与 Gandour 和 Harshman(1978)的研究目的并不相同,但是同时都证明了在跨语言比较中“平均基频”“基频时长”和“极值点”均承担重要角色。故,本研究推论认为: 正是因为“平均基频”和“基频时长”作为所有基频曲线均具有的特征和最宜感知的特征,可能成为汉语近距离方言相互区分的重要手段,是区域方音发音人体现自身方音归属的重要手段。而本研究仅选取了北方官话四个声调区域的近距离区域方音进行比较研究。故本研究的推论以及应用仍需扩展方音区域对象,并在更多其他声调系统类型的方音中进一步进行验证。

本研究构建“三点极值模型”分别设立“声调时长”,即“三点极值模型”中起点和终点见时长、“基频极值点(三个点)”、“目标相对位置”等量化参数。这些参数在线性判别模型中均对模型有效率有显著提升。需要指出,本研究并未专注于“三点极值模型”和其他声调测量模型之间的比较;同时仅选取了北方官话四个声调区域的近距离区域方音进行比较研究,并未涉及更少声调或更多声调的其他方言的近距离区域方音。在下一步的研究中,作者将以目前区域方音系统为对象,专门比较“三点极值模型”和其他声调测量模型之间各自的特点,和进一步深入探讨近距离区域方音中的时长因素区域间的变异及其意义,并扩展方音区域对象,在其他声调系统类型的方音中进一步验证本实验的推论以及“三点极值模型”的合理性,以促进更多的研究者关注和讨论“三点极值模型”。

附录 1: 三个区域之元音重复测量方差分析结果

参数	声调	性别	Df2	F	p	$p\eta^2$	城关镇	南向店	砖桥
基频域	T1	Male	2,25	2.55	0.098	0.17	8.34[a]	11.73[a]	7.83[a]
		Female	2,23	3.27	0.056	0.221	6.40[a]	10.82[a]	10.80[a]
	T2	Male	2,25	2.71	0.086	0.178	8.43[a]	6.46[a]	7.13[a]
		Female	2,23	7.03	0.004*	0.379	7.33[a]	3.84[b]	6.31[a]
	T3	Male	2,25	2.90	0.074	0.188	9.45[a]	9.07[a]	7.49[b]
		Female	2,23	6.23	0.007*	0.352	8.37[a]	5.88[b]	5.58[b]
	T4	Male	2,25	11.39	<0.001*	0.477	13.06[a]	7.78[b]	11.46[a]
		Female	2,23	0.84	0.444	0.068	12.58[a]	1.15[a]	11.60[a]

(续表)

参数	声调	性别	Df2	F	p	$p\eta^2$	城关镇	南向店	砖桥
基频均值	T1	Male	2,25	4.40	0.023*	0.260	22.71^{a}	19.71^{ab}	24.02^{ac}
		Female	2,23	8.88	0.001*	0.436	29.78^{a}	27.67^{ab}	31.43^{ac}
	T2	Male	2,25	0.18	0.836	0.014	22.82^{a}	23.26^{a}	23.74^{a}
		Female	2,23	3.81	0.037*	0.249	29.27^{a}	29.33^{a}	31.31^{a}
	T3	Male	2,25	1.05	0.364	0.078	17.46^{a}	18.07^{a}	19.53^{a}
		Female	2,23	3.27	0.056	0.221	25.50^{a}	25.95^{a}	28.02^{a}
	T4	Male	2,25	5.01	0.015*	0.286	18.22^{a}	15.82^{ab}	20.21^{ac}
		Female	2,23	4.84	0.018*	0.296	26.68^{a}	25.08^{ab}	29.03^{ac}
第一极值点基频值	T1	Male	2,25	0.32	0.727	0.027	23.28^{a}	22.4^{a}	23.45^{a}
		Female	2,23	1.01	0.378	0.075	29.50^{a}	28.49^{a}	30.75^{a}
	T2	Male	2,25	0.15	0.863	0.013	19.94^{a}	20.59^{a}	19.86^{a}
		Female	2,23	0.43	0.657	0.033	26.50^{a}	27.34^{a}	27.76^{a}
	T3	Male	2,25	1.48	0.249	0.114	16.06^{a}	15.60^{a}	17.75^{a}
		Female	2,23	0.34	0.712	0.027	24.26^{a}	24.05^{a}	25.43^{a}
	T4	Male	2,25	3.86	0.036*	0.251	22.35^{a}	19.39^{ab}	23.94^{ac}
		Female	2,23	3.64	0.041*	0.226	29.74^{a}	26.76^{ab}	31.26^{ac}
第二极值点基频值	T1	Male	2,25	0.89	0.426	0.071	24.32^{a}	23.79^{a}	25.83^{a}
		Female	2,23	1.69	0.205	0.119	30.67^{a}	29.41^{a}	32.42^{a}
	T2	Male	2,25	0.15	0.861	0.013	25.85^{a}	26.75^{a}	26.37^{a}
		Female	2,23	4.07	0.030*	0.245	31.77^{a}	30.45^{ab}	33.54^{ac}
	T3	Male	2,25	2.89	0.076	0.201	13.9^{a}	14.713^{a}	16.895^{a}
		Female	2,23	0.44	0.652	0.034	22.11^{a}	22.49^{a}	23.70^{a}
	T4	Male	2,25	1.92	0.17	0.143	10.21^{a}	11.49^{a}	12.69^{a}
		Female	2,23	0.93	0.408	0.069	17.27^{a}	17.26^{a}	19.62^{a}
第三极值点基频值	T1	Male	2,25	6.70	0.005*	0.368	16.23^{a}	11.62^{ab}	19.33^{ac}
		Female	2,23	2.61	0.094	0.172	24.70^{a}	18.93^{a}	21.49^{a}
	T2	Male	2,25	1.82	0.184	0.137	20.75^{a}	24.68^{a}	23.73^{a}
		Female	2,23	4.16	0.028*	0.249	27.57^{a}	28.49^{ac}	31.45^{bc}
	T3	Male	2,25	0.16	0.85	0.014	23.14^{a}	23.83^{a}	24.11^{a}
		Female	2,23	0.54	0.591	0.041	30.32^{a}	28.70^{a}	29.61^{a}
	T4	Male	2,25	5.52	0.011*	0.324	11.64^{ab}	16.09^{ac}	13.96^{a}
		Female	2,23	3.08	0.064	0.197	17.72^{a}	22.21^{a}	20.00^{a}

（续表）

参数	声调	性别	Df2	F	p	pη²	城关镇	南向店	砖桥
声调时长	T1	Male	2,25	0.49	0.619	0.041	267.27[a]	272.73[a]	250.25[a]
		Female	2,23	1.37	0.272	0.099	27.96[a]	27.96[a]	26.53[a]
	T2	Male	2,25	0.08	0.92	0.007	293.74[a]	286.92[a]	285.88[a]
		Female	2,23	2.47	0.105	0.165	324.00[a]	256.50[a]	328.31[a]
	T3	Male	2,25	5.86	0.009*	0.338	321.57[a]	323.03[a]	273.38[b]
		Female	2,23	1.42	0.260	0.102	365.37[a]	306.78[a]	316.81[a]
	T4	Male	2,25	12.49	<0.001*	0.521	280.28[a]	351.15[b]	227.18[a]
		Female	2,23	0.14	0.867	0.011	259.94[a]	277.14[a]	264.78[a]
目标相对位置	T1	Male	2,25	5.45	0.011*	0.303	0.34[a]	0.18[b]	0.33[a]
		Female	2,23	17.25	<0.001*	0.6	0.25[a]	0.17[a]	0.47[b]
	T2	Male	2,25	1.67	0.209	0.118	0.84[a]	0.86[a]	0.89[a]
		Female	2,23	1.11	0.348	0.088	0.77[a]	0.85[a]	0.79[a]
	T3	Male	2,25	3.61	0.060	0.27	0.25[a]	0.28[a]	0.3[a]
		Female	2,23	6.79	0.005*	0.371	0.29[a]	0.15[b]	0.22[a]
	T4	Male	2,25	67.18	<0.001*	0.843	0.99[a]	0.68[b]	0.97[a]
		Female	2,23	90.50	<0.001*	0.887	0.94[a]	0.61[b]	0.95[a]

注：

1. 本表倒数三列为该参数在各区域中的均值。

2. 本表倒数三列上标标注两两比较结果差异是否显著，以最后一行倒数三列数据为例：0.94[a]、0.61[b]、0.95[a]表示“南向店”与其他两个区域两两比较结果差异显著，而其他两个区域间差异不显著。

附录2：三个区域之元音重复测量方差分析结果

参数	元音	性别	Df2	F	p	pη²	城关镇	南向店	砖桥
高度	/a/	男	2,25	4.47	0.022*	0.263	1.38[a]	1.34[b]	1.34[b]
		女	2,23	4.30	0.026*	0.273	1.37[a]	1.33[b]	1.36[b]
	/i/	男	2,25	4.95	0.015*	0.284	-0.81[a]	-0.90[ac]	-0.92[bc]
		女	2,23	7.23	0.004*	0.386	-0.85[a]	-0.94[ab]	-0.70[ac]
	/u/	男	2,25	5.11	0.014*	0.290	-0.57[a]	-0.44[ac]	-0.42[bc]
		女	2,23	7.25	0.004*	0.387	-0.53[a]	-0.39[ab]	-0.66[ac]

(续表)

参数	元音	性别	Df2	F	p	$p\eta^2$	城关镇	南向店	砖桥
前后	/a/	男	2,25	10.97	<0.001 *	0.467	−0.35[a]	−0.54[b]	−0.48[b]
		女	2,23	14.34	<0.001 *	0.555	−0.30[a]	−0.55[b]	−0.40[c]
	/i/	男	2,25	8.62	0.001 *	0.408	1.34[a]	1.38[b]	1.37[b]
		女	2,23	13.58	<0.001 *	0.471	1.32[a]	1.38[b]	1.35[b]
	/u/	男	2,25	11.33	<0.001 *	0.476	−1.00[a]	−0.84[b]	−0.89[b]
		女	2,23	13.99	<0.001 *	0.549	−1.02[a]	−0.84[b]	−0.96[a]

注：本表注参照附录一表格注。

参考文献

贺　巍(2005)中原官话分区,《方言》第2期：136-140。

李　荣(1989)汉语方言的分区,《方言》第4期：241-259。

李如龙(2001)《汉语方言学》,上海：高等教育出版社。

卢甲文(1986)现代汉语方言分区的问题,《中州学刊》第4期：85-89。

吕　梅(2014)光山方言语音研究,山西师范大学硕士学位论文。

叶祖贵(2013)信阳地区方言语音研究,陕西师范大学博士学位论文。

Adank P, Smits R, Van Hout R. (2004) A Comparison of Vowel Normalization Procedures for Language Variation Research. *The Journal of the Acoustical Society of America*, *116*(5): 3099-3107.

Chen Y, Xu Y. (2006) Production of Weak Elements in Speech-Evidence from F0 Patterns of Neutral Tone in Standard Chinese. *Phonetica*, *63*(1): 47-75.

——, Gussenhoven C. (2015) Shanghai Chinese. *Journal of the International Phonetic Association*, *45*(3): 321-337.

Flemming E, Cho H. (2017) The Phonetic Specification of Contour Tones: Evidence from the Mandarin Rising Tone. *Phonology*, *34*(1): 1-40.

Fox R A, Jacewicz E, Hart J. (2013) Pitch Pattern Variations in Three Regional Varieties of American English. *Proceeding of TNRERSPEECH 2013*: 123-127.

Fujisaki H, Wang C, Ohno S. *et al*. (2005) Analysis and Synthesis of Fundamental Frequency Contours of Standard Chinese Using the Command-response Model. *Speech Communication*, *47*(1-2): 59-70.

Gandour J, Harshman R. (1978) Cro Language Differences in Tone Perception: A Multidimensional Scaling Investigation Language and Speech 21: 1-33.

Grabe E, Post B. (2002) Intonational Variation in the British Isles. In *Proceeding of 2002 International Conference on Speech Prosody*. Aix-en-Provence, France.

Hartmann K. (2008) Focus and Emphasis in Tone and Intonational Languages. In Steube A. (ed.) *The Discourse Potential of Underspecified Structures*. Berlin: Walter de Gruyter: 389-411.

Heeringa W, Van de Velde H. (2017) Visible Vowels: A Tool for the Visualization of Vowel Variation. *Proc. Proceeding of INTERSPEECH 2017*: 123-127.

Hu F. (2016) Tones Are Not Abstract Autosegmentals. *Proceeding of Speech Prosody 2016*, 302-306.

Jacewicz E, Fox R A. (2013) Cross-Dialectal Differences in Dynamic Formant Patterns in American English Vowels. In Morrison G., Assmann P. (eds.) *Vowel Inherent Spectral Change. Modern Acoustics and Signal Processing*. Berlin, Heidelberg: Springer.

Jongman A, Wang Y, Moore C B. *et al.* (2006) *Perception and Production of Mandarin Chinese Tones* In Li P, Bates E, Tan L H. *et al.* (eds.) The Handbook of East Asian Psycholinguistics. Cambridge: Cambridge University Press: 209-217.

Klecka W R. (1980) *Discriminant Analysis* (*Quantitative Applications in the Social Sciences*). Beverley Hill and London: Sage Publication.

Kuang J. (2013) The Tonal Space of Contrastive Five Level Tones. *Phonetica*, *70*(1-2): 1-23.

Labov W, Ash S, Boberg C. (2005) *The Atlas of North American English: Phonetics, Phonology and Sound Change*. Berlin: Walter de Gruyter.

Ling B, Liang J. (2017) Focus Encoding and Prosodic Structure in Shanghai Chinese. *The Journal of the Acoustical Society of America*, *141*(6): 610-616.

Lobanov B M. (1971) Classification of Russian Vowels Spoken by Different Speakers. *The Journal of the Acoustical Society of America 49*: 606-608.

Nolan F. (2003) Intonational Equivalence: An Experimental Evaluation of Pitch Scales. *Proceedings of the 15th International Congress of Phonetic Sciences*, *Barcelona*, Spain.

Traunmüller H. (1987) Some Aspects of the Sound of Speech Sounds. In Schouten M E H. (ed.) *The Psychophysics of Speech Perception. NATO ASI Series 39*. Dordrecht: Springer.

Van Heuven V J, van Leyden K. (2003) A Contrastive Acoustical Investigation of Orkney and Shetland Intonation. In Sole M J, Recasens D, Romero J. (eds.) *Proceedings of the 15th International Congress of Phonetic Sciences*. Barcelona, Spain.

Xu Y. (1999) Effects of Tone and Focus on the Formation and alignment of f0contours. *Journal of Phonetics*, *27*(1): 55-105.

——(2004) Understanding Tone from the Perspective of Production and Perception. *Language and Linguistics*, *5*(4): 757-797.

Zhang J, Liu J. (2011) Tone Sandhi and Tonal Coarticulation in Tianjin Chinese. *Phonetica*, *68*(3): 161-191.

(刘黄梅 200093 上海,上海理工大学外语学院 lauraliu4321@163.com)

上古汉语中“酒”的词族*

毕谦琦

提要 上古汉语中和“酒”有关的词非常丰富,文章采用“语义场-词族-词”的“三级比较法”将这些词归为几个词族。词族内部的成员有相同的词根,同根词之间有密切的音义联系。

关键词 酒;同根词;上古汉语;汉借词

一、引　言

酒在上古是一种重要的食物,除了作为饮料,还在先民的宗教、文化和政治生活中扮演着特殊的角色。上古汉语中和酒有关的词非常丰富,本文从词族角度入手,整理归纳上古汉语中和酒有关的词,并和少数民族语言中表示酒的词汇进行比较,希望能够梳理清楚这些词语的词族归派,为语言学、历史学和民俗学学界提供参考。

汉字不直接表音,由于音义变迁,后世的人们不容易看出不同上古汉语各词语之间的音义关系。如果我们摆脱汉字字形的束缚,直接从上古音入手来观察,就会发现这些汉字所代表的词语呈现出一组组有音义关系的聚合,这就是词族。中国古代语言学中的“声训”“右文说”,其实就已经注意到了上古汉语词汇“聚族而居”的这一特点,但是由于古代学者不具备上古音知识,同时在归纳时随意、牵强的现象比较突出,为后来的学者所诟病。现在随着上古音研究和古文字研究的进展,我们可以在一个坚实的基础之上来开展这项工作。

王力先生的“同源字论”在这一方面做出了开创性的研究,其成果体现

* 本文受国家社科基金一般项目(项目编号 17BYY217)资助。《语言研究集刊》匿名审稿专家对本文提出了宝贵修改意见,在此谨表谢忱。

在《同源字典》一书中。黄树先(2007,2010)以核心词研究为中心,采用"语义场-词族-词"的"三级比较法"来做汉语的词族研究,其成果反映在一列汉语核心词研究论文中。黄树先提出,在收集材料时,"经之以声,纬之以义",注重语义,辅之以声,这样就可以把材料收集齐全。在整理材料时,"经之以义,纬之以声",注重语音,辅之以语义,这样就可以看出一组字词语义上的联系,同时文章脉络也会比较清晰。实践证明这种方法比较现实可用。

本文借鉴黄树先的做法,对上古汉语中与"酒"有关的词进行收集整理,归纳为几个系列。这里的"系列"类似于"词族",但比词族的外延要大,因为同一个系列中可能包含几个关系很近的词族。

二、"酉" 系 列

2.1 这组同根词的词根是 * lu,是上古汉语中表示酒成员最多的一组同根词,韵尾有-ø、-g、-n、-l 的语音交替,声母 l 前有多种前置辅音参与交替。本文使用"语音交替"这一术语,它和传统音韵学中的"通转"内容接近,但比通转包含的语音现象更广,比如,前缀的交替就不能用通转来说明。词缀根据其在词中的功能,分为派生词缀和屈折词缀。从本文的例子将会看出,这些都属于派生词缀,其派生出来的是具有独立性的新词。

酉: * g-luʔ[①],与久切[②],酉字字形像装酒的酒坛子,甲金文中表示酒,如:"率肆于酉"(大盂鼎)、"王卿(饗)酉"(乙亥鼎)、"用盛旨酉"(殳季良父壶)。《说文》:"酉,就也。八月黍成,可为酎酒,象古文酉之形。""酉"也大量地借用作地支名。

酎: * glus,直祐切,《说文》:"酎,三重醇酒也。"段注:"谓用酒为水酿之,是再重之酒也,次又用再重之酒为水酿之,是三重之酒也。"即经过多次反复酿成的酒。《礼记·月令》:"孟夏之月,天子饮酎。"郑玄注:"酎之言醇也。"酎和酉在语音上是加-s 来区别。

酋: * sglu,自秋切,《说文》:"酋,绎酒也,从酉,水半见于上。《礼》有

① 本文上古汉语拟音采用郑张尚芳—潘悟云体系。

② 本文的反切取自《广韵》。个别字《广韵》未收,反切则取自《玉篇》《集韵》等,此类非《广韵》的音切会随文注出。

‘大酋’，掌酒官也。”甲骨文中酉字上二横笔(《甲骨文合集》31 124)，或酉字上加两三点(《甲骨文合集》27 620，34 380，《英国所藏甲骨集》2 408)，即“酋”字，酉字上的横笔或点像酒的香气溢出，《说文》“水半见于上”应该不正确。“酋”有二义，一是久酿之酒，二是掌酒之官，都是名词。酉和酋在语音上是通过前加音 s-来区别的。

酒：＊skluʔ，子酉切，《说文》：“酒，就也，所以就人性之善恶，从水酉，酉亦声。一曰造也，吉凶所造起也。”甲金文“酒”字表示动词饮酒、用酒祭祀，无一例表示名词“酒浆”。可见酉、酒二字形在甲金文中区分严格，酉为名词，酒作动词。在语音上，酒＊skluʔ 和酋＊sglu 是清浊交替，清变浊有名谓化(denominative)功能，这在上古汉语中大量存在，如，仓—藏、壁—避、甲—狎、褓—抱、半—判。①

醇：＊djun＜＊glun，常伦切，《说文》：“醇，不浇酒也。”即味道醇厚的酒。

糟：＊sluu，作曹切，也作“醩”，《说文》：“糟，酒滓也，从米，曹声。”指未过滤的汁渣相混的酒，即现在所谓的醪糟，早期的酒多为此类。屈原《楚辞·渔父》：“何不哺其糟而歠其醨。”哺，《说文》：“哺，哺咀也。”可见糟可以吃。

醽：＊m-luu，意思是“喝醉”，字见甲骨文和金文，花东甲骨文字形为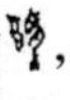，大盂鼎字形为，从酉，夒声，大盂鼎铭文“有祡烝祀，无敢醽”意思是“在举行柴、烝一类的祭祀上，也不敢醉酒”。夒②的上古音为＊m-luu，醽应该也有M-前缀。

2.2　词根声母 l-会和 r-交替，如《白虎通·五行》：“酉者，老也”，《礼记·月令》：“孟春之月，日在营室，昏参中，旦尾中。”郑玄注：“观斗所建，命其四时。”孔颖达疏：“其十二辰之名，按《律历志》云，……留，孰于酉，则酉，留也。”说明声母有 l—r 的交替。所以“酒”的同根词还应该扩大到下列词中。

醪：＊g-ruu，鲁刀切，《说文》：“醪，汁滓酒也。从酉翏声。”即汁渣混合

① 这5对例子来自金理新(2006)。

② 《说文》：“夒，贪兽也，一曰母猴，似人。”段玉裁注：“母猴与沐猴、猕猴、一语之转。母非父母字。诗小雅作猱。”

的酒。

酸: ＊sru/＊sruʔ,所鸠切/息有切,《广韵》两读的词义都是“白酒”。《集韵》:“黍酒。”

醪: ＊[m]rus,力救切①,《集韵》:“醪,酒名。”声符留从卯得声,醪应该也有 M-前缀。

茜: ＊srug,所六切,《说文》:“茜,礼祭束茅加于裸圭而灌鬯酒,是为茜,象神歆之也。一曰茜榼上塞也,从酉从艸。《春秋传》曰,尔贡苞茅不入,王祭不供,无以茜酒。”段注:“束茅立之祭前,沃酒其上,酒渗下去,若神饮之。”假借字作“缩”。

醶: ＊sruumʔ/＊shrumʔ,所斩切/初朕切,《广雅·释器》:“醶,酢也。”《酉阳杂俎·酒食》:“醶,醋也。”醋和酒的关系很密切,其制作方法几乎一致,酒在制作过程中很容易发酸变成醋。更早期的酒都是不加酒曲,自行发酵的,所以在发酵过程中既产生醇化物,也会产生酸化物。另外,非蒸馏酒放置久了乙醇会进一步转化为乙酸,也会发酸。所以,酒和醋的关系很密切。

2.3 酒是经过发酵制成的,所以,下面和发酵有关的一组词也是应该属于“酒”的同根词。主元音仍为 u,韵尾有-g、-n、-m 的交替。

酵: ＊kruus,古孝切,《广韵》:“酵,酒酵。”即酒母,酿酒时发酵所用的液体酵母。《集韵》:“酵,酒滓。”“酒”和“酵”具有明确的音义关系,属于同根词。

𥹋: ＊khug,驱匊切,《说文》:“𥹋,酒母也。”后世字形多作麴,麴《玉篇》:“麴,麴糵。”即酒麴。《尚书·说命下》:“若做酒醴,尔惟麴糵。”字形也作麯,《玉篇》:“麯,俗麴字。”

醖: ＊qunʔ/＊quns,於粉切/於问切,《仓颉篇》:“醖,酒母。”《说文》:“酿也。”“醖”字兼有名词和动词两种词性,名词为酒麴,动词为酝酿,和“酒、酵、麴”非常密切。

醰: ＊lɯm/＊lɯm,余针切/昨淫切,《说文》:“醰,孰麴也。”即发酵熟透的酒麴。

2.4 在上古汉语中经常能够看到物体和容器同名的现象,季旭昇

① 此字反切来自《集韵》。

(2010)举了下列甲骨文容器和所盛物同名的例子：酉/酒、畐/福、鬯/鬯、卣/覃(鹽)。“酉”字形像盛酒的容器。甲金文中作酒器讲的还有卣 * lu,如“鬯三卣”(甲一一三九),“易女鬯一卣”(大盂鼎铭文)。同时也和罍 * [g]ruul 有关系。《说文》收“櫑”字:“龟目酒尊,刻木作云雷象,象施不穷也。”櫑同罍。许慎认为罍的得名和云雷纹有关,从发掘出土的商周时期的罍来看,其实不然。从语音来看,罍 * [g]ruul 应该和酉 * [g]luʔ 有关,同属于酒器。醇 * glun 和尊 * suun 也有关系,尊《说文》:“酒器也,从酋、廾,以奉之。”即酒坛子,后来也作“尊、樽、罇”。

2.5　酒属于文化词,一般认为,汉藏语系大部分语言中的酒这个词语借自汉语。如:壮语(南部)lau^{33},壮语(北部)lau^{35},傣语(版纳)lau^{13},布依语 lau^{3},傣语(德宏)lau^{31},阿昌语 $lau^{31}xə^{35}$,莫语 $l̥au^{3}$。这些语言的韵母已经发生了 u > au 的语音变化,但也有韵母读 u 的,如拉基语 ku^{44},缅文 $hruu^{3}$。从民族语的借词我们能看到“酒”在早期汉语里带有较丰富的前置辅音。

前置辅音 B-:仡佬语(三冲)$pjau^{35}$,普标语 pau^{53},苏龙语 pu^{55},布朗语 $phlou^{55}$。《淮南子·天文训》:“酉者,饱也”,说明酉 * luʔ 前面有一个 B-冠音。

前置辅音 K-:侗语 $kwaau^{3}$,水语 $qhaau^{3}$,仡央语 klau,黎语(通什)$ŋau^{5}$。

另外,从汉语文献材料能看出酒字应该还有 S-和 M-,《释名·释天》:“酉,秀也。”《广韵·有韵》:“酉,首也。”《广雅·释诂》:“酉,就也。”《说文》:“酒,就也。”“就”上古音为 * zugs,说明酒前面还有一个 S-。《说文》古文酉作丣,从卯,这一说法并不可靠(俞敏 1999),但这能从另一个方面说明酉字可能还有一个 M-前缀。这两个前置辅音在其他民族语中都没有保留。

三、“浆”系列

3.1　本组的词根是 * kaŋ,本组同根词声干有 k-—g-—q-—ŋ-的交替,韵尾有-ø—-ŋ—-m 之间的交替。有的同根词有-r-垫音,有的同根词声干前面有 s-。这组同根词有:

浆: * skaŋ,即良切,古代一种带酸味的薄酒。《说文》:“浆,酢浆也。”段注:“浆,今之截浆也。”《周礼·酒正》:“辨四饮之物,……三曰浆,四曰酏。”《礼记·内则》:“黍酏、浆、水、醷、滥。”郑玄注:“浆,酢截。”《周礼》有

“浆人”,“掌共王之六饮,水、浆、醴、凉、医、酏,入于酒府”。掌管王的酒水供应。《孟子·梁惠王下》:“箪食壶浆,以迎王师。”胡三省注“浆,酢浆也。”《诗经·大东》:“或以其酒,不以其浆。”《楚辞·九歌》:“奠桂酒兮椒浆。”均以酒、浆对称。“醶”和“浆”音义相关。醶 * skhraamʔ(初槛切)/ * [g]roomʔ(力减切),《说文》:“酢浆也。”浆和醶之间是韵尾-ŋ 和-m 之间的交替,也有主元音 a 和 o 的交替。

酱:* skaŋs,子亮切,酱也和酒有关。《说文》:“酱,醢也,从肉从酉,酒以和酱也。”古文字也作“牆”,从酉爿声。信阳简《遣策》记录的随葬物品中有“一垪(瓶)食牆,一垪某(梅)牆”的记载,(2-021)“牆”即“酱”。

鬯:* thaŋs,丑亮切,古代一种香酒,用黑黍和郁金酿成,多用于祭祀中。《说文》:“鬯,以秬酿鬱草,芬芳攸服以降神也。”鬯字很古老,甲骨文中大量出现,甲骨文字形像酒器中有数点,像酒在杯中。鬯和觞 * l̥aŋ 可能也有关系,觞为酒器,物体和容器往往相关,上文已经论述过。民族语的藏文 tɕhaŋ(青稞酒)、门巴语 tɕʌŋ⁵⁵(酒)可和“鬯”比较。

醇:* [g]raŋ,吕张切,浆水,古代六饮之一。《说文》:“醇,杂味也。”朱骏声《说文通训定声》醇“即《周官》之‘凉’、《内则》之‘滥’也”。《礼记·内则》:“或以酏为醴、黍酏、浆、水、醷、滥。”郑玄注:“滥,以诸和水也。以《周礼》六饮校之,则滥,凉也。”滥,* [g]raams,《说文》作醶,《说文》:“醶,泛齐,行酒也。”一种未去渣的酒,孙诒让认为是一种薄酒。醇 * [g]raŋ 和醶 * [g]raams 是韵尾-ŋ 和-m 之间的交替。

醠:* qaaŋʔ/ * qaaŋs,乌朗切/乌浪切,《说文》:“醠,浊酒也。”也作“盎”,《周礼·酒正》“五齐”有“盎齐”。《淮南子·说林》:“清醠之美,始于耒耜。”字又作“英” * qraŋ,《太平御览》引《淮南子》“清醠”作“清英”。

3.2 词根屈折(root-inflected)也是上古汉语构词的重要手段,本组同根词的词根 * kaŋ 会有屈折形式 * ka。在上古汉语中,词根屈折往往和添加词缀结合起来派生新词。下面几个词应该也属于本组同根词。

酤:* kaaʔ,侯古切,酤有三读,平声是买酒的意思,去声是售卖的意思,上声是“一宿酒”,此处只讨论上声一读。《说文》:“酤,一宿酒也。一曰买酒也。”徐锴《系传》:“谓造之一夜而熟,若今之鸡鸣酒。”《毛诗·小雅·伐木》:“有酒湑我,无酒酤我。”《毛传》:“酤,一宿酒也。”《郑笺》:“酤,买也。”酤作酒讲,指发酵时间很短的酒。可以和嘉绒语 $c^{h}a$“酒”比较。

醧：＊qa，乌侯切，《说文》：“醧，私宴饮也。”《玉篇》：“醧，美酒也。”《广韵》：“酒甘。”《集韵》：“酒味和。”“醧”有平、去两读，去声为宴饮，平声为美酒。酒和宴会关系向来密切。

醝：＊sɡaal，昨何切，《广雅》：“醝，酒也。”慧琳《一切经音义》引《通俗文》：“白酒曰醝。”这里的白酒指浊白色的酒，非后来的蒸馏烧酒。蒸馏烧酒起源很晚，目前比较统一的认识是在宋以后出现。

酢：＊skhaags/＊sɡaag，仓故切/在各切。《说文》“酢，醶也。”即醋，醋和酒制作方法几乎一致，酒的主要成分是乙醇，醋的主要成分是乙酸，乙醇在醋酸菌的作用下使乙醇氧化生成醋酸。酿造时工艺掌握不好酒就会发酸苦。“酢”和“浆”“醶”属于韵尾-ø—-ŋ—-m 之间的交替。

䣚：＊kraaʔ，口下切①。《玉篇》“䣚，苦酒也。”可以和羌语 $tɕa^{55}$“酒”、布芒语 ha^{12}“酒”比较。

酿：＊naŋs/＊naŋ，女亮切，去声为动词，酿酒。《说文》“酿，酝也。作酒曰酿”；平声为名词，酒酿，一种发酵过的低酒度的甜糯米酒，也叫醪糟、酒糟、酒娘。酿字平声一读历代字书不收，但存在于各地口语中，《汉语大字典》收有平、去二读。

醵：＊sŋaaŋ，音桑②，《玉篇·酉部》“醵，乳酒。”可以比较苗语川黔滇方言 $saŋ^{1}$，指略带酸味的酒精度较低的酒，也叫酒尾子。

醑：＊sŋaʔ，私吕切，《玉篇》“醑，美酒。”《初学记》引《说文》“醑，旨酒也。”今本《说文》无。《广韵》“醑，簏酒。”用器物滤酒，去糟取清叫“醑”。

酥：＊sŋaa，素姑切，《玉篇》“酥，酪也。”指乳品发酵脱水制成的食品。

四、“酏”系列

4.1　本组的词根是＊lal，声干 l 和 r 会有交替，有的同根词声干前有 g-、ph-等前置辅音，韵尾有-ø—-g—-l—-d 之间的交替。

酏：＊lal/＊lalʔ，弋支切/移尔切，《说文》：“酏，黍酒也，从酉，也声，一曰甜也，贾侍中说，酏为鬻清。”《广雅·释器》：“酒也。”《玉篇》：“米酒也。”

① 此反切来自《玉篇》。
② 此音来自《玉篇》。

酏有二义,一为酒,二为粥。酏字《广韵》有平、上二音,意思相同,不知是否和酏上古不同形态有关。总的看来,酏应该是一种粥状的甜米酒。

酴: * laa,同都切,《说文》:“酴,酒母也。从酉。余声。读若庐。”《广雅》:“酴,酒也。”《玉篇》:“酴,麦酒不去滓饮也。”

醳: * lag,《释名》:“醳,久酿酉泽也”。也作“绎、泽”,《说文》:“酋,绎酒也。”段注:“绎之言昔也,昔,久也……绎酒谓日久之酒。”《广韵》:“醳,醇酒。”《集韵》:“醳,苦酒。”这个词的解释较多,但都是酒。

酪: * g-raags,卢各切,酪最初是酒的一种,和奶制品无关。《礼记·杂记》:“食菜果,饮水浆,无盐酪,不能食食,盐酪可也。”郑玄注:“酪,酢截也。”《楚辞·大招》:“鲜蠵甘鸡,和楚酪只。”王逸注:“酪,酢截也。”《礼记·祭义》:“以为醴酪齐盛于是乎取之,敬之至也。”醴、酪连称。《广雅·释器》:“酪、截、醇,浆也。”《集韵》:“酪,醴属,鲁故切。”可见酪本初指一种粥状的酸酒。从汉代开始,游牧民族的饮食习惯开始传入汉地,汉人把游牧民族的味道和性状和酪相似的奶制品也称之为酪,于是汉文典籍中“酪”开始有了“奶酪”义。《释名·释饮食》:“酪,泽也,乳汁所作,一曰酢。”“泽”即上文所的“醳”,即酿造时间长的酒。《说文新附》:“酪,乳浆也。”这些都属于酪的后起义项。

粕: * phraag,匹各切,《说文新附》:“粕,糟粕,酒滓也。”《经典释文·庄子音义》“(糟)魄”条陆德明引许慎的注解:“许慎云:‘粕,已漉粗糟也。’”(380/a/7)[①]粕就是今天所谓的糟粕,酿酒后滤剩的渣滓。

醱: * phaad,普活切[②],再酿的酒。《集韵》:“酘谓之醱。”酘,《集韵·侯韵》:“酒再酿。”即二次发酵,主要是为了降低酒中第一次发酵中产生的酸性物质。

五、“醨”系列

本组同根词的词根形式是 * re,声干 l 和 r 会有交替,有的同根词声干前

① 《经典释文》索引以中华书局 1983 年版的页码为准,该书将通志堂版《释文》四栏拼为一页,四栏按原顺序定为 a、b、c、d,索引编排规则是(页码/栏/行)。

② 此反切来自《集韵》。

会有 S-、B-、K-等辅音，韵尾会有-ø—-g—-l—-m—-n 的交替。

醨：＊b-rel，吕支切，《说文》：“醨，薄酒也。”《楚辞・渔父》：“何不餔其糟而歠其醨。”洪兴祖注：“醨，薄酒也。”

釃：＊srel/＊srelʔ/＊sra，所宜切/所绮切/所菹切，《说文》：“釃，下酒也，一曰醇也。”早期的酒是汁糟相混的，饮用时要沥出来，这个动作叫“釃”。“釃”和“醨”词根相同，属于前缀 b-—s-交替，s-可能有致使义，意思是“使酒沥出”。b-前缀目前研究还不充分。

沥：＊reeg，郎击切，《广雅・释器》：“沥，酒也。”《楚辞・大招》：“吴醴白蘖，和楚沥只。”王逸注：“沥，清酒也。言使吴人醲醴，和以白米之麴，以作楚沥，其清酒尤醲美。”《史记・滑稽列传》：“侍酒于前，时赐余沥。”

醍：＊kh-leeʔ，他礼切，《说文新附》：“醍，清酒也。”又作“缇”，《周礼・天官・酒正》注云：“缇者，成而红赤，如今下酒矣。”

䤈：＊k-le，陟离切，《说文》：“䤈，酒也。”

醯：＊qhee，呼鸡切，《说文》：“醯，酸也。”酸酒、醋。《周礼・天官・疾医》：“以五味、五谷、五药养其病。”郑玄注：“五味，醯、酒、饴、蜜、姜、盐之属。”《论语・公冶长》：“或乞醯焉，乞诸邻而与之。”皇侃疏：“醯，醋酒也。”《仪礼・聘礼》：“醯醢百瓮。”贾公彦疏：“醯是酿谷为之，酒之类。”

上述词可以和藏缅语族的下列词做比较：景颇语 khri(酸的)，列普查语 kri(苦的)，Dimasa 语 khiri(酸的)，嘉绒语 kha-khit，藏文 mkhris-pa(胆汁)。马提索夫(2003)把原始藏缅语的醯(醋)拟作＊kri(y)。

六、“醹”系列

下面 6 个词应该属于一个词组，词根形式是＊no，有多种语音交替形式。拥有共同的语义“酒醇厚”。

醹：＊njo/＊njoʔ，人朱切/而主切，《说文》：“醹，厚酒也，从酉需声，《诗》曰：‘酒醴惟醹。’”毛传：“醹，厚也。”朱骏声《说文通训定声》：“醹，按字亦作酘。”酘，＊doos＜＊＊loos，徒候切。《集韵》引《字林》：“酘，重酝也。”

㲾：＊njoʔ，而主切，《类篇》：“㲾，酒厚也。”《集韵》：“醹，或作㲾。”也作“乳”，《广雅・释器》：“乳，酒也。”王念孙《广雅疏证》：“《太平御览》引

《春秋》元命包云:‘文王四乳,是为含良。善法酒旗,布恩舒明。’宋均注:‘乳,酒也。’”

醁:＊rog,《广韵》:“醁,美酒。”《抱朴子·嘉遁卷》:“寒泉旨于醽醁。”

醋:＊njoŋ,如容切[①],《说文》:“醋,酒也。”《广雅·释器》:“醋,酘也。”《广韵》作“醋”,“醋,重酿酒也”。

醲:＊noŋ,女容切,《说文》:“醲,厚酒也。”

七、“酸”系列

下面的3个字应该属于同一词族,词根形式是＊glooŋ,有多种交替形式,拥有共同的词根义“醋、酸”。醋和酒的酿造方法类似,二者语义上是有关系的,上文已讨论过。

酸:＊sqloon,素官切,《说文》:“酸,酢也,从酉,夋声,关东谓酢曰酸,籀文酸从畯。”藏文“酸的”为skjur,可与汉语的“酸”比较。白保罗构拟的原始藏缅语的“酸”是＊s-kyur/＊s-kywar,其韵尾-r和汉语的-n交替。

醶:＊[g]roomʔ/＊skhraamʔ,力减切/初槛切,《说文》:“醶,酢浆也。”《广雅·释器》:“醶,酢也。”“醶”除了和“浆”＊skaŋ有关外,还应该和酸＊sqloon、酮＊g-looŋʔ有密切的音义关系。

酮:＊g-looŋʔ,徒揔切,醋。《广雅·释器》:“酮,酢也。”《广韵》:“酮,酒坏。”《酉阳杂俎·酒食篇》:“醦、醶、酮、醂,醋也。”随着后世和游牧民族的交流,后来“酮”有了“马奶奶酪、马奶酒”等义项。

从语音形式上看,以下4字应该也属于本组:

䣶:＊good,户栝切[②],《集韵》“䣶,未泲酒也。”即未滤过的酒。

醔:＊goog,胡谷切,《广韵》:“醔,浊酒。”《玉篇·酉部》:“醔,浊酒也。”

醥:＊boowgs,薄报切[③],《玉篇》:“醥,酒名。”《集韵》:“醥,一宿酒。”就是只发酵一个晚上的米酒。

---

① 此字反切来自《集韵》。

② 此字反切来自《集韵》。

③ 此反切来自《集韵》。

畚：＊phlons，芳万切，《说文》：“酒疾孰也，从酉弁声。”《广韵》：“一宿酒。”

八、“醴”系列

本系列包含下面几个词。

醴：＊riiʔ，卢启切，醴字很古老，甲骨文中就已经出现，为名词，是一种甜酒。《说文》：“醴，酒一宿孰也。”段注：“成而汁滓相将，如今恬酒矣。”醴就是酒精度较低的粥状酒，即现在的醪糟。晋西北有一种酸醪饭（也写作酸捞饭），其做法是将黄米（即糜子）发酵一夜，第二天便可熬出含有酒精的酸粥，这种食物和“一宿孰”的醴大体相似。《礼记·内则》记载：“重醴，稻醴清糟，黍醴清糟，粱醴清糟。”每种醴有清、糟两样，不带糟的为清醴，带糟的为糟醴。

醶：＊ziils，在诣切，酒名。醶字不见于《说文》，但确实是一个很早的字，郾侯簋铭文和中山王方壶铭文中都出现。《玉篇》收有该字，《玉篇》：“醶，酒有五醶之名，见《周礼》。”今本《周礼》“醶”作“齐”。《周礼·天官·酒正》：“辨五齐之名，一曰泛齐，二曰醴齐，三曰盎齐，四曰缇齐，五曰沈齐。”《韩非子·喻老》：“（疾病）在胃肠，火齐之所及也。”“齐”即酒醴之类。

醫：＊qiis，於其切，《周礼·天官·酒正》：“辨四饮之物，一曰清，二曰醫，三曰浆，四曰酏。”郑玄注：“醫，《内则》所谓或以为醴。凡醴浊，酿酏为之，则少清矣。”醫就是醴一类的酒精饮料。《周礼·天官·浆人》：“浆人掌共王之六饮：水、浆、醴、凉、醫、酏，入于酒府。”在古代，酒也被当作药用来治病，马王堆帛书中有大量用酒浆来治病的药方。《史记·扁鹊仓公列传》中记载：“（疾病）其在胃肠，酒醪之所及也。”《汉书·食货志》中记载：“酒，百药之长。”医字《说文》：“盛弓弩矢器也。《国语》曰：‘兵不解医。’”即装箭矢放入袋子，后世作“翳”，而“医”字后来用作了“醫”的简化字。

和这一组同根词有关的应该还有“彝”，盛酒的容器。彝：＊li，以脂切，《说文》：“彝，宗庙常器也。”《尔雅·释器》：“彝、卣、罍，器也。”郭璞注：“彝、卣、罍，皆盛酒樽，彝，其总名。”《尚书·洪范》：“武王既克殷，邦诸侯，班宗彝，作分器。”孔《疏》：“盛鬯者为彝，盛酒者为尊，皆宗庙之酒器也。”

下列民族语词可以和本组词比较:羌语 çi(酒),柔若语 i^{55}(酒),载瓦语 $i^{51}p^{h}ə^{21}$(酒,词根是 i^{51})。

九、总　　结

现代汉语是典型的缺乏形态的语言,现代汉语派生新词的方式主要是通过词根复合法。一般认为上古汉语也和现代汉语一样是缺乏形态变化的语言,但是通过上古汉语词族研究之后,这种看法将会被动摇。以本文为例,每一组同根词都会有一个词根,上古汉语通过形态音变派生新词。具体来讲,一是通过添加词缀,二是词根屈折(root-inflected)。上古汉语的词缀主要有前缀、中缀和后缀。词根屈折主要是主元音交替、声干交替和韵尾辅音交替三种,在下面的论述中,这些派生手段在本文所涉及的词中都曾出现。

应该说,这些形态音变肯定是要表达一定的形态意义的。但从上文的材料看,很难进行系统总结,这可能是因为汉语的形态,本质上就不同于印欧语类型的形态,而是一种语用优先的形态。更重要的是,汉语的形态在很早就失去了能产性,在语音上保留的还比较多,但在意义范畴上已经很不成系统了。上古汉语形态问题是目前上古汉语研究的前沿课题,可以分两步来进行:第一步是研究清楚有哪些语音形式,也就是形态的语音手段;第二步是研究这些语音手段所表达的形态意义。上古音研究的新进展使得第一步的研究变得比较容易而且可靠。第二步形态意义的揭示则相对要复杂很多,其中有很多制约因素。但这也是最吸引人的课题,希望本文的研究能对这些问题有所帮助。

参考文献

白保罗(1984)《汉藏语言概论》,乐塞月,罗美珍译,北京:中国社会科学院民族研究所。

班　固(2016)《汉书》,北京:中华书局。

陈　立(1994)《白虎通疏证》,北京:中华书局。

戴维·克里斯特尔编,(2004)《现代语言学词典》第四版,沈家煊译,北京:商务印书馆。

丁　度(宋)(2017)《集韵》,上海:上海古籍出版社。

段成式(唐)(2018)《酉阳杂俎》,北京:中华书局。

段玉裁(清)(1998)《说文解字注》,上海:上海教育出版社。

高　明,涂白奎(2008)《古文字类编》,上海：上海古籍出版社。
郭沫若主编,胡厚宣总编辑(1982)《甲骨文合集》,北京：中华书局。
汉语大字典编辑委员会编(2010)《汉语大字典》,四川辞书出版社;武汉：崇文书局。
何琳仪(1998)《战国古文字典—战国文字声系》,北京：中华书局。
何　宁(1988)《淮南子集解》,北京：中华书局。
洪兴祖(2015)《楚辞补注》,上海：上海古籍出版社。
胡厚宣(1982)《甲骨文合集》,北京：中华书局。
黄盛璋(1983)试论战国秦汉铭刻中从“酉”诸奇字及其相关问题,载中国古文字研究会,山西省文物局,中华书局编辑部编,《古文字研究》第十辑,北京：中华书局。
黄树先(2007)《汉藏语论集》,武汉：华中科技大学出版社。
——(2010)《汉语核心词探索》,武汉：华中师范大学出版社。
季旭昇(2010)《说文新证》,福州：福建人民出版社。
李　昉(宋)(1960)《太平御览》,北京：中华书局。
李　圃主编(2004)《文字诂林》,上海：上海教育出版社。
李学勤,齐文心,艾　兰(1992)《英国所藏甲骨集》,北京：中华书局。
——主编(2000)《十三经注疏》繁体字本,北京：北京大学出版社。
连登岗(1991)“火齐”别解,《河南中医》第5期。
刘　熙(汉)(2016)《释名》,北京：中华书局。
陆德明(唐)(1983)《经典释文》,北京：中华书局。
季旭昇(2002)《说文新证》,台北：艺文印书馆。
金理新(2006)《上古汉语形态研究》,合肥：黄山书社。
潘悟云(2000)《汉语历史音韵学》,上海：上海教育出版社。
司马迁(汉)(2014)《史记》,北京：中华书局。
王　力(2014)《同源字典》,北京：中华书局。
王　明(2018)《抱朴子内篇校释》,北京：中华书局。
王念孙(清)(2016)《广雅疏证》,上海：上海古籍出版社。
王先慎(2016)《韩非子集解》,北京：中华书局。
徐　坚(2004)《初学记》,北京：中华书局。
徐时仪(2012)《一切经音义三种校本合刊》,上海：上海古籍出版社。
徐元诰(2002)《国语集解》,北京：中华书局。
许　慎(汉)(1963)《说文解字》,北京：中华书局。
于省吾(1979)《甲骨文字释林》,北京：中华书局。
俞　敏(1999)《俞敏语言学论文集》,北京：商务印书馆。
云南省少数民族语文指导工作委员会编(1998)《云南省志——少数民族语言文字志》,

昆明：云南人民出版社。
《藏缅语语音和词汇》编写组编(1991)《藏缅语语音和词汇》,北京：中国社会科学出版社。
赵　诚(1988)《甲骨文简明词典——卜辞分类读本》,北京：中华书局。
郑张尚芳(2003)《上古音系》,上海：上海教育出版社。
中国社会科学院历史研究所,伦敦大学亚非学院编(1985)《英国所藏甲骨集》,北京：中华书局。
中央民族学院少数民族语言研究所第五研究室编(1985)《壮侗语族语言词汇集》,北京：中央民族大学出版社。
周祖谟(1988)《广韵校本》,北京：中华书局。
朱宝镛,章克昌(2000)《中国酒经》,上海：上海文化出版社。
朱骏声(清)(1984)《说文通训定声》,北京：中华书局。
宗福邦主编(2003)《故训汇纂》,北京：商务印书馆。
Matisoff J A. (2003) *Handbook of Proto-Tibeto-Burman—System and Philosophy of Sino-Tibetan Restruction*. Berkley: University of California Press.

(201620　上海,华东政法大学传播学院　biqianqi@126.com)

战国楚简词义训诂举隅*

吴 祺 张学城

提要 传统训诂方法为战国楚简的训诂研究提供了十分有益的理论指导。文章即根据传统训诂方法中的据古训、破通假、据连文、据对文等四种方法,对郭店、上博以及清华三批楚简中的部分词语提出新的释读意见。认为《曹沫之陈》"喜"当训为"兴";《皇门》"叚"当读为"暇",训为闲暇;《尊德义》"備(服)殜"之"殜"当读"肄",与"服"均为"习"义;《越公其事》"攻"当训为"坚",与前文之"利"为同义对文的关系。

关键词 战国楚简;训诂方法;词义;训释

一、据古训以考求词义

我国历代古书注疏中保留了大量珍贵的古训材料,这为后代训诂学家的词义训释工作提供了重要的参考。而在战国楚简数量日益增多的今天,传统古训材料也为我们解读这些竹书词语提供了十分有益的参考。以下我们以上博简《曹沫之陈》"喜"的训释为例来说明这一问题。

《曹沫之陈》简55有如下一段话:

思(使)其志起,勇者思(使)憙,䒌者使咠。

关于此段简文中的"憙",原整理者(马承源2004)认为其当读为"喜"。又将"䒌"与"咠"分别读为"葸"与"悔"。指出简文"葸者"与"勇者"相反,

---

* 本文获国家社科基金冷门"绝学"和国别史等研究专项"中国传统语文辞书所录'古文'研究及数据库建设"(项目编号19VJX108)、教育部人文社会科学重点研究基地重大项目"先秦古文字材料四种综合整理与数据库建设"(项目编号16JJD740009)的资助,《语言研究集刊》匿名审稿专家提出了宝贵的修改意见,谨此一并致以诚挚谢意。

“悔”和“喜”意思也相反。我们认为,关于“勇者思(使)憙”一句的理解似应结合上文“思(使)其志起”一句来做解释。循此思路,我们认为,原整理者将“憙”读为“喜”可从。然而其于简文应当训为兴起之“兴”。《经义述闻·尚书》“股肱喜哉、百工熙哉”条,王引之(1985)[78]引其父王念孙之言谓:

“股肱喜哉,元首起哉,百工熙哉。”传曰:“股肱之臣,喜乐尽忠,君之治功乃起,百官之业乃广。”家大人曰:“喜也、起也、熙也,皆兴也。故下文皋陶曰‘率作兴事’也。《尧典》‘庶绩咸熙’,《史记·五帝纪》作‘众功皆兴’,扬雄《勮秦美新》《胶东令王君碑》并作‘庶绩咸喜’。《学记》:‘不兴其艺,不能乐学。’郑注曰:‘兴之言喜也、歆也。’《正义》引《尔雅》:‘歆、喜,兴也。’今《尔雅》作‘廞、熙,兴也’。是喜与熙皆有兴起之义。”

据王念孙所言,“喜”正可训为“兴”。故将简文“勇者思(使)憙(喜)”之“憙(喜)”训为兴起,与前文“思(使)其志起”可相对应。而且,“勇者思(使)憙(喜)”与《书·益稷》之“股肱喜哉”亦可相参看。

二、破通假以考求词义

不论是在传世典籍还是在新出简帛古书中,通假都是十分常见的语言现象。因此破读通假亦成为训释古书词义十分重要的途径。清代训诂学之所以能达到我国传统训诂学的巅峰,正是因为清代训诂学家掌握了因声求义、破读通假的训诂方法。借鉴这一方法,对于战国楚简的词义训诂亦有着重要意义。下面我们以清华简《皇门》篇“叚”的通假释读为例来说明这一问题。

《皇门》简6有如下一段话:

王邦用寍(宁),少(小)民用叚能家(稼)啬(穑),戕(咸)祀天神,戎兵以能兴,军用多实。①

今本《逸周书·皇门》对应简文“小民用叚”之句作“小人用格”。关于简文此“叚”字,原整理者(李学勤2010)将其读为“假”,引《尔雅·释诂》训为“大也”,并将其与下文之“能家(稼)啬(穑)”连读。复旦大学出土文献与古文字研究中心研究生读书会(2011)则指出:“今本此处作‘小人用格,□能

① “戕(咸)”从复旦大学出土文献与古文字研究中心研究生读书会(2011)释读。

稼穑’,庄述祖云:‘格,至也。’陈逢衡疑此处缺文为‘用’,云:‘用宁用格,安上全下也。’则简文‘叚’亦当读为‘格’。二字相通习见。‘少(小)民用叚(格)、能家(稼)啬(穑)’与‘小人用格,〔用〕能稼穑’一致,意为‘普通民众因而来归,能从事农业生产’。”

我们认为,简文之“叚”以及今本之“格”似均当读为“暇”。从通假上看,出土文献中有“叚”用为“暇”之例证,如《马王堆汉墓帛书·十六经·本伐》:“所胃(谓)为利者,见□□□饥,国家不叚(暇),上下不当。”《马王堆汉墓帛书·十问·文挚见齐威王》:“寡人已宗庙之祠,不叚(暇)其听,欲闻道之要者,二、三言而止。”(白于蓝 2017)故简文之“叚”当可读为“暇”。

“暇”古常可训为闲暇。《说文·日部》:“暇,闲也。”《国语·晋语二》:“我教兹暇豫事君。”韦昭注:“暇,闲也。”《国语·楚语上》:“官僚之暇,于是乎临之。”韦昭注:“暇,闲也。”《左传》成公十六年:“好以暇。”杜预注:“暇,闲暇。”是其例。简文“叚(暇)”亦当用为此义。“少(小)民用叚(暇)”即指小民有闲暇的时间,故能够从事农业生产。且与前文之“王邦用盗(宁)”文义正相对应。

《潜夫论·爱日》有如下一段话:

国之所以为国者,以有民也;民之所以为民者,以有谷也;谷之所以丰殖者,以有人功也;功之所以能建者,以日力也。治国之日舒以长,故其民闲暇而力有余;乱国之日促以短,故其民困务而力不足。

《潜夫论·叙录》有如下一段话:

民为国基,谷为民命。日力不暇,谷何由盛?公卿师尹,卒劳百姓,轻夺民时,诚可愤诤!

上引《潜夫论》之“故其民闲暇而力有余”是说人民有闲暇时间,故能够有余力从事农业生产劳动。“日力不暇,谷何由盛”则是说人民没有闲暇时间,则会导致农业生产的荒废。二者分别从正反两方面说明闲暇时间对于农事的重要性。我们认为,《潜夫论》的这两句话与简文之“王邦用盗(宁),少(小)民用叚(暇),能家(稼)啬(穑)”正可相参。此外,清华简《越公其事》简 28—29 有这样一段话:

兹(使)民暇自相,蓐(农)工(功)得寺(时),邦乃暇安,民乃蕃孛(滋)。

这段简文也说明了闲暇时间对于农事的重要性,亦可与上引《皇门》简文相参。

三、据连文之文例以考求词义

我国历代训诂学家在他们的训诂实践中对古人的行文惯例有着详细的总结,其中即包含同义连文之例。如王引之(1985)[772]谓:“古人训诂不避重复,往往有平列二字,上下同义者。解者分为二义,反失其指。”利用这一古书文例,可以解决一些同义词的词义训诂问题。下面我们以郭店简《尊德义》“殜”的训释为例来论述这一问题。

《尊德义》简24—25有如下一段话:

非豊(礼)而民兑(悦)忎,此少(小)人矣。非仑(伦)而民備(服)殜,此乱矣。

先看此段简文中的“忎”字,陈伟先生(2001)将其读为“戴”,训为“拥戴”,并引《左传》文公十一年“是以尧崩而天下如一,同心戴舜,以为天子”以及《国语·周语上》“庶民不忍,欣戴武王”为书证。此说当可信从,特别是《周语上》之“欣戴”,与简文“悦戴”正可相参。关于简文之“殜”,原整理者(荆门市博物馆1998)将其读为“世”,并将其与下文“此乱矣”连读为“世此乱矣”。此说得到较多研究者的赞成。(单育辰 2015)。亦有研究者持不同看法,如陈剑先生(2007)将其与上句连读,并读为“慑”,然加问号以示存疑。

从简文“兑(悦)忎(戴)”与“備(服)殜”对应关系来看,我们认为陈剑先生的断句当可信从。而“殜”于此似当读为“肄”。从通假上看,“殜”从“世”得声,典籍中从“世”得声之“勩”有与“肄”相通的例证,如《诗·邶风·谷风》:“既诒我肄。”陆德明《经典释文》谓:“肄,《尔雅》作勩。”《尔雅·释诂》:“勩,劳也。”《经典释文》:“勩,字亦作肄。”又《诗·小雅·雨无正》“莫知我勩”之“勩”字,《左传》昭公十六年引作“肄”。均其例。故简文之“殜”当可读为“肄”。从词义上看,“肄”古常可训为“习”,如《左传》文公四年:“臣以为肄业及之也。”杜预注:“肄,习也。”《吕氏春秋·孟冬》:“肄射御。”高诱注:“肄,习也。”《汉书·叔孙通传》:“乃令群臣习肄。”颜师古注:“肄,亦习也。”皆其例。这种用法的“肄”,典籍中亦用“肆”来表示。《周礼·天官·掌舍》:“为帷宫,设旌门。”郑玄注:“谓王行昼止,有所展肆。”贾公彦疏引《曲礼》郑云:“肆,习也。”又如《周礼·夏官·射人》:“以射法治射仪。”郑玄注:“治射仪,谓肆之也。”贾公彦疏:“肆则习也。”是其例。

而关于简文之“備(服)”,我们认为其于简文亦当训为“习”。相关古训如《礼记·孔子闲居》:“君子之服之也。”郑玄注:“服,犹习也。”《大戴礼记·夏小正》:“攻驹也者,教之服车数舍之也。”王聘珍《大戴礼记解诂》谓:“服,闲习也。”可参。故简文“備(服)殜(肄/肆)”为同义连文,均为“习”义。简文是说非伦而民服习、习肄之,则乱由此生。

四、据对文之文例以考求词义

对文亦是古书中常见之文例。郭在贻(2005)解释对文谓:“所谓对文,就是指处在结构相似的上下两个句子中的相同位置上的字和词。这样的字和词往往是同义或反义的。”因此正确辨析同义对文及反义对文之例,对同义及反义词的词义训诂很有帮助。下面我们以清华简《越公其事》篇“攻”的词义训释为例来说明这一问题。

《越公其事》简50—51有如下一段话:

越邦皆備(服)陞(征)人,多人,王乃好兵。凡五兵之利,王日翫之,居者(诸)左右;凡金革之攻,王日仑(论)省【50】亓(其)事,以问五兵之利。

关于简文“金革之攻”,原整理者(李学勤2017)注谓:“金革,武器装备。《礼记·中庸》‘衽金革,死而不厌’,孔颖达疏:‘金革,谓军戎器械也。’金革之攻,指武器制作。”是将简文“攻”训为制作。

我们认为,简文“凡金革之攻”与前文之“凡五兵之利”正相对文,而对文结构上下两个句子中相同位置上的词语往往有同义、近义的关系。故“攻”与“利”之词义应当近同,而原整理者训“攻”为制作,则与此对文之文例不合。循此思路,我们认为简文“攻”当训为“坚”。相关古训如《广雅·释诂一》:“攻,坚也。”《诗·小雅·车攻》:“我车既攻。”毛传:“攻,坚也。”《孔子家语·六本》:“巧而好度必攻。”王肃注:“攻,坚。”《后汉书·马融传》:“车攻马同。”李贤注引《诗》注云:“攻,坚也。”均其例。

这种用法的“攻”,古书中亦常用“功”来表示。“功”古亦有坚利、精好之义。如《广雅·释诂一》:“攻,坚也。”王念孙(1983)云:

《小雅·车攻》篇“我车既攻”,毛传云:“攻,坚也。”《齐语》“辨其功苦”,韦昭注云:“功,牢也;苦,脆也。”《月令》“必功致为上”,《淮南子·时则训》作“坚致”。坚、功一声之转。功与攻通。

此外又如《荀子·劝学》:“问楛者勿告也。”杨倞注:“凡器物坚好者谓之功,滥恶者谓之楛。”《荀子·王制》:“辨功苦。”杨倞注:“功谓器之精好者。”《管子·七法》:“官无常,下怨上,而器械不功。”尹知章注:“功,谓坚利。”《管子·兵法》:“器械不巧,则朝无定。”此“巧”字,王念孙(1985)谓:

“巧”当为“功”,字之误也。《七法》篇作“器械不功”,尹彼注曰:“功,谓坚利。”是也。器械坚利,则用之可久,故下文曰:“器械功,则伐而不费。”无取于“巧”也。

故简文“金革之攻(功)”是指军戎器械的坚利而言,与前文“五兵之利”正相对应。典籍中有类似记载:

《淮南子·原道》:“是故革坚则兵利,城成则冲生。”

《淮南子·兵略》:“甲坚兵利,车固马良,畜积给足,士卒殷轸,此军之大资也。”

《荀子·议兵》:“故坚甲利兵不足以为胜,高城深池不足以为固,严令繁刑不足以为威。”

《越绝书·越绝外传记吴王占梦》:“昔者,吴王夫差之时,其民殷众,禾稼登熟,兵革坚利,其民习于斗战。”

《盐铁论·论菑》:“兵者,凶器也。甲坚兵利,为天下殃。”

银雀山汉墓竹简《客主人分》:“甲坚兵利不得以为强,士有勇力不得以卫其将,则胜有道矣。”

参考文献

白于蓝(2017)《简帛古书通假字大系》,福州:福建人民出版社:351。

陈　剑(2007)郭店简《尊德义》和《成之闻之》的简背数字与其简序关系的考察,载武汉大学简帛研究中心编,《简帛》第2辑,上海:上海古籍出版社:217。

陈　伟(2001)郭店简书《尊德义》校释,《中国哲学史》第3期:116。

复旦大学出土文献与古文字研究中心研究生读书会(2011)清华简《皇门》研读札记,复旦大学出土文献与古文字研究中心网,2011-01-05。

郭在贻(2005)《训诂学(修订本)》,北京:中华书局:64。

荆门市博物馆(1998)《郭店楚墓竹简》,北京:文物出版社:174。

马承源(2004)《上海博物馆藏战国楚竹书》四,上海:上海古籍出版社:280。

李学勤(2010)《清华大学藏战国竹简》一,上海:中西书局:168。

——(2017)《清华大学藏战国竹简》七,上海:中西书局:140。

单育辰(2015)《郭店〈尊德义〉〈成之闻之〉〈六德〉三篇整理与研究》,北京:科学出版社:46-48。

王念孙(1983)《广雅疏证》,北京:中华书局:41。

——(1985)《读书杂志》,南京:江苏古籍出版社:437。

王引之(1985)《经义述闻》,南京:江苏古籍出版社。

(吴 祺 226019 南通,南通大学文学院 ecnuwuqi1221@163.com;
张学城 226019 南通,南通大学文学院 zxc3757@163.com)

传抄古文研究札记三则[*]

刘伟浠

提要 《古文四声韵》等所录“老”古文“𠙃”是“寿”之省讹。《籀韵》“寿”作[illegible],则是“寿”的讹俗。《集韵》“壔”古文作[illegible],其右部“[illegible]”是“寿”之讹。《龙龛手鉴》录“俟”的两个古文“𣆪”“𣊫”,前者是“寿”之俗讹,后者是“畴”,“俟”“畴”是义近误植。《古文四声韵》“卑”古文[illegible]是中古俗体。《古文四声韵》“吴”[illegible]、[illegible]均是“於”字讹体,古文借“於”表“吴”。

关键词 《汗简》;《古文四声韵》;《龙龛手鉴》;《集韵》;传抄古文

传抄古文一般是指汉以后辗转抄写而保留下来的古文字(主要是战国文字),分为篆体和隶定两种。前者主要保存于《说文》《汗简》《古文四声韵》及三体石经等,后者保存于《玉篇》《龙龛手鉴》《古文四声韵》《广韵》《集韵》等字书或一些典籍注疏中。学界对传抄古文已有较为深入的研究,但有些疑难字形还可以进一步讨论,本文以“老”“寿”“卑”等字为例进行研究。为行文方便,下文“传抄古文”简称为“古文”,所引《汗简》《古文四声韵》《集古文韵》《集篆古文韵海》等古文出处简称从徐在国(2006)《传抄古文字编》,如“四3·20崔”是指《古文四声韵》卷三第20页崔希裕《纂古》。文中若有不当之处,祈方家赐正!

一、古文“老”“寿”相关形体

“老”《古文四声韵》《集古文韵》收录一类形体作:

* 本文得到2017年度国家社科基金重大项目“战国文字诂林及数据库建设”(项目编号17ZDA300)和2018年度国家社科基金“冷门‘绝学’和国别史等研究专项”项目传抄古文资料全编与传抄古文研究(项目编号2018VJX081)资助。

A. (四3·20崔)　(三13崔)

此形又见于《玉篇》《龙龛手鉴》等字书。徐在国(2002)[180]谓:"老字包山217作，郭店简作、(《郭编》123页)。疑乃上引诸形之讹体。"段凯(2018)[726]认为:"释为'老'字隶讹,缺乏字形上的演变证据,暂存疑。"东魏李祈年墓志的，下从"图",吕蒙(2011)据A释作"老",并说是古玺"老"之讹。①

按,A当为"寿"的省讹。《古文四声韵》2·24"诪"作:

此字为"嚋",借为"诪"。""与A为一形之变,《古文四声韵》4·38引《籀韵》"寿"作，字形下部有些模糊,徐在国(2002)[181]把"耂"下部抄成"从"形,对比敦煌出土的《书·无逸》古文"诪"作、(赵立伟2015),知下部是"区",与"囨"形十分接近。而A上部的"二"是由"老"所变,具体可能有三种省变方式。其一,"老"常俗作"耂",唐王师墓志省作(臧克和2011),《龙龛手鉴·人部》"佬"省作"佬","二"是由"耂"脱掉"耂"而来。其二,《汉印文字征》8·17"寿"作、、等(罗福颐1978),其顶部已变为"土"形,而"土"省为"二"十分常见。② 其三,"二"是由"耂"直接简省,古文俗字中常常把某一部件简省为"="，林志强师(2015)说:

> "="号还用于表示单字偏旁的简省,也造成了一些特殊的字形。如"谓"作""(如内野本、足利本、上[影]本、上[八]本之《伊训》篇中的"谓"字多如是作)、"渭"作""(足利本《禹贡》,见《合编》第421页)、"岁"作""(足利本《洪范》,见《合编》第1525页。足利本《泰誓中》"秽"字也因此类推作"")、"曾"作""(上[影]本《武成》,见《合编》第1452页)、"会"作""(如足利本、上[影]本《武成》篇,见《合编》第1448、1454页)、"羹"字作""(足利本、上[影]本《说命下》,见《合编》第1161、1165页)。③

① 《四声篇海·酉部》:"醎,音老。"杨宝忠(2011)认为"醎"右部是"老"古文的"卤"。

② 《龙龛手鉴·辵部》"達"俗作"違",《字汇补·辵部》省作"違",上部"老"形又写成"土",古文"二""土"相乱,如古文"斯"作(碧)和(四1·16道)。

③ 也有省成"一"或"三",不过为数不多,如元璨墓志"留"作"亩",参毛远明(2014)。古文"旨"作(三3崔),《字汇补·玉部》"琥"作"琥",《广金石韵府·支韵》"为"作、,战国"宫"作、等,参汤余惠主编(2015)。

又如马王堆帛书《周易》第2行"者"作，银雀山汉简《孙膑兵法》简72"焉"作。"="有时又写为"二"，其内涵是一致的，上揭古文"岁"又作(四4·14崔)，《字汇补》作"岂"归入"二"部，《金瓶梅》《目连记》"出"作"岀"(刘复，李家瑞 1930)，古文"只"作(海3·3)，"思"作(汗6·73碧)，皆是其例。这种简省其实在春秋战国已开先河，①其后泛滥，多半是为了追求书写的方便快捷，像"老"字上博简《成王为成濮之行》甲本简4、5作、，②与"正"形近，上部似省为"二"形，今草作、等，底部甚至用两点代替。此现象一般只出现在合体字中，因为有其他部件的制约，而不导致与其他字混淆，A亦是如此，有下部"囡"的限制，书手率性把"耂"简写成"二"。

"老""寿"音义俱近，前者上古属来母幽部，后者属禅母幽部，韵部同，声母同为舌音，《集古文韵》13引《籀韵》"老"作，此形是"寿"之讹，古文"幬"作(海2·8)，乃借"栳"表"幬"，"老"《尔雅·释诂上》训"寿也"，《诗·墉风·君子偕老》"君子偕老"，安大简《诗经》简87作"君子皆寿"(安徽大学汉字发展与应用研究中心 2019)。

《古文四声韵》4·38又引《籀韵》"寿"作：

B.

徐在国(2002)[181]列为待考。李春桃(2012)疑其"辶"是上揭下部的"乚"形之讹。按，李说极是，此形也是"寿"之省讹，我们再补充一条直接证据。古文"寿"又作：

(三19籀)　(四3·27籀)

前者从"丘"，后者从"匠"，B当为后者所变，俗书"乚""辶"形近相乱，梁春胜(2013)已举大量例证，故"匠"能变为"近"，古书"匠""近"形近相乱，《盐铁论·错币第四》："吏近侵利，或不中式，故有薄厚轻重。""吏近"孙诒让校作"吏匠"(张涌泉 2015)[67]，唐印度菩提流志译《不空羂索神变真言经》有注音"亭匠反"的"甋"，《龙龛手鉴·亭部》作"甋"(李国英 2015)，《篆隶万象名义·走部》"趞"作。"寿"的讹俗体颇多，现根据《集古文韵》《古文四声韵》等所录"寿"的字形，可以大致描述A及B的讹变轨迹：

---

① 诸多例子可参何琳仪(2017)。有些后世俗字或省为"冫""ミ"，参曾良(2006)。

② 此形释"老"为网友"槛外人""鸤鸠""不求甚解"等的意见。诸说参俞绍宏(2016)。

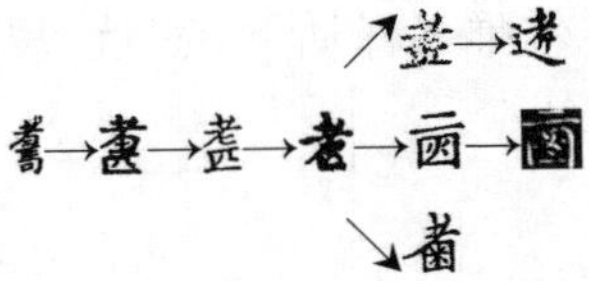

“寿”还有几个变体值得探讨。“壔”《集韵·屋韵》古文作：

C. 墕

此形徐在国(2002)[170]列为待考。按，其右部“焉”是“𠷎”的讹变，“壔”《字汇补·土部》俗作“𡏿”，“𤔲”与“焉”为一形之变。《书·五子之歌》“畴”字的两个古文形体正提供了直接证据，作：

焉(上影本)　𢑟(足利本)(赵立伟 2015)[288]

此形是“𠷎”，借为“畴”，形与“焉”近，下部皆从“马”，上部“丑”“彐”形近相乱，如“肘”字，朝鲜本《龙龛手鉴·月部》：“肘，张柳切。臂节也。古作肕、肦二字。肦，亦作。”“肘”《玉篇·肉部》或作“肚”，“肦”就是“肚”的俗讹，其“丑”讹成“羽”(“羽”又作“彐”)。

高丽本《龙龛手鉴·立部》：“㝵、𥌒，二古文，同俟。”此二形徐在国(2002)[170]列为待考。按，“𥌒”为“畴”之讹，俗书“目”“田”形近相乱，如《龙龛手鉴·宀部》“富”作“富”。“㝵”是“𠷎”之讹，古本《尚书》“畴”字有两个写法可以比较，作：

𠷎(上元本《说命》)　𠷎(九条本《酒诰》)(赵立伟 2015)[287-288]

此二形是“𠷎”的讹变，第一形与“㝵”最接近，其上“同”形变成“目”，《可洪音义》A994c11“相”讹作“桐”(韩小荆 2009)。《四声篇海·口部》引《类篇》：“㝵，音畴。”此形杨宝忠(2005)认为是“𠷎”之俗讹，其说甚确。“㝵”与“㝵”写法极近，并明确注为“音畴”，正是把“㝵”释作“𠷎”的明证。

因“俟”“畴”皆可训“等”，释行均乃误注“畴”同“俟”，《说文·人部》“俟”段玉裁注：“竢、俟为古今字。”《诗·邶风·静女》“俟我于城隅”，毛传：“俟，待也。”《说文·彳部》：“待，竢也。”章太炎(2014)曰：“今谓竢为待，音如等。等、待皆从寺声，故音转呼待如等。”《说文·竹部》“等”朱骏声《通训定声》：“等，借为待。今俗谓候、俟为等，此古之遗语也。”古书“畴”常训“等”，《汉书·宣帝纪》“畴其爵邑”，颜师古注引张晏曰：“畴者，等也。”《龙龛手鉴》有一些或体其实是义近或义同关系，如《歹部》：“殈，古文，宜及反。今作岌，危也。”徐在国(1998)认为“岌”“殈”义近；又如《心部》收“忧”或体

“恖”,其实“恖”是“思”之讹,“忧”“思”义同,《尔雅·释诂下》:“忧,思也。”“俟”“畴”亦属此例。

二、古文“卑”

古文“卑”作:

舁(四1·16乂)

徐在国(2002)[69]说它是《说文》“卑”小篆的隶变。段凯(2018)[113]则说古文字“卑”多见,上作封口形,而小篆是讹变之后的写法,该形与古文字“卑”无涉,当是小篆的讹变。

按,二氏均说此形源于小篆,实际并不贴切。它与“卑”小篆或古文、、(徐在国 2006)[290]等形不近,金文作(秦王钟,集成 37)、(农卣,集成 5424.1),亦有差别。实际上,此形是中古“卑”之俗写,《龙龛手鉴·豸部》:“**貏**,正。貏,今,皮寄反。”“卑”即写成“舁”,与古文形同,《龙龛手鉴·风部》:“**䫶**,步迷反。”《玉篇·风部》:“䫶,步迷切。风。”也写成“弁”。

需要说明一下,“畀”字亦俗写成“舁”“弁”,故宫博物院藏宋濂跋本《切韵·之韵》渠之反:“舁,举。又渠记反。”斯 2055 笺注本《切韵·之韵》:“其,渠之反。按《说文》作此弁,举也。”张涌泉(2015)[292]指出“舁”“弁”是“畀”字,《玉篇·収部》:“畀,渠记、渠基二切,举也。”“畀”“卑”读音不近,二者的俗写只是同形关系。

三、古文“吴”

古文“吴”有两个讹形,作:

A. (四1·26乂)

B. (四1·26乂)

徐海东(2013)说 A 为“乌”,假借为“吴”。段凯(2018)[206]谓 A 形怪异,B 为“水”形,形音义均与“吴”无关,待考。

按,徐说可从,但他并未论证。二形讹变严重,应仔细分析。金文“於”常借乌鸦之“乌”表示,作:

C. （荆篙钟，集成 38.2）（黔镈，集成 271）

D. （余贎逐儿钟，集成 185.2）

A 与上揭金文形体十分接近，A 与 D 都省去鸟头部分，楚简亦多见省鸟头的写法，作、（新蔡简甲 2.32、3.69）、（郭店简《穷达以时》简 2）等；A 右部“又”形当为 C、D 所从的“亻”形所讹，古文“喊”作（海 3 · 37），此形是“嗛”，但其右上部“又”形是由“亻”所讹，古文还有“亻”讹成“又”形之例，如：

服：（说）（海 5 · 3）

辟：（汗 5 · 65 说）

可参证。“吴”上古属疑母鱼部，“於”属影母鱼部，韵部同，声母为牙喉音，读音接近，“吴”声字与“于”声字古相通，《说文 · 夨部》朱骏声《通训定声》：“吴，叚借为芋。”《易 · 中孚》“虞吉”马王堆帛书作“杅吉”，[①]而“于”“於”古相通，《说文 · 于部》：“于，於也。”证“於”“吴”可通用。

“吴”《广金石韵府 · 摸韵》引《义云章》作，与 A 字形接近，出处相同，当是因袭关系，古文“於”又作（四 1 · 27 乂）也属同一类形体的讹变（1 · 26 引云台碑作左部接近金文 C，右部接近）。为研究 B 演变提供了重要的中间环节，它与古文“水”、、（徐在国 2006）[1082]等形接近，容易相讹，最后转抄成“水”形即 B。因此，B 的演变轨迹大致可以描述为：→→→。

参考文献

安徽大学汉字发展与应用研究中心编，黄德宽，徐在国主编（2019）《安徽大学藏战国竹简》（一），上海：中西书局：130。

陈　剑（2017）据《清华简（五）》的“古文虞”字说毛公鼎和殷墟甲骨文的有关诸字，载李宗焜主编，《古文字与古代史》第五辑，台北：“中央研究院”历史语言研究所：265-266。

段　凯（2018）《〈古文四声韵〉（卷一至四）校注》，上海：华东师范大学博士学位论文。

韩小荆（2009）《〈可洪音义〉研究——以文字为中心》，成都：巴蜀书社：742。

何琳仪（2017）《战国文字通论》（订补），上海：上海古籍出版社：305-306。

李春桃（2012）传抄古文综合研究，长春：吉林大学博士学位论文：294-295。

① 更多相通的例证参陈剑（2017）。

李国英(2015)《大正藏》疑难字考释,载中国文字学会《中国文字学报》编辑部编,《中国文字学报》第6辑,北京:商务印书馆:188。
梁春胜(2013)《楷书部件演变研究》,北京:线装书局:179。
林志强(2015)古本《尚书》特殊字形举例,载林志强,《字学缀言》,北京:人民出版社:199。
刘 复,李家瑞(1930)《宋元以来俗字谱》,台北:"中央研究院"历史语言研究所:116。
罗福颐(1978)《汉印文字征》,北京:文物出版社。
吕 蒙(2011)汉魏六朝碑刻古文字研究,重庆:西南大学博士学位论文:211。
毛远明(2014)《汉魏六朝碑刻异体字典》,北京:中华书局:552。
汤余惠(2015)《战国文字编》修订本,福州:福建人民出版社:514。
徐海东(2013)《古文四声韵疏证》(一二三卷),重庆:西南大学博士学位论文:159。
徐在国(1998)谈隶定古文中的义近误置字,《古籍整理研究学刊》第6期:261。
——(2002)《隶定古文疏证》,合肥:安徽大学出版社。
——(2006)《传抄古文字编》,北京:线装书局:290。
杨宝忠(2005)《疑难字考释与研究》,北京:中华书局:142-143、152。
——(2011)《疑难字续考》,北京:中华书局:191。
俞绍宏(2016)《上海博物馆藏楚简校注》,北京:中国社会科学出版社:699。
臧克和主编(2011)《汉魏六朝隋唐五代字形表》,广州:南方日报出版社:1129。
曾 良(2006)《俗字及古籍文字通例研究》,南昌:百花洲文艺出版社:13-16。
章太炎(2014)《章太炎全集》卷7《新方言》,上海:上海人民出版社:37。
张涌泉(2015)《敦煌俗字研究》第二版,上海:上海教育出版社。
赵立伟(2015)《〈尚书〉古文字编》,北京:中国社会科学出版社。
(510007 广州,中山大学中国语言文学系 960666389@qq.com)

也谈吉兆海话的系属*

王文敏　符昌忠　韦远诚

提要　文章通过词阶法探讨吉兆海话的系属,结果显示吉兆海话与侗台诸语言的关系为亲属关系,与粤、闽语为接触关系。吉兆海话、临高语共享的三条独特的语音演化规律:侗台语族其他语言的清塞音 p-、t-演变为内爆音 ɓ、ɗ;唇塞音模式复辅音声母演变为 tsh-;单数调 * r-类声母演化为擦音 s-,双数调 * r-类声母演化为边音。因此吉兆海话属于侗台语族台语支临高语的一个方言。

关键词　吉兆海话;临高语;壮语;形成机制

一、引　　言

广东省吴川市覃巴镇吉兆村有一部分村民讲一种“海话”,本文称这种“海话”为吉兆海话。会讲吉兆海话的人主要是六七十岁以上的老人。吉兆海话不仅非常特别,而且处于极度濒危的状态。张振兴(1992),Weera Ostapirat(许家平 1998),李健(2011),甘于恩(2015),李锦芳、吴艳(2017)等都讨论过吉兆海话,但彼此看法差异甚大。张振兴(1992)认为既不能将吉兆海话归入“电白海话”,也不能归入“廉江海话”。从口语词

---

* 本项研究得到教育部人文社会科学研究青年基金“基于地理信息平台的临高语语音研究”(项目编号 16YJC740072)、广东省教育厅青年创新人才类项目“临高语地理语言学研究”(项目编号 2014WQNCX119)、“基于语言资源有声数据库的临高语研究”(项目编号 GD12CZW11)、“基于地理信息平台的粤琼民族语言数据库建设”(项目编号 2014GWXM022)的资助。

本文分别在 2015 年 6 月 19 日《首届亚太语言文化生态国际会议》及第二届民族语文青年学者高级研修班上宣读,承蒙潘悟云、沈钟伟、金理新教授及匿名审稿人详细指正,并提出了诸多修订意见,谨致谢忱。不妥之处,概由笔者负责。

来看,有的像白话,有的像闽语,有的几乎写不出字来,无法进行比较。甘于恩(2015)认为吉兆海话含有闽语的成分,吉兆海话与当地的粤语、土语接触后,慢慢演变成现在的样子。李建(2011)[134]认为吉兆话海话源自福建莆田,受粤语的冲击,吸收了大量的壮语词汇,是对母语进行改造而成的。Ostapirat(1998)利用张振兴(1992)为数不多的语料,直截了当地指出吉兆海话不是一种汉语方言,而是一种临高语。不过,Ostapirat 用于证明吉兆海话是一种临高语的材料有限,有些地方尚需进一步核实。李锦芳、吴艳(2017)认为"吉兆话"受汉语的影响较深,与临高语、壮语的关系最为密切。

为了弄清楚吉兆海话的性质,2014 年,我们对吉兆海话进行调查。调查过程中,对于一个词汇,几个吉兆人要讨论很久,有很多词汇说不出来,只能说粤语。在此次调查过程中,第二作者以侗台母语人的感知发现吉兆海话当中存有大量的侗台语关系字。吉兆海话是不是真的侗台语族语言?2015 年携临高人黄开腾教授再次对吉兆海话进行调查,发现临高人与吉兆海话人并不能进行沟通,但是一些基本词汇同临高语一样。吉兆海话保留了一定的侗台语底层词汇,但语言的结构类型发生了很大的变化。

二、吉兆海话与侗台诸语言的发生学关系

2.1 吉兆海话与侗台诸语言的词阶统计

覃巴镇,古属鳌头市管辖,现由湛江吴川市管辖。覃巴镇居民讲三种话,即梅菉白话、吴川东话和吉兆海话。能跟覃巴镇吉兆村有接触的是梅菉白话、吴川东话。覃巴镇附近只有汉语方言,没有侗台语族语言。考察吉兆海话的核心词,我们不难发现,吉兆海话跟侗台语族诸语言有明显的发声学关系。根据陈保亚(1995)[21]将这 199 词分为前 100 词和后 99 词(剔除后 100 词中"动物"一词)两阶,吉兆海话跟侗台语族诸语言的关系字比率(见表 1):

表1　侗台诸语言前100词集和后99词集中核心关系字的比例①

	台语	临高	琼山	武鸣	龙州	布依	傣(西)	傣(德)
吉兆	比例	64/49	63/51	56/35	54/40	48/31	49/38	51/35
	侗水	侗	水	仫佬	毛难	标		
	比列	46/35	41/32	35/32	36/39	37/34		
	黎/汉	通什	保定	哥隆	白话	东话		
	比例	35/29	36/27	29/34	8/32	1/0		

有亲属关系的语言之间一阶关系字通常高于二阶关系字，而在语言接触中，前一阶关系字比例低于后一阶的关系字比例(陈保亚 1995)[23、25]从表1可以看出吉兆海话与台语支、侗水语支(除毛难)、黎语支(除哥隆)的语言一阶关系字的比例大于二阶。依据吉兆海话的核心词及统计数据，我们可以肯定 Ostapirat、李锦芳等学者的推测是正确的，吉兆海话跟侗台语族诸语言有发生学关系而跟粤语、闽语只是接触关系。

2.2　吉兆海话与侗台诸语言-a韵关系词

台语支语言的重要特征之一，就是-a韵读音相同或相似的较多。如表2所示，侗台诸语言中单元音-a韵的核心词吉兆海话也读为-a，且语音面貌与侗台诸语言一致，显然这些词与侗台语族诸语言有同源关系，与汉语方言白话、东话没有同源关系。

表2　-a韵例词

汉语	吉兆	临高	琼山	泰	邕宁	龙州	武鸣	傣	侗	水	黎	白话覃巴	东话吴川
鱼	ɓa^{1}	ɓa^{1}	ɓa^{1}	pla^{2}	pla^{1}	pja^{1}	pla^{1}	pa^{1}	pa^{1}	—	ɬa^{1}	ŋi$^{\cdot55}$	hy^{22}
厚	na^{1}	na^{1}	na^{1}	na^{1}	na^{1}	na^{1}	na^{1}	na^{1}	na^{1}	ʔna^{1}	na^{1}	hɐu^{213}	kau^{42}/hau^{42}
眼	ɗa^{1}	ɗa^{1}	ɗa^{1}	ta^{2}	tha$^{1'}$	ha^{1}	ɣa^{1}	ta^{1}	ta^{1}	ⁿɗa^{1}	tshaː^{1}	ŋan^{35}	ŋai$^{\cdot31}$
狗	ma^{1}	ma^{1}	ma^{1}	ma^{1}	ma^{1}	ma^{1}	ma^{1}	ma^{1}	ŋwa$^{1'}$	mḁ^{1}	pa^{1}	kɐu^{35}	kau^{31}

① “/”前项为前100词、后项为后99词在各语言、方言中的比例。本文吉兆海话、覃巴白话、临城、琼山临高语由王文敏、符昌忠调查；哥隆语(村话)、标话由符昌忠调查提供；泰语、(邕宁、龙州、武鸣)壮语、(西双版纳、德宏)傣语、(南、北)侗语、水语、布依语、毛南语参考《侗台语族概论》(梁敏，张均如 1996)；通什、保定黎语参考《黎语调查研究》(欧阳觉亚，郑贻青 1983)；东话参考《粤西闽语音变研究》(陈云龙 2012)。

(续表)

汉语	吉兆	临高	琼山	泰	邕宁	龙州	武鸣	傣	侗	水	黎	白话覃巴	东话吴川
杀	ka^{3}	ka^{3}	ka^{3}	kha^{3}	—	kha^{3}	ka^{3}	xa^{3}	sa^{3}’	ha^{3}	hau^{3}	sat^{3}	ɬu^{453}
腿	ua^{2}	va^{2}	va^{2}	kha^{1}	ha^{1}’	kha^{1}	ka^{1}	xa^{1}	pa^{1}	pa^{1}	ha^{1}	thui^{35}	thui^{31}
脸	na^{3}	na^{3}	na^{3}	na^{3}	na^{3}	na^{3}	na^{3}	na^{3}	na^{3}	ʔna^{3}	—	min^{33}	min^{33}
秧	la^{3}	la^{3}	la^{3}	kla^{3}	kla^{3}	kja^{3}	kja^{3}	ka^{3}	ka^{3}	ɗja^{3}	—	jiaŋ^{33}	oŋ^{33}

2.3 吉兆海话与侗台诸语言的核心词

依据吉兆海话的词汇尤其是基础词、核心词,可以确定吉兆海话是侗台语族语言而不是汉语方言。侗台语族诸语言都不同程度受到了汉语的影响,只不过吉兆海话长期受汉语影响而汉化程度较高而已。Ostapirat 认为吉兆海话是一种临高语。就我们所调查到的材料看(见表3),吉兆海话确实跟临高语的关系非常密切。

表3　吉兆海话与侗台语族其他语言同源关系词简表

汉	吉兆	临高	琼山	泰	邕宁	龙州	武鸣	傣	侗	水	黎
黑	lam^{1}	lam1	zɐm^{1}’	ɗam^{2}	nam^{1}’	ɗam^{1}	ɗam^{1}	ɗam^{1}	nam^{1}	ʔnam^{1}	ɗom^{3}
猪	mou^{1}	mo^{1}	mu ^{1}	mu^{1}	mou^{1}	mu^{1}	mau^{1}	mu^{1}	ŋu^{5}’	m̥u^{5}	pou^{1}
水	nam^{4}	nam^{4}	nam^{4}	nam^{4}	nam^{4}	nam^{4}	ɣam^{4}	nam^{4}	nam^{4}	nam^{3}	nom^{3}
火	vi^{2}	vəi^{2}	vɐi^{2}	fai^{2}	fai^{2}	fai^{2}	fai^{2}	fai^{2}	pui^{1}	vi^{1}	fei^{1}
儿子	lek^{8}’	lək^{8}	lɛk^{8}’	luːk^{8}	lik^{8}	lɯk^{8}	luk^{8}	luk^{8}	laːk^{10}	laːk^{10}	ɬɯːk^{7}
薄	ɓøŋ^{1}	viaŋ^{1}	ɓiaŋ^{1}	ɓiaŋ^{1}	maːŋ^{1}’	ɓaːŋ^{1}	ɓaːŋ^{1}	ɓaːŋ^{1}	maːŋ^{1}	ɓaːŋ^{1}	—
死	ɗai^{1}	ɗai^{1}	ɗai^{1}	taːi^{2}	thaːi^{1}’	haːi^{1}	ɣaːi^{1}	taːi^{1}	təi^{1}	tai^{1}	—
肝	ɗap^{7}	ɗɔp^{7}	—	tap^{7}	tap^{7}	tap^{7}	tap^{7}	tap^{7}	tap^{7}	tap^{7}	—
藤(蔓)	jaːu^{1}	jau^{1}	zɐu^{1}’	thaːu^{1}	hau^{1}	khau^{1}	kau^{1}	—	ȶaːu^{1}	jaːu^{1}	—
出	ok^{7}	uk^{7}	ok^{7}’	ɔːk^{9}	oːk^{10}	oːk^{7}	oːk^{9}	ɔk^{9}	uk^{9}	uk^{7}	—
肤	naŋ^{1}	nɐŋ^{1}’	naŋ^{1}	naŋ^{1}	naŋ^{1}	naŋ^{1}	naŋ^{1}	naŋ^{1}	—	—	noːŋ^{1}
黄	laːŋ^{1}	laŋ^{1}	laŋ^{1}	lɯəŋ^{1}	luːŋ^{1}	ləːŋ^{1}	liːŋ^{1}	ləŋ^{1}	—	—	zeːŋ^{1}
饱	kim^{2}	kəm^{2}	kum^{1}’	im^{5}	im^{6}	im^{5}	im^{5}	im^{5}	—	—	khɯːm^{1}
田	na^{2}	nia^{2}	nia^{2}	na^{2}	na^{2}	na^{2}	na^{2}	na^{2}	—	—	ta^{2}
翅膀	ɓik^{7}	ɓik^{7}	ɓik^{7}’	piːk^{9}	—	pik^{7}	—	pik^{9}	—	—	phiːk^{7}
嫩	un^{3}	un^{3}	—	ɔːn^{5}	un^{6}	oːn^{5}	un^{5}	ɔn^{5}	—	—	—

（续表）

汉	吉兆	临高	琼山	泰	邕宁	龙州	武鸣	傣	侗	水	黎
草木灰	ləu^{4}	ɗɔu^{4}	ɗɔu^{4}	thau^{3}	tau^{6}	pjau^{6}	tau^{6}	tau^{6}	—	—	—
菜	tsak^{7}	sak^{7}	sak^{7}’	phak^{7}	phlak^{7}	phjak^{7}	plak^{7}	phak^{7}	—	—	—
晒	ɗaʔ^{7}	ɗak^{7}	ɗak^{7}	taːk^{9}	thaːk^{7}	phjaːk^{7}	ɣaːk^{9}	taːk^{9}	—	—	—
下(山)	nɔŋ^{2}	loŋ^{2}	zoŋ^{2}	loŋ^{2}	loŋ^{2}	nuŋ^{2}	ɣoŋ^{2}	luŋ^{2}	—	—	—
力量	liŋ^{2}	liŋ^{2}	zɛŋ^{2}	rɛːŋ^{2}	hleːŋ^{2}	ɬeːŋ^{2}	ɣeːŋ^{2}	heŋ^{2}	—	—	—
重	khɔn^{1}	xɔn^{1}	xɔn^{1}	—	—	—	—	—	—	—	khɯn^{1}
轻	khau^{3}	xɔ^{3}	xɔ^{3}	—	—	—	—	—	ȶha^{3}’	za^{3}	khaɯ^{3}
满	ɗek^{7}	ɗik^{7}	ɗik^{7}	—	—	—	—	—	tik^{9}	tik^{7}	thiːk^{7}
(天)亮	ɓaːŋ^{1}	ɓaŋ^{1}	ɓaŋ^{1}	—	—	—	—	—	—	—	—
洗(头)	tsuk^{7}	tuk^{7}	tuk^{7}’	—	—	—	—	—	ɕuk^{9}	suk^{8}	toːk^{7}
问	tsai^{3}	tɔi^{3}	tɔi^{3}	—	—	—	—	—	ɕaːi^{1}	saːi^{3}	—
螃蟹	khum^{1}	xum^{2}	xɔm^{2}	—	—	—	—	—	—	kaːm^{6}	—
软	maːu^{4}	mɔ^{4} ~ 弱	mɔ^{4}	—	—	—	—	—	ma^{3}	ʔma^{3}	—
湿	tsak^{8}	tsak^{8}	tsɐk^{8}’	—	—	—	—	—	jak^{7}	ʔɣak^{7}	—
蛋	ȵum^{1}	ȵum^{1}	nɐm^{1}’	—	—	—	—	—	—	—	zɯːm^{1}
盐	ȵeu^{3}	ȵau^{3}	nau^{3}	—	—	—	—	—	—	—	ȵaːu^{3}
米	laːp^{8}	lɔp^{7}	zɐp^{8}’	—	—	—	—	—	—	—	—
风	tsɐn^{4}	van^{3}	van^{3}	—	—	—	—	—	—	—	—
草	ɓat^{7}	ɓɔt^{7}	ɓat^{7}’	—	—	—	—	—	—	—	—
沙	tsaːŋ^{4}	taŋ^{1}	taŋ^{1}	—	—	—	—	—	—	—	—
井	jaŋ^{1}	jaŋ^{1}	zɐŋ^{1}’	—	—	—	—	—	—	—	—
月亮	tsai^{1}	sai^{1}	sɐi^{1}’	—	—	—	—	—	—	—	—
物	kou^{4}	kɔu^{4}	kɔu^{4}	—	—	—	—	—	—	—	—
半	ɗa^{3}	ɗa^{3}	ɗa^{3}	—	—	—	—	—	—	—	—
醒	jaŋ^{1}	aŋ^{1}	ɐŋ^{1}’	—	—	—	—	—	—	—	—
树	mai^{4}	—	—	mai^{4}	mai^{4}	mai^{4}	fai^{4}	mai^{4}	mai^{4}	mai^{4}	tshai^{1}
坐	naŋ^{4}	—	—	naŋ^{3}	naŋ^{6}	naŋ^{6}	naŋ^{6}	naŋ^{6}	—	—	—
他	man^{2}	—	—	man^{2}	—	min^{2}	—	man^{2}	—	man^{1}	—
水牛	kui^{2}	—	—	khwaːi^{2}	vaːi^{2}	vaːi^{2}	vaːi^{2}	xwaːi^{2}	kwe^{2}	kui^{2}	—
村	mui^{1}	—	—	—	—	—	—	—	—	—	—

限于文章的篇幅,我们没有展开比较。就词汇而言,吉兆海话确实跟侗台语族南部语群中的临高语关系最为密切。吉兆海话中的相当一部分语词,只跟临高语相同而跟侗台语族的其他语言不同,如“草”。这一形式已经不见于侗水语支、台语支语言。个别在临高语中已经失去普通意义的语词仍保留在吉兆海话中,比如 mui¹“村”。海南有大量以“美”“迈”命名的村庄,但临高语中“美”“迈”已经没有了“村庄”的意义。Ostapirat 基于材料的原因并没有展开论述吉兆海话的系属,但其语言直感无疑是正确的,吉兆海话是一种临高语。

三、吉兆海话与临高语

3.1 内爆化

侗台语族其他语言的双唇不送气清塞音 p-、齿龈不送气清塞音 t-,临高语分别变成双唇内爆音 ɓ-和齿龈内爆音 ɗ-(临高语音系中没有不送气清塞音 p-)。不送气清塞音内爆化是临高语有别于侗台语族其他语言的区别特征之一。通过比较(见表4),我们可以确定吉兆海话跟临高语一样,不送气清塞音 p-和 t-变成内爆音 ɓ-和 ɗ-(吉兆海话没有 p-和 t-)。

表4 吉兆海话、临高语读为内爆音例词

汉语	吉兆	临高	琼山	邕宁	龙州	武鸣
去	ɓai¹	ɓɔi¹	ɓɐi¹'	pai¹'	pai¹	pai¹
翅膀	ɓik⁷	ɓik⁷	ɓik⁷'	—	pik⁷	—
嘴	ɓaʔ⁷	ɓak⁷	ɓak⁷	paːk⁹	paːk⁷	paːk⁹
鸭	ɓɔʔ⁷	ɓit⁷	pit⁷	pət⁷	pit⁷	pit⁷
阉鸡	ɗɔŋ¹	ɗon¹	ɗon¹	toːn¹	toːn¹	toːn¹
滴	ɗek⁷	ɗik⁷	ɗik⁷	—	—	—
肝	ɗap⁷	ɗap⁷	fɔi³	təp⁷	tap⁷	tap⁷
掉	ɗɔʔ⁷	ɗok⁷	ɗok⁷'	tok⁷	tuk⁷	tok⁷
冰	ɓeŋ¹	ɓəŋ¹	ɓiŋ¹	—	piŋ¹	—
帮	ɓɔŋ¹	ɓɔŋ¹	ɓaŋ¹	paːŋ¹	paːŋ¹	paːŋ¹
等	ɗaŋ³	—	ɗɔŋ³	taŋ³	taŋ³	taŋ³

（续表）

汉语	吉兆	临高	琼山	邕宁	龙州	武鸣
鱼	ɓa^{1}	ɓa^{1}	ɓa^{1}	pla^{1}	pja^{1}	pla^{1}
晒	ɗaʔ^{7}	ɗak^{7}	ɗak^{7}	thaːk^{10}	phjaːk^{7}	ɣaːk^{9}
死	ɗaːi^{1}	ɗai^{1}	ɗai^{1}	thaːi^{1},	haːi^{1}	ɣaːi^{1}
屁	ɗaʔ^{7}	ɗut^{7}	ɗɔt^{7},	thot^{7}	tət^{7}	ɣot^{7}
眼	ɗa^{1}	ɗa^{1}	ɗa^{1}	tha^{1}	ha^{1}	ɣa^{1}
叶	ɓou^{2}	ɓɔ^{2}	ɓɔ^{2}	mai^{1},	ɓaɯ^{1}	ɓaɯ^{1}
薄	ɓøŋ^{2}	viaŋ^{1}	ɓiaŋ^{1}	maːŋ^{1},	ɓaːŋ^{1}	ɓaːŋ^{1}

吉兆海话跟临高语完全相同，不仅体现在同源词上，也体现在汉语借词上。汉语的帮母和端母，吉兆海话和临高语都读内爆音，如“冰、帮”等（见表4）。侗台语族诸语言不送气清塞音内爆化是临高语重要的创新性区别特征，吉兆海话与临高语共享这一特征。依据不送气清塞音内爆化这一语音特征，我们完全可以把吉兆海话纳入临高语。临高语音系出现了一个怪异的现象，即没有不送气清塞音 p-声母。吉兆海话也没有不送气清塞音 p-声母，跟临高语相同。

3.2 唇流模式复辅音擦化

吉兆海话不仅没有不送气清塞音 p-声母，也没有不送气清塞音 t-声母。这一点跟临高语看起来很不一样，临高语有不送气清塞音 t-声母。不过，临高语的不送气清塞音 t-声母是一个后起的辅音声母，主要由齿龈擦音 s-声母塞化而来的（s- > t-）。如表 5 所示，汉语心母借词，吉兆海话读边擦音 ɬ-，临高读齿龈塞音 t-。

表 5　汉语关系字 * s-类声母吉兆海话、临高语、壮语的语音形式

汉语	吉兆	临高	琼山	邕宁	龙州	武鸣
三	ɬaːm^{1}	tam^{1}	tam^{1}	ɬaːm^{1}	ɬaːm^{1}	θaːm^{1}
四	ɬi^{3}	ti^{3}/təi^{3}	ti^{3}/tɐi^{3}	ɬei^{5}	ɬi^{5}	θai^{5}
西	ɬai^{1}	tɔi^{1}	tɐi^{1},	ɬai^{1}	ɬai^{1}	θa^{1}
想	ɬøŋ^{3}	tiaŋ^{3}	—	ɬeːŋ^{3}	ɬəːŋ^{3}	θiːŋ^{3}
锁	ɬø^{3}	tua^{3}	tua^{3}	ɬu^{3}	ɬa^{3}	θu^{3}

临高语有 s，但是汉语心母借词临高不读齿龈擦音 s-，而读齿龈塞音 t-。

侗台语族诸语言 * s-类声母吉兆海话、临高语都经历了演化为齿龈擦音 s-的阶段。只是擦音 s-在吉兆海话中没有塞化为齿龈塞音 t-。这主要是吉兆海话没有 s-声母,而有 s-的变体形式边擦音 ɬ-(临高语没有边擦音 ɬ-)。这在华南地区极其常见,可以看成是区域性的语音特征。

表6 中都是汉语借词,汉语读为齿龈送气塞擦音 tsh-,吉兆海话也读为 tsh-,而临高却是齿龈擦音 s-。

表6　汉语关系字吉兆海话 tsh-声母、临高语的读音形式

语言点	枪	车	漆	春	秋	葱	窗	差
吉兆	tshøŋ1	tshø1	tshat7	tshan1	tshu1	tshuŋ1	tshøŋ1	tsha1
临高	suŋ3	sia1	sat8	sun1	su1	suŋ1	suaŋ1	sa1
琼山	suŋ3	sia1	sat9	sun1	su1	suŋ1	suaŋ1	sa1

临高语齿龈塞擦音变成了齿龈擦音。塞擦音尤其是送气塞擦音极其容易跟擦音出现交互演变,汉语如此,侗台语也是如此。临高临城方言没有送气齿龈清塞擦音 tsh-声母,其他琼山方言有 tsh 的语音变体但 ts 和 tsh 不区别意义。梁敏、张均如(1997)也提到临高语的 s-声母相当于老借词的送气塞擦音 tsh-。临高语齿龈擦音 s-作为送气齿龈塞擦音 tsh-的变体形式而存在,这一点广泛出现在侗台语里面,比如欧阳觉亚(1983)黎语的 tsh-的塞音成分很轻微,大部分方言读[ç-]或[s-]。

如表7 所示,临高语中读擦音 s 的部分词汇,吉兆海话读为齿龈不送气清塞擦音 ts-。

表7　侗台语族其他语言 ph-或 phl-复辅音声母吉兆海话、临高语对应关系例词

汉语	吉兆	临高	琼山	泰语	邕宁	龙州	武鸣
瘦	tsum1	sum1	sum1'	phɔːm1	phloːm1'	—	ploːːm1
菜	tsak7	sak7	sak7'	phak7	phlak7	phjak7	plak7
蜂	tsan3	saŋ3	saŋ3	phɯŋ3	—	—	—
芋	tsaʔ7	mak8 sak7	mak8 sak7	phɯək9	phluːk7	phəːk7	pliək9
种	tsa1	sa1	sa1	—	—	—	—
烧	tsou1	—	—	phau5	—	—	—
月	tsai1	sai1	sɐi1'	—	—	—	—
山	tsaŋ1	saŋ1 山林	sɐŋ1'	—	—	—	—

考察吉兆海话的词汇系统,我们不难发现,对应吉兆海话齿龈不送气清塞擦音 ts-的是跟汉语没有对应关系的固有词,对应吉兆海话齿龈送气清塞擦音 tsh-的是汉语借词。固有词侗台语族诸语言大抵是唇塞音 ph-或带边音-l-的复辅音声母。这一类复辅音声母只有吉兆海话、临高语系统地演变成了齿龈塞擦音或擦音(临高为齿龈擦音 s-是后来演变的结果)。可见,吉兆海话在侗台语族里面跟临高语最为亲密。前面已经讨论了齿龈送气塞擦音 tsh-临高语系统地演变成齿龈擦音 s-,上述这些语词台语支的南部方言为双唇送气清塞音。因而,我们可以推定,这部分语词的声母临高语早期应该是齿龈送气塞擦音 tsh-,后演变成了齿龈擦音 s-,而送气音塞擦音擦音化是临高语重要的语音特征。吉兆海话齿龈塞擦音送气、不送气对立。依理,上述语词吉兆海话本应该是齿龈送气塞擦音 tsh-,读不送气塞擦音 ts-是演变的结果。

如表 8 所示,临高的齿龈不送气塞音 t-和喉擦音 h-,吉兆海话也读为齿龈不送气清塞擦音 ts-。

表 8　*s-类声母吉兆海话、临高语、壮语例词

汉语	吉兆	临高	琼山	邕宁	龙州	武鸣
啼	$tsan^{2}$	tan^{1}	tan^{1}	—	—	—
齿	$tsan^{4}$	tin^{1}	tɐn^{1}’	fan^{2}	—	fan^{2}
放	tsɔŋ^{3}	—	tuŋ^{1}’	—	—	—
背	tsa^{3}	—	ta^{3}	—	—	—
沙	tsaːŋ^{4}	taŋ^{1}	taŋ^{1}	—	—	—
懂	$tsak^{7}$	tɔk^{7}	tɔk^{7}	—	—	—
洗	$tsuk^{7}$	tuk^{7}	tuk^{7}	—	—	—
问	$tsai^{4}$	tɔi^{3}	tɔi^{3}	—	—	—
高	tsaːŋ^{1}	haŋ^{1}	haŋ^{1}	ɬaːŋ^{1}	ɬuŋ^{1}	θaːŋ^{1}
螺蛳	—	hɔi^{1}	hɐi^{1}	ɬai^{1}	hoːi^{1}	θai^{1}
送	tsɔŋ^{3}	hoŋ^{3}	hoŋ^{3}	ɬoŋ^{5}	ɬuŋ^{5}	θoŋ^{5}
酸	tso^{3}	hua^{3}	hua^{3}	—	—	—
屎	tsø^{3}	ho^{3}	—	—	—	—

由此,可以确定吉兆海话的齿龈塞擦音 ts-可以跟临高语的 s-/t-/h-三个声母对应。临高语早期的齿龈擦音 s-演变成齿龈不送气塞音 t-和喉擦音 h-,而塞

擦音却没有这种音变。这一点可以用大量的汉语借词予以证明。吉兆海话这些声母为齿龈不送气塞擦音 ts-的语词,间或是汉语借词,如 $tsɔŋ^3$“送”;间或有侗台语同源词。无论是汉语借词还是侗台语同源词都反映出其声母是擦音。可见,跟临高语一样,吉兆海话这些齿龈不送气塞擦音 ts-早期是齿龈擦音 s-,只不过临高部分演变为齿龈塞音 t-和喉擦音 h-,而吉兆海话因汉语借词的大量侵入而演变成齿龈塞擦音 ts-。由此看来,吉兆海话来自侗台语唇流复辅音的齿龈不送气塞擦音 ts-起码在某一时期跟临高语一样是齿龈擦音 s-。

3.3 ＊r-类声母清浊分立

3.3.1 单数调＊r-类声母吉兆海话、临高语演化为擦音 s-

齿龈擦音 s-,临高语或演变为齿龈塞音 t-,或演变为喉擦音 h-。这两种音变广泛见于华南的语言或方言,前者如仫佬语(s- > t-),后者如水语(s- > h-)。吉兆海话齿龈擦音 s-或演变为齿龈塞擦音 ts-或为边擦音-ɬ(吉兆海话没有齿龈擦音 s-,有齿龈擦音 s-的变体-ɬ)。

从表 9 中例词可以看出,吉兆海话的边擦音 ɬ-,也可以对应临高语的齿龈擦音 s-,个别语词临高语进一步塞化为齿龈塞音 t-,如表 9 临高 tek^7“肋”。壮语邕宁为轻边音 hl-,龙州为 h-,武鸣为 ɣ-。

表 9 ＊r-类声母吉兆海话、临高读为擦音例词

汉语	吉兆	临高	琼山	邕宁	龙州	武鸣
六	$ɬiɔʔ^7$	sok^7	sok^7	$hlok^7$	huk^7	$ɣok^7$
吠	$ɬou^3$	sau^3	sau^3	$hlau^5$	hau^5	$ɣau^5$
路	$ɬan^1$	sun^1	$sɐn^{1,}$	$hlon^1$	—	$ɣon^1$
网	$ɬaːi^3$	sai^3	—	hle^1	he^1	$ɣe^1$
肋	$ɬeʔ^7$	tek^7	$tɛk^7$	$hlik^7$	—	—

侗台语族诸语言单数调＊r-类声母只有吉兆海话、临高语演变为边擦音 ɬ-和齿龈擦音 s-。台语支、侗水语支演变成喉擦音 h-(如龙州)甚至更进一步演变成软腭送气清塞音 kh-(如壮语德保 $khjoːk^7$“六”)。侗台语族其他语言单数调＊r-类声母没有这类变化。单数调＊r-类声母演化为擦音 s-,是吉兆海话、临高语不同于侗台语族诸语言的区别特征。

3.3.2 双数调＊r-类声母吉兆海话、临高语演化为边音 l-

如表 10 所示,侗台语的双数调＊r-类声母,吉兆海话、临高语为边音 l-

(临高语琼山为擦音 z-)。壮语邕宁仍为 hl-,武鸣仍为 ɣ,龙州部分为 ɬ,部分为 l。双数调 * r-类声母边音化,是吉兆海话、临高语不同于侗台语族诸语言的区别特征。

表 10　双数调 * r-类声母吉兆海话、临高读为边音的例词

汉语	吉兆	临高	琼山	邕宁	龙州	武鸣
船	lɔ^{2}	lua^{2}	zua^{2}	hlu^{2}	lɯ^{2}	ɣu^{2}
房屋	laːŋ^{2}	lan^{2}	zan^{2}	hlaːn^{2}	ɬəːn^{2}	ɣaːn^{2}
臭虫	lyt^{8}	liat^{8}	zɛt$^{8'}$	hliːt^{10}	ləːt^{8}	ɣɯət^{8}
后天	-laːu^{4}	-lɔ^{2}	-zɔ^{2}	-hlei^{2}	-lɯ^{1}	-ɣaɯ^{2}
漏	lu^{1}	loʔ^{8}	zo^{2}	hlo^{6}	ɬu^{6}	ɣo^{6}
力	liŋ^{2}	liŋ^{2}	zɛŋ^{2}	hleːŋ^{2}	ɬeːŋ^{2}	ɣeːŋ^{2}
笑	lieu^{2}	liau^{1}	ziau^{2}	hliːu$^{1'}$	hu^{1}	ɣiəu^{1}
生	lai^{3}	lai^{3}	zai^{3}	—	—	—
舔	lem^{2}	lim^{4}	zim^{4}	—	—	—

侗台语的 * r-类声母,侗台语族相当多语言既有声调上的区别又有声母上的不同,如台语支南部方言(龙州)。只有吉兆海话和临高语 * r-类声母的演化是一致的。

3.3.3　侗台语族其他语言 * r-类声母吉兆海话、临高语其他的演化途径

吉兆海话对清颤音 * r-的处理跟临高、琼山并不完全相同,有其独特的地方。如表 11 所示,部分单数调清声 * r-类声母词,临高语读为齿龈擦音 s-或声门擦音 h-,而吉兆海话读为 l-。吉兆海话个别语词随着齿龈擦音 s-演变成了齿龈塞擦音 ts-,如"梳"。

表 11　* r-类声母吉兆海话、临高语其他演化途径例词

汉语	吉兆	临高	琼山	邕宁	龙州	武鸣
嗓子哑	lap^{8}	sep^{7}	sep$^{7'}$	hleːp^{10}	heːp^{7}	heːp^{9}
耳朵	la^{1}	sa^{1}	sa^{1}	hli^{2}	hu^{1}	ɣɯ^{2}
头	lau^{3}	hau^{3}	hau^{3}	hlau^{5}	ɓau^{3}	ɣau^{3}
圈	laːŋ^{3}	—	suaŋ^{4}	luːŋ^{5}	—	ɣiəŋ^{6}
抬	laːm^{1}	ham^{1}	ham^{1}	—	haːm^{1}	ɣaːm^{1}
梳	tsai^{1}	hai^{1}	hɐi$^{1'}$	hloːi$^{1'}$	vi^{1}	ɣoːi^{1}

发边擦音 ɬ-时舌尖抵住牙龈部位,气流从舌的两边通过,因为舌的两边通道狭窄气流在舌后部形成湍流导致摩擦,声调不振动。发清边音 hl-时,气流在声门部位摩擦然后气流从舌的两侧流出,声带不振动,发音时极易同边擦音 ɬ-混淆,所以吉兆海话当中仍读 l-,而临高语读为 s-和 h-。其他壮语也有类似的音变,hl-读为 l-的,如东兰壮语 $lɯ^2$“耳朵”,龙州 hl-也有部分读为 h-。

四、吉兆海话的形成机制

据史料记载,粤西南古代是百越人的地望,南北朝时高雷地区是俚人冼夫人家族的管辖区域。冼夫人生于高凉郡(今广东省茂名市电白区电城镇山兜村),覃巴镇古属鳌头市(今茂名市鳌头镇)管辖。吉兆人应该是百越人的原住民,这种临高语方言应该是他们的母语的遗存。近代粤文化占据了强势地位,尤其是最近十几年,数字媒体的发展,粤文化的影响,会说吉兆海话的吉兆村民逐年减少,青少年已经不会说了,吉兆海话出现了断层现象,已经极度濒危。

吉兆海话、临高语清不送气塞音内爆化、唇流模式复辅音擦化、* r-类声母的清浊分立(详见第3节)都是语言演变过程中纵向传递的结果。如 p-、t-内爆音化,普通 p-、t-会变紧变硬变强,紧/硬/强的 'p-、't-会变为内爆音 ɓ、ɗ(朱晓农 2006)。吉兆海话 p-、t-内爆化是语言演变过程中的纵向传递的结果。

吉兆海话还保留侗台语言的边擦音,吉兆海话的汉语关系字中心、邪、书、生、禅母多数字,崇、船母少数字,都读 ɬ。(同李健 2011)[137] 吉兆周边汉语方言仍保留边擦音。如:吴川兰石东话邪、崇、禅母大部分字,心、生、书少部分字也都读 ɬ(陈云龙 2012);梅菉白话心、邪母等字也读为边擦音 ɬ(张振兴 1992)[198]。ɬ、θ 主要分布在粤西,广西、福建等地与壮语连成一片。其中宁明、钦州、横县是粤语和壮语分布区,怀集是标话和粤语分布区。闽语点心母字读为边擦音的点相对较少,如:霞洞、雅埠、城关、莆田等。

粤语次方言当中心、邪等母读为 ɬ 或 θ 和壮侗语具有对应关系,是早期粤西、桂东的“汉化”与未汉化而以汉语为第二语言的原住民的口语(麦耘 1997)。汉语方言的形成机制是不完善的语言转换。不完善的原因是受到母语的干扰而将第一语言中的语音、词汇、语法规则不自觉地运用在第二语言中去,形成第二语言习得的偏误(沈钟伟 2016)。吉兆海话汉语关系字心、邪等母读为 ɬ 的现象是受母语干扰所致,是吉兆海话人二语习得过程的偏误。因此吉兆海话经历了语言的横向传递。

吉兆海话的演化可能大致经历四个阶段:第一阶段为原始吉兆海话阶段,该阶段的吉兆海话与临高语比较接近;第二阶段随着强势方言闽语的入侵,一部分"吉兆人"在学习闽语过程中,把母语中的侗台语结构通过匹配带到闽语当中,形成了一种母语干扰的中介语。这部分人逐渐汉化,在文化优势上与闽人没有太大的区分,而且这部分人的人数较多,造成了一种新的强势,把原来的闽语同化了,形成了吴川东话,所以吴川东话保留了边擦音、内爆音等侗台底层的语音现象。一部分"吉兆人"没有被同化,但是由于长期的语言接触,语言特征上留有闽语的痕迹。第三阶段粤文化占据了强势地位。没被闽语同化的"吉兆人"开始学习粤语,同样他们也把母语中的侗台语结构匹配到当地的粤语当中,形成一种母语干扰的中介语,即负载母语信息的粤语。因基本词汇使用的频率较高而得以保留,而非基本词汇使用的频次低,已经完全被中介语取代,非基本词汇进而被石化。吉兆海话将经历的第四阶段是直接去底层转换为具有当地特色的梅菉白话,或者最后年轻人都使用广府粤语。

五、结　　语

本文通过对两百核心词分阶统计比较及基本词、核心词的语音对应关系,认为吉兆海话与侗台语族诸语言的关系为同源关系,吉兆海话与闽语、粤语是接触关系。

侗台语族其他语言的 p-、t-演变为内爆音 ɓ、ɗ;唇塞音复辅音声母演变为 tsh-/s;*r 类声母单数调演化为擦音 s-, *r-类声母双数调演化为边音 l-。这三条是临高语独特的音变规律,吉兆海话与临高语共享,这足以证实吉兆

① 壮语点参考《壮语方言研究》(张均如,梁敏,欧阳觉亚等 1999),标话点由符昌忠调查提供,民族语读为 ɬ、θ 共有 34 个点,粤语、闽语的数据根据《汉典》音韵方言的材料,其中粤语心母"三、四"读为 ɬ、θ 的共 29 个点,闽语 4 个点。

海话不是一种独立的语言,而是一种临高语。吉兆海话因自然音变、接触音变等各种内、外部的因素的影响,语音面貌发生了很大的变化,但其底层的基本词汇还保存着,因此不能说他是汉语方言。

参考文献

陈保亚(1995)从核心词分布看汉语和侗台语的语源关系,《民族语文》第5期:21。

陈云龙(2012)粤西闽语音变研究,上海师范大学博士学位论文。

甘于恩(2015)论广东吴川吉兆海话声调的闽语特征,载甘于恩主编,《南方语言学·2014》,广州:暨南大学出版社:5。

李　健(2011)广东吴川吉兆海话的四种语音成分,《湛江师范学院学报》第4期:143、137。

李锦芳,吴　艳(2017)广东吴川吉兆话概况,《民族语文》第4期:78。

梁　敏,张均如(1996)《侗台语族概论》,北京:中国社会科学出版社。

——(1997)《临高语研究》,上海:上海远东出版社:128。

麦　耘(1997)中古精组字在粤语诸次方言的不同读法及其历史涵义,《中国语言学报》,25(2):211、212、240。

欧阳觉亚(1983)《黎语调查研究》,北京:中国社会科学出版社:14。

张均如,梁　敏,欧阳觉亚,等(1999)《壮语方言研究》,成都:四川民族出版社。

张振兴(1992)广东省吴川方言记略,《方言》第3期:197。

朱晓农,寸　熙(2006)试论清浊音变圈 一兼论吴、闽语内爆音不出于侗台底层,《民族语文》第3期:3。

Ostapirat W. (1998) A Mainland Bê Language? *Journal of Chinese Linguistics*, *26*(2): 338-343.

Shen Zhongwei (2016) Horizontal Transmission and Dialect Formation. *Journal of Chinese Linguistics Monograph Series 26*: 21-54.

(王文敏　510665　广州,广东技术师范大学民族学院　52797054@qq.com;
符昌忠　510665　广州,广东技术师范大学民族学院　1043106236@qq.com;
韦远诚　530006　南宁,广西民族大学文学院　2520629@qq.com)

中国手语否定标记的类型学特征*

倪　兰

提要　在跨语言的考察中,我们发现人类语言通常使用形态变化或结构位置表示否定,即通过否定副词、否定助词以及否定词缀来实现。手语是使用空间信息表达意义的语言符号,是一种与有声语言既有共性又有差异性的视觉语言符号系统。手语中的否定标记既包含否定副词、否定助词、否定词缀,还包括非线性的否定标记,也称作非手控否定标记(non-manual markers of negation),这类标记可以附着在词或句子之上,有时也可以单独承担否定的功能,它的位置和范围在不同的语言中会受到各自语言的特殊限制。文章以中国手语(CSL)为例,讨论手语中否定标记的类型、线性和非线性位置及辖域、分裂否定的表现形式,以及有声语言与视觉语言在类型学上的异同。

关键词　手语;否定标记;类型学;非手控标记;分裂否定

一、引　　言

否定是世界语言中普遍存在的现象之一,用以表达否认一个事件或其中某部分真实性的语法范畴,同时否定表达的是对命题的一种态度,是各语言中普遍存在的对事件、性状、动作等的主观判断,也可看作语句的表述功能性范畴。表达否定意义的形式可以分为:词汇否定、句法否定和篇章否定。手语是借助手势和表情体态来表达意义的视觉语言符号系统。手语中的否定标记既

* 本文曾在 2018 年 5 月 3—7 日 University of Wisconsin-Madison 举办的 IACL-26 & ICCLC-20 年会上宣读。本研究为教育部人文社会科学研究规划基金项目"基于语料库的中国手语词类问题研究"(项目编号 17YJA740038)阶段性成果,并受到国家语委项目"面向人机交互的中国手语语篇识别多源语料库建设"资助。

包含否定手势、否定词缀,还有类似于有声语言声调的表情体态,被称之为非手控标记(non-manual markers),包括摇头、皱眉、眯眼、瘪嘴、仰头等,附着在词或句子之上,但有时也可以单独承担否定的功能。手语否定的类型学研究主要是从非手控标记、否定标记的位置、否定的形态变化等方面进行探讨。

手语否定句中往往同时包含有多个否定标记,在句法上常表现为分裂否定(split negation)或者称否定和谐(negation concord)。这些多重否定标记并不表肯定,而是表示否定程度的加强。如德国手语中否定词结合了否定后缀,而这种后缀还会引发韵律改变,正如有声语言的声调改变(Pfau 2008);香港手语中也存在这种双重否定(double negation)(Tang 2006)。

手语否定句中否定手势可以在谓语前,也可以占据谓语后的位置,而大多数情况下这个位置是句末的位置。不同手语中否定手势的主要位置也不同,如在美国手语中是 S-Neg-V-O,而在德国手语中是 S-O-V-Neg(Pfau 2008);香港手语用于句式否定的否定标记均为自由语素,也都在句末位置(李然辉 2011)。从跨语言的角度看,否定词位于句末位置是人类语言中非常普遍的现象。

手语中的一些动词会有一些特殊的否定形式,这些形式可以看作是构词(word formation),也有人认为是屈折变化(inflextion)。如 NOT-KNOW, NOT-HAVE, CAN'T 等,在澳大利亚手语(Auslan)、英国手语(BSL)、美国手语(ASL)等手语中都有类似的否定形式。

尽管手语语料和文献有限,但手语语言学者还是对不同手语的否定标记进行了跨语言比较,如 Zeshan(2006)对三十七个不同地区的手语进行调查,得到 8 个类别的否定词,其中 4 种是最常见的种类。此外语言学者还比较了一些手语和有声语言中否定标记的差异,如 Pfau Roland(2008)比较了德语、南非荷兰语、苏丹语等有声语言和手语的否定表达,并得到一些初步的结论:如有声语言中大多数的否定标记为黏着语素,而手语中的否定标记则多为自由语素;有声语言的否定标记多位于动词之前,而手语中的否定标记多位于动词之后;双重否定在有声语言中多表示肯定,但在手语中多为否定的强调。

二、中国手语的否定标记

2.1 中国手语否定研究现状

对中国手语(CSL)否定的研究文献较少,最早对中国手语否定问题有所涉及的是赵锡安(1999),他在聋人手语常见句式中提道：在聋人手语中,涉及肯定、否定和疑问的句式有特定的规律,即表示肯定、否定、疑问的词必然放在句末。他注意到中国手语的否定手势出现的句法位置不同于汉语,但他并未对中国手语否定形式做进一步的描写,也没有从语言学的角度对否定范畴进行分析和论述。第一次对中国手语的否定问题进行语言学分析的是 Yang 和 Fischer(2002),她们认为中国手语有多种否定表达,即否定表情、摇头、否定体态(耸肩摊手)、否定手势,包括否定手形(Ng 手形),摆手(handwave)运动和融合否定手势词(fusion of negative signs)。她们认为中国手语的否定表情和摇头是分离的,与英国手语(BSL)一样,摇头具有和否定手势词相同的功能。摇头不能伴随其他肯定的手势同时出现,只能出现在肯定手势之后,但可以与其他的否定手势同时出现。她们对否定成分的描写比较详细,但没有区分否定成分的性质和层次,没有对手语否定成分的位置及否定的辖域进行分析。吴晓波(2013)将上海手语的否定词分为基本否定词和其他否定词两种,基本否定词为“不”和“没有”,其他否定词有复合否定词、NG 手形否定词、否定词缀否定词和不规则否定词四类,并将上海手语中的“不”和“没有”与汉语和其他手语进行了比较。她还认为,上海手语中的摇头通常伴随否定词一起出现,较少充当独立的否定标记,但可以对话题或问题进行否定。她在上海手语语料调查的基础上对否定成分进行了分类和描写,并注意到汉语对手语否定表达的影响。但将否定词缀和不规则变化的否定形式等都归入其他否定词的分类方法缺乏理论依据,另外没有区分词汇否定、句法否定和语篇否定的界限。

中国手语的否定研究都涉及了手势词、手势的形态变化和非手控成分,但没有明确指出这些手语否定标记的不同性质及在语法上的不同层次,以及这些否定标记之间的关系,强制性否定标记的特征,对否定手势出现的位置和否定的范围也没有进行深入探讨。

2.2 中国手语否定标记的类型

中国手语中的否定与其他手语的共性在于同样使用否定手势、表情、摇头等表示对某个手势词或整个句子的否定,同时也有自己独特的语法特征。在中国手语中我们认为主要有四种否定标记：a. 否定手势词;b. 表情;c. 摇头、耸肩、摊手等体态;d. 肯定手势的否定变化形式。

表情、摇头、耸肩、摊手等表情体态被称为非手控标记(non-manual

markers),手语的一个句子中往往不止一个否定标记,而是同时包含有多个否定标记,这些多重否定标记并不表示肯定,只是表示否定程度的加强。中国手语中四种否定标记有多种可能的组合方式,但实际只有以下几种方式,即:a+b,b+c,b+d,a+b+c,b+c+d, a+b+d。这些组合方式的类型不同,有时同时出现,如表情和其他否定标记的共现,摇头与否定手势词或摇头与手势的否定变化形式也会同时出现;也有以线性方式先后出现的,如否定手势词之间,否定手势词和肯定手势的否定变化形式等可以先后出现。四种组合中都包含否定表情,即皱眉、闭眼、皱鼻、瘪嘴等。如图1所示:

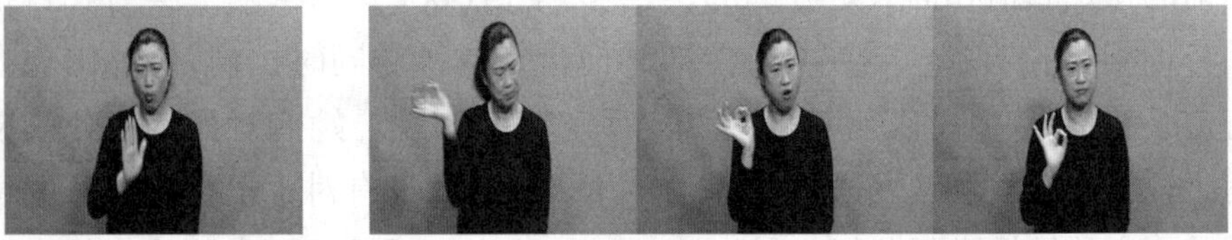

否定手势"不"+表情　　　　否定手势"没有"+摇头+表情

图1

从图1中我们看到典型的否定表情是闭眼、皱鼻、瘪嘴,同时伴随否定手势"不""没"。我们推断表情是中国手语中一种强制性的否定表达手段。

三、中国手语否定手势词的句法功能

我们认为中国手语中的否定标记可以分为词法层面和句法层面,否定手势词是在句法层面的否定标记,是对全句的否定,也是最为显性的否定标记。

3.1　否定手势词的分布

正如英语中有否定副词,如 no、not、never 等,汉语中也有否定词"不""没""没有""未"等,中国手语中有多个手势表示否定,其中基本否定手势为"不"和"没有"。"不"为5手形左右摆动,"没有$_1$"为拇指与其余四指相搓,然后摊开手掌,"没有$_2$"为食指和大拇指相捏,其余手指弯曲,手腕左右摆动的P手形,还有一种变体为所有手指弯曲的O手形的左右摆动,"没有$_3$"为双手5手形摊开。见图2:

"没有"的三种表达"没有$_1$""没有$_2$""没有$_3$",都是单语素手势,"没

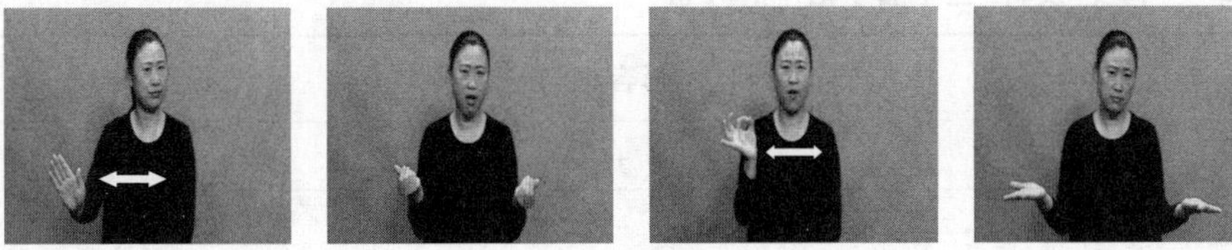

不　　没有$_1$　　没有$_2$　　没有$_3$

图2

有$_1$”“没有$_2$”和“没有$_3$”都可以在名词之后或之前，作为动词，表示不存在，但“没有$_2$”和“没有$_3$”还可以表示对动词的否定，即“没有$_2$”和“没有$_3$”可以是存现动词，也可以是一个否定副词，放在动词之后或之前，而“没有$_1$”则只是一个动词①。如：

nfe②　　nfe

（1）快/打开门/找，**没有**$_1$/人，奶奶/孩子/女/**没有**$_1$。

（猎人）很快打开门找，没有人，奶奶、孩子都没有。

nfe-tilt

（2）主要/缺少/教育/知识/**没有**$_2$ ++。

（这些人）主要是缺少教育，没有知识。

nfe

（3）爸爸/妈妈/为了/工作/挣钱/**没有**$_3$，乘火车/到/贵州/找/工作 ++。

父母因为工作没有挣到钱，乘火车到贵州找工作。

nfe

（4）（他们）回家/看望/**没有**$_2$（双手）/一年/两年。

他们一两年都没有回家看望（孩子）。

作为否定副词的“不”和“没有”在中国手语中的分布和现代汉语否定词情况相似，即“不”可以否定动词和形容词，而“没有”只能否定动词，如表1所示：

① 吴晓波（2013）认为“没有$_1$”和“没有$_2$”在上海手语中没有明显的区别。

② 在手语否定例句中，使用上标**neg**____表示否定表情和摇头等非手控标记与否定手势或否定形态变化同现，使用上标**nfe**____表示否定表情与否定手势或否定形态变化同现，使用上标**nfe-tilt**表示否定表情和仰头与否定手势或否定形态变化同现，使用上标**hs**____表示摇头与否定手势或否定形态变化同现。

表1 “不”、“没有”在中国手语中的分布

否定词	形容词	动词
不	+	+
没有	-	+

否定副词的“不”否定形容词时,可以放在形容词之后或之前,如:

nfe

(5) 指$_3$/吃的/东西/不/健康。

这个食物不健康。

否定动词时,状态动词、心理动词、情态动词之后一般用“不”来否定,动作动词之后两者都可以用,但存在不同的分布。“不”表示对意愿和时间上的现在和将来的否定,“没有”则没有对意愿的否定,只对动作完成和过去时间进行否定,如:

nfe

(6) 现在/情况/变化,年轻/人/多/再/不/买/房子/最/好/谦虚/外-人/$_1$租$_3$ ++/住/房子。

现在情况变化了,很多年轻人不再买房子,最好租住别人的房子。

nfe-tilt nfe nfe

(7) 今天/指$_1$/云南/介绍(自身→对方)。大家/去/**没有$_2$**,大家/**没有$_2$**/比较。

今天我给大家介绍云南。大家没有去过云南,没有比较。

中国手语中还有表示情态的否定助词,常用的为小指伸出的NG手形,自上而下运动表示“不好/不能/不行/不可以”;此外还有中指伸出,其余四指弯曲,朝向被拒绝者表示“不行”。如图3所示:

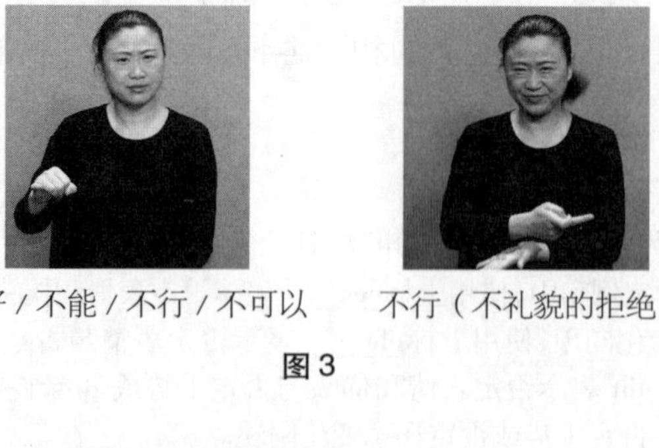

不好/不能/不行/不可以　　不行(不礼貌的拒绝)

图3

NG手势本身可以作为形容词表示“不好”，做谓语，如例(8)；也可以作为否定助词表示“不行”“不能”等，放在动词之后，如例(9)：

(8) 小-豆/衣服/漂亮/各种各样/好/衣服，长相/不好。

小豆鼠穿着各种各样漂亮的好衣服，但却不好看。

nfe

(9) 奶奶/知道/自己/身体/不好，起床/走/不能，指$_3$/自己/开门。

奶奶知道自己身体不好，不能下床走路，让她自己开门。

3.2 否定手势词的句法模式

否定标记的位置因其语法性质的不同，会处于不同的句法位置上。“原则与参数类型学”的基本观点认为，X阶标理论可以用来解释跨语言的否定语序特征。否定词作为Neg P的中心词，各种语言都遵循着Neg + VP的原则，但参数的设定各不相同。X阶标理论规定所有语类都是“向心结构”，所有语法结构都是该类核心结构的投射。否定语序的差异是中心词Neg的参数是否设定为[+中心词居首]的问题。根据Dryer(2003)的统计，世界上大部分语言的否定语序，其参数都会设定为[+中心词居首](熊学亮，刘东虹2006)。

Lehmann(1978)认为在VO型语言中，统辖成分居左，被统辖成分居右，否定语序呈“否定词(neg) + 动词(V)”的语序，即否定词为统辖成分，动词为被统辖成分。如现代汉语的否定词一般在动词前，英语的否定词not在动词前。在OV型语言中否定语序相反，否定词趋向置于动词之后，即否定语序呈“动词(V) +否定词(neg)”的语序，否定词为统辖成分，动词为被统辖成分，如日语中否定词在句末，德语否定词hitch一般出现在动词之后，而法语否定词“ne...pas”分别在动词前后(熊学亮，刘东虹2006)。

中国手语中两种否定语序同时存在，中国手语的否定手势“不”和“没有$_2$”“没有$_3$”否定动词时，一般放在动词之后，如例(3)、例(4)、例(7)，但也可以出现在动词之前，如例(6)、例(7)。“不”否定形容词时，可以放在形容词之后或之前，如例(5)。当手势词作为否定助词时通常出现在句末，表示情态或祈使含义，如例(10)、例(11)：

nfe

(10) 打手语/不要，专心/看。

不要打手语，专心看。

nfe-tilt

(11) 指$_3$/手语/清楚,指$_2$(弧形)/看/误解/不, 指$_2$(弧形)/一样/平等。
他的手语很清楚,你们看他不会误解,大家都是一样平等的。

中国手语中的否定手势词还可以同时出现在被否定成分前后位置,有时否定手势词与肯定手势词的否定变化形式先后出现,而不是否定手势的简单复制,这两种情况都可以称为分裂否定(split negation),或者否定和谐(negation concord),表示否定的加强。否定表情作为一种强制性否定标记,它总是与其他否定标记同时出现,但也会延伸至被否定的肯定手势,甚至整个句子,尤其是在否定手势词出现在被否定成分的前后时,这种否定表情会从第一个否定词延续到第二个否定词,但这种否定表情的延续不是强制性的。如:

nfe　　　　　　　　nfe-tilt

(12) 以后/指$_1$/想/不/$_1$租$_3$/麻烦/$_1$租$_3$ + +/不。
以后我不想给别人租了,租房子很麻烦。

nfe

(13) 指示$_3$/睡觉/醒来,狗/醒,$_1$看$_3$/**没有**$_3$/青蛙/**没有**$_3$。
他睡醒后,狗也醒了,没有看到青蛙。

Neg V 和 V Neg 两种语序在同一种有声语言中有时也会同时存在,如朝鲜语的否定结构中 Neg V 和 V Neg 两种语序并存,前者是位于动词之前的否定副词,后者是位于动词之后的否定助动词。从历史角度看,朝鲜语的否定经历了从动词前到动词后的演变。从朝鲜语否定类型的历史演变,学者认为否定词从修饰动词的副词"升级"成为主要述语的组成部分,是 OV 语言的趋势。蒙古语等阿尔泰语言的否定都经历了同样的历史演变(白莲花 2012)。我们认为中国手语也属于 OV 语言,因此 V Neg 语序是主要的语序类型,两种语序的并存可能是历史演变的过程,也可能是现代汉语书面语、口语与中国手语的接触导致中国手语中的 Neg V 语序。

我们也试图从功能类型学来解释中国手语中否定语序的并存情况,功能类型学寻找语言共性的外部动因(extemal motivation)时会使用"象似性"原则。所谓"象似性"是指语言结构反映相应的概念结构,语法单位反映概念单位、语法关系,反映语义关系等。Haiman(1985)概括了象似性的三条主要原则:(1)在话语中旧信息先出现,新信息后出现;(2)与密切相关的思想相对应的语法单位在句法上往往也成毗邻;(3)说话者先表达当前脑海里最重要的思想。就否定句而言,讲话人否定的是听话人和讲话人心里所认为或期望的肯定命题(Thompson 1979),相对而言,肯定命题即为旧信息,否定意义为新信息,也是说话者当前脑海里的重要信息。原则(1)和原则(3)是一对相互矛盾的竞争动因,因此我们认为,中国手语否定结构中同时存在Neg V和V Neg两种语序,可能是两种动因相互竞争的结果,而原则(1)在竞争中常常占上风,因此中国手语的否定语序多呈现出V Neg语序,新旧信息原则在手语这种视觉语言的语法表达中起到了关键性作用。

四、中国手语非手控否定标记的句法功能

手语否定句中都会出现非手控标记,包括摇头、仰头、皱眉、眯眼、瘪嘴等表情体态,但研究者对手语否定的非手控标记研究主要讨论头动(head movement),认为表情成分作为语法手段进行讨论时往往具有不确定性,但我们认为强制性表情在否定表达中起到了重要作用。

4.1 头动

尽管不同手语都会使用头动表示否定,但语法功能和限制有所不同。根据不同手语中否定头动的特征,世界上的手语可以分为两类:一类是非手控标记主导否定的手语(non-manual dominant systems of negation),即在小句中,头动在否定句中是强制性的,并且可以仅仅用头动就可以达到否定功能,头动范围可以在小句中自由扩展,如美国手语、德国手语(DGS)、澳大利亚手语;另一类是手势主导否定的手语(manual dominant systems of negation),这类手语中头动不是强制性的,小句不能只依靠头动就表示否定,头动范围仅限于否定手势或与否定手势紧密相连的部分,如英国手语,中国香港手语(HKSL),这两种特征有时也会在一种手语中混合出现(Zeshan 2006)。

中国手语中一般来说有两种表示否定的头动。一种是90度的转头,头转向一侧面的位置,这种转头通常被看作是否定某个手势或者某些手势,而不是对整个句子的否定;另一种是反复地摇头,这种摇头可以贯穿整个句子,或者附加在句末否定手势之上,或者在句末直接加上摇头,而不需要其他否定手势,这种摇头可以否定一个手势词或整个句子;此外还有向后仰头

(backward head tilt),通常与皱鼻、瘪嘴或嘴唇卷起等表情同时出现。见图4:

单侧头动　　反复双侧头动　　仰头

图4

nfe hs

(14) 指$_3$/东西,指$_1$/$_3$拿$_1$/**没有**$_2$。

我没有拿那个东西。

nfe-tilt

(15) 上午/11点/早—饭/**没有**$_2$。

上午11点没有早饭了。

中国手语中的摇头可以单独表示否定,但是与其他非手控标记主导否定的手语不同之处在于,摇头不可以直接伴随在其他肯定的手势之上,而是出现在肯定句之后①,如例(16),与否定手势出现在句末的情况一致,它的句法功能与句末否定手势词相同,但偶尔也伴随肯定动词出现,如例(17)②:

nfe hs

(16) 我/身体/不好,工作/ Ø。

我身体不好,不能工作。

nfe hs

(17) 指$_3$/事情,我/听/ Ø。

我没有听说那件事。

当然在中国手语中更为普遍存在的是否定手势或整个句子与摇头同现(co-occurs)的情况,如:

---

① 我们用 Ø 表示加在句末的单独头动,即不与其他肯定或否定手势同现。

② 这种情况时句末的肯定动词会在空中停止保持不动,也可以理解为头动出现在句末位置。

q　　　　　nfe hs

(18) 指$_3$/事情/真? 我/不知道$_1$ + +。

这件事是真的吗? 我不知道。

nfe hs

(19) 我/不喜欢 + +/指$_3$/吃/不喜欢 + +。

我不喜欢吃这个。

根据否定句摇头的分布情况,我们似乎可以将中国手语归为非手控标记主导否定的手语,因为中国手语中的摇头(headshake)可以单独作为否定标记,出现在句末,但伴随肯定手势出现的情况极少,不同于美国手语中摇头可以伴随肯定手势同时出现表示否定。

耸肩和摊手也可以出现在句末表否定,和摇头出现的位置一致,但在大部分的情况下,摇头与其他否定标记,如否定手势词、否定形态变化、表情等同现,耸肩和摊手则只与否定表情同现。

4.2　表情

中国手语中单独的表情不能否定一个句子,一般来说,否定的表情总是伴随着摇头、否定手势词或否定的形态变化。正如有声语言中也不用语气表示否定,除非是讽刺或不信任。否定的表情不止一种,它的作用是表明否定的程度,表情会随否定程度的不同而发生变化,不同的表情,表示不同的否定程度,中度的否定可以是嘴唇突出一点,眼睛微闭,而程度更重的否定是眼睛几乎闭起来,皱鼻、瘪嘴或嘴唇卷起。表情还包含不同的口动,没有口动的表情也是不完整的。如图5中的表情从1至4,否定的程度不断加强。

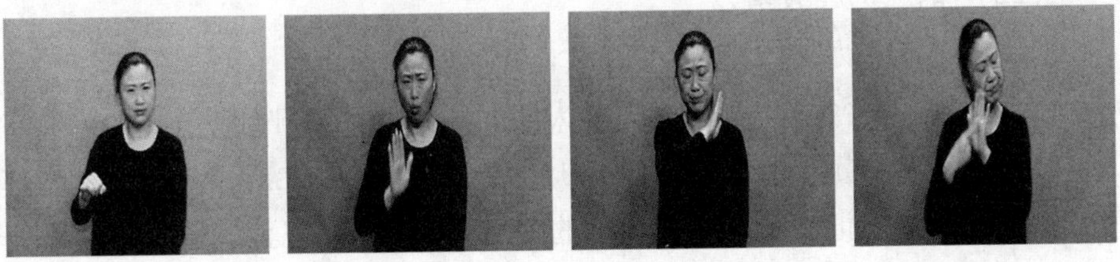

1　　2　　3　　4

图5

4.3　非手控标记的辖域(scope of non-manual marker)

在手语的类型学研究中,非手控标记是一种非常重要的参数。所谓非手控标记是指用除手以外的身体部分表示语法功能,包括表情(facial expression)、头动(head movements)、身体姿势(body posture)及眼光的注视(eye gaze)等。这种非手控标记(non-manual marker)是一种超音段成分,类似于有声语言的声调,非手控标记在手语的句子结构,尤其是区分不同句子类型时可以起到很重要的作用。非手控标记的覆盖范围是指手语表达时手势与非手控标记同时出现的范围,最小范围可能是一个单独的手势,最大范围可能是整个句子。非手控标记是不同手语之间进行非手控标记比较时的重要参数(Zeshan 2006)。

中国手语中的摇头(headshake)大部分情况下不能与肯定手势同时出现从而否定单独的手势或整个句子,但可以在句末出现,否定整个句子。更加普遍的情况是与其他否定标记同现,覆盖范围可以是单独的否定手势或否定的形态变化,也可以覆盖到否定手势词前后的句子成分,乃至整个句子;中国手语中的否定表情(negative facial expression)不能单独使用,总是与其他否定标记同现,或附着在某个句子成分或整个句子上,如例(20)、例(21)、例(22):

neg

(20) 指$_1$/领导/不++。

我不是领导。

neg

(21) 指$_1$/不/说++/保密。

我不会说,(一定)保密。

neg

(22) 指$_1$/办法/没有$_3$。

我没有办法。

有声语言的否定研究中,有学者认为否定有否定事件(对核心动词的否定)和对事件的否定(针对整个句子的否定)的区别(金立鑫 2007)。对事件的否定中,否定标记一般出现在句子的外围,形成一个完整的事件命题和一个态度构成的表述,而否定事件是将否定标记嫁接于核心动词之上,逻辑上就会倾向于形成否定事件。在客观现实世界中,对事件的否定要比否定事件更为常见,否定标记多出现在命题事件的外围是合理的。从非手控标记的覆盖范围,我们发现中国手语中的否定事件与对事件的否定都可以从超音段的非手控标记得到形式上的验证。

五、中国手语的否定形态变化

中国手语中有一些手势的肯定形式和否定形式没有对应关系,如:“有”和“没有”这一对手势,这两个手势并没有形成对称的构词形式,即肯定手势和否定手势没有共同词根,类似于有声语言的不规则变化,或称为异干替换(suppletion),这种不规则变化手势在很多手语中都存在,但数量都不多。见图6:

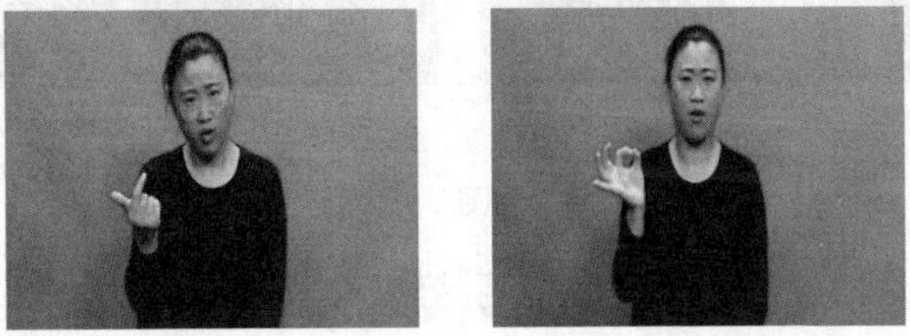

有　　　　没有

图6

有一些手势可以附加一个否定成分,成为手势的否定变化,但是这种否定变化可以看作一种构词,也可以是一种构形。我们先看构词的情况,由一个肯定手势与一个否定手势融合而成,这与有声语言使用否定后缀(suffixes)或附加成分(clitics)表示否定意义类似。如“知道—不知道$_2$”①,“不知道$_2$”这个手势由“知道”和“不能”两个手势融合而成,但融合后的手势又不同于两个手势的合成,成为同时出现的两个手势,见图7:

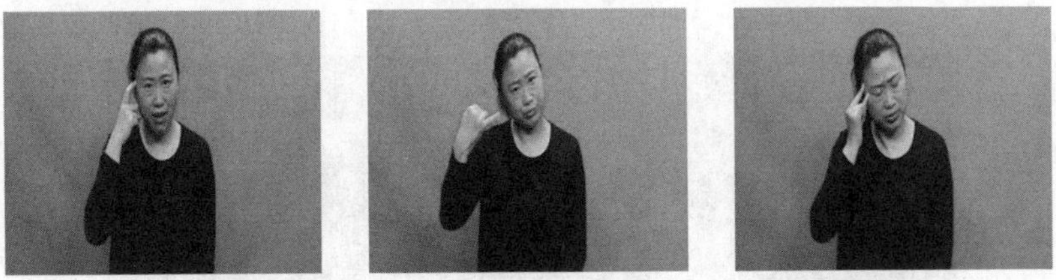

知道　　　　不好/不能　　　　不知道$_2$

图7

① 在中国手语中“不知道”有多种表达方式,这里我们只讨论通过构词方式形成的“不知道$_2$”。

即使两个手势依次出现,它们构成的复合词形式也不同于两个手势的简单相加。如“不会”,由“会”和“不”复合而成,“会”的结束位置在头部,而“不会”则下移至胸前,且变静止的5手形为摆动的5手形,两个手势的时间都被压缩,节奏更加紧凑,见图8:

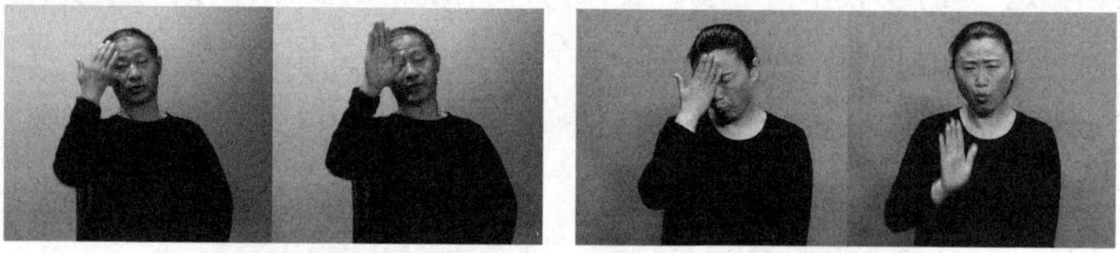

会　　不会

图8

否定构形的情况是指通过肯定手势某个参数的改变,如手形或运动来表示否定,可以看作为手势的否定屈折变化,如“相信—不相信”“负责—不负责”“一样—不一样”等,见图9—图11所示:

相信　　不相信

图9

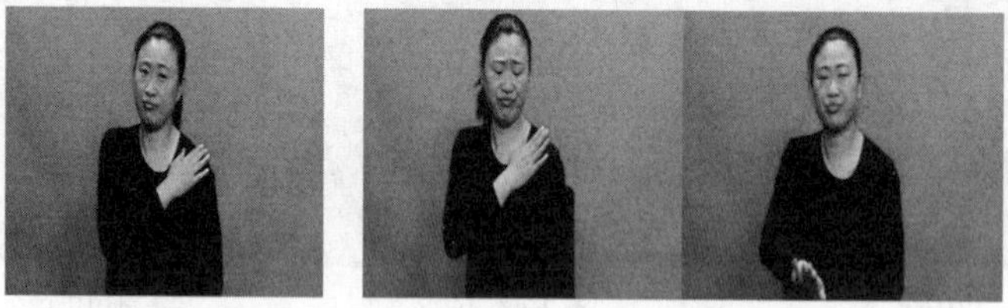

负责　　不负责

图10

从图9、图10、图11这种肯定—否定的对称形式,我们发现否定形式是在肯定形式上的动作参数变化,即打手势者用离开身体的动作或手形的解除表示否定,如“一样”的手势是双手I手形在胸前并拢,“不一样”则是在

一样　　　　不一样

图 11

“一样”手势的基础上，双手向两侧分离。这类手势还有“喜欢—不喜欢”“吃得消—吃不消”“有关系—没关系”等。

这种参数的改变还可以是手形参数的变化，如“是”和“不是$_1$”是运动的改变，从上下运动变为左右的摆动，而“是”和“不是$_2$”则是手形的变化，“是”是单手手势，X 手形，指尖向前，在身体一侧向下晃动，“不是$_2$”也是单手手势，B 手形，在与打手势者垂直的平面上上下摆动，即 X 手形变为 B 手形，这两个手势只有手形发生了变化，见图 12：

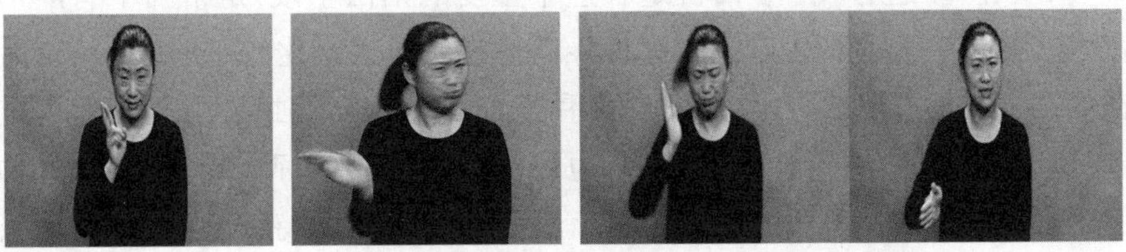

是　　　　不是$_1$　　　　不是$_2$

图 12

中国手语中“不知道$_3$”是肯定手势“知道”的手形发生改变，即从 A 手形变为否定的 NG 手形，从而成为否定手势，见图 13：

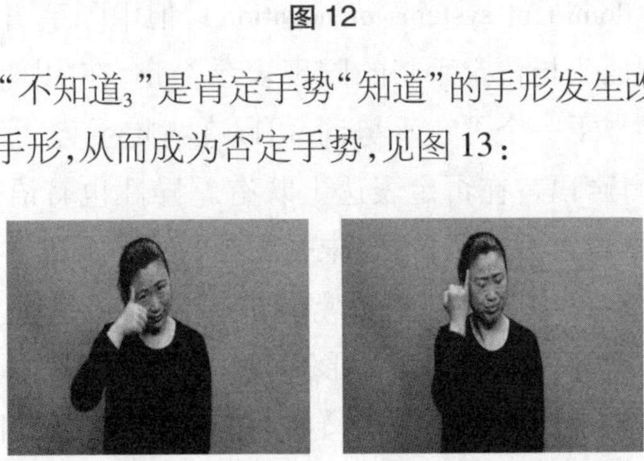

知道　　　　不知道$_3$

图 13

中国手语中的构词中存在肯定—否定的对称形式,也存在不对称的形式。其中同时性的形态变化是中国手语中否定形态变化的突出特点,不同于有声语言的加前缀、中缀、后缀或附着成分的序列性形态变化,也是手语作为视觉语言不同于有声语言的特点之一。

六、结　　语

否定范畴的句法功能主要是对某个句子成分或全句的否定,中国手语的否定标记与其他手语同样可以放在人类语言否定范畴的框架下进行考察。中国手语否定手势词主要有以下四种类型:基本句子否定词(basic clause negator)、存现否定词(negative existential)、情态否定词(negative modal)及祈使否定词(negative imerative),但四者之间没有绝对分明的界限,表情差异可以使同一个手势既可以是基本句子否定词或情态否定词,也可以是祈使否定词。

非手控标记是中国手语否定表达中重要的语法手段,是不同于有声语言线性结构的语法表达方式。这种表情体态经过语法化(grammaticized)后在手语中成为重要的否定标记,中国手语的表情不能单独使用,与其他否定标记互相依存,摇头可以单独使用,也可以与其他否定标记同时出现,这种否定标记的叠加是手语这种视觉语言否定表达的重要特征之一,根据摇头在否定句中的特征和功能,我们认为中国手语属于非手控标记主导否定的手语(non-manual dominant systems of negation),但中国手语不同于其他手语之处在于,不使用摇头与肯定手势的同现表示否定,在中国手语中摇头单独使用时,其作用相当于一个否定手势词,可以在肯定手势之后。

视觉语言与有声语言在否定表达上既有差异性也有语言共性。从世界语言的否定表达来看,句首、谓首、句末是否定标记常出现的位置,手语中也是同样,但句末否定是中国手语更为常见的否定手势位置。否定标记重复表示否定的强调,是一种否定的和谐形式,这在世界语言中也不罕见。由于语言模式不同,中国手语的否定标记又具有独特的语法特征,如同时性的否定形态变化作为主要的否定形态变化形式,表情与头动可以附着在句子成分或整个句子之上表示否定事件或者对事件的否定。

参考文献

白莲花(2012)从 Neg · V 优势到 V · Neg 优势—朝鲜语两种否定标记竞争导致的语法现象分析,《民族语文》第 4 期。

胡建华(2007)否定、焦点与辖域,《中国语文》第 2 期。

金立鑫(2007)《语言研究方法导论》,上海: 上海外语教育出版社。

马宏程(2009)与全句功能范畴相关的语法标记的类型学考察: 以全句否定标记为例,华中师范大学博士学位论文。

马宏程,熊　雯(2014)否定标记线性位置的演变趋势,载华中科技大学中国语言研究所编,《语言研究》第 34 卷第 4 期。

李然辉(2011)香港手语的否定式,《当代语言学》第 2 期。

吴晓波(2013)上海手语否定形式调查报告,复旦大学硕士学位论文。

熊学亮,刘东虹(2006)否定语序的类型学分析,《外语学刊》第 4 期。

赵锡安(1999)《中国手语研究》,北京: 华夏出版社。

Bergman B. (1994) Manual and Nonmanual Expression of Negation in Swedish Sign Language. In Bos H, Schermer T. (eds.) *Sign Language Research*: 85—103.

Coerts J. (1992) *Nonmanual Grammatical Markers*: *Ananalysis of Interrogatives*, *Negations*, *and Topicalizations in Sign Language of the Netherlands*. Doctoral dissertation, University of Amsterdan.

Dryer M S. (2003) Significant and Non-significant Implicational Universals. *Linguistic Typology 7*.

Haiman J. (1985) *Natural Syntax*. Cambridge: Cambridge University Press.

Lehmann W P. (1978) The Great Underlying-plans. In Lehmarm W. (ed.) *Syntactic Typology*. Austin: University of Texas Press.

Meir I. (2004) Question and Negation in Israeli Sign Language. *Sign Language & Linguistics*, 7(2).

Pfau R. (2001) A Typological Perspective on German Sign Language Negation. Paper Presented at the 34th Meeting of the Societas Linguistica Europaea, Leuven, Belgium.

——(2008) The Grammar of Headshake: A Typological Perspective on German Sign Language Negation. *Linguistics in Amsterdam 1*: 37-74.

Sandler W, Diane Lillo-Martin (2006) *Sign Language and Linguistic Universals*. Cambridge: Cambridge University Press.

Sutton-Spence R, Woll B. (1999) *The Linguistics of British Sign Language*: *An Introduction*. Cambridge: Cambridge University Press: 129-151.

Tang G. (2006) Questions and Negation in Hong Kong Sign Language In Zeshan U. (ed.)

Interrogative and Negative Constructions in Sign Languages. Nijmegen: Ishara Press: 198-224.

Veinberg S C. (1993) Nonmanual Negation & Assertion in Argentine Sign Language. *Sign Language Studies 79*.

Webb R, Supalla T. (1994) Negation in International Sign. In Ahlgren I, Bergman B, Brennan M. (eds.) *Perspectives on Sign Language Structure*. Durham: International Sign Language Linguistic Association: 173-185.

Yang J H, Fischer S D. (2002) Expressing Negation in Chinese Sign Language. *Sign Language & Linguistics*, *5*(2): 167-202.

Zeshan U. (2006) Negative and Interrogative Constructions in Sign Languages: A Case Study in Sign Language Typology. In Zeshan (ed.) *Interrogative and Negative Constructions in Sign Languages*. Nijmegen: Ishara Press: 28-68.

(200443 上海,上海大学文学院 CCSL@ oa. shu. edu. cn)

剑桥大学伊恩·罗伯特教授访谈录*

马 嫣 盛益民

提要 文章是对剑桥大学理论与应用语言学系伊恩·罗伯特教授的访谈。他对最简方案和制图理论的相关争议、基于生成语法的类型学研究和句法演变等问题做了详细的解答。罗伯特教授还介绍了他的最新研究进展和剑桥大学理论与应用语言学系的基本情况,并对中国语言学科建设和人才培养提出了有益的建议。

关键词 最简方案;制图理论;类型学研究;句法比较;学科建设;人才培养

一、引 言

伊恩·罗伯特(Ian Roberts)教授是国际著名的英国生成语言学家,比较句法和历史句法研究领域的重量级人物之一。他于1985年获得美国南加州大学语言学博士学位,目前为英国剑桥大学理论与应用语言学系教授,英国人文社会科学院院士、欧洲科学院院士。他曾任剑桥大学理论与应用语言学系主任、现代与中古语言学院院长,《语言学期刊》(*Journal of Linguistics*)联合主编,国际生成语言学协会和欧洲语言学会主席等。

伊恩·罗伯特教授出版过多部著作和教材,如2007年的《历时句法》(*Diachronic Syntax*)、2010年的《一致关系和核心移位》(*Agreement and Head Movement*)、2017年的《语言的奇迹》(*The Wonder of Language*)等,在国际上产生了较大的影响。2017年,由他主编的《牛津普遍语法手册》(*The Oxford Handbook of Universal Grammar*)出版,该书聚集了众多世界顶级学者,从哲

* 本文访谈与写作过程中,得到了孙洪波、安丰存、朱佳蕾、李旭平和吴菡诸位的无私帮助,在此一并致谢。

学、类型学和语言病理学等角度对该领域进行了全面而深入的解读。2019年6月,伊恩·罗伯特教授的新书《参数层级和普遍语法》(*Parameter Hierarchies and Universal Grammar*)由牛津大学出版社出版,该书基于大量不同语言和语系的数据,对跨语言形态句法变异进行了深入的研究,展示了他多年来在最简方案的框架下进行比较句法研究的最新成果。

作为现代语言学的核心领域之一,生成语法一直得到学界的持续关注。许多学者对最简方案、制图理论、"形式"和"意义"的界定等问题仍然有不同看法,对基于生成语法的跨语言比较和历时演变也存在一定争议。在我国语言研究快速发展的大背景下,如何进一步理解生成语法的相关思想?语言学科建设和人才培养如何深化?中国语言学研究如何发展?围绕以上现象和问题,笔者在2019年参加第三期"语言文字优秀中青年学者海外研修班项目"(英国谢菲尔德大学)期间对伊恩·罗伯特教授进行了专访,现特将访谈内容整理如下,以飨读者。(以下"马"代表马嫣,"盛"代表盛益民,"答"代表伊恩·罗伯特教授)

二、生成语法及相关问题

马:罗伯特教授您好,听闻您下周要去北京参加首届"改写分界线"语言学系建设国际研讨会暨"第三届句法制图国际研讨会"(The Joint Conference "Changing Boundaries" & "The Third International Workshop on Syntatic Cartography")。我们想请教您一些有关生成语法领域大家普遍关心的问题。首先,请问您如何看待制图理论?它和经典的生成语法有什么区别?

答:我先回答第二个问题,我认为制图理论和生成语法没有本质上的区别,它只是在经典生成语法的基础上进行了某一方向的扩展。人们有时候把制图理论看成是一个新的理论,区别于最简方案或者乔姆斯基理论,但事实并非如此,这只是原来理论的一个新版本而已。另一个人们感到疑惑的地方是,制图理论似乎很复杂,有着非常庞大的树形图,有时候大到一个页面都装不下,但其实这个理论并不复杂,因为大不一定就意味着复杂。比如根据递归原理,我们可以生产出非常长的句子;同样的,根据迭代原理,我们也可以不停重复地生产出非常庞大的结构。关于制图理论,我是很有共鸣的,因为这从某种意义上看,和我目前在做的研究非常类似。从实证角度上说,制图理论可以揭示出很多东西,但是它也有一些理论缺陷。比如有一派叫作极致制图(extreme cartography),也被称为硬核制图(hardcore cartography),即"一个特点,一个核心"(one feature,one head)。这是非常好的想法,简洁明了;但是最大的问题是,那样就会出现很多核心成分,而且目前我们对特点也没有明确的定义。因此,这虽然是非常好的想法,但是事实上它并不能进行任何预测。所以我认为,虽然在实际分析中,制图理论是非常不错的,但似乎被过度使用了,而且人们对这个理论本身也有很多误解。

盛:您认为人们对制图理论有很多误解,请问这些误解包括哪些方面?为何会产生?您刚刚也提到制图理论与您在做的研究非常类似,可否请您具体谈一下表现在哪些方面?

答:我认为主要的误解是人们倾向于认为最简方案(minimalism)包含简单的结构和/或者少量的语法类别,这其实是对最简方案的误解,而不是对制图理论的误解。我的研究是关于如何发展参数理论,并不直接与制图理论的推进有关。但是,在研究微观参数变化时,制图结构是重要且非常有用的。

盛:您提到学界对最简方案有不小的误解,请问您觉得这些误解是怎样产生的?为什么生成语法学者在最简方案之前基本能达成共识,而在最简方案阶段却有那么多分歧呢?

答:这主要是因为很多人觉得最简方案背后的理念很难理解,乔姆斯基最早的两篇文章中有关这方面的论述也不是很清楚。① 但是,我并不觉得人们在最简方案之前基本能达成共识,普遍语法中的大部分思想一直都备受争议。

马:一些学者认为制图理论的操作方法与最简方案的思想不符合,请问您如何看待这个观点?

答:我认为制图理论和最简方案是完全一致的。最简方案并不意味着只设置很小的结构,或者只假设少量的语法类别。它的含义是:句法派生不一定是表征,应该尽可能简单,并由界面特征驱动。如果将制图结构建立在形态音系指数(即音系层)和/或者语义外延(逻辑层)的基础上,那么它们与

① 这两篇文章为:Chomsky(1993)和Chomsky(1994)

最简方案是完全一致的。此外,Kayne(1994)认为一个特征只能与一个核心相关联,这完全符合最简方案在精神上是,虽然这样的想法有可能在其他方面产生问题,之前已经提到过了。

盛:句法与词库(Lexicon)之间的分工是生成语法中争论已久的问题。当代生成语法中分布形态学(Distributed Morphology)主张“句法一路到底”,彻底抛弃了词库的概念。这种观点似乎又回到了早期主张词汇也在底层结构进行分解的生成语义学。请问您如何看待分布形态学?您认为它能解释乔姆斯基在1970年*Remarks on Nominalization*一文中提出的对生成语义学的挑战吗?最简方案采用的词汇主义,尤其是在核查理论(Checking theory)中,乔姆斯基更是采纳了强词汇主义的观点,您认为分布形态学是否符合最简方案的精神?

答:是的,我认为分布形态学和最简方案是完全兼容的。核查理论最初的版本是非常词汇主义的,现在已经被抛弃,取而代之的是“探针—目标”一致模型(Probe-Goal Agree Model),这与分布形态学是相符的。生成语义学被摒弃的原因不在于其分析,而在于其所需的句法转换部分过于无限制。事实上,生成语义学的一些分析是非常有见地的,如Ross(1969)对英语助动词的分析。Marantz(1997)在分布形态学框架下对乔姆斯基(1970)的回应也很有意思。

三、比较句法及历时演变

马:请问生成语法如何解释越来越丰富的语言现象和语言变体?最简方案如何处理像汉语这样形态不发达的语言?

答:最主要的方法就是原则和参数,我们需要不断对这一理论和方法进行拓展。另外,我认为最简方案完全可以用来解释汉语,因为它并不只针对形态变化丰富的语言,相反,用最简方案来分析汉语会比分析其他一些语言更容易些,比如拉丁语。我最近写过一篇文章,就讨论了这个问题。[①]

马:请问您是如何看待功能语法的?句法比较可以在形式主义也可以在功能主义的框架下进行,请问您是如何看待这两者的?

---

① 此文为Huang & Roberts (2017)。

答：功能的概念是非常不错的，语言也的确被用来陈述、提问、命令等，这在我们日常生活中普遍存在，但我认为这些功能性分析必须被限制在结构的范围内，或许有人不同意我的观点，但语言的真正内核应该是那些非常简单的结构，句法比较更应该基于形式取向。有关这个问题，可以去看 Newmeyer 的相关专著。①

盛：您非常重视利用跨语言的材料进行类型学研究，我个人主要是在 Greenberg 类型学的框架下，对汉语方言的语法现象进行类型学研究。您觉得基于生成语法的类型学研究与 Greenberg 式的类型学研究，各有怎样的优势？相互之间是否可以互补？

答：我认为这两种方法一定是互补的。基于生成语法的类型学研究倾向于在少量语言间比较具体的语言现象，而 Greenberg 式的类型学更倾向于在广泛的语言间比较表层的语言现象。Baker 和 McCloskey（2007）曾提出类型学的"第三路径"其实就是一种折中。

盛：基于生成语法的类型学往往做得比较深入。您觉得如果不在生成语法的框架下，是否也可能做类似的、比较深入的研究呢？

答：是的，我认为完全可能，不过生成语法的相关技术手段会有巨大的帮助。

盛：原则和参数理论在深度上对类型学研究是个拓展，但都采用正负取值的方法来呈现类型差异。而 Greenberg 式类型学中还关注多值现象，比如人类语言数范畴存在"复数 > 双数 > 三数 > 其他数"的等级序列（Corbett 2000），关系从句中核心名词的提取也依照"主语 > 直接宾语 > 间接宾语 > 旁格"这样的等级序列（Keenan & Comrie 1977）。那么，您觉得原则与参数理论是否可以解决这种多值的问题？

答：在原则和参数理论中也可以提出多值参数，为了简单起见，通常提出的是二进制参数，参数层级也可以用来捕获多值现象。关于你提到的这两种情况，我怀疑 Corbett 的数范畴标记有可能只和形态学有关，而与语法无关。Keenan 和 Comrie 的等级序列非常有趣，但只允许主语关系化的语言有可能都是作格语言，而且在许多作格语言中，表作格的名词性成分不能进行 Wh-移位，只有不及物主语即绝对主语可以关系化。更宽泛地说，层级结构

① Newmeyer（1998）.

必须与限制 Wh-词的移动有关,这些现象都是很有意思的。

盛:在生成语法学者中,您是少有的兼顾共时研究与历时研究的学者。我个人对句法演变也非常感兴趣,其中很重要的一个研究方向就是吴语的句法演变,这次来英国还在牛津大学博德林图书馆(Oxford Bodleian Library)搜集到不少近代传教士写作的吴语文献。根据我个人的理解,生成语法学者考察演变看重代际传承过程当中的句法突变,即 A > B;而功能学派学者则注重交际过程中的句法渐变,即 A > A/B > B。您觉得两种研究方法是否冲突?对于句法演变,它们各有怎样的优势与不足?

答:由于生成语法是一种基于离散范畴的形式理论,范畴以及参数值的变化必须是突然的。然而,这些变化通过言语社区进行扩散的过程却是缓慢的。我在 2007 年出版的《历时句法》一书中的第四章详细讨论了这些问题。

马:您的个人网站上有一个最近的项目"比较句法的再认识(Rethinking Comparative Syntax-ReCoS)",①能否请您简单介绍一下这个项目的主要内容和成果,以及您的下一步研究计划?

答:这是我之前和欧洲研究会合作的一个项目,关于比较句法研究,已经于 2017 年 5 月结题。主要的成果就是我今年的新书《参数层级和普遍语法》。现在,我正在修订 2007 的专著《历时句法》,准备出第二版。另外,我还有一个新的项目提案,已于 2019 年 8 月提交给了欧洲研究会,主要研究语法多样性的认知机制。我们认为语法多样性不管是从时间上还是空间上看都不是历史偶然,而是受到了显著的类型和历时泛化的影响,呈现出一定的规律性,需要从说话者的思维结构出发,进行更深入的解释。我们希望这个项目能够推进跨语言多样性的研究,从描述性分类转向认知机制的理解。

马:恭喜您的新书《参数层级和普遍语法》出版,您能简单介绍一下书的内容以及它在理论或方法上的新发展吗?

答:这本书是基于我近十年来的研究,花了两三年的时间写作完成,是一本大部头,有 700 来页,主要是探讨原则和参数理论与最简方案的相容性问题(compatible minimalism),这在目前还很有争议。我主要想在原则和参数理论下发展一个真正的最简方案,用来进行比较句法和句法变异研究。

---

① https://recos-dtal.mml.cam.ac.uk/

这本书的第一章大约有100多页,介绍对参数的不同理解以及它们的历史发展,从不同的角度来思考参数;主要是关于特点的,这和制图理论相容。其他大部分章节涵盖了不同的语法现象,比如主语、语序问题、动词移位、名词并入(noun-incorporation)、Wh-移位、否定形式、被动式等。因此,我认为这本书展示了比较句法在生成理论上的发展。

盛:近几年来,您的研究成果多以书的形式呈现,如《句法演变:语法化的极简路径》(*Syntactic Change: A Minimalist Approach to Grammaticalization*)、《历时句法》、《创造性真实:简化和深化艺术视野的16个原则》(*Creative Authenticity: 16 Principles to Clarify and Deepen Your Artistic Vision*)、《动词和历时句法:英语和法语的历史比较》(*Verbs and Diachronic Syntax: A Comparative History of English and French*)、《VSO语言的原则和参数:以威尔士语为例》(*Principles and Parameters in a VSO Language: A Case Study in Welsh*)等,请问您是出于怎样的考虑觉得书是更好的呈现方式?

答:我比较喜欢以书的形式呈现,因为我想表达的东西太多了。

四、学科建设及中国的语言学发展

马:近年来,中国非常重视语言学科的建设和人才培养,接下来我想就这方面问您几个问题。我查看了英国一些大学的网站,发现语言学科经常出现在不止一个学院,如语言学学院或现代语言学院,请问这样的分类在英国和其他一些西方发达国家是否普遍?剑桥大学的情况如何?

答:这样的分类非常普遍,剑桥大学也是如此,语言学科在现代语言学院,作为一个单独的系,以普通语言学研究为主。学院还有另一个语言系,集合了各个不同的语种,比如法语、意大利语等,进行针对不同语种的具体的语言学研究,这也是这两个系中的语言学家唯一的不同。

马:据悉您所在的语言学系在英国非常特别,它整合了理论语言学和应用语言学,您能介绍一下它的独特之处吗?

答:剑桥大学的应用语言学的确比较特别。因为,对于世界上大多数大学来说,特别是非英语国家,应用语言学一般指TEFOL,即英语外语教学,主要进行教学法和教学技巧、课程和课堂活动设计等研究,这是一个很大的领域,和现在的理论语言学非常不同。由于剑桥大学的语言学系有十分特别的研究传统和历史,我们的应用语言学主要是心理语言学,指的是语言习得,包括一语和二语习得,我们有好几位学者都从事这方面的研究,在英国享有盛名。

马:除了应用语言学之外,我们知道剑桥大学的理论语言学也非常有特色,特别是在历史语言学领域,您能简单介绍一下原因吗?

答:首先,剑桥大学的语言学研究传统分布在几个不同的领域,历史语言学是我们另一个强项。现在许多大学认为历史语言学已经不那么重要了,因此它们也不开设相关课程,比如伦敦大学学院。但是,我们仍然认为这是一个非常重要的领域,因此我们坚持开设一些历史语言学的课程。

马:剑桥大学语言学系为研究生开设了非常丰富的课程,除了音系学、句法学、语义学等传统课程外,还提供了大量选修课程。请问,您认为语言学专业的核心课程可以包括哪些,核心课和选修课之间的比例及顺序如何安排比较合适?

答:开设核心课程是非常重要的,一个严肃的语言学专业必须开设音系学、句法学和语义学,而且是作为必修课程。语音学也很好,因为它和音系学联系紧密。形态学是非常重要的课程,可以单独开设,也可以包含在音系学或句法学的课程中。另一门重要的课程是语言习得,我指的是第一语言习得。当然也可以开设心理语言学,或者两者选其一,但在课程设计上适当覆盖另一门课的内容。在核心课的基础上,每个学校可以依据自己的条件为学生提供一定量的选修课,学生会非常欢迎。至于核心课程和选修课程的比例如何安排取决于其他很多因素,比如是否拥有足够的师资和学时等。至于课程顺序,首先,我认为方法论课程不宜太早开设。剑桥大学语言学系有一点做得很好,那就是在本科第一年可供选择的课程并不多,只有4门课,语音学和音系学、句法学和语义学、社会和心理语言学以及历史语言学,最后一门主要是关于英语及其方言或变体的历史演变。当然,我们也有做得不够好的地方,那就是我们给学生完全自由的选择权,大一学生就可以在所提供的课程中任意选择。如果让我来设计课程的话,我觉得第一年不能让学生自由选课,而必须上所有的基础课程,当然在第二年以后可以这样做,因为大一的学生往往太年轻了而不知如何做出最佳的选择。

马:英国的高等教育久负盛名,但是和美国高校相比,由于大部分英国高校的硕士项目只有一年,所以在这方面也承受了一些争议,那么请问剑桥大学是如何在有限的学时内确保教学质量的？

答：和英国或者欧洲大部分高校相比，许多知名北美高校的资金更充足，这对高校发展是非常重要的。他们的博士项目一般是5年学制，很多也没有单独的硕士项目，比如说麻省理工学院、芝加哥大学等。英国硕士项目的学时短的确可能是个问题，我们目前能做的就是录取足够优秀的学生，确保他们有非常好的自主学习能力，且不需要很多的指导和课程，这的确很难。但是我们很多学生都会继续攻读博士学位，目前我们博士学制是3年，有些学生还会增加1到2年，这样加起来就会有4到5年时间，基本和北美高校相当。

马：语言学目前在中国还不是一级学科，而是被不同的语种分割在了汉语言文学、少数民族语言文学和外国语言文学中，作为二级学科存在，这受到了不少学者的批评。近年来，很多中国学者都在为语言学成为独立学科而努力。今年，我国有两所高校—北京语言大学和上海外国语大学开始招收语言学本科专业的学生。您认为语言学成为一个独立学科的必要性有哪些？

答：语言学成为一个独立的本科专业可以提高这门学科的整体水平，因为学生可以从一个较高的起点开始攻读硕士和博士学位。这样做还可以整合这一领域，例如，汉语语言学和英语语言学实际上是一回事，两者涉及的语言理论是一样的，不管是形式主义还是功能主义，唯一的区别只是语言形式不同而已。此外，从本科阶段开始培养语言学专业人士意味着在研究生阶段会有更多的机会开设更专业的课程，如计算语言学、神经语言学等，这些领域将会对社会发展带来极大的益处。

马：最后，请问您对中国语言学科的发展和语言学人才的培养有什么建议？

答：在培养学生方面，最重要的就是务必开设语言学领域的核心课程，确保学生打下扎实的基础。第二，要鼓励学生研究自己的母语。对于汉语来说，当然并不是说不要去研究普通话。由于社会文化政治的原因，普通话在中国相当普及且具有很高的地位，是非常值得研究的。正因如此，更应该鼓励人们去研究汉语方言。因为汉语是一种很特别的语言，中国的方言资源非常丰富，而且不同的方言间联系紧密，这是非常有意思的现象。但是，对很多人来说可能一开始并不觉得有趣，所有，可以鼓励学生从一个很小的项目做起,然后慢慢发展成博士课题或者其他大型研究性课题。因此,我认为研究汉语,特别是方言会给中国语言学一个独特的身份定位,成为中国语言学研究的特色。

马: 谢谢您接受我们的采访,希望您的思想能激发中国语言学研究和教学领域对这些问题的关注和讨论。

参考文献

Baker M C, Mccloskey J. (2007) On the Relationship of Typology to Theoretical Syntax. *Linguistic Typology*, *11*(1): 285-296.

Corbett G G. (2000) *Number*. Cambridge: Cambridge University Press.

Chomsky N. (1970) Remarks on Nominalization. In Jacobs R A. *et al*. *Readings in English Transformational Grammar*. Waltham, Mass.: Ginn: 184-221.

——(1993) A Minimalist Program for Linguistic Theory. In Hale K L, Keyser S J. *The View from Building 20: Essays in Linguistics in Honor of Syluain Bromberger*. Cambridge, MA: MIT Press: 1-52.

——(1994) Bare Phrase Structure. *MIT Occasional Papers in Linguistics No. 5*. Cambridge, Massachusetts: MIT, MIT Working Papers in Linguistics.

Huang C T J, Roberts I. (2017) Principles and Parameters of Universal Grammar. In Roberts I. (ed.) *The Oxford Handbook of Universal Grammar*. Oxford: Oxford University Press: 307-354.

Kayne R S. (1994) *The Antisymmetry of Syntax*. Cambridge, MA: MIT Press.

Keenan E L, Comrie B. (1977) Noun Phrase Accessibility and Universal Grammar. *Linguistic Inquiry*, *8*(1): 63-99.

Marantz A. (1997) No Escape from Syntax: Don't Try Morphologial Analysis in the Privacy of Your Own Lexicon. *University of Pennsylvania Working Paper in Linguistics*, *4*(2): 201-225.

Newmeyer F. (1998) *Language Form and Language Function*. Cambridge MA: MIT Press.

Roberts I. (2007) *Diachronic Syntax*. Oxford: Oxford University Press.

——(2010) *Agreement and Head Movement: Clitics, Incorporation, and Defective Goals*. Cambridge, MA: MIT Press.

——(2017) *The Wonder of Language: or How to Make Noises and Influence People*. Cambridge: Cambridge University Press.

——(2019) *Parameter Hierarchies and Universal Grammar*. Oxford: Oxford University Press.

——ed.（2017）*The Oxford Handbook of Universal Grammar*. Oxford: Oxford University Press.

Ross J R.（1969）Auxiliaries as Main Verbs. In Todd W. *Studies in Philosophical Linguistics*（*Series 1*）. Evanston, IL: Great Expectations Press: 77-102.

（马　嫣　200083　上海，上海外国语大学语言研究院　mayan@shisu.edu.cn；
盛益民　200433　上海，复旦大学中文系、现代语言学研究院　fdshengym@163.com）

CONTENTS

Abstract: According to the categories of modality, modern Chinese auxiliary verbs are divided into dynamic modality, deontic modality complex and epistemic modality. When the speaker expresses a variety of different modalities, the syntactic function of auxiliary verb + verb constructions will be different. The structural relationship of univocal or polysemous auxiliary verb + verb constructions can be identified through the modal nature of auxiliary verbs and the types of X-*bu*-X-questions associated with auxiliary verbs. In modern Chinese, most of the words of the form X *yu/yi* still can only co-occur with an object. The process of adverbialization is in the beginning stage, and has not yet been completed, which shows that the evolution from predicates to objects forms a continuum.

Key words: predicate and object; adverbial and predicate; modality function; syntax function

Abstract: There are various arguments on how to analyze the structure of Chinese sentences. Based on a review of the existing analyses, the present article proposes that the notions of topic and subject should be separated from each other when we analyze Chinese sentences, and that the same NP does not function both as a topic and a subject. It seems appropriate to regard the topic as one of the basic elements of Chinese sentence rather than a notion at the pragmatic level. It comes to the conclusion that the structure of Chinese sentences should be analyzed as follows: Sentence → Topic + $Clause_1$ + ($Clause_2$) + …. Moreover, the NP_1-NP_2 structure can be analyzed as a topic-comment relation rather than a subject-predicate relation.

Key words: topic; subject; the structure of sentence

Abstract: The pivotal construction denotes that a thing (N1) controls another (N2)'s behavior (V2) in a particular way (V1), and the V1 and V2 comprise an act as a whole. The directive pivotal denotes that N1 affects N2's will to act, with the V2 involving the feature of imminentness. The accommodative pivotal denotes that N1 in terms of its physical material gives supports for N2's behavior, and the will-accommodative sub-type borders the directive type. The manipulative pivotal is highest in terms of its degree of control. Its help and lead-subtypes denote that N1 participates in the internal composition of N2's behavior, and the V1 and V2 concur; while the cause-subtype denotes that V1 makes N2 be in the state indicated by V2 immediately. In addition, the differences in the information structure expressed by each kind of pivotal constructions are also discussed.

Key words: pivotal construction; control; direct; accommodate; manipulate; information structure

Abstract: Court cases are a special objective narrative style. Compared with novels, stories and news, cases have written, de-subjective and non-story characteristics. These characteristics are manifested in many aspects in language forms, which can be compared through statistical analyses. Compared with the general qualitative method, this language measurement method is more objective and credible, and is suitable for the study of style.

Key words: cases; narrative; written; de-subjectiv; non-story characteristics

A Special Approximate Expression Structure *Jin*(近)X *Yu*(余)

Abstract: Some researchers argue that the construction of *jin* X *yu* is illogical and unacceptable. However, the investigation conducted in this paper shows that the structure appeared in the Wei and Jin Dynasties and has been widely used up to now. Based on a large number of linguistic facts in ancient and modern Chinese, this paper analyses the grammatical, semantic features and pragmatic values of the structure meaning "near X-surplus", and demonstrates the rationality of the structure. It also points out that there are many "corrupted forms" in languag that seem to be logically contradictory, but they can be reasonably explained by combining language laws and relevant theories.

Key words: 近 X 余; approximate quantity; logic and language; invalid sentence

From Integration to Separation: A Study on the Origin of Two Conditional Conjunctions *Zhǐyào* and *Zhǐyǒu*

Abstract: Through the study of the grammaticalization of *zhǐyào*(只要) and *zhǐyǒu*(只有), this paper finds that the semantic functions on expressing conditional relations of the two have the same origin, that is, the cross-layer structure "*Zhi*(只) + *Yao*(要)" expressing the meaning of subjective willing. The syntactic form of Chinese expressing the sufficient condition and necessary conditions has gone through a process from integration to separation: the conjunction *zhǐyào* appeared in the Song and Yuan Dynasties, and it was still used to distinguish the sufficient conditions and necessary conditions by using different correlative adverbs in the latter clause in Ming Dynasty. When it came to Qing Dynasty, *zhǐyǒu* gradually replaced *zhǐyào* in "*zhǐyào* p, *Cai*(才)/*Fang*(方) q" to denote the necessary conditions, thus initially forming a complete separation between sufficient conditions and necessary conditions in syntax. In the grammaticalization of *zhǐyào*, the subjectivity of its semantics is negatively related to the subjectivity of its pragmatics. The further grammaticalization of the adverb *zhǐyǒu* and the interaction between syntax and semantics are two important motivations for the substitution of the two words.

Abstract: Unlike subject-to-subject raising, which has been often discussed in the field of syntactic theories since Rosenbaum (1967) and Postal (1974), copy raising construction (CRC), does not receive much attention in theoretical linguistics. The reason why CRC deserves attracting much attention is that it poses one obvious problem for the theory of Case and NP-movement. As is generally accepted, NP/DP only moves from a non-Case position to a Case one. The problem is why NP/DP which has already been in a Case position moves to another Case position. In this paper, we have shown that CRC in fact does not behave like common raising constructions. In addition, we discussed two previous analyses for CRC, movement and base-generation. Besides, we explored some problems which cannot be construed under the current syntactic framework. Those arguments we put forward are in favor of the claim that the two previous analyses are not fully appropriate to tackle CRC. Moreover, we argued that there might be one possible analysis for CRC, Null Expletive, though it is not feasible. Furthermore, we have tried to offer a feasible analysis for CRC via DASR and to solve one residual problem in CRC.

Abstract: The problem of ambiguity in the *Chayidian* "nearly"-*mei* "not" -VP construction has been studied for 60 years since it was proposed. The academia has carried out in-depth investigations from five aspects: syntactic, semantic, pragmatic, prosodic structure, and the diachronic evolution mechanism. Among them, in terms of pragmatic restrictions, the discussion is the most heated and profound, which is reflected in the collision and contention between the "wish theory" and the "conventional theory". In addition, there are two directions that need to be further studied: vertical excavation into the construction and cross-linguistic comparison.

Key words: Chayidian "nearly"; wish; convention; redundant negation

Abstract: At present, different scholars have different opinions on modality as to the definition of the concept and its scope. There are three reasons for such difference. First of all, it can be found that because the western scholars have adopted different perspectives and research ideas, their understanding of the scope of modality varied, which is the main reason for the confusion in the research on modality. In addition, the vagueness of expression and the contradiction in the discourse of the classic works also tend to cause misunderstanding. Finally, the mainstream research of modality shows that the scope of modality is gradually expanding, and that scholars are becoming more tolerant towards such changes. Various factors are complicated and intertwined, which together lead to the present situation of confusion. However, as long as we understand the differences, we will be able to distinguish the many points of view and carry out further research.

Key words: modality; multiple dimensions; differences; reasons

Abstract: Regarding the Internal grammatical structure relations of words of species such as *song shu* "pine tree", modern Chinese grammar generally treats them as modifier-head structures. However, scholars of lexicology and Chinese language history have different opinions. In this paper, we prove that such words should be analyzed as appositives, thus showing that it is an important way of forming Chinese words. This work also shows that modern research on Chinese grammar should be combined with studies on lexicology and the history of Chinese language, and that the communication across various fields has great significance in revealing the true picture of Chinese.

Key words: words denoting species; grammatical structural relations; appositive structure; way of loanwords borrowing

Abstract: There is a certain connection between the form and meaning of the onomatopoeia, so its classification may include both formal and semantic criterion. This paper mainly studies on monosyllabic and disyllabic onomatopoeias in the *Modern Chinese Dictionary* (6th edition), summarizes three semantic description perspectives as object of sound production, sound features and action features from the definitions of onomatopoeias in dictionary, and initially classified them as simple onomatopoeias, compound featured onomatopoeias (with sound feature and action feature) and sound featured onomatopoeias. Combined with the formal criteria, this paper further classified monosyllabic and disyllabic onomatopoeias as A type simple onomatopoeias, A type sound featured onomatopoeias, A type compound featured onomatopoeias, A Atype simple onomatopoeias, AA type sound featured onomatopoeias, AA type compound featured onomatopoeias, AB type simple onomatopoeias, AB type sound featured onomatopoeias, AB type compound featured onomatopoeias. Based on the classification, this paper also discusses the semantic, structural characteristics and relations between form and meaning of each type.

Key words: onomatopoeia; classification; relation between the form and meaning; modern Chinese; definition

Abstract: The first-generation immigrants to Shanghai keep the forms of their mother dialects phonetically. The forms of "father" of the first generation have fairly strong lexical consistency, while the forms of "mother" lacks such consistency. There are two main forms of "father", "爹爹" and "阿伯".

Meanwhile, all the groups use the form of "mother" of their mother dialects. As to the second generation, almost everyone applies the phonetic forms of the Shanghai urban dialect, and use the mainstream lexical forms. The main form of "father" is "阿伯"; while the main form of "mother" is "姆妈". The ethnic groups from Ningbo and Shaoxing are comparatively more conservative, while the groups from Subei and Suzhou are more radical in the process of localization.

Key words: Shanghai urban dialect; first-generation immigrant; second generation immigrant; the parental appellations; ethnic group

The Differentiation and Analysis of the Examples of the Dynamic Mood Particle *ye* in Archaic Chinese .... **Liang Yinfeng** (194)

Abstract: We differentiate and analyze the examples cited by Chen Qianrui in his article entitled *Development of the aspectual sentence final ye*. We suggest that the dynamic usage of the sentence final *ye* in Archaic Chinese depends not only on the verbs' semantic types but also the situation type of the sentences. In other words, the dynamic *ye* appears in sentences expressing the foreground event and the new information. We agree that the dynamic usage of the sentence final *ye* derived from its static usage. Two ways of evolution were involved in the Archaic Chinese: The first one is that *ye* was attached to the main clause of the hypotaxis which expresses a real event, and the second one is that *ye* was attached to the independent irrealis clause expressing subjective deduction.

Key words: mood particle, *ye*, dynamic usage, the foreground event, subjective deduction

On the Origin of the Conjunction Functions of *Geng* (更)
.... **Wen Guifang & Li Xiaojun** (212)

Abstract: The semantic functions of *geng* (更) are rich in the history of Chinese. The research on its adverb functions is sufficient, but the research on the conjunction functions is relatively scarc. This paper examines in detail the origin and development of the conjunction functions of *geng* (更), i. e., the concessive conditional conjunction, the progressive conjunction and its coordinative conjunction. The function of the concessive conditional conjunction derived from repetitive adverbs meaning *zai* (再), in which *geng* (更) is understood as expression the maximum in the construction *geng* X_P *ye* V_P. And from the Yuan and Ming Dynasties, the *geng* (更) expressing concession was gradually replaced by *zai* (再). The functions of progressive conjunctions derived from degree adverbs. The function of coordinative conjunction derived from the repetitive adverbs of meaning *you* (又). After the development of the function of correlative adverb function , *geng* (更) continues to evolve into a conjunction word and develops different conjunction functions in different contexts. The three conjunction functions of *geng* (更) are different in their degrees of typicality. The concession condition function is immature, and the juxtaposition conjunction function is general. Progressive conjunction function is the most mature, which is productive. It is suggested that dictionaries should include the progressive conjunction function of *geng* (更).

Key words: *Geng* (更); concessive conditional conjunction; progressive conjunction; coordinative conjunction; semantic change

Abstract: X *yeshi* VP is a blame construction in Zhangjiakou Jin dialect, which consists of the object NP of the blaming act, the background component X, the modal adverb *yeshi* and the predicate component VP. When NP has behaviors or states that should not have occurred in the case of X, the speaker is dissatisfied with it and use the construction X *yeshi* VP to blame. The construction has the characteristics of reality, surprise and passivity. The construction derives from the specialization of the common syntactic structures with similar meanings.

Key words: Zhangjiakou Jin dialect; blame construction; X *yeshi* VP

Abstract: This paper examines the grammatical differences between the structures "V(O) + LE2" and "V + LE1 + (O) + LE2" in Cantonese and Northern Mandarin. It is shown that the prominent semantic contrast of the two structures is not "past inchoation vs. past termination", which was proposed by Zhu (1982), but "future inchoation vs. past occurrence". This investigation gives rise to a new analysis on the tense-aspect functions of LE2, that is, LE2 in Standard Mandarin can denote "immediate past" "immediate future" and express "an isolated event in the past" besides of "change of state". The sentences with these four kinds of LE2 differ in the interpretation, the VP types and the discourse restriction. This conclusion indicates that the ambiguity of the sentence "V + LE" (e. g. *Ta xiao le* "he smiled / he is laughing.", or *Wo zou le* "I has left. / I am going to leave") may be caused by the multi-functionality of LE2, instead of the claim that the final LE can be both "LE2" and "LE1 + LE2".

Key words: LE2 (sentential LE); Cantonese; Northern Mandarin; tense-aspect.

Abstract: In the Yujiang dialect, personal pronouns are divided into first person pronouns, second person pronouns, third person pronouns and the other personal pronouns. The personal pronouns form two sets of singular forms, the set of 我/尔/渠 and the set of 我呢/尔呢/渠呢. However, the two sets do not have corresponding terms to express the plural forms, and complex expressions combining the singular personal pronouns and phrases meaning "two people", "several people" or "multiple people" are used to express plurality, which results in nine kinds of plural expressions. With the process of urbanization, young people occasionally borrow the plural forms of the Yingtan dialect to express plurality, e. g., 我得/尔得/渠得. The personal pronouns in Yujiang dialect have unique characteristics in terms of semantic meanings, compositions, grammatical and pragmatic functions, and their grammatical and pragmatic abilities are also different from each other.

Key words: Yujiang dialect; personal pronouns; singular; plural

Abstract: The HAVE verb '[ʑiau^{24}]' (有) in the Rui'an dialect of Southern Wu Chinese, is characterized by its multiple functions, of which at least five can be identified and categorized as to express 1) possession, 2) existence, or to intensify 3) truthfulness concerning past events, 4) truthfulness of the ongoing event or genericity, and 5) speaker-oriented certainty about irrealis situations. '[ʑiau^{24}]' together with its prominence, indicated by its more rigid syntactic obligatoriness, stands out even among the whole Southeastern dialects in which this HAVE verb has already been robust enough to contain a noteworthy variety of functional extensions. The paper proposes that these seemingly all-encompassing functions, associated in a united manner, can be derived from the semantic prime of EXISTENCE. This semantic unity is manifested by the constraint that '[ʑiau^{24}]' can only be used for the propositions that are bound to the concept of pre-existence or certainty. For instance, '[ʑiau^{24}]' often occurs in the clauses expressing categorical judgment, as is exemplified by topic-comment sentences where the topic-related concept has already been advocated before utterance. It does not appear in thetic judgments and most of performative sentences for the lack of pre-existed concepts. '[ʑiau^{24}]' is insensitive to, and thus compatible with, various tense or aspect values. Recognizing these facts, the paper further discusses two types of non-sensitive/inclusive categories.

Key words: '[ʑiau^{24}]' (有); Rui'an Wu dialect; multifunction; prominence; non-sensitive categories

Abstract: The Z-rhyme is a phenomenon at the grammatical and phonetic interface. In determining the composition of its sound compounds, a number of cross-module standards should be taken into consideration. Starting with the aspects of word-formation functions, morphological means and phonetic forms, this paper untangles the different manifestations of the Z-rhyme, *er*-suffix（儿缀） and *tou*-suffix（头缀）in word formation and morphology in the representative dialects in the north of Henan and south of Shanxi. It is found that around the area where the Z-rhyme exists, there is *zi*-suffix(子缀) with the characteristics of backness and roundedness while there is no *er*(儿) with the characteristics of backness and roundedness. Accordingly, we believe that the composition of the sound compound of the rhyme is neither *er*(儿) nor *tou*(头); rather, we can confirm that it is *zi*(子). The Z-rhyme is just the sound change of *zi*(子).

Key words: Z rhyme; word-formation function; morphological means; phonetic form

Abstract: This work discusses the historical relation between the Huang-Xiao（黄孝）Subgroup of the Jiang-Huai（江淮）Mandarin Group and the Huai-Yue（怀岳）Subgroup of the Gan（赣）Group from the perspective of the convergence of *zhi*（支）and *wei*（微）into *yu*（鱼）. The phenomena of both groups are highly similar. As to the initial categories, both subgroups cover words with the old *zhi*（知）, *zhang*（章）and *ying*（影）Group, with an additional word *rui*（蕊）of the old *ri*（日）initial in Huang-Xiao Subgroup. Also, both subgroups exclude any words of the old *jian*（见）group. Almost all these words related to the aforementioned phenomenon could be found in their source dialect, i. e., Raozhou（饶州）Gan. In regards to the rhyme categories, both subgroups have lost the word *shui*（税）with the old *xie*（蟹）*she*（摄）*hekou*（合口）rhymes of the third division. In terms of rhyme classes, both subgroups do not cover any words of the old *jian*（见）group initials under the rhyme of *zhi*（止）*she*（摄）*hekou*（合口）. These two features are common in these two subgroups since the early Ming dynasty.

Key words: Convergence of *Zhi*（支）and *Wei*（微）into *Yu*（鱼）; Huang-

pitch duration and pivot value, are effective enough to be successful in statistical acoustic classification.

Key words: sub-dialect; vowel; tone; linear discriminate model; three-pivot model

Abstract: In old Chinese, there were a lot of words related to *jiu* "wine". In this paper, the three-level comparison of "semantic field — word family — word" is used to classify these words into several word families. The members of a word family have the same roots, and there are close phonetic and semantic relations between the words of the same family.

Key words: *Jiu*; cognate words; old Chinese; Chinese loan words

Abstract: Chinese traditional exegesis methods bring some useful theoretical guidance for the study of Warring States bamboo-strip manuscripts. Based on the traditional exegesis methods, such as studying traditional annotations, loan characters, neighboring words of similar meanings and corresponding charactersthis paper puts forward a new explanation of some words in Warring States bamboo-strip manuscripts. "*Xi*" in *Caomozhizhen* manuscript should be explained as "*xing*". "*Jia*" in *Huangmen* manuscript should be read as "*xia*". "*Die*" in *Zundeyi* manuscript should be read as "*si*". "*Gong*" in *Yuegongqishi* manuscript should be explained as "*jian*".

Key words: Warring State bamboo-strips manuscripts; exegesis methods; meaning; exegesis

Abstract: Ancient character"老"in *Gu Wen Si Sheng Yun* and so on is written as"亙". It is the abbreviation of"寿". Ancient character"寿"is written as [illegible]. It is the erroneous transformation of "寿". Ancient character "壔"in *Ji Yun* is written as [illegible], the left part of which is the erroneous transformation of "寿". "俟"in *Long Kan Shou Jian* is written as "昌"and"疇", the first of which is the erroneous transformation of "寿", and the second of which is "畴". The meaning of "俟" and "寿" is the same, and are included in a wrong way. Ancient character "卑" in *Gu Wen Si Sheng Yun* is erroneous transformation. Ancient character "吴" and in *Gu Wen Si Sheng Yun* is the erroneous transformation of "於".

Key words: *Han Jian*; *Gu Wen Si Sheng Yun*; *Long Kan Shou Jian*; *Ji Yun*; ancient character

Abstract: This paper discusses the family Jizhaohai dialect in terms of the word hierarchy, and the results show that the relationship between the Jizhaohai dialect and the Dong-Tai languages is one of kinship, and the relationship between the Jizhaohai dialect and Cantonese and the Min Chinese is the result of contact. Words of the Jizhaohai dialect share three phonetic rules of language evolution with the Linkow dialects : the p-, and t- of the Dong-Tai languages evolved into ɓ, ɗ in the Jizhaohai dialect and the Limkow dialect; the labial stop of the Dong-Tai languages evolved into tsh — in the Jizhaohai dialect and the Limkow dialect; the singular intonation ∗ r- like consonant of the Dong-Tai language evolved into affricate s-, and the even intonation ∗ r- like consonant evolved into lateral consonant l- in the two dialects. Therefore, the Jizhaohai dialect belongs to a dialect of Lim kow of the Dong-Tai language.

Key words: Jizhaohai ɗialect; Limkow language; formation mechanism

Abstract: Through cross-linguistic investigations, it is found that negation in human languages is generally achieved through morphology or syntactic positions, among which negative words, auxiliaries and affixes are common devices. Sign language is a visual-gestural linguistic system making grammatical use of space, introducing both linguistic universals shared with spoken languages and modality-specific features unique to sign languages in expressing negation. The former includes negative words, auxiliaries and affixes expressed in manual signs, and the latter refers to non-manual markers pervade in sign languages. These non-manual markers can either be attached to syntactic units or express negation independently, and the position and extent of non-manual markers in clauses are subject to different sign languages. Taking Chinese Sign Language (CSL) as an example, this paper discusses the types of negative markers (including both sequential and simultaneous devices) as well as the pattern and semantics of split negation in sign languages, attesting cross-modal differences of negation among human languages.

Key words: sign language; negative marker, typology; non-manual markers; split negation

Abstract: This work is an interview with Professor Ian Robert, Department of Theoretical and Applied Linguistics, Cambridge University, who gives detailed answers to the controversies about the minimalist program and the cartography theory, the typology research based on generative grammar, the syntactic evolution, etc. Professor Robert also introduces his latest research progress and the general situation of the Department of Theoretical and Applied Linguistics in Cambridge University, and provides some valuable suggestions for the construction and talent training of the language discipline in China.

Key words: minimalist program; cartography theory; typology research; syntactic comparison; discipline construction; talent training

稿　约

一、《语言研究集刊》刊登语言学各领域的学术论文、评论,每年出版两辑,每辑35万字左右。

二、本集刊欢迎国内外学者赐稿。来稿投电子文本即可,请寄编辑部邮箱:yuyanxue@ fudan. edu. cn;或登录《语言研究集刊》网站(http://yjjk. chinajournal. net. cn/)在线投稿。请勿寄编委会或编辑成员个人,以免遗失或延误。如作者本人认为需寄纸质文本,请寄:中国上海市邯郸路220号,复旦大学中文系《语言研究集刊》编辑部(邮编200433)。稿件一经刊出,即致薄酬和样书二册。

三、来稿一般不超过15 000字,题目、作者名、单位、提要和关键词均需中英文对照。电子文本请寄简体中文版word版和PDF版两种。本刊实行双向匿名评审,所以PDF版请投两份,一份有作者信息,另一份则不出现作者本人信息、基金项目(如有)、“参拙著”之类提示性文字。Word版只需一份,具有作者信息。正文末请附e-mail联系地址。除必须使用繁体字、异体字外,请使用简体字。

四、来稿请勿用word中的自动格式(如章节、例句排序等)。撰写格式如下:

1. 题目为宋体小二号加粗占1行居中,作者名为楷体小四号占1行居中。“提要”2字和“关键词”3字为黑体五号,提要、关键词内容为宋体五号;提要和关键词部分两端各缩进两个字符。正文为宋体五号。

2. “提要”2字和“关键词”3字顶格,后分别空1格,然后续写提要和关键词,关键词之间用分号隔开。正文首行空2格,单独成段的引文和例句采用仿宋体,不用引号,且首行空2格,回行不空格。

3. 大的章节,请用“一、二、三”等编序,序号和标题用楷体四号占3行居中。小节用“1.1、1.2、1.3”和“1.1.1、1.1.2、1.1.3”等编序,序号和小标题用黑体五号顶格,占1行。例句如需编序,请用"(1)、(2)、(3)"等,并全文统一编号。

4. 国际音标请用IPAPANNEW字体,并用"[ ]"标明,声调用数码上标。

5. 行文中如需注明观点或引文、例句的出处,应采用以下格式:

赵元任(1934)指出……

"…………"(王力 1958)[17](如全文该出版仅出现一次,页码标注于参考文献中)

"…………"(段玉裁《说文解字注》)

6. 图表请在左上方用"图1""表2"等排序,黑体小五号顶格。附在文末的图表在图表左上方加注"附图1""附表3"等。

7. 正文后隔开2行附参考文献。"参考文献"4字黑体小五号顶格,所列文献用宋体小五号,并依作者姓名的拼音字母顺序编排,首行顶格,回行空2格。西文文献排在中文文献、日文文献后。现代文献的编辑依次为:作者名、括注发表或出版年份、文章题目(西文用正体)或书名(中文加书名号,西文用斜体)、期刊名(中文加书名号,西文用斜体)期数或出版社名、页码。作者名勿用简称。古代文献的编辑依次为:作者名、括注朝代、书名。同一作者的文献,按发表或出版时间先后排列。文章题目或书名与期刊名或出版社之间用逗号分开,最后加句号。参考文献只列正文实际涉及的文献。

8. 基金项目、鸣谢等采用脚注,注释亦采用脚注,并用带圈数字表示序号,如①、②等。

以上各条可参考本刊近期已发表的论文(纸质或图片形式。期刊网上下载的本刊论文格式均已改变)。

五、请勿一稿多投。文责由作者自负。

六、来稿审读时间约为三至六个月,不论录用与否,一般不退原稿。是否录用,由编辑部通过e-mail通知。来稿如无特别声明,为了统一体例、格式等,本刊可能会对稿件做技术性的修改或删节,并请作者审阅校样。

七、本刊已加入"中国知网"电子期刊出版系统,所发文章均可在期刊网(www. cnki. net)上检索并下载。凡给本刊投稿的作者,均视为已知晓并接受其论文上线发表。

八、文章一经发表,版权属《语言研究集刊》所有。在其他出版物上转载、选编已发表的论文,需特别注明"本文首发于《语言研究集刊》第×辑"字样。

图书在版编目(CIP)数据

语言研究集刊. 第二十六辑 / 复旦大学汉语言文字学科《语言研究集刊》编委会编. —上海：上海辞书出版社，2020
ISBN 978-7-5326-5644-8

Ⅰ.①语… Ⅱ.①复… Ⅲ.①语言学—丛刊 Ⅳ.①H0-55

中国版本图书馆 CIP 数据核字(2020)第 161661 号

语言研究集刊(第二十六辑)

YUYAN YANJIU JIKAN(DI ERSHILIU JI)

复旦大学汉语言文字学科《语言研究集刊》编委会　编

责任编辑　马　沙
装帧设计　杨钟玮

出版发行　上海世纪出版集团
上海辞书出版社(www.cishu.com.cn)
地　　址　上海市陕西北路 457 号(邮编：200040)
印　　刷　常熟文化印刷有限公司
开　　本　787×1092 毫米　1/18
印　　张　25 6/18
字　　数　453 000
版　　次　2020 年 10 月第 1 版　2020 年 10 月第 1 次印刷
书　　号　ISBN 978-7-5326-5644-8/H·713
定　　价　80.00 元

本书如有质量问题，请与承印厂质量科联系，电话：0512-52219025